KONSTRUKCIJA SLOVENSTVA U POLITICI I NAUCI

Kristijan Obšust
KONSTRUKCIJA SLOVENSTVA U POLITICI I NAUCI:
Stvaranje (sve)slovenskih tradicija, ideološke koncepcije o slovenskom jedinstvu i njihove refleksije

Izdavač:
Centar za alternativno društveno i kulturno delovanje, Beograd

Recenzenti:
Prof. dr Vladimir Ribić
Prof. dr Ivan Kovačević
Prof. dr Saša Nedeljković

Tehnički urednik:
Siniša Lekić

Lektura i korektura:
Danijela Čupić

Dizajn korica:
Darko Nikolić

Štampa:
Dijamant print

Tiraž:
200

Godina izdanja:
2013.

Kristijan Obšust

KONSTRUKCIJA SLOVENSTVA U POLITICI I NAUCI

Stvaranje (sve)slovenskih tradicija, ideološke koncepcije o slovenskom jedinstvu i njihove refleksije

CENTAR ZA ALTERNATIVNO DRUŠTVENO I KULTURNO DELOVANJE

SADRŽAJ

PREDGOVOR: Uvod u studiju 7

I UVOD U PROBLEMATIKU:
Ideje o slovenskom jedinstvu do kraja osamnaestog veka i kratak osvrt na pojedina pitanja u vezi sa značenjem „slovenskog identiteta" u srednjem veku 15

Srednjovekovna i novovekovna percepcija o Slovenima: Kratak osvrt na istorijat shvatanja o slovenskom jedinstvu u prošlosti u kontekstu istoriografskih radova do J. G. Herdera 20

Prva ideja o slovenskom jedinstvu:
Slovenstvo Juraja Križanića 32

Kratak osvrt na problematiku slovenskog identiteta
u srednjem veku 37

II PANSLAVIZAM I SLOVENSKI NACIONALNI IDENTITETI:
Idejni koncepti panslavizma; ideologija panslavizma u procesima konstruisanja nacionalnih identiteta 63

Idejne koncepcije panslavizma 65

    Sveslovenska uzajamnost i panslavizam Jana Kolara 73

    Pojedini aspekti interne varijabilnosti panslavizma 82

Odnos nacionalnih identiteta i panslavizma 100

III IZMIŠLJANJE SLOVENSKIH TRADICIJA I
MITIZACIJE SLOVENSKE PROŠLOSTI 123

Slovenske tendencije u književnim mitizacijama folklora 128

Uticaj romantičarske istoriografije u kontekstu pokušaja stvaranja sveslovenskog identiteta: mitizacije prošlosti i istorijska dela Kolara i Šafarika 137

Pojedini aspekti slavjanofilskih (slovenofilskih) i slavofilskih ideja u Rusiji tokom devetnaestog veka 198

IV REFLEKSIJE I PERCEPCIJA SLOVENSTVA
U DVADESETOM VEKU:
Manifestacije i koncepcije slovenskih ideja 211
Pojedini aspekti ispoljavanja slovenskih ideja
do početka II svetskog rata 216
Osvrt na osnovne koncepcije slovenskih ideja tokom II
svetskog rata i slovenstvo u komunizmu 231

V SAVREMENA PERCEPCIJA SLOVENSTVA 245
Slovensko rodnoverje na internetu –
Društvene koncepcije i politički konteksti savremenog
slovenskog (neo)paganizma 260
   Slovensko rodnoverje kao oblik savremenog paganizma .. 264
   Razvoj slovenskog rodnoverja i različite idejne
   koncepcije rodnovernih grupa 273
   Politički aspekti slovenskog rodnoverja 296

ZAKLJUČNA RAZMATRANJA 317

BIBLIOGRAFIJA 323

IZVORI 339

PREDGOVOR
Uvod u studiju

Ova knjiga je nastala kao rezultat analiza koje su bile primarno fokusirane na praćenje širokog spektra konstelacija vezanih za stvaranje (izmišljanje) *slovenstva* kao specifičnog oblika kolektivnog identiteta, odnosno kao osobenog idejnog i (uslovno) ideološkog konstrukta utemeljenog na osnovnoj percepciji o „prirodnoj bliskosti slovenskih naroda", kao i na različitim refleksijama ovakve percepcije. U knjizi je analizirana problematika, koja se odnosi na konstruisanje i percepciju *slovenstva* kao dinamične kategorije, ali i prilično jasno definisanog, iako široko određenog termina pod kojim se podrazumeva amorfna plazma svega što pokazuje interesovanje, afinitet i simpatije ka problematici Slovena, a koji se u smislu kategorije, može po sopstvenim konturama eventualno prožimati i preplitati sa obrisima nekih ideologija poput panslavizma, ili biti u vezi sa različitim idejnim koncepcijama, kao što je nacionalizam. Ovako formulisana definicija je uslovno predložena od strane autora ovog rada na osnovu postojeće osnovne forme tumačenja ovog termina, koju je predložio Ivo Pospišil, koji je ujedno definisao distinkcije između termina slovenstvo, slavofilstvo, slovenska uzajamnost, panslavizam i slavjanofilstvo.[1] Po njegovom mišljenju, slovenstvo predstavlja amorfnu plazmu svega, što pokazuje interesovanje, afinitet i simpatije ka problematici Slovena sa eventualnim preklapanjem sa konturama neke ideologije, slavofilstvo jasno emotivno obojenu ljubav ka svemu slovenskom, slavjanofilstvo kao ruska varijanta

---

1 Kao sinonimi za termin *slavjanofilstvo* u ovoj knjizi su upotrebljavani i pojmovi *slavenofilstvo* i *slovenofilstvo*.

slovenske ideje u sebi sadrži obrise ruske dominacije, slovenska uzajamnost je koncepcija uzajamne podrške slovenskih naroda, koja ne mora biti usmerena protiv nekog drugog, dok je panslavizam kao koncepcija realnog ili potencijalnog slovenskog kulturnog, literarnog i političkog jedinstva, često građen protiv ideologije pangermanizma (Pospíšil 2004, 28). U skladu sa prethodno predloženim definicijama, može se uslovno konstatovati da se analize u ovoj knjizi odnose na širi niz kompleksnih pitanja koja su bila u vezi sa pokušajem stvaranja forme nadnacionalnog, tj. sveslovenskog identiteta, kao i dijapazona konstelacija koji su (uslovno) uticali na procese izmišljanja (sve)slovenskih tradicija. Prilikom pisanja teksta, težilo se što konciznijem sagledavanju osnovnih idejnih koncepcija koje su bile vezane za stvaranje ideja o slovenskom jedinstvu u prošlosti, kao i različitih formi ideja koje su bile usmerene na ostvarivanje različitih oblika slovenskog kulturnog, lingvističkog i političkog jedinstva. Takođe, analizirani su i procesi vezani za konstruisanje slovenskih tradicija, kao i procesi koji su se odnosili na pokušaje stvaranja (sve)slovenskih političkih i (nad)nacionalnih mitova. U knjizi je, između ostalog, analizirana i problematika koja se odnosi na ideologiju panslavizma, pre svega u okviru češkog, slovačkog i srpskog nacionalizma, kao i specifičan odnos između procesa konstruisanja i/ili konsolidacije nacionalnih identiteta i sveslovenskih tendencija, tj. nastojanja za stvaranjem višeg oblika kolektivnog identiteta koji je trebalo da se temelji na ideji o bliskosti i jedinstvu slovenskih naroda i da, u izvesnom smislu, potpuno ili delimično relativizuje pojedinačne slovenske nacionalizme. Sadržaj knjige takođe, kroz hronološku prizmu observacije, prati karakteristike varijabilnih oblika manifestacije i percepcije slovenstva od vremena njegovog nastanka (kao oblika konstrukcije) do sadašnjosti. Međutim, uprkos širokom hronološkom okviru, fokus studije je u vremenskom smislu, a u skladu sa primarnom temom analize, prvenstveno usmeren na period devetnaestog veka, dok je pitanjima koja se odnose na percepciju i refleksije slovenskih ideja u ostalim

PREDGOVOR

vremenskim kontekstima, posvećeno manje pažnje, ali se ipak pri tome nastojalo izbegavanju naglašene površnosti. U prostornim okvirima studija je prvenstveno fokusirana na češki, slovački i srpski kontekst, ali se uprkos tome ipak težilo sagledavanju problematike slovenstva na opštem, odnosno generalnom nivou. Posmatrano u celini, iako se ova knjiga sastoji od niza naizgled disperzivnih celina, ona je u tematskom smislu usmerena na stvaranje opšteg prikaza problematike koja bi se (uslovno) mogla označiti kao konstruisanje slovenstva u okviru politike i nauke. Međutim, treba napomenuti da ova studija ne obuhvata pitanja koja se podvode pod problematiku nastanka Slovena kao etničke ili skupa etničkih grupa, već se primarno bazira na analize ideja vezanih za različite percepcije o slovenskom jedinstvu. U skladu sa tim, pitanja vezana za arheologiju Slovena, kao ni problematika koja se odnosi na eventualno stvaranje, tj. konstrukciju Slovena kao etničke kategorije, što je hipoteza koju zagovaraju pojedini autori poput Florina Kurte, nisu detaljnije razmatrani.[2] Odnosno, izuzev kraćeg osvrta o pojedinim aspektima koji se odnose na tematiku o slovenskom identitetu u srednjem veku, u knjizi nije razmatrana problematika koja je u vezi sa slovenskom etnogenezom, hipotezama o prapostojbini, karakteristikama materijalne kulture Slovena i etnicitetom Slovena. Ipak, na ova pitanja se digresivno ukazuje više puta u sadržaju studije, ali isključivo u vezi sa analizama različitih formi tumačenja i percipiranja ovih tema u kontekstu nacionalnih romantičarskih istoriografija koje su njihovim tendencionalnim i emotivnim interpretacijama u značajnoj meri doprinosili konstruisanju sveslovenskog ideološkog korpusa.

Po svojoj strukturi ova knjiga se sastoji od uvoda (predgovora), pet većih celina (poglavlja) sa nekoliko tematski povezanih naslova i podnaslova u okviru njih, kao i od zaključnih razmatranja.

---

[2] O hipotezi Florina Kurte o konstrukciji Slovena kao etničke kategorije, biće ukratko ukazano u okviru prvog poglavlja.

KONSTRUKCIJA SLOVENSTVA U POLITICI I NAUCI

U prvom poglavlju knjige predstavljen je kratak pregled istorije interesovanja za Slovene u okviru nauke, što je inače predstavljalo integralni deo procesa stvaranja konstrukta *slovenstva*. Ovaj prvi deo knjige zapravo, na određeni način, predstavlja uvod u problematiku kojom se bavi ova studija. U njemu je ukratko ukazano na istorijat istraživanja tema vezanih za Slovene do kraja osamnaestog veka, odnosno do perioda kada se javljaju prve ideje o kulturnoj bliskosti i jedinstvu Slovena u kontekstu tada aktuelnih političkih i društvenih konstelacija iz kojih će proisteći i ideologija panslavizma. Takođe, pored toga, u okviru prvog poglavlja je ukratko ukazano i na pojedine aspekte koji su u vezi sa problematikom slovenskog identiteta u srednjem veku, što predstavlja izvesni oblik digresije u odnosu na osnovnu tematiku kojom se ova knjiga bavi, ali indirektno doprinosi njenom boljem razumevanju.

U drugom poglavlju knjige su analizirana pitanja koja se odnose na nastanak, osnovne ideološke premise, dinamičnost, kao i internu varijabilnost ideologije slovenskog pan-pokreta u kontekstu češkog i slovačkog narodnog preporoda, ali i u kontekstu nastajanja i učvršćivanja srpskog devetnaestovekovnog nacionalizma. Težilo se preispitivanju pojedinih aspekata odnosa između ideološkog koncepta panslavizma i nacionalnih identiteta u srpskom, slovačkom i češkom društveno-istorijskom kontekstu. Odnosno, sagledane su osnovne konstelacije koje su bile u vezi sa nastankom ideologije panslavizma u okviru procesa nacionalnih emancipacija među slovenskim narodima na prostoru Habsburške monarhije, kao i na odnos ove ideologije sa procesima konsolidacije pojedinačnih slovenskih nacionalnih identiteta. Nastojalo se da se što konciznije utvrde osnovni faktori, kao i referentne tačke ključne za praćenje (uslovno) izvesnog procesa prelaska panslavističkih ideja u formu ideja koje se jasnije usmeravaju na okvir nacionalnih identiteta etničkih zajednica Srba, Slovaka i Čeha, pri čemu se težilo pružanju najopštije sinteze osnovnih ideja korpusa panslavizma, u prvom redu idejnog koncepta sveslovenske uzajamnosti Jana Kolara. Pored toga, ukazano je

PREDGOVOR

i na internu varijabilnost i dinamičnost različitih formi ideja panslavizma u kontekstu pojedinih društvenih okolnosti i njihovih konsekvenci u različitim vremenskim i prostornim kontekstima. Između ostalog analiziran je i uticaj J. G. Herdera na predstavnike nosilaca češkog i slovačkog narodnog preporoda, pre svega na Jana Kolara, kao i inkorporiranje ideja panslavizma (u formi Kolarove ideje *o sveslovenskoj uzajamnosti*) u južnoslovenski, pre svega srpski kontekst. Ukazano je i na distinkciju u ideji između panslavizma i austroslavizma, kao i na razlike u percepciji ideje kulturnog panslavizma (forma inicirana Kolarom) nasuprot njegovog političkog aspekta, ali i forme političkog panslavizma (uslovno panrusizma), kakva je bila dominantna u Rusiji. Iako prostorni i vremenski okvir ove problematike nije jasnije limitiran, hronološki je fokus analiza u drugom poglavlju prvenstveno usmeren na period od kraja osamnaestog do kraja devetnaestog veka. Takođe, analiza je u izvesnoj meri ograničena na razvoj ideje panslavizma na prostoru Habsburške monarhije, pri čemu se u smislu komparacije analiziraju i ideje panslavizma (ili pre panrusizma) u ruskom kontekstu. Ovo poglavlje je inače koncipirano u dve veće celine. Prva celina se odnosi na nastanak i razvoj ideje panslavizma, pri čemu se on prvenstveno analizira kroz sagledavanje osnovnih ideja ključnih autora za njen razvoj poput Herdera i Kolara, ali i Šafarika, Štura, Palackog i drugih. Takođe, u ovom delu teksta su preispitane varijabilnosti unutar same ideje, pri čemu je najveća pažnja usmerena na analizu okolnosti pod kojima je pokušano formiranje slovenskog kolektivnog identiteta. U drugoj celini je analiziran odnos između ideje slovenskog kolektiviteta, kao određene forme nadnacionalnog identiteta, i konciznije definisanih slovenskih nacionalnih identiteta. Nije postojala tendencija za bilo kakvom širom analizom, već se pre svega nastojalo sagledavanju i preispitivanju osnovnog niza činjenica koje se tiču osnovnih aspekata panslavističkog korpusa u kontekstu njegovog nastanka, ideoloških koncepcija, kao i preplitanja ideja o slovenskom kolektivnom identitetu sa uže određenim nacionalnim identitetima Srba, Slovaka,

KONSTRUKCIJA SLOVENSTVA U POLITICI I NAUCI

Čeha i Rusa. Prema tome, težilo se isključivo izradi najopštije sinteze kao adekvatnog okvira, kojim bi se omogućila odgovarajuća osnova za eventualne opširnije i serioznije analize ove problematike, ali i da bi se pružila uvodna osnova za treće poglavlje koje se odnosi na pokušaje konstruisanja sveslovenskih tradicija.

Treće poglavlje knjige, u suštini predstavlja njen centralni deo i u njemu je analiza fokusirana na procese izmišljanja, tj. stvaranja (uslovno) sveslovenskih tradicija, odnosno na različite forme tendencioznog „inkorporiranja" uže određenih nacionalnih elemenata u (sve)slovenske okvire. Težilo se što konciznijem sagledavanju uticaja nacionalnih i političkih mitova na stvaranje percepcije o slovenskom kolektivitetu, odnosno o slovenstvu kao identifikacijskoj formi nadnacionalnog identiteta. U tom kontekstu, u prvom redu analiziran je uticaj slovenske romantičarske istoriografije na stvaranje shvatanja o zajedničkoj prošlosti Slovena, kao i na formiranje mišljenja o slovenskom jezičkom i kulturnom jedinstvu. Ukazano je na inicijalne herderovske idejne premise u ovim procesima, kao i na specifičnosti opšte društvene i političke situacije koje su konsekventno do njih dovodili. Posebna pažnja je pri tome usmerena na analizu uticaja istoriografskih dela Kolara i Šafarika, u formiranju shvatanja o zajedničkoj prošlosti i „prirodnoj" bliskosti Slovena kao jednog, ili više srodnih naroda, što je zavisilo od konkretnih tumačenja. U okviru ovog poglavlja, takođe je predstavljena idejna suština mitizacija folklora slovenskih naroda, odnosno uticaj slovenskih ideja na književne mitizacije tokom devetnaestog veka koje su nastojale da upute na postojanje jedinstvenog, prastarog, sveslovenskog mitološkog korpusa, u cilju ukazivanja na zajedništvo slovenskih naroda. Pored navedenog, u poglavlju je u najkraćim crtama ukazano i na specifičnost stvaranja slovenskih tradicija u devetnaestovekovnom ruskom kontekstu, u kojima su se one, za razliku od procesa njihove izgradnje među ostalim slovenskim narodima, formirale prvenstveno na pojedinim konzervativnim i antiokcidentalnim premisama ruskog slavjanofilstva i slavofilstva.

PREDGOVOR

U četvrtom poglavlju ukazano je na osnovne koncepcije i manifestacije slovenskih ideja tokom dvadesetog veka, odnosno na specifičnosti refleksija slovenstva od početka veka pa sve do pada komunističkih režima na prostoru slovenskih država. Težilo se sagledavanju samo najosnovnijih činjenica koje se odnose na različite percepcije i manifestacije slovenstva kao dinamične kategorije u kontekstu širokog dijapazona promenljivih konstelacija koji se mogu podvesti pod ovu odrednicu a koje su između ostalog zavisile od konkretnog vremenskog i prostornog konteksta. Pri tome je svaka detaljnija analiza ovom prilikom bila isključena, kako se ne bi upalo u zamku prenaglašenog istoricizma. U tom smislu su bile preskočene i bilo kakve analize koja bi se odnosile na procese stvaranja novih slovenskih država nakon okončanja Prvog svetskog rata, budući da ova tematika, iako je svakako vezana i za ideje o slovenstvu, ima daleko složeniju pozadinu sa čitavim nizom raznovrsnih faktora i kao takva prevazilazi okvire ove studije. Analiza u ovom poglavlju je fokusirana na ideološke premise novoslavizma, slovenske ideje tokom Prvog svetskog rata, ali i na osnovne aspekte slovenstva u međuratnom periodu. Ukazano je na značaj slovenskih ideja kao mobilizacijskog faktora, tokom II svetskog rata, pre svega u ruskom, odnosno sovjetskom kontekstu, kao i na metamorfozu slovenstva u periodu vladavine komunističkih režima na prostoru slovenskih država. Ovo poglavlje je poput drugog i trećeg prvenstveno usmereno na problematiku slovenstva u češkom i slovačkom (čehoslovačkom), kao i u srpskom (jugoslovenskom) kontekstu, ali se ujedno težilo ukazivanju na opšti fundus koji se odnosi na slovenske ideje u celini, odnosno na razvoj i različite manifestacije slovenstva do početka poslednje decenije dvadesetog veka.

Peto poglavlje rada predstavlja kratak osvrt na pojedine refleksije slovenskih ideja u postsocijalističkim slovenskim društvima, odnosno u savremenom kontekstu. Ukratko su analizirane osobenosti slovenstva i slavofilstva u savremenom društvenom i političkom diskursu slovenskih naroda. U ovom poglavlju je ukazano da bez obzira što su ideje o slovenskom jedinstvu prilično marginalizovane u savremenom kontekstu, elementi slovenstva ipak postoje u nizu različitih pojava, pri čemu se, kao ideologija, slovenstvo najjasnije uočava u delovanju i idejama pojedinih grupa. Izuzev kraćeg razmatranja o političkim kontekstima savremenog slovenstva, četvrto poglavlje je usmereno na analizu specifičnosti slovenskih ideja u okviru političkih koncepcija slovenskog rodnoverja kroz formu studije slučaja o političkim kontekstima slovenskog rodnoverja na internetu, za šta postoji poseban uvod.

U zaključnim razmatranjima je u najkraćim crtama predstavljena osnovna sinteza prethodno prezentovanih rezultata analiza u radu.

Iako se ovom knjigom u skladu sa njenom tematikom i širim hronološkim opsegom pitanja koja su analizirana, težilo stvaranju jedinstvenog i što celovitijeg prikaza koji se odnosi na konstrukcije i refleksije slovenstva u različitim vremenskim, prostornim i društvenim kontekstima, pojedina pitanja su ostala izvan njenog sadržaja. Odnosno, slabija zastupljenost detaljnih analiza vezanih za slovenstvo u poljskom, a u izvesnom smislu i u ruskom kontekstu tokom devetnaestog veka, značajno preskakanje niza pitanja koja nisu bila direktno vezana za konstrukciju slovenstva u kontekstu stvaranja koncepcije jugoslovenstva, kao i odsustvo analiza vezanih za savremene refleksije slovenstva u formi različitih studija slučaja, delimično relativizuju celovitost ove studije. Uprkos tome, nadam se da je osnovna problematika, uz akceptovanje njene široke tematske, hronološke i prostorne dimenzije, koncepcijom i sadržajem ove knjige u najvećoj meri ipak obuhvaćena i analizirana. Ukoliko se u tome uspelo, cilj ove studije je u najvećoj meri ispunjen, uprkos neujednačenosti obima analiza. Iako nedostaci i pojedine nedorečenosti vezane za neka pitanja svakako postoje, one nikako ne mogu dovesti u pitanje validnost iznesenih interpretacija, kao ni koncepciju ove studije.

I

UVOD U PROBLEMATIKU

Ideje o slovenskom jedinstvu do kraja osamnaestog veka i kratak osvrt na pojedina pitanja u vezi sa značenjem „slovenskog identiteta" u srednjem veku

Kao što je već istaknuto u predgovoru ove knjige, pod terminom *slovenstvo* se ne podrazumevaju procesi vezani za etnogenezu i konsolidaciju slovenskog etnosa. Samim tim ni analize u ovoj studiji se neće bazirati na ova kompleksna pitanja kao ni na problematiku koja bi se ticala eventualnog stvaranja, odnosno konstrukcije Slovena kao etničke kategorije (stanovište koje zastupa Florin Kurta), što predstavlja posebnu tematiku koja svakako jeste neposredno u vezi sa izmišljanjem slovenstva, ali u analitičkom smislu čini zaseban i autonoman skup složenih problema, koji kao takav prevazilazi tematske okvire ove studije.[3] Svakako, brojne hipoteze

---

3 F. Kurta je u svojoj obimnoj studiji *The Making of the Slav*s: *History and Archaeology of the Lower Danube Region, c. 500-700,* sa priličnom argumentacijom, odnosno koristeći se lingvističkim i istorijskim proučavanjima, kao i interpretacijama arheoloških nalaza, izneo mišljenje da su Sloveni u smislu etničke grupe zapravo konstrukcija vizantijskih autora nastala etiketiranjem spolja, odnosno da su nastali kao oblik „politizacije" različitih etničkih grupa na limesu, koje su bile u konstantnom kontaktu sa Vizantijom. Kurta ukazuje na slabost dosadašnjih interpretacija koje su na osnovu lingvističkog aspekta (istog jezika) određivali etnicitet, ističući da su Sloveni postali kolektivitet korišćenjem ovog etnonima od strane spoljašnjih posmatrača (Vizantinaca). Odnosno, Kurta smatra da Sloveni nisu nastajali kroz procese etnogeneze, već kao rezultat granične interakcije između Vizantije i onih *drugih,* odnosno skupina ljudi koji vizantijci nisu smatrali delom svoje (sopstvene) grupe. On ističe da se slovenski etnički identitet ne temelji na jedinstvenoj lingvističkoj osnovi, već na spoljašnjem etiketiranju, tj. po njemu Sloveni nisu postali Sloveni zbog toga što su govorili istim (slovenskim) jezikom, već zbog toga što su ih drugi (vizantijski autori) tako označavali. Opširnije u Kurta 2001. Na slabost interpretacija kojima se na osnovu jezičke baze određuje etnicitet grupe, odnosno na slabost interpretacija o tzv. velikim

KONSTRUKCIJA SLOVENSTVA U POLITICI I NAUCI

koje su fokusirane na problematiku slovenske etnogeneze, prapostojbine i jedinstva u najstarijoj prošlosti, veoma često su imale ideološku i političku konotaciju i upravo su često nastajale kao produkt i konsekvenca različitih ideoloških koncepata proisteklih iz panslavizma i ideja o slovenskom jedinstvu, dok su sa druge strane isto tako i same uticale na formiranje i razvoj ovakvih ideja, pre svega u periodu romantizma, odnosno u vreme formiranja nacionalnih identiteta slovenskih naroda. Samim tim, već po svom karakteru interpretacije koje se odnose na različite segmente prošlosti slovenskih naroda tj. Slovena, su svakako veoma često bile motivisane čitavim dijapazonom različitih konstelacija, između ostalog i različitim subjektivnim stavovima njihovih autora. Ipak, slavofilske tendencije, kao i idejne koncepcije koje su propagirale potrebu za različitim oblicima ujedinjenja Slovena koje su imale jasne obrise ideologije, javljaju se tek od kraja osamnaestog, odnosno prve četvrtine devetnaestog veka, dok se pre toga ideje o slovenskom jedinstvu pojavljuju izolovano i praktično su ograničene na stavove koje je zastupao Juraj Kržanić. Jasnije definisani korpusi ideja

---

etničkim grupama, kojima su arheolozi pripisivali signifikantnu kulturu, ukazao je i arheolog Kolin Renfju (Colin Renfrew). On tako dovodi u pitanje postojanje Kelta i Indoevropljana, odnosno njihovog realnog etničkog jedinstva (vidi Renfrew 1996). Takođe, u tom kontekstu je i npr. poljski arheolog Koblinski (Z. Kobyliński), izneo pretpostavku da se slovensko etničko jedinstvo u Poljskoj formiralo relativno kasno od nekoliko manjih etnički heterogenih grupa (vidi Kobyliński 1989). Sumnju u etničnost termina *Sloven* iskazali su na različite načine i neki drugi autori kao što su istoričari Omeljan J.Pritsak (Омелян Йосипович Пріцак), H. Volfram (Herwig Wolfram) V. Pohl (Walter Pohl) i drugi. Sasvim je moguće da su velike etničke grupe, poput npr. Slovena, zapravo pseudo etničke zajednice stvorene pre svega od strane lingvista na osnovu njihovog savremenog jezičkog jedinstva. Odnosno, brojne lingvističke analize, zanemaruju dugotrajne procese mogućih međusobnih stapanja različitih etničkih grupa, kao i njihovo eventualno postepeno prihvatanje jedinstvenog jezika. Svakako ovakva tumačenja, bez dodatnih argumenata, uprkos izuzetno jakim indicijama, za sada moraju ostati u domenu hipoteze.

koje su težile stvaranju kolektivnog identiteta koji se može označiti kao (sve)slovenski, inicijalno su proizilazile iz procesa formiranja pojedinačnih slovenskih nacionalizama sa jedne, i kao reakcija na osećaj ugroženosti od strane *drugog*, u prvom redu Nemaca i ideologije pangermanizma sa druge strane, što će biti detaljno analizirano u drugom i trećem poglavlju ove studije. Ovakvo razgraničavanje kojim se definiše vremenski okvir konstrukcije slovenstva u politici je od krucijalne važnosti, a između ostalog njime se sekundarno ukazuje i na koncepciju ove studije, odnosno na predmet istraživanja ove knjige koja se upravo fokusira na analize ideja koje su težile formiranju nadnacionalnog slovenskog oblika kolektiviteta. Dakle, ideje o slovenskom jedinstvu, kao i slavizam i ideologija panslavizma nastaju kao posledica nacionalne emancipacije. Odnosno, koncepcije o slovenskom jedinstvu kao obliku bliskog ideologiji kasnijeg panslavizma, pojavljuju se u kompaktno profilisanoj formi inicijalno kroz rad J. G. Herdera i dodatno su razrađene u radovima J. Kolara, P. J. Šafarika, Lj. Štura i drugih, pa se stoga hipoteze o postojanju nekakvog oblika *baroknog slavizma*, moraju maksimalno relativizovati ili u potpunosti isključiti, budući da se one nisu temeljile na postulatima koje su težile izgradnji nadnacionalnog oblika identiteta, tj. oblika slovenskog kolektiviteta. Herderove ideje o Slovenima, u tom smislu predstavljaju početne inicijalne premise iz kojih proizlazi korpus ideja o slovenskom jedinstvu, bez obzira na postojanje starijih radova i izolovanih nezavisnih ideja pojedinih autora (u prvom redu Križanića) koji su zagovarali određeni oblik slovenskog ujedinjenja. Međutim, iako ova studija u hronološkom smislu prati period od kraja osamanaestog veka kada se javljaju prve jasno profilisane tendencije koje su težile ostvarivanju različitih oblika slovenskog jedinstva zasnovanog na percepciji o slovenskoj prirodnoj bliskosti i slovenskom etničkom jedinstvu u dalekoj prošlosti, neophodno je ukazati na pojedine aspekte koje su se odnosili na shvatanje o slovenskom jedinstvu i u ranijim periodima, odnosno u delima starijih autora.

KONSTRUKCIJA SLOVENSTVA U POLITICI I NAUCI

U sledećem delu teksta ukratko je ukazano na istorijat interesovanja za Slovene u delima nastalim pre druge polovine osamnaestog veka, a u skladu sa time i na pojedine aspekte koji su se odnosili na različita shvatanja o slovenskom jedinstvu u ovom periodu. Takođe je, u meri u kojoj je to bilo moguće, ukazano i na problematiku koja se odnosi na samu suštinu ideja, tj. hipoteza o slovenskom etničkom jedinstvu u dalekoj prošlosti na osnovu kojih se su se temeljile i devetnaestovekovne ideje o potrebi za uspostavljanjem ponovnog jedinstva Slovena tokom devetnaestog veka. Tom prilikom se nije pretendovalo bilo kakvoj opširnijoj analizi, već je bio cilj da se definisanjem osnovnih okvira istraživanja, pruži jasniji uvid u naredna poglavlja u kojima je analizirana problematika kojoj je posvećena ova knjiga. Sa tom namerom, na kraju poglavlja, ukratko je ukazano i na osnovnu problematiku koja se odnosi na karakteristike slovenskog identiteta u srednjem veku, što uprkos tome što naizgled tematski odudara od osnovne tematske koncepcije knjige, ipak doprinosi opštoj analizi problematike.

Srednjovekovna i novovekovna percepcija o Slovenima: Kratak osvrt na istorijat shvatanja o slovenskom jedinstvu u prošlosti u kontekstu istoriografskih radova do J. G. Herdera

Izbegavajući bilo kakav osvrt na antičke izvore o Slovenima, odnosno na korpus etnonima u delima antičkih autora koji se sa manje ili više argumenata izjednačavaju sa slovenskim etnosom, potrebno je napomenuti da većina antičkih pisaca (Pseudo Cezarije, Gaj Plinije Stariji, Publije Kornelije Tacit, Klaudije Ptolomej, Prokopije Kesarijski, Agapije, Meandar Protektor, Mavrikije, Teofilakt Simokata, Retor Prisk, Jordanes, Kasiodor i drugi) pominjući Slovene, označavaju ih kao grupu srodnih plemena koja zauzimaju velika prostranstva. Svakako, u kontekstu sadržaja antičkih izvora bilo bi apsurdno i krajnje neosnovano govoriti o bilo kakvim

I UVOD U PROBLEMATIKU

shvatanjima o slovenskom jedinstvu, tako da bilo kakve analize vezane za ovu problematiku ne spadaju pod teme kojima se ova knjiga bavi.[4]

Ranosrednjovekovni pisci, kao i srednjovekovni slovenski hroničari najčešće nisu bili upoznati sa delima antičkih autora i razvijali su individualne i često međusobno nezavisne predstave o starosti i prapostojbini Slovena. U delima ovih pisaca se uočava tendencija za zajedničko izvođenje porekla Slovena, odnosno u svim izvorima je jedinstvo Slovena u najranijoj prošlosti podrazumevano. Njihova tumačenja su se prvenstveno odnosila na pitanja vezana za poreklo Slovena, njihovu starost, pri čemu su brojne interpretacije u sebi sadržale veoma često različite fiktivne i mitološke elemente, kao i motive koji su imali za cilj da poreklo naroda interpretiraju u skladu sa biblijskim tradicijama. Tako je npr. staroruski letopisac i monah *Nestor*, autor najstarijeg ruskog letopisa *Povest minulih leta (Повѣсть времяньныхъ лѣтъ)* koji je nastao krajem XI ili početkom XII veka, geneaološko poreklo Slovena izvodio preko biblijskog predanja. On istoriju Slovena započinje od događaja opisanog u Starom Zavetu koji se odnosi na zidanje Vavilonske kule, pri čemu prapostojbinu Slovena, kao i čitavog čovečanstva smešta u region Prednje Azije iz koje su se Sloveni po njemu naselili uz Donji tok Dunava i u Panoniju. Ovaj rukopis, koji je nastao u Pečerskom manastiru i koji je poznat još kao *Primarna* ili *Nestorova hronika*, odnosno kao *Kijevski letopis,* postao je kasnije ključan izvor za formiranje tzv. Podunavske, tj. Balkanske ili Dunavske hipoteze o prapostojbini Slovena, koja je bila prisutna u okviru slovenske romantičarske istoriografije, pre svega u delima P. J. Šafarika, što će biti detaljno analizirano u okviru trećeg poglavlja. U sadržaju ovog izvora, ujedno se uočavaju pojedini aspekti koji pružaju indicije koje su u vezi sa manifestacijama

---

4 O antičkim, odnosno vizantijskim izvorima u kojima postoje podaci o Slovenima, videti u Ferjančić 1966.

slovenskog identiteta u srednjem veku. Odnosno, letopisac je izjednačavajući ruski narod sa slovenskim, polazio do početne pretpostavke o zajedništvu i jedinstvu svih Slovena u drevnoj prošlosti, što je ujedno i osnovni motiv prisutan u svim srednjovekovnim izvorima. Poput Nestorovog objašnjenja početka istorije Slovena, Kozma Praški (*Kosmas*) je u svom delu *Chronica Boemorum* nastalom između 1119. i 1125. godine, poreklo Čeha takođe vezivao za biblijsku priču o Vavilonskoj kuli, odnosno tvrdio je da su se preci Čeha predvođeni praocem *Čehom* (etnonimnim mitskim pretkom) nakon zidanja Vavilonske kule, prešavši tri reke, naselili kod planine Rip (*Říp*) između reka Vltave i Labe.[5] Biblijska priča o zidanju kule Vavilonske kao događaju od kojeg počinje istorija Slovena, prisutna je i u drugim srednjovekovnim izvorima, poput Dalimilove hronike nastale u više etapa u prvoj četvrtini XIV veka, zatim u delu *Kronika česká* (*Nová kronika česká*) koje je napisao Pribik Pulkava iz Radenina (*Přibík Pulkava z Radenína)* u drugoj polovini XIV veka, kao i u delu poljskog istoričara Jana Dlugoša (Jan Długosz) iz XV veka. Nadovezivanje na starozavetne ličnosti i događaje uočava se i u drugim srednjovekovnim delima. Tako se npr. u *Bavarskoj hronici* s kraja XIII veka govori da su Sloveni bili

---

5 Detaljnije o Kozmovoj hronici videti u Králík 1976, Třeštík 1972. i Sadílek 1997. Opšte o latinskoj literaturi češkog srednjeg veka u Nechutová 2000. Inače, planina Rip u kontekstu legende o praocu Čehu i naseljavanju Češke, se prvi put pojavljuje upravo u Kozmovoj hronici i vremenom ovu legendu dopunjuju drugi srednjovekovni hroničari. U romantizmu je ova legenda imala veliki značaj i bila je izuzetno popularna, dok je sama planina Rip u izvesnom smislu imala naglašenu svenacionalnu dimenziju. Legenda o praocu Čehu je uostalom, kao i mnoge druge srednjovekovne češke legende, imala poseban značaj u procesima češkog narodnog preporoda. Na dodatnoj popularnosti je dobila posebno zahvaljujući delu A. Jiraseka (Alois Jirásek) *Staré pověsti české (Stare češke priče)* iz 1894. godine, koje je bilo izuzetno popularno i koje je od tog perioda imalo veliki broj visokotiražnih reizdanja sa nizom propratnih ilustracija. Ovo delo je kasnije bilo priličnu popularno i tokom komunističkog režima u ČSSR.

I UVOD U PROBLEMATIKU

potomci Hama i da potiču iz Mesopotamije (Sedov 2012, 16). Slično tome, poljski kartograf i istoričar Bernard Vapovski (*Bernard Wapowski*) je u svojoj hronici napisanoj u prvoj polovini XVI veka, čiji je sadržaj poznat iz drugih izvora budući da ona nije sačuvana, naveo kako Rusi, Bugari, Česi i Poljaci vode poreklo od Noevog unuka i Jafetovog sina *Moseha* (Sedov 2012). Izuzev tendencije da se najstarija prošlost Slovena nadovezuje na događaje opisane u starozavetnom tekstu, što je tendencija koja je generalno bila prisutna u delima srednjovekovne evropske literature sa (uslovno) istorijskim sadržajem a posebno u tzv. narodnim hronikama, autori srednjovekovnih izvora su najraniju prošlost Slovena najčešće nastojali da vežu za zajedničkog etnonimnog (mitskog) pretka, nastojeći pri tome da rekonstruišu raseljavanja iz njihove prapostojbine. Bitno je napomenuti da apsolutno svi izvori ne dovode u pitanje prvobitno slovensko jedinstvo, bez obzira na brojne različite hipoteze o lokaciji slovenske pradomovine, poreklu, kao i o procesu njihovog raseljavanja. Svakako, govoriti o bilo kakvoj ideološkoj pozadini insistiranja na zajedničkom poreklu u smislu ideja o slovenskoj bliskosti i jedinstvu u kontekstu ovih dela, bilo bi potpuno neutemeljeno i netačno. Međutim, srednjovekovne hronike su svakako neposredno doprinosile postepenom konstruisanju slovenskog idejnog korpusa, koji će postati vidljiviji tek od kraja osamnaestog veka. Slovenska romantičarska istoriografija rukovođena i usmeravana u skladu sa procesima nacionalne emancipacije slovenskih naroda se upravo u najvećoj meri bazirala na brojne srednjovekovne izvore, nastojeći da uz pomoć njih ukaže na duboku starost slovenskog etnosa, na kontinuitet, ali i na jedinstvo slovenskih naroda u najranijoj prošlosti. Takođe, srednjovekovna dela su korišćena i kao izvor za određivanje lokacije slovenske prapostojbine, naravno uz političke konotacije vezane za dokazivanje autohtonosti, prava na teritoriju i drugog, što su inače tendencije koje su i danas prilično izražene u okviru obimnog korpusa pseudonaučnih dela prisutnih kod svih slovenskih naroda.

KONSTRUKCIJA SLOVENSTVA U POLITICI I NAUCI

Problematika vezana za slovensku prapostojbinu, uz često određivanje etnonimnih predaka a u skladu sa time i raseljavanja slovenskih plemena uz naglašenu dozu mitoloških elemenata, predstavljala je u određenom smislu centralni motiv skoro svih srednjovekovnih hronika. Tako Nestor kao prapostojbinu Slovena, nakon njihovog dolaska iz Azije, smatra Panoniju, tj. Podunavlje, a slična mišljenja iznosi i krakovski episkop i autor Poljske istorije (*Historia Polonica*) nastale oko 1200. godine, Vikentije Kadlubek (*Wincenty Kadłubek*). On, izostavljajući epizodu o prvobitnom poreklu iz Azije, najstariju teritoriju Slovena vidi na prostoru Panonije i Bugarske. Takođe, poljski istoričar Buguhval (*Boguchwali*) u svojoj Hronici Poljske (*Chronica Polonica*) napisane u prvoj polovini XIII veka govori o raseljavanju Slovena iz Podunavlja (Panonije), pri čemu kao praroditelja svih Slovena ovaj autor određuje ličnost pod imenom *Pan* čiji su sinovi *Leh Rus* i *Čeh* predvodili seobe Slovena u Poljsku, Rusiju i Češku. Ovaj izvor ujedno svedoči o stvaranju neke vrste (uslovno) zajedničke slovenske etnogenetske legende koja upućuje na zajedničko poreklo svih Slovena oličeno kroz ličnost mitskog pretka *Pana* i njegovih potomaka (*Leha, Rusa i Čeha*) koji ujedno predstavljaju eponimne pretke slovenskih naroda, odnosno plemena. U *Nestorovom letopisu* se navodi da su se Sloveni prvo naselili duž Dunava odakle su se razišli na različite strane nakon napada Voloha, pri čemu su se u zavisnosti od toga gde su se naselili nazvali različitim imenima po mestima na koje su došli (videti Bednaříková i dr. 2006). U *Češkoj hronici* Pribika Pulkave iz Radenina, navodi se da su se nakon dolaska iz Azije, Sloveni naselili na Balkan, odnosno u širi region Podunavlja, da bi se odatle jedna grupa predvođena Čehom preselila u Češku a druga predvođena Lehom u Poljsku, od koje se kasnije odvojila grupa koja je naselila Rusiju i još neke predele (videti Kutnar and Marek 1997). Letopisac Dalimil, takođe navodi da su se Sloveni prvo naselili u Ilirik i da su bili susedi Grka, odakle su se raširili i zauzeli veliku teritoriju. Epizoda o seljenju Leha i Čeha iz Panonije kao

I UVOD U PROBLEMATIKU

najstarije postojbine, prisutna je i kod Jana Dlugoša, kao i kod nekih drugih srednjovekovnih autora koji su često uticali jedni na druge.[6] Valentin Vasiljevič Sedov ističe da je priča o raseljavanju svih Slovena sa Dunava, bila izuzetno popularna u spisima i hronikama srednjovekovnih autora, koji su ovu legendu veoma često u pojedinim delovima dopunjavali i menjali. Sedov takođe navodi, da je sve do XV veka legenda o Dunavskom poreklu Slovena imala primat u istorijskim spisima (Sedov 2012, 16). Ove hipoteze o Dunavskoj (Balkanskoj) prapostojbini su bile prisutne i kasnije tokom XV i XVI veka, npr. u delu Matije Mehovita (Macej Mechowski). Svakako, pored ovakvih postojala su i drugačija tumačenja o poreklu i prapostojbini Slovena.[7] Tokom XV i XVI veka u delima onovremenih autora najčešća su bila tumačenja koja su ukazivala na sarmatsko poreklo Slovena. Tako se npr. u delu *Historiae Regni Boiemiae* koje je napisao češki istoričara Jana Dubraviusa (*Jan Skála z Doubravky a Hradiště*) na osnovu radova pojedinih vizantijskih

---

6 Detaljniji pregled srednjovekovnih hronika, kao i drugih istorijskih izvora i dela o Slovenima, u kontekstu tumačenja o njihovoj prapostojbini i poreklu, videti u Sedov 2012.

7 Tako u spisu *Geografika* sa početka XII veka, naučnik *Gvido iz Pize (Guido da Pisa)*, tj. tzv. *Ravenski geograf*, pominje „Slovensku Skitiju", koja je verovatno predstavljala oblast između Karpata i Baltičkog mora. U delu *Gesta Regum Sclavorum* nastalom verovatno tokom druge polovine XII veka, poznatom još kao *Letopis popa Dukljanina* ili *Barski rodoslov*, koje je po svemu sudeći nastalo u benediktinskim klerikalnim krugovima u Baru, pretpostavlja se etničko jedinstvo Gota i Slovena u prošlosti. Odnosno, autor hronike anonimni sveštenik iz Bara, Gote i Slovene smatra istim narodom i svoje delo *Kraljevstvo Slovena* započinje informacijama o doseljavanju Gota u oblast rimske provincije Prevalis (*Praevaliana*) krajem V veka, pri čemu hronika sadrži i prilično fiktivan i nepouzdan spisak goto-slovenskih vladara između V i XII veka. Autorstvo, kao i različite postojeće redakcije i prepisi *Barskog rodoslova* izazivaju mnoštvo konfuznosti i različitih tumačenja istraživača, a u poslednje vreme postoje i indicije koje osporavaju autentičnost same hronike, ukazujući da je moguće da se radi o falsifikatu nastalom tokom XVII veka. Opširnije o hronici videti u Mijušković 1988. i Mužić 2002.

autora, ističe da je prapostojbina Slovena zapravo Ptolomejeva Sarmatija, dok su onovremeni poljski istoričari kao što su *Gregorli Sanok Wiszniewski,* Martin Kromer *(Martin Cromer),* već pominjani Bernard Vapovski, Hristijan Varševicki, Macej Strijkovski *(Maciej Stryjkowski), Alessandro Guagnini (Aleksander Gwagnin)* i drugi, često utičući jedne na druge, razvijali slična tumačenja po kojima se prapostojbina Slovena nalazila u Istočnoj Evropi, odnosno na prostoru Rusije (videti Sedov 2012, 16-18). Takođe, u ovom periodu su veoma česte bile i hipoteze o istovetnosti antičkih Veneda i Slovena, kao i o srodstvu Slovena sa Vandalima. Tako je npr. ovakvo stanovište zastupao Albert Kranc (*Albert Kranz*) u svom delu *Vandalija,* a slično njemu teoriju o srodnosti Veneda i Vandala su zastupali poljski istoričari sa kraja XVI veka, Marin i Joahim Beljski *(Marcin Bielski, Joachim Bielski)*.[8] Među južnoslovenskim piscima, takođe su postojale različite teorije o poreklu i prapostojbini Slovena. Tako se u hronici Tome Splitskog koja datira iz XIII veka, izlaže verzija o autohtonosti dalmatinskih Hrvata, dok se u delu dubrovačkog istoričara Ludovika Crijevića Tuberona (1490-1522) precima Slovena označavaju ruski stanovnici evropske Sarmatije iz koje je deo Slovena migrirao na zapad i od te grupe su kasnije nastali Poljaci i Česi, dok se deo spustio na jug, odnosno u Iliriju (videti Sedov 2012). V. Sedov ističe da su srpski letopisci za pretke Srba smatrali Dačane, ali i da je bila prisutna i tvrdnja o istovetnosti Slovena i Gota. Sedov takođe ističe da je rasprostranjenost teorije o severnom poreklu Slovena u južnoslovenskoj istoriografiji očevidno uslovljena okolnošću da se među Južnim

---

8 Opširnije o radovima i tumačenjima ovih autora videti u (Sedov 2012, 18-19). Inače problematika vezana za etnonim Venedi, odnosno izjednačavanje ovog etnonima sa etnonimom Sloveni, još uvek je aktuelna u nauci i predstavlja jedno od najznačajnijih pitanja vezanih za ranu prošlost Slovena, kao i za proces njihove etnogeneze. Opširnije o ovoj problematici, videti u Bednaříková i dr. 2006.

I UVOD U PROBLEMATIKU

Slovenima dugo negovalo predanje o njihovom doseljavanju na Balkansko poluostrvo sa severa (Sedov 2012, 20).

Radovi srednjovekovnih pisaca, kao i oni nastali do kraja XVI veka, kao što je ukazano u ovom kratkom pregledu, obiluju različitim proizvoljnim tumačenjima slovenske najranije prošlosti. Sva ova dela govore o raseljavanju slovenskih plemena iz prapostojbine, odnosno podrazumevaju slovensko etničko jedinstvo u najdubljoj prošlosti. Iako se u njihovim sadržajima, kao što je već napomenuto, ne može govoriti o bilo kakvim elementima koji su analogni idejama devetnaestovekovnog slavizma, ona su ipak značajno uticala na postepeno formiranje slovenskog korpusa iz kojeg su kasnije tokom devetnaestog veka crpljeni materijali za različita istoriografska i književna dela koja su propagirala slovensko jedinstvo kroz konkretne ideje.

Verovatno najpoznatije delo vezano za prošlost Slovena i prvo delo u kome se uočavaju pojedine idejne koncepcije koje su težile tendencioznom hiperbolisanju značaja slovenske prošlosti, predstavlja Kraljevstvo Slovena (*Il Regno degli Slavi*) koje je 1601. godine napisao dubrovački istoričar slovenskog porekla Mavro Orbini (1563-1610). Ovaj benediktinski monah u predgovoru svoje knjige pominje slavu „slovenske nacije", odnosno slovenski „narod" i „carstvo slovenske nacije" (vidi Nedeljković 2007, 170). Orbini (Mauro Orbin) u svom delu Slovene predstavlja kao jedinstvenu narodnu celinu, a sam sadržaj dela predstavlja idealizaciju i glorifikaciju slovenske istorije. Opisujući podvige, junaštva i hrabrost pojedinaca i grupa, Orbin prošlost Slovena od najranijih vremena do njegovog vremena predstavlja na osoben način, koji u izvesnom smislu podseća na kasnije radove slovenske romantičarske istoriografije. U tom smislu uslovno bi se moglo govoriti da se kod Orbina uočavaju najraniji poznati elementi slavofilstva, ali uprkos tome, potrebno je još jednom istaći da oni svakako nisu nastajali iz istih ideoloških poriva, niti su imali istu svrhu i formu, sa slavofilskim tendencijama svojstvenim procesima stvaranja slovenskih nacionalnih identiteta. Prema tome, uprkos činjenici da delo „Kraljevstvo Slovena" po svom sadržaju obiluje slavofilskim motivima, njega, kao ni nešto kasniji rad hrvatskog pisca Juraja Križanića iz XVII veka, nije moguće podvesti pod kategoriju slavizma tj. kasnijih ideja o slovenskom jedinstvu zasnovanih na Herderovom opisu Slovena. Orbin je u svom delu takođe prošlost Slovena vezivao za starozavetno predanje, navodeći da su Sloveni zajedno sa Germanima potomci Jafetovog roda, pri čemu kao njihovu prapostojbinu određuje Skandinaviju.[9]

Posmatrano u celini, dela nastala od početka XVII do poslednje četvrtine XVIII veka, za razliku od ranijih radova vezanih za prošlost Slovena, pružaju raznovrsniji korpus tumačenja, pri čemu autori individualno formiraju različite interpretacije o etnogenezi Slovena, pristupajući pri tome krajnje proizvoljnom etimologiziranju. Na taj način Sloveni se u zavisnosti od konkretnog autora i dela poistovećuju sa skoro svim narodima i plemenima zabeleženim u istorijskim izvorima poput Ilira, Kelta, Gota, Skita, Dačana, Tračana, Sarmata itd. U ovom periodu, naročito je među češkim i poljskim autorima bila popularna tzv. sarmatska teorija o poreklu Slovena u različitim verzijama. Hipotezu o sarmatskom poreklu Slovena zastupali su u različitim varijantama, često se pri tome oslanjajući na radove svojih prethodnika iz XV i XVI veka, brojni autori kao što su nemački geograf Filip Kliver (*Philipp Clüver/ Philippus Cluverius*), češki istoričar Jovan Matej iz Sudeta (*Jan Matyáš ze Sudetu)*, Faust Vranić iz Šibenika, nemački naučnik G. V. Lajbnic (*G. W. Leibinz*), P. Doležal, J. Pastorijus, P. Pjasecki (*P. Piasecki*), B. Baljbin (*B. Balbin*), A. Stredonijus (*A. Stredonius*), St. Klečevski (*St. Kleczewski*), F. Publička i drugi (videti Sedov 2012, 23-24). Ugarski pisac i istoričar slovenskog porekla Samuel Timon,

---

9   Opširnije o sadržaju ovog dela, kao i o njegovom piscu, videti u radovima Sime Ćirkovića, Franje Barišića, Radovana Samardžića i Miroslava Pantića štampanim uz prevod ove knjige na srpski jezik (vidi Orbin 1968).

I UVOD U PROBLEMATIKU

kao i luteranski sveštenik i naučnik Matija Bela (*Matej Bel*) takođe su u specifičnoj verijanti zastupali tezu o Slovenima kao Sarmatima (videti Podolan 2007). Posebno uticajne hipoteze o sarmatskom poreklu Slovena dao je češki istoričar Jan Hristijan Jordan (*Jordan. J. Chr*), koji je isticao da treba razlikovati slovenske Sarmate-Venede od Skita, Sarmata, Alana, Roksolana i Vandala koji nisu bili Sloveni. Sedov ističe kako je Jordanov rad bio progresivan momenat u izučavanju rane istorije Slovena, ali da ipak on nije uneo korenite promene u etnogenetske konstrukcije savremenika već da su se stare tačke gledišta širile kao i ranije, samo doupunjene različitim dosetkama (Sedov 2012, 24) Jordanova tumačenja su inače posebno uticala na ranije radove i teze P. J. Šafarika o etnogenezi Slovena (Podolan 2007).[10] Pored poistovećivanja Slovena sa Sarmatima, tokom XVII i većeg dela XVIII veka, ali svakako i kasnije tokom prve polovine XIX veka, među autorima su postojala i brojna tumačenja koja su prošlost Slovena opisivala na najneverovatnije načine. Brojni autori u ovom periodu u svoje radove unose čitav niz proizvoljnih teorija i fikcija o poreklu i prošlosti Slovena, pri čemu se pojavljuju i posebne jedinstvene teorije.[11] Izuzev njih,

---

10 Na Šafarikove istoriografske radove, kao i o uzrocima promene njegove hipoteze o prapostojbini, tj. o mogućim političkim razlozima zbog čega je napustio teoriju o sarmatskom poreklu Slovena, ukazano je u trećem poglavlju ove knjige.

11 Tako je npr. pisac, profesor numizmatike, poetike i arheologije, Matija Petar Katančić (1750-1825) Stare Slovene povezivao sa Ilirima i Dačanima, dok je pisac i arhimadrit, Jovan Rajić (1726-1801) u svojoj knjizi *История разних народов, наипаче Болгар, Хорватов и Сербов* iz 1794. godine, prošlost Slovena (Veneta, Vinda, Eneta) povezao sa Trojanskim ratom, koji su po njemu branili Troju od Grka. Nakon toga su se, po Rajićevom mišljenju, Sloveni raselili po Jadranu, odakle su se raširili i naselili široke prostore. Međutim, kod Rajića postoji i drugačija interpretacija rane slovenske prošlosti po kojoj se poreklo Slovena vezuje za biblijsko predanje, pri čemu Rajić navodi kako se jedan od Jafetovih potomaka, Vandal, preselio sa svojim plemenom iz Azije u Evropu i naselio kraj Visle. Taj narod se kasnije po Rajićevom mišljenju,

i dalje su bila prisutna tumačenja vezana i za tzv. Podunavsku (Dunavsku), odnosno Balkansku hipotezu o prapostojbini i poreklu Slovena. Ovakvo stanovište o Iliriji kao prapostojbini su na različite načine zastupali brojni autori poput lužičkog filologa Mihaila Frencela (1628-1706), kao i A. L. Šlecer (*August Ludwig von Schlözer*), koji je smatrao da su Rimljani znali od ranije za Slovene na prostoru Norika i Panonije, ali da su ih zvali drugačijim imenima iz čega je ujedno izvodio i tumačenje o slovenskom poreklu Veneta i Ilira (Sedov 2012, 22). Dunavska hipoteza o prapostojbini Slovena prisutna je i u radovima autora druge polovine XVIII veka, kao i u istoriografskim radovima nastalim u kontekstu tzv. nacionalnih preporoda slovenskih naroda, pri čemu se u nekima od njih uočavaju (sve)slovenske idejne koncepcije. Verovatno najznačajnije istorijske radove u tom smislu, predstavljaju dela P. J. Šafarika. Međutim, pored istoriografskih radova proizašlih iz konteksta procesa stvaranja nacionalnih identiteta slovenskih naroda, teorija o prapostojbini Slovena na Dunavu se pojavljuje i kod nekih neslovenskih zapadnoevropskih autora s kraja XVIII veka kao što je I. H. Gaterer (I. H. Gaterrer), pri čemu ovaj autor, nadovezujući se na navode iz *Primarne hronike*, navodi da drevne stanovnike Podunavlja, Dačane i Gete treba smatrati precima Slovena i Anta (videti Sedov 2012, 22). Ipak, u ovom periodu postojale su i drugačije teorije o prapostojbini i poreklu Slovena, poput one koju je zastupao ruski političar, etnograf i istoričar V. N. Tatiščev (*Василий Никитич Татищев* 1686-1750), koji je negirao srodstvo Slovena sa Sarmatima i Skitima, kao i tzv. Dunavsku hipotezu, smatrajući pradomovinom Slovena Rusiju.

Od početka sedamnaestog veka uočavaju se pojedine tendencije koje imaju izvesni slavofiski karakter i koje su proisticale iz težnje južnih Slovena za oslobođenje od Turaka. Izuzev rada J. Križanića

---

počeo nazivati Vandalima, odnosno Slovenima koji su vremenom migracijama zauzeli četvrtinu Evrope (videti Sedov 2012, 25).

I UVOD U PROBLEMATIKU

na koji će biti detaljnije ukazano u nastavku teksta, treba pomenuti da se ideja o slovenskom jedinstvu, kao i specifičan oblik slavofilskih tendencija, uočava u stvaralaštvu jednog od najznačajnijih pesnika Dubrovačke republike, Ivana Džive Gundulića (*Giovanni Francesco Gondola,* 1589-1683). Njegov istorijsko-romantički ep *Osman*, predstavlja izvesni oblik glorifikacije poljske, odnosno slovenske i hrišćanske pobede nad Turcima i Islamom kod Hotina 1621. godine. Takođe, u izvesnom smislu, ovo delo ukazuje i na onovremenu kratkotrajnu percepciju o Poljskoj kao mogućoj slovenskoj sili koja bi mogla osloboditi Južne Slovene od turske vladavine (vidi Kont 1989). Ep je prožet izrazitim antiturskim motivima, kao i elementima koji veličaju trijumf poljske (slovenske) vojske nad Osmanlijom u skladu sa baroknom poetikom, odnosno Gundulićevom slobodnom interpretacijom događaja o čemu između ostalog u izvesnom smislu svedoče i Gundulićevi prikazi likova. Međutim, već u radu J. Križanića kao zaštitnica svih Slovena se pojavljuje Rusija, što je inače postala prilično izražena percepcija u okviru kasnijeg devetnaestovekovnog panslavizma, kao i sveslovenskih idejnih koncepcija generalno. Percepcija o Rusiji kao zaštitnici slovenstva, razvijala se postepeno i postajala je sve izraženija naročito od perioda vladavine tvorca Ruske imperije, Petra Velikog (1672-1725). Pobeda nad Turcima 1696. godine i osvajanje Azova, bila je povod za brojna veličanja Rusije kao i Petra Velikog, što je bilo izraženo pre svega u južnoslovenskom kontekstu. Ovakve tendencije su primetne u poeziji autora kao što su Dubrovčanin Ignjat Gradić (1655-1728), Pavao Riter Vitezović (1652-1713), Jerolim Kavanjin (1643-1714), Stefan Ružić i drugi (vidi Kont 1989, 553-555). Politička i društvena situacija u kojoj su se nalazili balkanski Sloveni, apsolutno je bila pogodno tlo za uspostavljanje ovakvih idejnih koncepcija, koje će u izvesnom smislu kasnije postati jedan od glavnih motiva slovenskog pan pokreta i ujedno predstavljati srž korpusa ideja, koje bi se (uslovno) mogle označiti kao (sve)slovenski politički mit o Rusiji kao zaštitnici Slovenstva.

KONSTRUKCIJA SLOVENSTVA U POLITICI I NAUCI

Prva ideja o slovenskom jedinstvu: Slovenstvo Juraja Križanića

Izuzev dela koja su se bavila slovenskom prošlošću i poreklom, pre Herderovih ideja o Slovenima od kojih su inače inicijalno i potekle različite slovenske ideološke koncepcije, što će biti detaljno analizirano u naredna dva poglavlja, prva ideja kojom se propagirao određeni oblik sveslovenskog jedinstva se pojavljuje još u XVII veku. U tom kontekstu potrebno je ukratko ukazati na radove već pomenutog hrvatskog pisca, političara, filozofa, filologa i katoličkog sveštenika Juraja Križanića (1617/18-1683).[12] Križanić predstavlja prvog autora kod kojeg su prisutni jasno izraženi slavofilski stavovi sa političkom konotacijom. Pojedini autori ga zbog toga smatraju najranijim nosiocem ideje o panslavizmu, navodeći da se Križanić među prvima zalagao za jedinstvo svih Slovena i za stvaranje sveslovenskog jezika (Krejči 2000; Šicel 2002). Lj. Cerović ga pominje kao „preteču panslavizma" i ističe da je Križanić bio

---

12 Križanić je studirao filozofiju u Gracu i teologiju u Bolonji i Rimu, pri čemu je posebno proučavao crkveni raskol i rusku istoriju. Nakon studija je nekoliko godina radio kao župnik u Hrvatskoj, da bi zatim više godina proveo u putovanjima po Evropi. U Moskvi je prvi put boravio oko dva meseca 1647. godine, nakon čega još nekoliko godina putuje po istočnoj Evropi, boraveći jedno vreme u Carigradu, odakle odlazi u Rim 1652. gde radi u Zavodu sv. Jeronima. Međutim, ubrzo, uprkos zabrani pape, odlazi po drugi put u Moskvu 1660. godine kako bi službovao na carskom dvoru. Već 1661. godine je bio, pod nerazjašnjenim okolnostima, carskim ukazom proteran u Sibir. U izgnanstvu u gradu Tobolsku boravi čak petnaest godina i u ovom periodu piše neka od svojih najznačajnijih dela. Pomilovan je nakon smene na ruskom prestolu 1676. godine, kada se na kratko vraća u Moskvu a već 1677. godine uspeva da napusti Rusiju. Podacima kojima se disponuje o ostatku njegovog života su oskudni. Nakon napuštanja Rusije, stupio je u dominikanski red i jedno vreme boravi u Vilnu. Poginuo je 1683. godine u redovima poljske vojske prilikom opsade Beča od strane Turaka. Detaljnije o životu, književnom i političkom delovanju J. Križanića videti u Šicel 2002. i Jelčić 2002. O idejnim i političkim aspektima Križanićevog slovenstva, detaljno u Příhoda 2004.

I UVOD U PROBLEMATIKU

prvi nosilac ideje sveslovenstva kao jezičke i etničke celine i crkvene unije, kao i njegovog duhovnog i kulturnog jedinstva (videti Cerović 1997). Sličan poetski atribut „otac panslavizma" mu dodeljuje i Fransis Kont (vidi Kont 1989, 552).

Križanićeve idejne koncepcije, uključujući i slovenstvo, proizilaze iz njegove historiozofije i bile su u skladu sa njegovim teološkim i religijskim stavovima (videti Příhoda 2004). Po njegovom mišljenju Sloveni predstavljaju celinu čija je prapostojbina Rusija, odnosno po Križaniću Rusi, koji u kontekstu njegovih idejnih koncepcija o Slovenima zauzimaju ključno mesto, predstavljaju najstarije Slovene koji su na prostoru koji zauzimaju, autohtonim etničkim elementom.[13] Križanić je smatrao da su Sloveni u prošlosti bili jak narod od koga su strahovali svi susedni narodi. Međutim, vremenom su zbog svoje nesloge sve više slabili, da bi na kraju skoro svi, izuzev Rusa, izgubili političku samostalnost, ili su poput Poljaka dozvolili da njima vladaju strani kraljevi. Glavni razlog slabljenja Slovena, Križanić je video u nedostatku njihovog narodnog karaktera (Příhoda 2004, 196), dok je slovensku prošlost u izvesnom smislu doživljavao kao istoriju potlačivanja Slovena od strane drugih naroda. Po njegovom mišljenju, glavna negativna karakteristika Slovena

---

13 Križanić raseljavanje Slovena iz njihove prapostojbine Rusije, objašnjava u skladu sa njegovim religijskim idejama, odnosno ističe da su napadi Slovena na granice rimskog carstva bili božija kazna za grehove rimskih vladara. Termin *Sloven* do 1665. godine koristi za sve Slovene bez razlike, dok pojam *Rus* koristi za stanovnike Rusije. Međutim, svoj stav menja u predgovoru svog *Gramatičkog izkazanja ob ruskom jeziku,* kada ističe da postoji šest slovenskih naroda, odnosno „šest slavnih jezičkih narečja u našem narodu". Pored ruskog, češkog i poljskog, pominje srpsko, hrvatsko i bugarsko, navodeći pri tome da se poslednja tri nazivaju svojim zajedničkim imenom Sloveni. Odnosno, Križanić terminom Sloveni zapravo označava južne Slovene, dok ističe kako je termin *Rus* najstariji i kako su se davno njime nazivali svi Sloveni. Takođe, pri tome napominje da rusko narečje nije proizašlo iz slovenskog, već da su slovensko narečje, isto kao poljsko i češko proizašli iz ruskog jezika (Příhoda 2004, 194-195).

KONSTRUKCIJA SLOVENSTVA U POLITICI I NAUCI

je u tome što veoma lako potpadaju pod strane uticaje. On ističe da nijedan narod nije pretrpeo toliko štete od stranaca kao Sloveni. U tom smislu Križanić navodi da u Poljskoj nad Slovenima vladaju tuđi kraljevi (*xenarchia*), kao i da Sloveni stradaju zbog toga što se oslanjaju i veruju strancima (*xenopistia*), kao i što žude za svim stranim (*xenomania*) (vidi Příhoda 2004, 196). Najveće neprijatelje Slovena, Križanić je video u Germanima. U skladu sa time, on je istupao neprijateljski prema Nemcima, koji su po njegovom uverenju proterali Slovene sa mnogih teritorija – Moravske, Šlezije i Pruske – i verovao je da Nemci posebno mrze Ruse, budući da njihovom zemljom nisu zavladali (Krejči 2000, 114). Odnosno, u njegovim delima se uočava naglašen antigermanski stav, kao i percepcija o Nemcima kao najopasnijim i stalnim neprijateljima svih Slovena.[14] Kao rešenje za lošu situaciju u kojoj se Sloveni nalaze, Križanić vidi u reformisanoj, moćnoj i organizovanoj ruskoj državi kao zaštitnici ostalih Slovena, koja bi predstavljala barijeru nemačkom ekspanzionizmu, ali i zaštitu od Osmanlija pod kojima se nalazi veliki broj Slovena.[15] Križanić je smatrao da kao prvi korak u izgradnji moćne

---

14 Za Križanića, Nemci predstavljaju glavni uzrok teškog položaja slovenskih naroda i ističu se kao stalni neprijatelji Slovena. Ovakva shvatanja o Germanima kao „večnim neprijateljima i ugnjetavačima Slovena", predstavljaju stalni motiv kod svih kasnijih nosilaca panslavističkih ideja. Tako je percepcija o Nemcima i Germanima kao neprijateljima Slovena, koja se između ostalog pojavljivala u radu nosilaca češkog i slovačkog narodnog preporoda, u velikoj meri uticala i na procese pokušaja stvaranja sveslovenskog kolektiviteta, ali i na konsolidaciju pojedinačnih slovenskih nacionalizama, u prvom redu češkog nacionalnog identiteta.

15 Po Križaniću, Rusija ima obavezu da bude zaštitnicom hrišćanstva i da hrišćanske narode, a pre svega Slovene oslobodi od Turaka. On ističe, da je neophodno da Rusija bude u miru sa svim hrišćanskim državama, a pre svega sa Poljskom i sa Ukrajincima, za koje je naveo da treba da se priklone Rusima kako bi se zaštitili od Poljaka kojima vladaju strani kraljevi. Suprotno tome, Križanić je otvoreno pozivao na rat protiv Tatara, odnosno Krimskog kaganata. Ipak, on je svestan da rat sa Tatarima verovatno znači i rat sa njihovim moćnim saveznicima Turcima. Zbog toga smatra da Rusija treba da uspostavi

I UVOD U PROBLEMATIKU

Ruske države, ruski car treba da preuzme poljsku krunu (videti Vlček 2002, 42-43). Iako za Križanića Rusija predstavlja „svetlo koje osvetljava Slovenske narode", za razliku od kasnijih ruskih slavjanofila koji su srednjovekovnu Rusiju smatrali primerom idealnog društvenog i državnog uređenja, Križanić je bio prilično kritičan prema moskovskoj tradiciji, pri čemu je analizirajući segmente ruskog života tvrdio, da Rusija ne može u budućnosti da opstane bez temeljnih reformi (Příhoda 2004, 196-200).[16] Za njega, verski raskol, predstavlja jedan od osnovnih razloga za međusobno upropašćavanje i uništavanje slovenskih naroda usled verskih sukoba (Šicel 2002). U svom političkom delovanju Križanić se zalagao za etničko jedinstvo svih Slovena, ističući ga u prvi plan i ispred crkvenih i verskih razlika među pojedinim narodima. Međutim, u Križanićevim spisima, nije moguće pronaći ideju o stvaranju jedinstvene slovenske politič-

---

„večni mir" sa Poljacima i svim ostalim hrišćanskim narodima, a zatim da izvrši reforme, kako bi ojačala i mogla uspešno ratovati protiv Turaka. Križanić je borbu protiv Turske video kao obavezu hrišćanskih naroda. U skladu sa sopstvenim religijskim polazištem, smatrao je da je Ruska pobeda nad Turskom i oslobađanje Carigrada neka vrsta božanske misije Rusije koja je predodređena proroštvom. Ovakav stav Križanić objašnjava time da Tursko carstvo ne može više da se proširi, budući da bi onda bilo veće od rimskog koje je prema Danijelovom starozavetnom proroštvu najveće, pri čemu napominje da će Turci u skladu sa time slabiti i da će ih uništiti Severni Sloveni (videti Příhoda 2004, 199-200). Ovakvo Križanićevo tumačenje, koje proizilazi iz negovih subjektivnih verskih stavova, ujedno ukazuje i na njegovo idealizovanje Slovena, ali upućuje i na vremenski kontekst nastanka njegovih radova kada je većina južnih Slovena bila pod Osmanskim carstvom ili im je pretila stalna opasnost od dalje ekspanzije Turaka.

16 Međutim, sličnost između Križanićevih ideja i stavova kasnijih ruskih slavjanofila i panslavista bila je prilično velika, budući da su svi oni u potpunosti verovali u civilizacijsku misiju Rusije kao predvodnice svih Slovena. Ipak, temeljna razlika je u tome što je Križanić insistirao i podržavao ideju o reformama u Rusiji, dok je za slavjanofile svaka modernizacija percipirana kao štetna. Na tematiku vezanu za rusku koncepciju panslavizma i rusko devetnaestovekovno slavjanofilstvo biće ukazano u drugom, odnosno trećem poglavlju ove knjige.

ke celine pod ruskim vođstvom, već ideje o obnavljanju izgubljene samostalnosti i državnosti pojedinačnih slovenskih naroda uz pomoć Rusije (Příhoda 2004, 200). Na Križanićevo slovenstvo su znatno uticale njegova lična iskustva, kao i duhovna tradicija evropskog Zapada. Njegovo shvatanje inostrane politike i uloge Rusije je korespondiralo sa nizom njegovih religijskih i filozofskih stavova a posebno sa njegovom iskrenom verom da politika treba da ima moralni osnov (Příhoda 2004, 198). Križanić je veličao Rusiju, iako je takođe sa druge strane bio oštar kritičar aktuelnog političkog sistema u njoj. Njegova slovenska i rusofilska utopija je u značajnoj meri usmerila i tematiku njegovih radova. Tako je Križanić, dok je bio u izgnanstvu, sastavio opšteslovensku gramatiku, odnosno napisao je svoje najpoznatije delo *Gramatično izkazanje ob ruskom jeziku*, koje je objavio u Tobolsku 1665. godine (videti Šicel 2002). Ovo delo u izvesnom smislu predstavlja gramatiku idealnog slovenskog jezika koji je obuhvatao elemente srednjovekovnog hrvatskog, ruskog, kao crkvenoslovenskog jezika (videti Jelčić 2004), i trebao je da služi kao osnov za ostvarivanje slovenskog jedinstva. Lingvističko pitanje u tom smislu, predstavljalo je za Križanića osnovni predmet interesovanja, budući da se upravo u jeziku, kako je tvrdio, najbolje oslikavala loša situacija u kojoj su se nalazili slovenski narodi (Příhoda 2004, 196).

Posmatrano u celini, Križanićeve ideje korespondiraju sa osnovnim korpusom idejnih koncepata kasnijeg panslavizma i to naročito njegove ruske varijante. Međutim, uprkos tome Križanića nije moguće posmatrati kao panslavističkog autora, budući da je njegovo delo predstavljalo u hronološkom smislu izolovan i jedinstven slučaj na koga se nisu nadovezivale ideje kasnijeg devetnaestovekovnog panslavizma, kao ni ideje o sveslovenskom jedinstvu proklamovane Herderom, Kolarom, Šturom itd. Odnosno, njegova dela su bila prilično nepoznata u prvim decenijama razvoja panslavističke ideje, budući da su ona proklamovana tek kasnije tokom devetnaestog veka, prvenstveno zahvaljujući ruskim panslavistima (vidi Kont

I UVOD U PROBLEMATIKU

1989, 553). Ipak, bez obzira na diskontinuitet između slovenskih ideja koje se pojavljuju od kraja XVIII veka i Križanićevog slovenstva, kao i na različiti kontekst nastanka sveslovenskih tendencija u okviru procesa stvaranja nacionalnih identiteta slovenskih naroda, Križanićev rad bi se, ukoliko se ne uzima u obzir hronološka distanca, mogao u potpunosti podvesti pod rusku varijantu panslavizma, budući da su njegove ideje skoro u potpunosti analogne pojedinim rešenjima proklamovanim tokom devetnaestovekovnog slavizma. Svakako, akceptujući vremenski kontekst, kao i drugačije društvene konstelacije nastanka Križanićevog slovenstva sa jedne, i ideja proklamovanih od kraja osamnaestog veka sa druge strane, ideje i radovi Juraja Križanića, predstavljaju specifičan i usamljeni fenomen koji se mora posmatrati nezavisno od kasnijih ideja inicijalno utemeljenih na Herderovim mišljenjima.

Kratak osvrt na problematiku slovenskog identiteta u srednjem veku

„*Our present knowledge of the origin of the Slavs is, to a large extent, a legacy of the nineteenth century. A scholarly endeavor inextricably linked with forging national identities, the study of the early Slavs remains a major, if not the most important, topic in East European historiography*".

Florin Curta (cit po Curta 2001, 6)

Problematika definisanja slovenskog kolektivnog identiteta u srednjem veku je izuzetno kompleksna i nadovezuje se na problematiku slovenske etnogeneze, odnosno na procese eventualnog zamišljanja, tj. konstrukcije slovenske zajednice, što su teme koje prevazilaze tematske okvire ove knjige, kao što je već ranije istaknuto. Međutim, bez tendencije da se ulazi u analizu spektra pitanja vezanih za problem slovenskog ili slovenskih kolektivnih identiteta tokom srednjeg veka, ipak je potrebno ukazati na pojedine aspekte i konstelacije vezane za percepciju o slovenskom jedinstvu, kako bi se jasnije mogli shvatiti procesi vezani za stvaranje idejnih slavofilskih konstrukcija, izmišljanja slovenskih tradicija i slovenstva u celini, koji su analizirani u narednim poglavljima ove knjige.

Tradicionalna i dominantna percepcija o Slovenima je slovenski kolektivni identitet, odnosno slovensko jedinstvo u prošlosti, u izvesnom smislu prihvatalala i još uvek najčešće podrazumeva kao neupitnu činjenicu. Sloveni su, prvenstveno na osnovu lingvističkih analiza, percipirani kao relativno jasno određena i kompaktna zajednica (grupa) čiji se glavni kohezioni faktor – slovenski jezik, izjednačavao sa etnicitetom. Odnosno, Sloveni su shvatani kao jedinstvena etnička i lingvistička grupa, koja se vremenom, migracijama izdiferencirala na pojedinačne manje slovenske narode. Pri tome se nastanak Slovena kao etničke grupe posmatrao kao proces paralelan procesu stvaranja, tj. izdvajanja staroslovenskog (*praslovenskog*) jezika iz indoevropskog, staroevropskog ili baltoslovenskog lingvističkog i etničkog supstrata. Tako je i pojednostavljeno tradicionalno shvatanje migracije Slovena smatrano uzrokom nestanka jedinstvenog slovenskog identiteta, odnosno nastanka pojedinačnih slovenskih naroda i jezika. Ovakvo stanovište o migracijama kao osnovnom uzroku razbijanja zajedničkog slovenskog identiteta, posebno je bilo aktuelno u kontekstu procesa slovenskih preporoda i na njemu se zapravo temelje i različite ideološke koncepcije kojima se zagovaralo stvaranje različitih oblika (sve)slovenskog jedinstva, kao i pokušaji stvaranja nekog oblika nadnacionalnog slovenskog kolektivnog identiteta. Odnosno, iz ovakvog pojednostavljenog shvatanja proizilazile su patriotske koncepcije prve polovine devetnaestog veka, kao i panslavizam, kojim se težilo nadovezivanje na zamišljeno jedinstvo Slovena u prošlosti i premošćavanje raspada Slovena na pojedinačne narode, pri čemu su, u nastojanju za stvaranjem jedinstvenog političko-kulturnog slovenskog identiteta, relativizovane samoidentifikacije pojedinačnih slovenskih naroda (videti Téra 2004, 53 i dalje).

I UVOD U PROBLEMATIKU

Izuzev konkretnih naučnih rasprava vezanih za problematiku potencijalnog etničkog jedinstva Slovena u prošlosti, a u skladu sa time i upitnog tumačenja pojma „Sloven(i)" kao etničke oznake, tematika vezana za percepciju o slovenskom jedinstvu u prošlosti je imala i još uvek ima naglašenu političku dimenziju. Svakako, mnoge interpretacije u istoriografiji i nauci su proizilazile, a često još uvek proizilaze iz subjektivnih stavova pojedinih autora, što je bilo posebno izraženo tokom devetnaestog veka u kontekstu stvaranja nacionalnih identiteta slovenofonskih nacija i što je uostalom rezlutiralo konstruisanjem slovenstva u okviru nauke i politike. Onovremeno pojednostavljeno mišljenje koje je podrazumevalo slovensko etničko jedinstvo u prošlosti do otprilike desetog veka, što je period u koji se datovala disperzija slovenske etničke celine i stvaranje pojedinačnih slovenskih naroda, izazivalo je rasprave između zagovornika stvaranja različitih oblika slovenskog jedinstva sa jedne i kritičara slovenskih ideja sa druge strane. Iako su i jedni i drugi polazili sa istog stanovišta, kritičari ideja o potrebi za ponovnim stvaranjem slovenskog jedinstva su isticali da su od desetog veka među slovenskim narodima nastale prevelike razlike, odnosno da su se slovenski narodi razvijali na osobene i specifične načine, dok su zagovornici slavofilskih ideja ove razlike ocenjivali kao male i neznatne, težeći njihovom prevazilaženju. Oba suprotstavljena stanovišta su imala političku pozadinu i bez obzira da li su propagirala ili oštro istupala protiv ideja o stvaranju slovenskog jedinstva, etničko zajedništvo Slovena u dalekoj prošlosti nisu dovodila u pitanje. Međutim, iako se percepcija o tzv. procesima izdvajanja pojedinačnih slovenskih naroda iz starije slovenske celine i dalje pojavljuje kao dominantna, dovodi se u sumnju osnovanost ovakvih tvrdnji. Odnosno, postavlja se pitanje koliko se na osnovu dosadašnjih tumačenja antičkih, vizantijskih i srednjovekovnih istorijskih izvora koji pominju Slovene kao celinu, može govoriti o samoj etničnosti pojma „Sloveni" a u skladu sa tim i etnicitetu slovenskog kolektiviteta. U tom kontekstu takođe se nameće i osnovno pitanje koje je u vezi sa samim slovenskim kolektivnim identitetom u srednjem veku a koje se odnosi na proces i period eventualnog izdvajanja pojedinačnih slovenskih naroda, tj. načina diferencijacije Rusa, Srba, Hrvata, Poljaka, Čeha i drugih. Ukazujući na poslednje navedeno češki istoričar M. Tera, ističe da istorijski izvori koji bi navodno trebalo da jasno ukažu na pretvaranje Slovena u pojedinačne slovenske narode, i nakon desetog veka pored eventualnog korišćenja pojedinačnih slovenskih etnonima (Rusi, Poljaci, Česi, itd.) čak i u XII veku koriste pridev *slovenski*.[17] Odnosno, argumentovano ukazujući na paralelnu upotrebu oba termina, Tera ističe da je slovenski identitet u ranom srednjem veku egzistirao zajedno sa češkim, poljskim, kao i ostalim pojedinačnim slovenskim identitetima (Téra 2004, 53). Međutim, pri tome Tera takođe ukazuje na otvorena pitanja o tome kakav je bio odnos između ova dva nivoa samoidentifikacije, odnosno šta je tačno predstavljao slovenski nivo identifikacije? Ova pitanja će biti analizirana kasnije, nakon što se ukratko ukaže na osnovnu suštinu i dalje nerazjašnjene problematike vezane za „etničnost" slovenske mase, odnosno na ključna pitanja vezana za percepciju o slovenskom jedinstvu, tj. na njenu opravdanost i naučnu utemeljenost.

Sama ideja o jedinstvu Slovena u prošlosti nije nastala kao rezultat procesa vezanih za konstruisanje slovenofonskih nacija, već je ovakva percepcija postojala daleko ranije i bila je podrazumevana i neupitna kod svih slovenskih srednjovekovnih autora, na šta je već ukazano u prethodnim delovima ovog poglavlja. Ipak, ovak-

---

17 Tako npr. navodi kako se u obe verzije Panonske legende, Moravljani koji su u Carigradu zatražili krštenje, identifikuju i kao Moravljani i kao Sloveni. Takođe, ukazuje da se u Kozmovoj *Hronici Čeha,* nastaloj u prvoj polovini XII veka, isto tako u više navrata upotrebljavaju paralelno oba termina, pri čemu ističe da kada Kozmas govori o jeziku „kojim priča njegov narod", uvek ga imenuje slovenskim. M. Tera, takođe ukazuje i na druge primere, navodeći da se *češki jezik* pojavljuje u izvorima tek od XIII veka (videti Téra 2004, 53).

I UVOD U PROBLEMATIKU

va percepcija je značajno učvršćivana od kraja XVIII i tokom XIX veka i nesumnjivo je uticala na celokupnu paradigmu o slovenskom etničkom jedinstvu u prošlosti, odnosno na čitav dijapazon naučnih radova i interpretacija koji praslovensko etničko jedinstvo stvoreno procesom viševekovne etnogeneze suštinski nisu dovodili u pitanje. Međutim, postavlja se pitanje realne opravdanosti shvatanja Slovena kao etničke grupe, odnosno da li u antičkim i vizantijskim istorijskim izvorima termin *Sloven/Sloveni/Sklavini* sa svojim ekvivalentnim etnonimima, označava etnicitet ili ima neko drugačije značenje. Pojedini istraživači su od osamdesetih godina dvadesetog veka u svojim radovima počeli da ukazuju na ove nejasnoće, dovodeći pri tome u pitanje i dalje neprikosnovenu paradigmu o Slovenima kao etničkoj kategoriji. Ukazujući na slabost interpretacija kojima se na osnovu jezika određuje etničnost grupe, odnosno na upitnost postojanja tzv. velikih etničkih grupa poput Indoevropljana, Kelta ili Slovena, autori poput F. Kurte, Z. Koblinskog, K. Renfjua i drugih, kritikuju radove istraživača koji su etnicitet grupe u prošlosti određivali na osnovu pretpostavljenog ili realnog lingvističkog jedinstva (v. Curta 2001; Kobyliński 1989; Renfrew 1996). Samim tim, neki od njih u svojim radovima u izvesnom smislu dovode u pitanje i sam proces etnogeneze Slovena, kao što je to slučaj sa već pomenutom hipotezom F. Kurte o stvaranju Slovena. Kurta, kao primarno obeležje etniciteta vidi politizaciju kulturnih karakteristika, ističući da su Sloveni postali Slovenima u kontaktu sa rimskim graničarima (Curta 2001, 3 i dalje). Odnosno, Kurta dovodeći u pitanje i same pretpostavljene migracije, ističe da su Sloveni zapravo mešavina različitih etničkih grupa a ne nekog jedinstvenog praetničkog supstrata i da su nastali kao rezultat etiketiranja od strane spoljašnjosti (Vizantinaca), tj. kao konsekvenca niza kompleksnih događaja koji su se dešavali na Dunavskom limesu tokom V i VI veka. Dakle, po Kurti, Sloveni su postali Slovenima ne zbog pretpostavljenog prastarog lingvističkog jedinstva, već zbog toga što su tako označeni (imenovani) od strane spoljašnjosti, tj. *drugih* (Vizantinaca) sa kojima su došli u kontakt. Služeći se arheološkom, istorijskom i lingvističkom argumentacijom, Kurta nastoji da definiše nastanak Slovena kao konstrukt vizantijskih autora koji je proistekao iz konstantne interakcije između Vizantinaca i *drugih,* pri čemu slovenski identitet po njegovom mišljenju nije formiran na nekakvoj unutrašnjoj etničkoj osnovi, već je osećaj interne solidarnosti nastao kao posledica etničkog etiketiranja od strane spoljašnjeg aktera, odnosno Vizantinaca. Po njegovom mišljenju je tokom najvećeg dela VI veka, imenica „Sclavanes" (Sklavini) zapravo predstavljala neku vrstu krovnog termina pod kojim su podrazumevane različite etničke skupine koje su živele severno od vizantijskog limesa (videti Curta 2010). U tom smislu, Kurta negira postojanje bilo kakvog slovenskog zajedništva u dalekoj prošlosti, odnosno negira etničnost Slovena pre šestog veka, ukazujući da je ipak moguće da je protoslovenski jezik na prostoru jugoistočne Evrope kod određenih grupa bio upotrebljavan i pre tog perioda. Uostalom, iako ističe da je ovaj termin suštinski misaoni konstrukt vizantijskih autora, Kurta ne dovodi u pitanje njegovo „varvarsko", odnosno slovensko lingvističko poreklo.[18] Izuzev Kurte, sumnju u etničnost termina „Sloveni", odnosno u kompaktnost etniciteta slovenske mase pre šestog veka izrazili su takođe Omeljan Pritsak i Hervig Volfram, kao i Ivan Mužić koji se pri tome nadovezivao na rad ove dvojice istoričara.[19]

---

18 Detaljnije o Kurtinoj hipotezi videti u Curta 2001. i 2010.
19 Mužić ističe da pojam „Sloveni" ne predstavlja etničku oznaku. Takođe, nadovezujući se na Pritsaka i Volframa, ističe da ni ime za Hrvate nema vrednost etnonima, kao uostalom ni ime za Srbe. Po Omeljanu Pritsaku naziv „Sloveni", tj. termin „Sclavus" nije imao značaj etnonima, pri čemu ovaj autor smatra da su Sklavini, Anti i Venedi kod Jordanesa pominjani zajedno ne zbog toga što su činili jedinstven etnos, već zato što su u profesionalnom smislu bili pripadnici iste vojne organizacije graničara–kolonista. Po njemu su Sloveni bili graničari tj. uvežbani robovi koje je sastavio avarski vladar kagan Bajan, pri čemu su ovi graničari vremenom počeli da upotrebljavaju svoju profesionalnu oznaku kao samoopisno ime, što je kako navodi Pritsak

I UVOD U PROBLEMATIKU

Međutim, za razliku od Pritsaka i Volframa, kod Mužića je prisutna prilično naglašena subjektivna i tendencionalna želja za dokazivanjem njegove početne hipoteze o autohtonosti Hrvata na prostoru rimske provincije Dalmacije, zbog čega je ovaj autor u metodološkom smislu pristupao selektivnom odabiru izvora prilikom razvijanja njegove pretpostavke „o podrijetlu Hrvata", odnosno zanemarivanju čitavom nizu izvora koji nisu u skladu sa njegovom početnom hipotezom, na šta je argumentovano ukazao još R. Katičić (videti Katičić 1991).

Problematika slovenskog etničkog identiteta u ranom srednjem veku, kao i problematika ostalih pretpostavljenih velikih etničkih grupa u prošlosti izuzetno su složene i sastoje se od čitavog niza međusobno povezanih pitanja. U tom kontekstu pitanja vezana za slovensku etnogenezu, glotogenezu, kao i pitanja koja se odnose na prapostojbinu, proces raseljavanja, internu diferencijaciju i kompaktnost pretpostavljene slovenske zajednice, njeno lingvističko i religijsko jedinstvo, njen odnos sa drugim etničkim grupama, njene socijalne, kulturne i političke karakteristike, uz ključno pitanje oko etničnosti njenog imena, odnosno etimologije i značenja termina „Sloveni", imaju krucijalnu važnost za analizu slovenskog kolektivnog identiteta u srednjem veku. Odnosno, nameće se suštinsko i ključno pitanje da li je slovenski identitet u ranom srednjem veku proizašao iz realnog etničkog jezgra nastalog diferencijacijom i izdvajanjem slovenske mase (etnički i/ili lingvistički srodnih grupa) iz ranijeg indoevropskog i (staroevropskog i baltoslovenskog) supstrata, što predstavlja aktuelnu paradigmu o poreklu Slovena, ili se slovensko zajedništvo temelji na početnoj (uslovno)

---

stvorilo iluziju da je u davnini postojala jedinstvena etnička svest. Pritsak takođe ističe daje je naziv „Sloven" potiče od protobugarske reči (saqlav = sqlav) koja znači 1. straža/ gledati/ paziti i 2. izučeni rob, odnosno da pojam Sclaboi (Sclabenoi) predstavlja ime koje je korišćeno za profesionalne vojnike koje su činili seljaci koji su prethodno prošli vojnu obuku (videti Nedeljković 2007, 175).

43

KONSTRUKCIJA SLOVENSTVA U POLITICI I NAUCI

socijalnoj a ne etničkoj osnovi, što je novija teza koju zastupa daleko manji broj autora, u prvom redu F. Kurta. Po njemu, etnicitet Sklavina, Franaka, Avara i drugih grupa u srednjem veku, predstavlja društveno i kulturno konstruisanu normu društvene mobilizacije koja je bila korišćena za svrhu ostvarivanja određenih političkih ciljeva, dok je takođe ujedno predstavljala deo svakodnevnog života i prakse, odnosno onog što je Pjer Burdije (*Pierre Bourdieu*) označio kao *habitus*, koji je kao takav podrazumevao manipulaciju materijalne kulture (Curta 2010, 18). Međutim, uprkos delimične argumentacije koju Kurta prezentuje u dokazivanju svojih stanovišta o poreklu Slovena, potrebno je istaći da se njegove interpretacije i dalje moraju posmatrati isključivo u domenu hipoteze koja zahteva dodatna obimna interdiciplinarna istraživanja, kao i temeljnu evaluaciju u celini. S obzirom na to da problematika vezana za poreklo Slovena prevazilazi tematske okvire ove knjige, bilo kakav vrednosni sud o pretpostavkama koje dovode u pitanje slovensko etničko jedinstvo u prošlosti, kao i o onim koje ukazuju na neetničnost slovenskog imena, biće izostavljene. Treba ipak naglasiti, da Kurtinu hipotezu o stvaranju Slovena, kao i radove nekih drugih autora poput O. Pritsaka koji ukazuju na neetničko poreklo Slovena, ne treba bezuslovno odbaciti, uprkos činjenici što većina savremenih autora bez obzira na pojedine slabosti zastupa prilično argumentovanu i dominantnu paradigmu o etnogenezi Slovena kao složenom milenijumskom procesu diferencijacije indoevropskog supstrata. Ova (uslovno) tradicionalna teorija o slovenskoj etnogenezi svakako nije jedinstvena, odnosno varira u manjoj ili većoj meri u brojnim segmentima u zavisnosti od konkretnog autora, ali bez obzira na različite hipoteze koje postoje, etničnost Slovena, kao i relativno etničko i lingvističko jedinstvo se u suštini ne dovodi u pitanje.[20]

---

20 O procesu etnogeneze Slovena, kao i o problematici prapostojbine, migracijama, materijalnoj kulturi i generalno najranijoj prošlosti Slovena, videti u

I UVOD U PROBLEMATIKU

Nakon ove kraće digresije o problematici slovenskog etniciteta, odnosno sumiranog i pojednostavljenog ukazivanja na osnovne naučne interpretacije u vezi etničke kompaktnosti slovenske mase i slovenskog jedinstva u prošlosti, u sledećem delu teksta biće u najkraćim crtama ukazano na specifičnosti slovenskog kolektivnog identiteta u srednjem veku. Pri tome će se poći od pretpostavke da su Sloveni između desetog i početka trinaestog veka, kada su navodno egzistirali paralelno pojedinačni slovenski, kao i slovenski identitet (videti Téra 2004), predstavljali u određenoj meri lingvističku, a moguće u izvesnoj meri i etničku skupinu, bez obzira da li se ona temeljila na realnom etničkom jedinstvu ili je predstavljala posledicu društvene mobilizacije, kojoj je kasnije između ostalog pridodat atribut etničnosti. Međutim, treba istaći da se prilikom sagledavanja specifičnosti slovenskog identiteta u srednjem veku, mora akceptovati činjenica o čitavom nizu otvorenih i nerazjašnjenih pitanja na koje je prethodno ukazano, a koja su ključna za razumevanje ove problematike i koja u priličnoj meri uslovljavaju i relativnost pojedinih interpretacija.

Bez obzira šta je konkretno predstavljao, slovenski kolektivni identitet tokom ranog srednjeg veka, kao ni pre toga, nikada nije imao političku dimenziju. Ova činjenica upravo oslikava iluzornost kasnijih slovenskih političkih ideja i ideologija a pre svega panslavizma koji se upravo zasnivao na bazičnoj tvrdnji o slovenskom jedinstvu u prošlosti koje u suštini u političkom smislu nikada nije ni postojalo. Odnosno, teze o slovenskom političkom i narodnom jedinstvu, kao i o raspadu slovenske etničke celine, predstavljaju narativ stvaran od kraja osamnaestog veka, koji je svoju kulminaciju dosegao tokom devetnaestog veka kroz konkretne

---

prvom redu u Sedov 2012; kao i u sledećim delima: Bednaříková i dr. 2006; Beranova 1988; Chropovský 1989; Gimbutas 1971; Labuda and Tabaczyński 1987; Седов 1979; Pleterski 1990; Klanica 1986; 2009 i Váňa 1980. Takođe o problematici etnogeneze i prapostojbine videti u radovima J. Hermana (Joachim Herrmann).

KONSTRUKCIJA SLOVENSTVA U POLITICI I NAUCI

političke slavofilske ideje. Dakle, percepcija o nekakvom slovenskom kompaktnom etničkom supstratu sa političkom dimenzijom u dalekoj prošlosti, predstavlja konstrukciju korpusa slavofilskih procesa nastalih u specifičnim društvenim, kulturnim i političkim okolnostima, što će biti detaljno analizirano u naredna dva poglavlja ove knjige. Prema tome, tokom ranog srednjeg veka slovenski identitet nije imao nikakvu političku dimenziju, već su u tom periodu politički subjekti bili vezani za uža plemena iz kojih su nastajali i manji (uslovno) slovenski politički entiteti, koji međutim, svakako nisu morali da se zasnivaju na plemenskoj, odnosno etničkoj identifikaciji. Pored toga, treba napomenuti da čak ukoliko je slovenska identifikacija do desetog veka postojala kao primarna, ona svakako nije podrazumevala i slovensko jedinstvo, što se uostalom i vidi iz činjenice da su tokom ranog srednjeg veka postojale različite razjedinjene a često i međusobno konfrontirane protoslovenske i slovenske političke tvorevine.[21] M. Téra ističe da slovenski identitet nije imao političko-socijalni element i da se nije raspao u manje celine, odnosno pojedinačne slovenske etničke identitete, te da u tom smislu nije moguće govoriti o sukobima među pojedinačnim slovenskim plemenima kao o nekoj vrsti građanskih ratova u periodu tzv. slovenskog jedinstva (videti Téra 2004, 54). On navodi da su bugarski, češki, ruski i drugi slovenski identiteti zapravo do druge polovine dvanaestog veka imali u prvom redu političku a ne etničku dimenziju, dok je slovenski identitet imao etnička obeležja sve do jasnijeg profilisanja pojedinačnih slovenskih identiteta vezanih za konkretna plemena i političke tvorevine. Po njemu slovenski identitet predstavlja dinamični fenomen, čiji se oblik menjao tokom ranog srednjeg veka, pri čemu je od

---

21 Neke od tih političkih tvorevina se pri tome, zapravo nisu temeljile na (uslovno) slovenskoj etničkoj osnovi, već je njihovo jezgro predstavljalo neslovenski supstrat, kao što je to bio slučaj sa prvom bugarskom, kao i u izvesnom smislu sa ranom ruskom državom.

I UVOD U PROBLEMATIKU

šestog do desetog veka predstavljao bitan elemenat etničke i društvene identifikacije (samorefleksije) pojedinaca, dok je od jedanaestog i tokom dvanaestog veka postepeno potisnut prvenstveno kod pripadnika novonastalih viših društvenih i političkih slojeva, odnosno stvaranjem novih političkih slovenskih entiteta, kao i procesom hristijanizacije.[22]

Kada se razmatra problematika vezana za karakteristike slovenskog identiteta kakav je postojao tokom srednjeg veka, uz osnovno akceptovanje činjenice o njegovoj dinamičnosti i varijabilnosti,

---

22 Tera ističe da je „slovenstvo" u ranom srednjem veku, tj. slovenski identitet moguće definisati kao celinu jedinstvenog jezika, kulture, kulta i mita, te da su ovi parametri određivali i refleksije identifikacije Slovena. Po njemu su Sloveni u ranom srednjem veku, iako u političkom smislu razjedinjeni, predstavljali etničku celinu koju je pre svega spajao isti jezik, sistem mitova, religije, kosmogonije i drugo, pri čemu je to sa političko-društvenog aspekta moglo, ali i nije moralo značiti usku saradnju među pojedinačnim slovenskim društvima koja je mogla postojati pre svega u periodu kada društvo još uvek nije bilo jasnije stratifikovano i kada nisu postojali socijalni elementi koji su imali mogućnost da stvore samostalne organizovane političke tvorevine. Odnosno, slovenska identifikacija u ranom srednjem veku je po Teri, bila usko vezana za religijski sistem i upravo je slabila zahvaljujući procesu hristijanizacije, kao i procesima vezanim za stvaranje pojedinačnih (uslovno) slovenskih političkih entiteta i formiranjem njihovih političkih establišmenata koji su prvi prihvatali hrišćanstvo. Tera napominje da su Sloveni kao etnička celina bili prilično izdiferencirani i plemenski razjedinjeni, pri čemu su procesima asimilacije u slovensku masu apsorbovane i druge etničke grupe koje možda u izvesnom smislu mogle zadržati specifičnu distinkciju u odnosu na slovensku zajednicu. Po njegovom mišljenju je slovenski identitet u ranom srednjem veku bio u uskoj vezi sa paganstvom iz kojeg je proisticalo i tzv. slovensko pagansko pravo. Narušavanje ovog sistema su u tradicionalnoj paganskoj zajednici percipirali kao katastrofu, odnosno proces hristijanizacije je bio među paganskim Slovenima, kako Tera ističe, shvatan kao opasnost za sopstveni (slovenski) identitet, što je konsekventno uzrokovalo i priličan otpor procesu pokrštavanja, odnosno hristijanizacije u prvom redu kod Polabskih i Pobaltskih Slovena. Tera zapravo slovenski identitet definiše kao promenljiv fenomen i kao korpus jedinstvene kulture, jezika, mitova i kulta (videti Téra 2004, 55).

KONSTRUKCIJA SLOVENSTVA U POLITICI I NAUCI

postavlja se nekoliko ključnih pitanja, na koja u značajnoj meri još uvek nisu pruženi adekvatno argumentovani odgovori. Kao osnovni problem se pri tome primarno postavlja definisanje samog oblika slovenskog kolektivnog identiteta, odnosno postavlja se pitanje šta je zapravo predstavljao slovenski identitet, na osnovu čega i koga se konstruisao, kako se reflektovao i menjao, kao i na čemu se temeljio? Takođe, nameće se problematika vezana za njegovu etničnost, što je u uskoj vezi sa problematikom slovenske etnogeneze i glotogeneze. Posmatrano u celini, izvesno je da se slovenski kolektivni identitet, tj. (uslovno) svest o slovenskoj bliskosti tokom srednjeg veka zasnivala na lingvističkom zajedništvu. Odnosno, lingvističko jedinstvo tokom ranog srednjeg veka, kao i prilična sličnost slovenskih jezika tokom srednjeg veka, sasvim sigurno da su predstavljali najznačajniji kohezioni faktor na kome se temeljio nekakav zajednički slovenski identitet. Svakako, nameće se ključno pitanje da li je i u kojoj meri on bio prisutan u percepciji onovremenih stanovnika koje se sa današnje tačke observacije podvode pod (uslovno) pretpostavljenu slovensku etničku masu, odnosno onovremeno slovenofonsko stanovništvo. Najizvesnije je da je ovakva identifikacija, bila prisutna u prvom redu kod uskih krugova obrazovanijeg stanovništva i da je egzistirala uz uže plemenske, kao i uz druge oblike kolektivnih identiteta, dok je kod najvećeg dela (uslovno) slovenskog stanovništva ona verovatno u izostajala, ili je bila delimično prisutna kao sekundarni oblik identifikacije u odnosu na postojeće lokalne identitete. Zajednički slovenski jezik je po svemu sudeći postojao sve do desetog veka, nakon čega je došlo do postepenog stvaranja razlika iz kojih su proistekli i pojedinačni slovenski jezici koji su u značajnijoj meri počeli da se razlikuju tek od dvanaestog, odnosno trinaestog veka, budući da su pre toga promene bile dijalektičke prirode (vidi Téra 2004, 56).[23]

---

23 O tome kada je tačno došlo do diferencijacije najstarijeg slovenskog jezika koji je najčešće od strane lingvista (uslovno) označavan lingvonimom *praslovenski,*

I UVOD U PROBLEMATIKU

Upravo je lingvističko jedinstvo, odnosno jedinstveni ili sličan jezik, u smislu identifikacije doprinosio stvaranju svesti o zajedničkom poreklu o čemu svedoči i postojanje neke vrste (uslovno) zajedničke etnogenetske legende o poreklu Slovena, koja se uz različite varijacije pojavljuje u pojedinim srednjovekovnim izvorima.[24] Međutim, treba istaći da slovenski identitet, bez obzira na nesumnjivo lingvističko jedinstvo u ranom srednjem veku nije morao imati jasno utemeljenu jedinstvenu etničku dimenziju, iako je svakako nesumnjivo sadržao brojne elemente koji bi se mogli podvesti

---

nije u potpunosti rešeno. Nesumnjivo je da je ovaj proces započeo već velikim migracijama u prvoj polovini prvog milenijuma nove ere, ali postoje različita mišljenja lingvista u pogledu njegovog intenziteta. Dok jedni smatraju da je proces diferencijacije praslovenskog jezika bio intenzivan već u VI i VII veku, odnosno nedugo nakon slovenskog raseljavanja, drugi naučnici smatraju da je praslovenski jezik postojao sve do X ili XI veka, ukazujući na veliku jezičku bliskost pojedinih udaljenih slovenskih plemena u ovom periodu. Kao uzroci za raspad praslovenskog jezika navode se, izuzev lingvističkih, i vanlingvistički, kao što su veličina teritorije na kojoj se govorilo praslovenskim jezikom, slabljenje veza između pojedinih plemena, sve veće razlike u stepenu razvoja između pojedinih plemena, migracije, kontakti sa susednim neslovenskim plemenima itd. (videti Piper 2008).

24 Iako na osnovu istorijskih izvora kojima se disponuje nije moguće govoriti o nekakvom obliku jedinstvenog vođstva u prošlosti kod starih Slovena, u nekim srednjovekovnim izvorima se govori o prvom vođi Slovena, odnosno o tome kako je sve Slovene predvodilo jedno glavno i vodeće pleme. Takvi podaci se pojavljuju kod *Bavarskog geografa,* kao i kod arapskog pisca, istoričara, filozofa i geografa koji je pisao u prvoj polovini desetog veka, Al-Masudija (*Abu al-Hasan Ali ibn al-Husayn ibn Ali al-Mas'ud*). Al-Masudi novodi da među Slovenima postoji pleme (*W.l.njana*), kome je davno na početku vremena pripadala vodeća uloga dok je njime vlado čovek (kralj) sa imenom *Madž.k (Muž, Mužik)* i koga su sledila sva ostala slovenska plemena. Češki istoričar Dušan Třeštik koji je istraživao ovu legendu, utvrdio je da ona zapravo predstavlja varijantu prastare indoevropske legende „o poreklu moći" koja je bila prenesena na Slovene. Detaljno o ovoj, kao i o ostalim srednjovekovnim slovenskim i češkim legendama i mitovima u kontekstu njihovog porekla i društveno-političkog značaja u okviru srednjovekovnih hronika, videti u Třeštík 1999. i 2003.

KONSTRUKCIJA SLOVENSTVA U POLITICI I NAUCI

pod etničku identifikaciju. Ipak, ne postoje nikakve indicije da su se Sloveni tokom srednjeg veka ikada identifikovali kao nekakva jedinstvena homogena grupa, odnosno (uslovno) jedno pleme (ili savez plemena) koji bi imalo nekakvu zajedničku jasno uspostavljenu hijerarhiju i jedinstveno vođstvo. Ovakve ideje o slovenskom kompaktnom jedinstvu u prošlosti pojavile su se znatno kasnije, odnosno predstavljaju produkt kasnijih istoriografskih dela, kao i književnih mitizacija najčešće nastalih tokom devetnaestog veka u klimi formiranja modernih slovenskih nacija. Uprkos tome, nesumnjivo je da je ideja o slovenskom zajedništvu, tj. preciznije zajedničkom poreklu, kao što je već istaknuto, postojala i ranije, što se jasno primećuje u sadržajima brojnih dela čiji se nastanak datuje u period između XII i druge polovine XVIII veka. Međutim, u tim delima slovenski identitet ne predstavlja jedinu etničku odrednicu kojom se isključuju uži plemenski, odnosno kasniji pojedinačni slovenski identiteti. Odnosno, bez obzira što je slovenski identitet imao konotaciju etničkog, uz njega su često uporedo postojali i drugi kolektivni identiteti od kojih su pojedini takođe nosili predznak etniciteta, poput različitih (uslovno) slovenskih plemenskih identiteta a kasnije i pojedinačnih slovenskih, od kojih su neki ujedno imali i politička obeležja poput ruskog, češkog, poljskog itd.[25] U tom kontekstu i pominjana zajednička slovenska etno-

---

25 Međutim, postavlja se pitanje od kog perioda se o pojedinačnim slovenskim kolektivnim identitetima može govoriti kao o etničkim, budući da su oni u početku često mogli predstavljati u prvom redu obeležje političkog entiteta i nisu uvek morali tokom ranog srednjeg veka imati jasno određeni etnički predznak. Tako se u mnoštvu srednjovekovnih izvora bez obzira o kojoj se konkretnoj slovenskoj političkoj tvorevini radilo, njeni žitelji najčešće označavaju terminom Sloveni, a ne imenima pojedinačnih slovenskih naroda. Takođe, kraljevi različitih slovenskih državica se najčešće pominju kao slovenski kraljevi (*Sclavorum rex*), isto kao što se često kao naziv za teritoriju na kojoj žive Sloveni, upotrebljavao termin „Sclavonia", ali on je ipak bio prvenstveno korišćen u kontekstu označavanja teritorije južnoslovenskih plemena. Postepeno se od XII, odnosno početka XIII veka sve više upotrebljavaju

I UVOD U PROBLEMATIKU

genetska legenda, iako je nesumnjivo imala značajnu ulogu u kontekstu percepcije o slovenskom jedinstvu, svakako nije ukazivala na davnu istorijsku realnost. Sa druge strane, ova legenda, kako je to ukazao češki istoričar Dušan Treštik, pruža čvrste indicije o postojanju svesti o etničkoj bliskosti svih slovenskih plemena (vidi Třeštík 2003). Odnosno, ona kao i čitav niz drugih sadržaja iz srednjovekovnih hronika, nedvosmisleno ukazuju da je u periodu između X i XIII veka, postojala izražena svest o zajedničkom poreklu Slovena, odnosno (uslovno) o srodnosti svih Slovena koje nije dovođeno u pitanje i koje je sasvim izvesno snagu u prvom redu crpelo iz zajedničkog jezika, ali svakako i iz zajedničkog i međusobno sličnog religijskog i mitološkog sistema. To ipak ne znači da je slovenski identitet u srednjem veku bio utemeljen na čvrstoj etničkoj osnovi proisteklog iz nekakvog ranijeg kompaktnog etničkog jezgra, već je moguće da je atribut etničnosti pridodat kasnije, nakon VI veka, što je novija hipoteza na koju je ukazano u prethodnim delovima teksta u kontekstu teorija o „stvaranju Slovena". Etnički identitet, uostalom, kako je istakao T. H. Eriksen, predstavlja kolektivnu implementacija socijalno razlikovanih znakova (Eriksen 1991), odnosno antagoni fenomen kroz koji se manifestuju i otkrivaju određeni stepeni sličnosti i razlika, odnosno integracija i marginalizacija. Kao takva, etnička pripadnost koja predstavlja prvo svojstvo etniciteta jeste sistematsko razlikovanje onih koji pripadaju grupi i onih koji joj ne pripadaju, insajdera i autsajdera, „nas" i „njih" (Eriksen 2004, 41). U skladu sa ovom definicijom, kao i uzimajući u obzir promenljivost, fragmentarnost i dinamičnost kolektivnih identiteta, jasno je da bi se i pretpostavljeno zna-

---

etnonimi pojedinačnih slovenskih plemena, tj. naroda, ali i dalje se povremeno koristio i skupni termin „Sloveni". Odnosno, od druge polovine XII a naročito tokom XIII veka, etnički identitet je najčešće spajan sa oblašću koja korespondirala sa konkretnom političkom tvorevinom. Uprkos tome, pojedini naučnici smatraju da se naziv „Sloveni" kao dominantan zadržao u pojedinim južnoslovenskim oblastima i znatno duže, negde čak i do XVI veka.

čenje, kao i etničnost „slovenskog identiteta" mogla podvrgnuti dodatnoj višestrukoj relativizaciji. Uostalom, etnicitet kao oblik kolektivnog identiteta mogao bi se definisati kao izvesna vrsta kategorije, odnosno termina koji predstavlja stanje svesti i splet odnosa, pri čemu kao stanje svesti etnicitet predstavlja samo jedno od mnogobrojnih od kojih svako predstavlja proizvod određenih istorijskih struktura koje utiču na formiranje ljudskog iskustva i određuju društveni angažman (Comaroff and Comaroff 1992). Svakako da je lingvističko jedinstvo nastalo kompleksnim procesima glotogeneze oličeno kroz tzv. *praslovenski jezik*, neosporno predstavljalo glavno obeležje slovenskog grupnog identiteta u ranom srednjem veku, ali ono se ne može bezuslovno izjednačiti sa etnicitetom, iako opet sa druge strane na osnovu sadržaja srednjovekovnih izvora i hronika se jasno može konstatovati da je slovenski identitet u smislu značenja, imao obeležje etničkog. Međutim, uz njega su činjenično paralelno egzistirali i brojni pojedinačni plemenski identiteti koji su sasvim sigurno bili važniji i realniji oblik identifikacije i koji su mogli u određenim slučajevima korespondirati sa lokalnim identitetima koji su često imali i neki oblik političke a (uslovno) i entitetske dimenzije. Uostalom, različiti pojedinačni slovenski etnički identiteti se pominju još u sadržajima nekih vizantijskih istorijskih izvora. Tako npr. u delu „*De Administrando Imperio*" Konstantin Porfirogenit govori o postojanju pojedinih slovenskih plemena još u staroj slovenskoj prapostojbini. Odnosno, različiti istorijski izvori pružaju indicije da su još pre seobe Slovena postojala pojedina plemena poput Srba, Čeha, Hrvata itd. Prema tome, slovenski identitet je tokom srednjeg veka mogao predstavljati samo viši oblik etničke identifikacije, koja je postojala u realnosti pre svega kod užeg kruga obrazovanijeg stanovništva u koje su se ubrajali između ostalih i „slovenski autori" srednjovekovnih hronika. Međutim, sličan jezik kao i sličan, odnosno zajednički religijski i mitološki korpus, su činjenično doprinosili nekakvom osećaju

I UVOD U PROBLEMATIKU

kolektiviteta, ali postavlja se pitanje na koji se način on mogao reflektovati kod najvećeg broja pripadnika različitih a često i suprotstavljenih slovenskih plemena. Takođe se u tom smislu postavlja i pitanje kako je u različitim prostornim i vremenskim kontekstima (uslovno) „slovenskog prostora" slovenski identitet korespondirao sa različitim plemenskim, lokalnim, kao i drugim oblicima paralelnih grupnih identiteta? Ova pitanja su izuzetno složena i još uvek su najčešće bez adekvatno argumentovanih odgovora. Sa sigurnošću je međutim moguće konstatovati, da je slovenska identifikacija u izvesnom smislu bila značajno limitirana i bez obzira što je imala etnički predznak, ona u realnosti nije nikada mogla biti ispred lokalnog, ili eventualno užeg plemenskog nivoa identifikovanja. Takođe, slovenski identitet kao oblik kolektiviteta, nikada nije imao čvrsti politički kohezioni faktor, kao što su to imali zasebni plemenski, ili kasniji pojedinačni slovenski identiteti. Zbog toga, bez obzira što je slovenski identitet sadržao atribut etničnosti, nedostatak bilo kakvog političkog faktora, isključuje bilo kakvu mogućnost njegovog komapriranja sa grupnim identitetima koji su sadržali jasno izdiferencirani entitetsko-politički elemenat, kakvi su kod Slovena tokom ranog srednjeg veka mogli biti plemenski, a kasnije pojedinačni (uslovno) narodni identiteti. Konstelacije koje su u različitim vremenskim i prostornim kontekstima tokom srednjeg veka uticale na formiranje osećaja pojedinaca da pripadaju određenoj grupi, u slučaju slovenske identifikacije, nisu definitivno imale dovoljan mobilizacijski kapacitet da bi rezultirale stvaranjem političkog osnova na kome bi bilo formirano čvrsto (sve)slovensko etničko zajedništvo oličeno kroz nekakav jedinstven plemenski savez čiji bi stanovnici imali jasnije izraženiji slovenski nivo identifikacije. Ipak, svest o zajedničkom poreklu koja je postepeno građena od ranog srednjeg veka, činjenično je imala svojih refleksija u narednom periodu, a na osnovu istorijskih izvora uočava se da je bila izražena i kod pojedinih vladara Poljske i Češke

KONSTRUKCIJA SLOVENSTVA U POLITICI I NAUCI

tokom srednjeg veka.[26] Slovenska ideja se takođe na određeni način reflektovala i u kontekstu delovanja husitskog pokreta, pre svega u smislu percepcije husitskih teologa o značaju ćirilometodske tradicije, kao i u raspravama o slovenskom lingvističkom jedinstvu u čemu je poseban značaj imao rad Jana Komenskog (*Jan Amos Komenský* 1592-1670).

Proces hristijanizacije, uz procese vezane za stvaranje političkih entiteta pojedinačnih slovenskih naroda, slovenski nivo identifikacije je sve više ograničavao na lingvističku i (uslovno) kulturološkoobičajnu sferu. Novoformirane političke elite, odnosno viši društveni

---

[26] Fransis Kont navodi da je prvi poljski kralj Boleslav I Hrabri (967-1025), imao političke ambicije da osnuje jednu veliku slovensku državu sa ciljem da spreči nemačko napredovanje ka istoku (Kont 1989, 548). On takođe ističe da je češki kralj Otokar II Pšemisl (1230-1278), izgubivši brojne teritorije u borbi sa Rudolfom i Habzburškim (1218-1291), uz pomoć Italijana Enrika Izernijskog napisao *Manifest Poljacima* u kome je veličao prvobitnu zajednicu i sličnost jezika koji treba da zbliže Čehe i Poljake. Iako je ovaj potez Otokara Pšemisla svakako imao primarnu svrhu da pridobije savezništvo Poljaka u borbi protiv Rudolfa, on pruža indicije da je pozivanje na zajedničku prošlost i poreklo moglo imati izvesni mobilizacijski kapacitet. Takođe, sudeći po sadržaju *Manifesta* u kome se pominje „mržnja Poljaka prema Nemcima" (vidi Kont 1989, 549) hipotetički bi se moglo zaključiti da je pored svesti o zajedničkom poreklu i jezičkom jedinstvu, slovenska ideja u ovom periodu srednjeg veka u datom prostornom kontekstu, mogla imati i izvesnih antigermanskih obeležja, ali ovakvo stanovište je za sada više spekulativne prirode, nego što je potkrepljeno validnim argumentima. O pozivanju na slovensku bliskost takođe svedoči i pismo češkog kralja a kasnije i cara Svetog rimskog carstva nemačkog naroda, Karla IV (1316-1378) koje je 1346. godine poslao Stefanu Urošu IV Dušanu Nemanjiću (1308-1355), caru Srba i Grka. Iz sadržaja ovog pisma se uočava postojanje svesti o slovenskoj bliskosti kod Karla IV u smislu pozivanja na plemensko i jezičko jedinstvo koje navodi oslovljavajući Dušana kao „dragog brata" (vidi Kont 1989). Ovo pismo je inače tokom devetnaestog veka predstavljalo predmet mitizacija i subjektivnih interpretacija u smislu preuveličavanja njegovog značaja koje se uočavaju pre svega u radu češkog političara, istoričara i jednog od najvećih zagovornika austroslavizma, F. Palackog.

I UVOD U PROBLEMATIKU

slojevi slovenskih državnih tvorevina prvi su prihvatali hrišćanstvo i bili su nosiocima novih ideja, odnosno novih nivoa identifikacije. M. Tera ističe, da je slovenski identitet od X veka bio postepeno potiskivan od užih plemenskih, odnosno kasnije pojedinačnih slovenskih etničkih identiteta, da bi u drugoj polovini trinaestog veka u tom smislu on u potpunosti bio zamenjen upravo pojedinačnim slovenskim identitetima (vidi Téra 2004). Sam proces hristijanizacije pojedinačnih slovenskih prostora, bio je usko spojen sa stvaranjem centralizovane vlasti među lokalnim slovenskim plemenima. Time se ujedno stvarao prostor za građenje pojedinačnih slovenskih identiteta na političkoj osnovi, koji su kasnije poprimili i atribut etničnosti. Radi obezbeđivanja lakšeg i što uspešnijeg prelaska sa (uslovno) starog paganskog sistema na novi hrišćanski, mnogi paganski bogovi su uz respektovanje značajnog dela njihovih atributa (uslovno) zamenjeni narodnim svecima.[27] Slovenski identitet nije međutim, nestao procesom hristijanizacije, već je opstajalo kao bitan nivo identifikacije sve do XIII veka. Tako npr. Kozma Praški u svojoj Hronici, balansira u smislu identifikovanja između političkog češtva i kulturno-jezičkog slovenstva. Ranije, tokom desetog veka,

---

[27] Kao primer postepenog prelaska opšte mitološke baze u ideologiju novonastajućih političkih naroda, M. Tera ističe tzv. dinastičke legende. Pri tome kao najbolji primer posebno navodi Pšemislovsku (*Přemyslovsku*) legendu, koja se odnosi na obred ustoličenja vladara na kameni presto u Pragu, što je predstavljao običaj koji je bio veoma sličan sa tradicijom ustoličenja koroških vojvoda koji su vladali slovenskom plemenskom kneževinom Karantanijom. Po Teri, ova očigledna sličnost ova dva običaja jasno ukazuje na jedinstven zajednički slovenski mitološki koncept o poreklu moći. U češkom slučaju ovaj običaj svedoči o prenošenju opšteg slovenskog mita na uži češki, koga je Pšemislovska dinastija, sudeći po interpretaciji Kozme Praškog, predstavljala kao sopstveni i na taj način ga u specifičnoj formi uvela u tradiciju češkog srednjovekovnog naroda. Promena izvorno opšteslovenskog mita u češki, predstavlja jasan signal promene percepcije u odnosu slovenskog i češkog identiteta (videti Téra 2004, 56-57). O običaju ustoličenja koroških vojvoda, videti u Grafenauer 1952. i Štih 2012.

KONSTRUKCIJA SLOVENSTVA U POLITICI I NAUCI

Konstantin se u svom proglasu obraća Slovenima a ne Moravljanima i stvara slovenski liturgijski jezik (Téra 2004, 56). Upravo slučaj moravskopanonske misije kao svojevrsni presedan, ukazuje kako je proces hristijanizacije mogao zapravo i pojačavati slovenski identitet.[28] Pored toga, proces hristijanizacije je, svakako na drugačiji način, u slučaju Polabskih Slovena takođe značajno doprinosio jačanju slovenskog identiteta u jednom periodu, odnosno predstavljao je

---

28   Interesantno je i pomalo paradoksalno da je upravo Moravskopanonska misija Ćirila i Metodija, uprkos tome što se radilo o misiji hristijanizacije, u velikoj meri doprinela pojačavanju slovenskog nivoa identifikacije. Stvaranje jedinstvenog slovenskog liturgijskog jezika, jedinstvenog pisma, ali i uvođenje nekog oblika narodnog slovenskog hrišćanstva (u jezičkom, kao i u smislu rituala), nesumnjivo su na izvestan način doprineli pojačavanju slovenskog nivoa identifikovanja. U tom kontekstu, hristijanizacija slovenskih oblasti koju su sprovodili solunska braća i njihovi sledbenici, činjenično je imala uticaj na održavanje a moguće i na dodatnu nadgradnju slovenskog identiteta koji je, upravo zahvaljujući Moravskopanonskoj misiji, imao značajnih refleksija i kasnije tokom celog srednjeg veka. Uprkos priličnoj limitiranosti uspeha misije u realnosti, kao i kasnijeg anuliranja značajnog dela njenih dostignuća u prvom redu zahvaljujući intenzivnom delovanjem franačkog klera, u kontekstu stvaranja slovenskih tradicija, njen značaj je enorman. M. Tera ističe da je delovanjem solunske braće slovenskom identitetu dodata nova, neočekivana dimenzija, pri čemu je na prostoru Velikomoravske na izvestan način hristijanizovana „paganska svest o slovenskom jedinstvu", što ne bi bilo moguće kada bi liturgija bila sprovođena u nekom od tradicionalnih liturgijskih jezika. Odnosno, postepeno je izgrađena percepcija kako Slovene spaja vlastita verzija hrišćanstva, pri čemu su slovenske države i narodi, koji su prihvatali drugi (u ovom slučaju latinski) ritual, u izvesnom smislu smatrani renegatima slovenskog društva (Téra 2004, 56). Ovakva percepcija je posebno intenzivirana i pojačana kasnije tokom devetnaestog veka u kontekstu nastanka različitih slavofilskih tendencija i slovenskih ideja, kada je dolazilo do nekritičkog izjednačavanja ćirilometodijske misije sa pravoslavljem. Ona je pri tome, bila posebno izražena i korišćena kao sredstvo propagande u kontekstu ruske verzije panslavizma, kao i u kontekstu različitih ideja plasiranih od strane ruskih slavjanofila i slavofila koji su se na različite načine zalagali za stvaranje jedinstvene (pravoslavne) vere svih Slovena pod patronatom Rusije kao sveslovenskog hegemona (videti treće poglavlje ove knjige).

I UVOD U PROBLEMATIKU

(uslovno) neku vrstu „zajedničke opasnosti" koja je rezultirala intenziviranjem međuplemenske saradnje među Slovenima na ovim prostorima.[29] Iako je hristijanizacija činjenično uzrokovala nestanak

---

29 Za razliku od većine prostora na kojima su živeli Sloveni gde je proces hristijanizacije bio relativno nenasilan, u slučaju Polabskih Slovena, hristijanizacija je predstavljala nasilan proces koji je korespondirao i bio u uskoj vezi sa pretenzijama nemačkih vladara. Nemačka ekspanzija je sa procesom nasilne hristijanizacije u takvim okolnostima predstavljala glavni mobilizacijski faktor ka stvaranju saveza slovenskih plemena i jačanju slovenskog identiteta koji je na ovim prostorima bio usko vezan sa paganstvom. Zajednički neprijatelj koga su reprezentovali nemački vladari i kler, doprineo je da Sloveni na ovom prostoru postanu znatno agilniji u kontekstu jačanja međuplemenske saradnje, što je u izvesnom smislu kulminiralo stvaranjem određenog oblika saveza plemena sredinom XI veka. Bez obzira na konačan ishod borbe, tj. poraza od Germana, simbolično oličenog padom poslednjeg slovenskog paganskog uporišta Arkone 1168. godine, rušenjem hrama (kipa) boga Svetovida i kasnije asimilacije većine Polabskih i Pobaltskih Slovena, činjenično je da je nametanje hrišćanstva predstavljalo glavni katalizator jačanja slovenskog identiteta koji je više od tri veka odolevao sa manje ili više uspeha pritisku spoljašnjeg *drugog* viđenog u Germanima i Hrišćanstvu. Svakako, značaj slovenskog identiteta među Polabskim i Pobaltskim slovenskim plemenima u periodu između IX i XII veka nije morao korespondirati sa karakteristikama slovenskog nivoa identifikovanja među slovenskim plemenima koja nisu naseljavala ove prostore. Sam proces nasilne asimilacije i hristijanizacije različitih plemena koje se (uslovno) mogu podvesti pod plemenske grupe Obodrita i Veleta (Ljutića), kasnije je intenzivno isticane i mitizovan u kontekstu stvaranja devetnaestovekovnih slovenskih ideja i ideologija. Nasilna asimilacija Polabskih Slovena je u tom kontekstu, dobila posebnu simboličku vrednost kojom je isticana opasnost koju za Slovene predstavljaju Germani (Nemci) kao njihovi najveći i vekovni neprijatelji. Odnosno, brojni devetnaestovekovni slavofili i panslavisti, ukazivali na primer Polabskih Slovena u kontekstu tvrdnji kako Nemci žele da asimiluju i porobe sve Slovene. Rušenje Svetovidovog kipa i pad Arkone predstavljaju događaj koji je kasnije tokom romantizma takođe poprimilo osobeni značaj a dodatno je mitizovan u kontekstu razvoja slovenskog neopaganizma. Tako su među brojnim rodnovernima često zastupljena mišljenja kako ovaj događaj najbolje simboliše nasilnu hristijanizaciju koja je od strane većine rodnoveraca percipirana kao jedan od glavnih uzroka za razdor nekadašnjeg slovenskog zajedništva. Politički konteksti

KONSTRUKCIJA SLOVENSTVA U POLITICI I NAUCI

slovenskog paganizma a time i (uslovno) potiskivanje slovenskog nivoa identifikovanja, stari religijski i mitološki predhrišćanski sistem je opstajao zapravo dosta dugo nakon početka procesa intenzivne hristijanizacije. Sudeći po brojnim istorijskim izvorima, može se sa velikom sigurnošću konstatovati da je slovenski paganizam opstajao u brojnim hristijanizovanim oblastima do XII veka, dok su pojedini običaji u određenim oblastima (pre svega Rusije) upražnjavani i daleko duže sve do XVI veka. Većina autora zastupa (uslovno) već tradicionalno stanovište da je slovenski nivo identifikacije postojao sve dok je opstajala paganska kosmogonija, stari paganski običaji, mitovi i pravni sistem. U skladu sa tim stanovištem po kom se slovenski nivo identifikacije usko vezuje sa slovenskim paganizmom, odnosno predhrišćanskim mitološkim korpusom, smatra se da je postepeno i izuzetno sporo prodiranje hrišćanstva među niže društvene slojeve, omogućavalo znatno dužu egzistenciju slovenskog nivoa identifikacije kod većine stanovništva. Tako npr. M. Tera postavlja pitanje, kakav je zapravo bio identitet većine stanovništva Češke koje je spadalo u niže socijalne slojeve, ukoliko se npr. kod obrazovanog, politički svesnog i aktivnog Kozme koji je živeo i stvarao u središtu države dva veka nakon početka hristijanizacije, pojavljuje balansiranje između slovenskog i češkog identiteta? Odnosno, kako su sebe doživljavali polupaganski nepismeni seljaci koji su živeli daleko od središta češke države koji su se sa njenom administracijom susretali nekoliko puta godišnje i čiji je pogled na svet formirao prvenstveno na osnovu „pričanja staraca", ukoliko je slovenstvo kao nivo identifikacije postojalo i među hristijanizovanim delom stanovništva koje je imalo naglašeni češki nivo identifikacije? (Téra 2004). Iako je ovo pitanje po svojoj koncepciji logično i opravdano, isto tako se mora postaviti pitanje da li je slovenski identitet uopšte bio bitan nivo identifikacije „običnog stanovništva", pre stvaranja

---

savremenog slovenskog neopaganizma biće analizirani u okviru posebnog dela petog poglavlja ove knjige.

I UVOD U PROBLEMATIKU

prve češke države, odnosno da li je slovenski nivo identifikacije mogao ikada parirati različitim drugim grupnim identitetetima lokalnog karaktera, ili je kao što je već istaknuto u odnosu na njih bio marginalan. Takođe, u kontekstu njegove etničke atribucije se nameće ključno pitanje u kakvom je obliku u realnosti slovenski nivo identifikacije mogao postojati u odnosu na činjenično izraženije i bitnije pojedinačne plemenske identitete i kakve su u tom kontekstu bile njegove eventualne refleksije? Ne treba isključiti mogućnost da se slovenski identitet, koji je činjenično i pre perioda hristijanizacije bio značajno ograničen u realnosti, intenzivirao i reflektovao samo usled zajedničke spoljašnje opasnosti, odnosno spoljašnjeg *drugog*, kao npr. prilikom stvaranja saveza plemena Pobaltskih Slovena radi zajedničkog otpora procesu nasilnog pokrštavanja od strane germanskog klera. Međutim, čak i u tom slučaju sudeći po istorijskim izvorima, pojedinačni slovenski identiteti uprkos brojnim međusobnim kohezionim elementima su imali daleko bitniji značaj u kontekstu samoidentifikacije. Na kraju, treba posebno istaći da informacije kojima se disponuje i na osnovu kojih se pokušava interpretirati značaj, oblik, značenje i refleksije slovenskog kolektivnog identiteta u srednjem veku, isključivo potiču iz limitiranog broja srednjovekovnih hronika i drugih izvora koji su nastajali u konkretnim društvenim i političkim okolnostima i koji u skladu sa tim često između ostalog sadrže različite upitne i tendencionalne elemente proizašle iz niza različitih konstelacija. Iz prethodno navedenog, uočava se da su srednjovekovne hronike i izvori, odnosno njihovi autori, zapravo u značajnoj meri sami doprineli (uslovno) konstruisanju percepcije o kolektivnom slovenskom identitetu sa etničkom konotacijom. To svakako nipošto ne isključuje i ne dovodi u pitanje opravdanost stanovišta o postojanju slovenskog identiteta, ali dovodi u pitanje obim i značaj prisutnosti slovenskog nivoa identifikacije u realnosti, kao i njegov nivo povezanosti sa slovenskim paganizmom. U tom smislu, kao što je već istaknuto, šta god da je zapravo predstavljao slovenski nivo identifikacije, mora se imati u vidu njegova hronološka, ali i prostorna dinamičnost i varijabilnost, koja je bila uslovljena čitavim nizom različitih konstelacija i čije su refleksije svakako zavisile, međusobno se dopunjivale i prelamale, sa mnogim drugim postojećim nivoima identifikovanja, odnosno sa drugim postojećim oblicima kolektivnih identiteta. Uostalom, identiteti se po svojoj prirodi međusobno često višestruko preklapaju i nipošto ne predstavljaju statično i stalno određenje, već dinamične termine (kategorije) koji se neprekidno nalaze u procesu menjanja i transformacija. Identiteti nisu singularni, nego su neprestano izloženi procesima umnožavanja, ali i spajanja, nastajući preko različitih antagonističkih diskursa i praksi, koje se često međusobno prepliću. Kao takve, identitete treba uvek posmatrati kao pitanje identifikovanja, a identifikovanje uvek sadrži dijalošku podlogu (Bauman 1999). Kolektivni identiteti, su dakle razlomljeni i fragmentarni, pri čemu osobenost i interna hegemonija, koju pojam identiteta tretira kao bazičnu, predstavlja konstruisani oblik zatvaranja i svakako nije prirodan, a taj oblik zatvaranja svaki identitet formuliše na osnovu postojanja neophodnog drugog, onog koji mu „nedostaje", čak i ukoliko je on neiskazan (Hall 2001). Samim tim, slovenski kolektivni identitet u srednjem veku ne može biti objašnjen na jedinstven način, pošto se kolektivni identiteti u koje spada i slovenski, stvaraju kroz interakciju sa drugima, kako pripadnicima sopstvene grupe, tako i drugih grupa. Shvaćen u tom smislu, *nijedan od kolektivnih identiteta* nije statičan i nepromenjiv, već predstavlja kontinuirani proces (Díaz-Andreu et al. 2005, 2) (kurziv moj).

Sudeći prema sadržaju mnogih srednjovekovnih, ali i ranih novovekovnih izvora iz XVI veka i početka XVII veka, može se konstatovati da je slovenski identitet na određeni način opstajao i nakon jasnijeg profilisanja pojedinačnih slovenskih identiteta kao etničkiih, pri čemu je i dalje u sebi sadržao etničku atribuciju koja kod pojedinih autora, poput Mavra Orbina bila prilično naglašena. Odnosno, stvorena svest o slovenskom zajedništvu i zajedničkom poreklu nikada nije prestala da postoji, iako je u smislu etničnosti

I UVOD U PROBLEMATIKU

u značajnoj meri postepeno marginalizovana pojedinačnim slovenskim narodnim identitetima. Slovenski identitet se zapravo u izvesnom smislu spojio sa novoformiranim narodnim slovenskim identitetima, odnosno postao je njihov integralni deo i reflektovao se sporadično upravo kroz svest o zajedničkom poreklu, jeziku i sličnoj kulturi. Ta svest o zajedničkom poreklu, kao i zajedništvu u dalekoj prošlosti, predstavljala je kasnije temelj za različite slavofilske tendencije koje su se pojavljivale od kraja osamnaestog veka. Odnosno, slovenstvo kao idejni konstrukt, predstavljalo je između ostalog i naglašavanje, intenziviranje, kao i dodatno mitizovanje već postojećih narativa o slovenskom etničkom zajedništvu u prošlosti a samim tim u izvesnom smislu i (uslovno) oživljavanje slovenskog identiteta kakav je postojao tokom ranog srednjeg veka ili pravilnije, kakvim su ga devetnaestovekovni slavofili idealistički zamišljali i verovali da je postojao. U tom smislu bez obzira da li je slovenski identitet produkt konstrukcije koji nije imao etničko utemeljenje, ili su Sloveni nastali milenijumskim procesima etnogeneze, svest o slovenskom zajedništvu koja je postojala već u ranom srednjem veku, imala je tokom devetnaestog veka izuzetnu ulogu u konstruisanju modernih nacionalnih identiteta slavofonih nacija. Pored toga, srednjovekovni slovenski identitet, šta god da je predstavljao i kakvu god da je realnu snagu imao, postao je jedan od ključnih elemenata u kasnijim devetnaestovekovnim mitizacijama koje su postojale u tendencijama koje se mogu označiti kao stvaranje sveslovenskih tradicija i (uslovno) konstruisanje slovenstva u politici i nauci.

II

PANSLAVIZAM I SLOVENSKI NACIONALNI IDENTITETI:

Idejni koncepti panslavizma; ideologija panslavizma u procesima konstruisanja nacionalnih identiteta

IDEJNE KONCEPCIJE PANSLAVIZMA

...Točak vremena se okreće bez zaustavljanja... Kako su krajevi u kojima žive (Sloveni) najvećim delom najlepši u Evropi, samo kada bi bili obrađeni, oživljeni industrijom, tada, ali samo tada, vi, obespravljeni narodi, nekad slobodni narodi, narodi u procvatu, – prenućete se iz vašeg dugog sna, raskinućete vaše okove, najzad ćete uživati u vašoj lepoj otadžbini, od Jadranskog mora do vrhova Karpata, od Dona do Baltičkog mora...

J.G. **Herder**, *Ideja za filozofiju istorije čovečanstva*
(cit. po Kont 1989, 563).

Koncepcija panslavizma, bez obzira da li se on primarno posmatra kao oblik političke ideologije, ili u širem kontekstu kao ideja o slovenskom kulturnom jedinstvu, već od svojih najranijih početaka se temeljila na konstruisanju svesti o zajedničkom kolektivnom identitetu svih slovenskih naroda, odnosno na bazičnim postulatima devetnaestovekovne percepcije o zajedničkom etničkom poreklu Slovena i njihove „prirodne bliskosti". Već od samih početaka, mnogi eminentni slovenski naučnici, nastojali su da svojim nacijama omoguće samoopredeljenje, kao i unapređenje njihovih maternjih jezika i tradicije (Milojković-Đurić 1994, 1). Iako se najčešće idejni koncept panslavizma prvenstveno vezuje za rad luteranskog sveštenika, lingviste i pisca Jana Kolara (*Ján Kollár*), koji se oslanjao na premise nemačkog filozofa J. G. Herdera (*Johann Gottfried von Herder*), ideja o sveslovenskom jedinstvu je ipak starija, na šta je ukazano u okviru prvog poglavlja ove knjige kada je bilo reči o radu Juraja Križanića. Međutim, uprkos tome što se ideja o nekom obliku slovenskog jedinstva pod patronatom Rusije pojavljuje kod ovog autora, načelno koncept panslavizma, kao i ideje o sveslovenskom jedinstvu, se ipak prvenstveno temelje na

KONSTRUKCIJA SLOVENSTVA U POLITICI I NAUCI

Herderovim ideološkim premisama, odnosno na njegovoj percepciji pojma narod, kao i na njegovom doživljavanju Slovena kao kolektiviteta.[30] Svakako, sama ideja o *slovenskoj uzajamnosti* potiče u značajnoj meri od Kolara. Iako su na Kolara izuzev Herdera, uticali i drugi nemački klasični filozofi, kao i njegovi profesori, čija je predavanja posećivao za vreme univerzitetskih studija, Herderova filozofija istorije je u njegovoj teoriji o sveslovenskoj uzajamnosti postala usmeravajuća (Žilíková 2010, 55). J. G. Herder (1744-1803), Slovene naziva „Grcima novog doba" (Krejči 2000, 112-113), koji su, po njegovim rečima, „dotle zauzimali više mesta na zemlji nego u istoriji" (Krejči 2000; Skerlić 1906). U svom delu *Ideen zur Philosophie der Geschichte der Menschheit* iz 1791. godine, Herder opisujući Slovene, stvara idealističku sliku o njima, kao o miroljubivom i nenasilnom narodu kome predstoji „slavna budućnost".[31] Upravo stvaranje ove idealizovane i fiktivne predstave o

---

30 J. G. Herder, pojam „narod" spaja sa terminom „ljudi", pri čemu ističe da njihovu osnovu predstavlja jezik i poezija. Država za Herdera ima hijerarhijski niži stepen značaja od kulture i jezika. Herder sve kulture postavlja u ravnopravan odnos, pri čemu se zalaže za njihovu različitost, ali pri tome ne negira postojanje pozajmljenih elemenata unutar njih koji po njemu doživljavaju duboke promene. Za Herdera, koji individualizam u izvesnom smislu marginalizuje i na određeni način prenosi na plan kolektiviteta, narod predstavlja celinu sa osobenim duhom (*Volksgeist*). Herder stoga istoriju vidi kao sklop raznovrsnih kulturnih identiteta, koje svaki posebno izjednačava sa terminom „Volk", pri tome insistirajući na razlikama i specifičnostima svakog naroda posebno. Opširnije o Herderovoj percepciji naroda videti u Dimon 2004, gl. 3. Detaljnije o Herderovom osvrtu na Slovene videti Krejči 2000, gl. 7.

31 Kako ističe J. Skerlić, „Herder daje idiličnu sliku Slovena, pastira i vrednih zemljoradnika, hvali njihov veseo i skladan život, pitomu dušu, blage naravi, vrednoću, gostoljublje, darežljivost, ljubav prema prirodnom i pitomom životu. On ih žali što su zbog svoje pitomosti, bez trunke ratničkog i osvajačkog duha, ostali rasa robova, žrtve jačih i surovih suseda, Nemaca, Mađara, Turaka i Tatara. On veruje u budućnost slovenskog plemena, ubeđen je da će se Sloveni prilagoditi uslovima civilizacije, ojačati se njome i ojačati je prinovom svoje sveže i zdrave krvi. On već vidi doba kada će se veliki slovenski

II PANSLAVIZAM I SLOVENSKI NACIONALNI IDENTITETI

Slovenima kao mirnom narodu, nasuprot njegovim „osvajačkim i agresivnim susedima", bila je frekventno korišćena tema u radu mnogih panslavista i slavofila. Tako je isticanje dijametralno suprotnih opozicija između Germana i Slovena, odnosno između „ratobornosti i nasilnosti Nemaca" nasuprot „miroljubivosti i slobodnom duhu slovenskih naroda", kao i isticanje razlike između „nemačkog feudalizma" nasuprot „slovenske demokratičnosti", motiv koji se stalno potencirao u radu panslavista i imao je krucijalnu ulogu u isticanju negativnih strana *drugog*. Na taj način je fundus predstava o suprotnosti između Slovena i Germana formiran na osnovu Herderovog dela – koji je razrađivan u radu nekih panslavista, kao i u delima pojedinih ličnosti iz narodnih preporoda – odigrao značajnu ulogu u procesima konsolidacije prvenstveno češkog nacionalnog identiteta, ali je takođe predstavljao jedan od ključnih elemenata formiranja idejnog koncepta panslavizma. Nadovezujući se na ove skupove predstava o osobinama, Oskar Krejči je istakao da je „Herder u izvesnom smislu formirao to, što bi se danas, moglo nazvati geopolitički rizik češke i slovačke državnosti ili slovenstva u celini" (Krejči 2000, 113). Svakako da je ovakvo formiranje jasne distinkcije između Germana i/ili Mađara, s jedne strane, i Slovena, s druge strane, ujedno doprinosilo jačanju osećaja jedinstva i kolektiviteta među Slovenima. Pri tome se dodatno naglašavao osećaj „stalne ugroženosti", koji se posebno često intenzivirao usled delovanja čitavog spektra konstelacija u tadašnjem društveno-istorijskom kontekstu. U svojoj filozofiji Herder takođe ističe, da Slovenima predstoji značajna humanistička uloga u istoriji čovečanstva, što je ideja koja je postala osnov za Kolarovu sveslovensku uzajamnost (Žilíková 2010, 55-56). Herderova percepcija civilizacijske misije Slovena je or-

---

narod prenuti iz vekovnog dremeža, osloboditi se ropskih lanaca tuđinskih i postati gospodar prostranih zemalja od Jadranskoga mora do Karpata i od Dona do Mulde" (cit. po Skerlić 1906, 175-176).

ganski spojena sa humanističkim idealima kao i mišlju o osnovnim pravima svih naroda, i upravo je ovaj filozof na intelektualnom polju doprineo formiranju teze koja je, uz pomoć prosvetiteljske predstave pravednosti, inicirala vraćanje samospoznaje neslobodnih slovenskih naroda (Krejči 2000, 113). Iako često isticano kao jedinstveno, Herderovo veličanje Slovena, odnosno njegovo „predskazivanje slavne slovenske budućnosti", nije ni po čemu posebno, budući da u Herderovom shvatanju istorije svaki narod u određenom periodu predstavlja celokupno čovečanstvo. Odnosno, kod Herdera je na određeni način u svakoj istorijskoj epohi jedan narod istaknut (narodi starog istoka, Grci, Rimljani, Germani), dok su svi drugi narodi potisnuti u drugi plan. Uostalom, poistovećivanje jednog naroda sa celim čovečanstvom, u određenom periodu istorije, svojstveno je nemačkim misliocima posle Herdera (Dimon 2004, 139). Uprkos tome, glorifikacija Slovena i vizija njihove slavne budućnosti se kod Kolara, ali i drugih predstavnika panslavističkih ideja, upravo u znatnoj meri nadovezivala na Herderovo shvatanje naroda i njegovu percepciju Slovena. Ukoliko sumiramo Herderov prikaz Slovena, odnosno njegovu percepciju njihovih karateristika i istorije, njegov opis okvirno i uslovno možemo podeliti u šest osnovnih grupa karakteristika i osobina, koje on pripisuje Slovenima: 1. Svi Sloveni čine jedan narod (odnosno, uslovno jednu etničku zajednicu). 2. Sloveni imaju velike potencijale, koji su pre svega izraženi kroz njihovu „duhovnu snagu". Ona je sadržana u njihovoj predispoziciji da stvaraju kulturna i umetnička dela, kao i u njihovoj sposobnosti za obrazovanjem. 3. Sloveni su izuzetno brojni, kao što je veliko i prostranstvo teritorija koje zauzimaju. 4. Sloveni se bave zanimanjima koja su u skladu sa prirodom (obrađivanje zemlje, uzgoj plodova, odgoj životinja). 5. Sloveni su blage naravi, vode veseo i skladan život, karakteriše ih vrednoća, darežljivost, gostoljublje i ljubav prema prirodnom i slobodnom životu. 6. Zbog svoje pitomosti i odsustva ratničkog duha, kroz čitavu svoju istoriju

II PANSLAVIZAM I SLOVENSKI NACIONALNI IDENTITETI

Sloveni su bili ugnjetavani od strane svojih suseda. Iako prilično proizvoljna i svakako predstavljena u najopštijim crtama, prethodna podela Herderovog opisa osnovnih specifičnosti Slovena po tezama, sadrži glavne predstave o Slovenima kakve se kasnije nalaze u radu Kolara, Šafarika, Štura i drugih slavofilskih autora. Takođe, ovaj idealizovano predstavljeni Herderov opis, zajedno sa njegovim isticanjem značaja Slovena u budućnosti, predstavlja jedan od osnovnih elemenata ideološkog koncepta panslavističkog i (sve)slovenskog korpusa. Uostalom, Herderova vizija budućnosti Slovena, bila je svakako jedna od dominantnih i stalno korišćenih inspiracija formiranja i manifestacije istorijske svesti kod nekoliko različitih slovenskih naroda.

Od druge polovine osamnaestog veka shvatanje o jezičkom i kulturnom jedinstvu Slovena, bilo je rašireno među zapadnoevropskim i nemačkim naučnicima (Krejči 2000, 114). Jovan Skerlić ističe „da su od Herdera najpre češki romantičari uzeli ideju da će slovenski um (*Verstand*) prosvetliti i obnoviti svet, i da odmorna i mlada rasa slovenska treba da zameni u vladi nad svetom iznurene Latine i Germane, isto onako kao što su germanski varvari bili zauzeli mesto razmaženih Rimljana" (cit. po Skerlić 1906, 176). Međutim, prve konkretnije ideje o stvaranju, tj. „obnavljanju" slovenskog jedinstva su se pojavile početkom i u prvoj polovini devetnaestog veka među poljskim romantičarima i prosvetiteljima, ali takođe i među pojedinim ruskim i slovačkim autorima. U poljskoj sredini je još tokom osamnaestog veka kod pojedinih autora poput S. Trembeckog (*Stanisław Trembecki* 1739-1812), S. Stašica (*Stanisław Wawrzyniec Staszic* 1755-1826) i poljskog kneza Adama Čartorijskog (*Adam Jerzy Czartoryski* 1770-1861) postojala percepcija Rusije kao zaštitnice Slovena. Trembecki je smatrao da je jedini način da se Poljska odupre germanizaciji taj da se prikloni Rusiji, dok je Stašic pristupajući sa nešto drugačijih pozicija zastupao ideju da je ujedinjenje ruske i poljske krune povoljnije od pruskog spoljnog upletanja, što bi po njemu predstavljalo katastrofu za

Poljsku.[32] Najveći poljak rusofil je bio knez Adam Čartoriski, koji je Poljsku video kao deo slovenskog carstva pod hegemonijom Rusije, ali ovi njegovi stavovi su u značajnoj meri proisticali iz tradicionalnih kontakata njegove porodice sa ruskim plemstvom (vidi Kont 1989, 556). Ipak, treba napomenuti, da se još od osamnaestog veka u Poljskoj pojavljuju izražene antiruske tendencije, koje tokom devetnaestog veka postaju dominantne i kulminiraju nizom ustanaka protiv ruske vlasti. Kompleksnost opšte situacije u Kongresnoj Poljskoj uslovila je i značajnu limitiranost panslavističkih ideja koje su se većinom kretale u drugačijem pravcu, da bi nakon gubljenja neke vrste poluzavisnog statusa 1831. godine i kasnijeg pretvaranja u rusku provinciju, ionako marginalne panslavističke tendencije u Poljskoj u potpunosti nestale. Međutim, ipak, i tokom prve polovine devetnaestog veka su se javljale pojedine proruske tendencije, odnosno ideje koje su propagirale ruski oblik panslavizma. Sam termin „panslavizam" bio je u skladu sa svojim isticanim slovenskim ekvivalentom sveslovenstvo po prvi put pomenut početkom 19. veka i označavao je jedinstvo slovenskih jezika i literature (Vlček 2004, 52-53). U češkoj sredini se panslovenska ideja javila u periodu Napoleonovih ratova, odnosno u drugoj generaciji čeških slavista, i to prvenstveno kod J. Jungmana. Tokom tog perioda su se shvatanja o Slovenima oslanjala na koncepciju prijateljstva sa Rusijom (Krejči 2000, 114). Već od početka panslavizam je kod Čeha imao naglašeni antigermanski stav, iako on nije bio uvek

---

[32] On je ove ideje razradio u svojim delima *Poslednja upozorenja Poljskoj* iz 1790. i *Misli o političkoj ravnoteži Evrope* iz 1815. godine. Polazeći od onovremene realne političke situacije, Stašic je isticao da Poljska koja je nekada mogla da teži ulozi Rusije u smislu vodeće uloge među Slovenima, više nema kapaciteta za tako nešto i da zbog toga kako bi se osigurala budućnost Slovena, treba da prihvati ruski cezaropapizam. Po njemu je ujedinjenje Slovena pod Ruskim carstvom trebalo da dovede do ujedinjenja Evrope, pri čemu je on takav savez video kao ujedinjenu federaciju slovenskih država (vidi Kont 1989, 556).

II PANSLAVIZAM I SLOVENSKI NACIONALNI IDENTITETI

koncizno i otvoreno istaknut, koji je nastao kao konsekvenca sve intenzivnije germanizacije na svim poljima. Germanizacija je u određenoj meri bila analogna sa procesom intenzivnije mađarizacije, koja je prouzrokovala izrazito antimađarsko raspoloženje i to posebno među Slovacima u periodu narodnog preporoda. Mađarizacija se značajnije intenzivirala početkom devetnaestog veka, odnosno u periodu konstruisanja mađarskog nacionalnog identiteta, i svakako je između ostalog doprinosila intenziviranju ideja o slovenskom jedinstvu. Svojevrsna „mađarizacija ugarske istorije" takođe je ujedno doprinosila izmišljanju nove tradicije među Slovacima, koji su u konstruisanju simbola nacije, osnov potražili u do tada maglovitom periodu Velikomoravske i Njitranske kneževine.[33] Takođe, negativna stereotipna slika o Slovenima kao o „primitivim i zaostalim" koja se često pojavljivala kod brojnih mađarskih i nemačkih autora, dodatno je doprinosila jačanju panslavističkih ideja.[34] Iako nastanak ideja o slovenskom jedinstvu uzrokuje čitav dijapazon različitih konstelacija, on ipak proističe pre svega kao neka vrsta odgovora na sve izraženiju ideju pangermanizma, ali takođe i na proces nasilne mađarizacije. Istorijski kontekst nastanka ideje o jedinstvu svih Slovena, odnosno o obnavljanju slo-

---

33 Ubrzano stvaranje svesti o „slavnoj prošlosti", odnosno početak „nacionalizacije" perioda Velikomoravske kneževine, kao i „slovakizacija" ličnosti iz srednjovekovne prošlosti poput Rastislava, Svetopluka i drugih, intenzivirano je prvenstveno zbog toga što su mađarske elite u procesu „nacionalizacije" počele intenzivnije da do tada tradicionalne ugarske simbole, percipiraju i predstavljaju kao isključivo mađarske. Opširnije o stvaranju slovačkog nacionalnog identiteta, kao i o konstituisanju narodnih simbola, videti u Škvarna 2004.

34 Skerlić posebno ističe primer nemačkog lista A*ugsburger Allgemeine Zeitung*, kao i pisca Andrije Dugonića (*Dugonics András*), koji, kako navodi „propoveda preziranje Slovena kao ljudi niže vrste" (vidi Skerlić 1906, 176). Detaljnije o stereotipizacijama vezanim za ugarske Slovene u kontekstu nemačkih putopisa i ugarske publicistike u periodu od kraja osamnaestog do sredine devetnaestog veka, biće ukazano u okviru narednog poglavlja.

KONSTRUKCIJA SLOVENSTVA U POLITICI I NAUCI

venskog jedinstva iz prošlosti, odvijao se paralelno i često se preplitao, ali i konfrontirao sa procesima konstruisanja nacionalnih identiteta različitih slovenskih uže definisanih etniciteta. Panslavističkim idejama se težilo formiranju neke vrste nadnacionalnog kolektivnog identiteta svih Slovena, koji je predstavljao manje ili više uspešni stepen kolektivizacije i koji je ideološki trebalo da objedini određeni broj srodno percipiranih užih slovenskih nacionalnih identiteta. Ujedno, panslavistički pokret je tokom devetnaestog veka izazvao slovensku nacionalnu obnovu potencirajući istorijski i kulturni kontinuitet, kao i povezanost celog slovenskog sveta (Milojković-Đurić 1994; Nedeljković 2007). Konstruisanje ideja o potrebi „obnavljanja slovenskog jedinstva", koje je inicijalno u velikoj meri započeto kao protivteža pangermanskim i mađarskim nacionalističkim tendencijama, predstavljalo je pokušaj stvaranja nadnacionalnog identiteta kao najvišeg mogućeg stepena kolektiviteta svih Slovena. Svakako, po svojoj koncepciji ovakve ideje su bile u sintetičkom odnosu i neprekidnom uzajamnom preplitanju, ali i u čestom konfrontiranju sa procesima konsolidovanja pojedinačnih slovenskih nacionalnih identiteta. Odnosno, (sve) slovenski nivo identifikacije nije predstavljao samo (uslovno) vrstu dopune u odnosu na nacionalni identitet, već je u izvesnom smislu mogao predstavljati i njegovu alternativu kao što je to npr. bio kod pojedinih slavista i slavofila. Ujedno, stvaranje (sve)slovesnkih tradicija, u značajnoj meri je proisticalo upravo iz tendencija koje su težile stvaranju višeg nivoa slovenske identifikacije i koje su se u izvesnom smislu temeljile i na pojedinim starijim postulatima i percepciji slovenskog jedinstva u prošlosti. Međutim bez obzira da li je bila izmišljena, slovenska tradicija je obavila značajan zadatak u procesu konstituisanja slovenofonskih nacija, što znači da je imala efekta i da je konstruisanje te tradicije u političkom smislu bilo opravdano (Nedeljković 2007, 170). Početne panslavističke ideje u Češkoj i Slovačkoj, čiji su najistaknutiji zagovornici bili J. Kolar i P. J. Šafarik, su kao osnovno načelo propagirale kulturno i lingvis-

II PANSLAVIZAM I SLOVENSKI NACIONALNI IDENTITETI

tičko jedinstvo, odnosno težile su stvaranju jedinstvenog slovenskog jezika sa različitim narečjima. Kasnije su ove ideje u Češkoj potisnute sa novom koncepcijom razvoja češkog slavizma – austroslavizma (Krejči 2000, 114). Uprkos ovom novom konceptu, panslavizam u formi njegovog univerzalizma nije u potpunosti nestao i vremenom je iz koncepcije koja je podrazumevala etničko jedinstvo prerastao u drugačiji koncept sa izrazitijim političkim karakterom. Tom novom formom se daleko otvorenije nego ranije isticala potreba i želja za političkim jedinstvom, odnosno ideja o federaciji slovenskih naroda (Kostya 1981; Krejči 2000).

Panslavizam a sa njim i usko spojena paradigma o slovenskoj uzajamnosti, bili su u češkom kontekstu u uskoj vezi sa formiranjem modernog češkog nacionalnog identiteta (Vlček 2011, 1). Intenziviranje panslavističkih ideja u Češkoj jasnije je započelo sa radom češkog lingviste, pisca i leksikografa Jozefa Jungmana (1773-1847). Kao što je već istaknuto, on se zalagao prvenstveno za integraciju slovenskih jezika i što čvršće kontakte sa Rusijom. Pojedine naznake o idejama za slovenskim jezičkim jedinstvom su bile prisutne i u radu filologa, istoričara i osnivača slavistike u Češkoj, Jozefa Dobrovskog (1753-1829) o čemu će biti više reči u okviru narednog poglavlja. Ipak, najveći uticaj na razvoj ideje o slovenskom jedinstvu je imao rad luteranskog sveštenika, slovačkog pisca, pesnika i arheologa, Jana Kolara (1793-1852).

Sveslovenska uzajamnost i panslavizam Jana Kolara

Kao što je već pomenuto, Kolar je bio pod velikim uticajem Herderove filozofije, kao i njegove idealističke percepcije o Slovenima i njihovoj budućnosti (Vlček 2011; Krejči 2000; Skerlić 1906; Žilíková 2010). Studirajući u protestantskoj sredini Jene, na Kolara su pored primarnog Herderovog uticaja, takođe uticale i ideje drugih filozofa nemačkog klasičkog idealizma a posebno J. F. Friesa (*Jakob Friedrich Fries*, 1773-1843). Polazeći od primarnih rasprava o slovenskom jezičkom jedinstvu, Kolar je stvorio sopstveni koncept panslavizma, kao ideje koja je u prvi plan isticala kulturno jedinstvo Slovena. Pri tome je otvoreno istupao protiv promene političkog sistema i svoju koncepciju panslavizma je doživljavao kao apolitičku i zasnovanu na kulturnoj saradnji (Žilíková 2010, 52). U svojoj izvornoj koncepciji, ideja panslavizma je kod Kolara imala izraziti kulturni karakter, sa odsustvom bilo kakvih jasno ispoljenih političkih ambicija ili konkretnih političkih planova. Njegove panslavističke ideje imaju naglašene elemente Herderovskog humanizma i on ih je prvi put jasnije predstavio kroz određeni oblik sopstvenog proglasa, tj. kroz njegovo pesničko stvaralaštvo, i to pre svega kroz pesničko delo *Slávy dcera* iz 1824. godine. Odmah po objavljivanju, ovo delo je imalo veliki uticaj na procese slovačkog i češkog narodnog preporoda, kao i na panslovenske ideje u celini. Kolareva „Slávy dcera" obuhvata sklop čitavog niza motiva koji se međusobno pepliću. Kroz njega, kao i kroz svoju raspravu *O literarnéj vzájemnosti mezi kmeny a nářečími slavskými*, iz 1836. godine, Kolar je proklamovao ideju o sveslovenskoj uzajamnosti, odnosno sopstvenu viziju panslavizma. U ovom delu, koje je nesumnjivo odigralo krucijalnu ulogu u formiranju panslavističkog diskursa, Kolar je predstavio sopstveno shvatanje Slovena i njihove istorije. Po njegovom mišljenju, svi Sloveni predstavljaju jedan narod, čiji je jezik podeljen na četiri različita dijalekta (Svoboda 1957, 66-67).[35] Kolar je svoju ideju o sveslovenskoj uzajamnosti formirao na osnovu nemačkog

---

35 Po Kolaru kod Slovena postoje četiri narečja (češko, poljsko, rusko i ilirsko), isto kao što je grčki jezik bio razdeljen na četiri dijalekta (jonski, aeolski, dorski i atički). Navodeći ovu analogiju, Kolar je isticao da sledeći primer starih Grka, koji su uprkos velikim razlikama u dijalektima bili uzajamno spojeni u jeziku i kulturi, ovakvom jedinstvu treba da teže i svi Sloveni. Ovakva komparacija se kod Kolara nadovezuje na njegovo veličanje klasične grčke starine i oslanja se na percepciju o *Grčkoj kao kolevci evropske kulture*, koja je započela još sa J. J. Vinkelmanom. U skladu sa tadašnjom opštom glorifikacijom starih Grka, kao i svakog segmenta njihovog stvaralaštva i istorije, stari Grci su i za Kolara predstavljali najviši mogući uzor.

II PANSLAVIZAM I SLOVENSKI NACIONALNI IDENTITETI

koncepta o pangermanskom jedinstvu, odnosno po uzoru na nemački narodni pokret, koji je u izvesnom smislu postao neka vrsta pokazatelja pravca po kome je trebalo da se odigra i preporod kod Slovena (Vlček 2004; Žilíková 2010). Takođe, na njega su u znatnoj meri uticale i ideje Velike francuske revolucije kao i deklaracije prava, odnosno proglas koji je govorio da je: „Svaki narod nezavisan i suveren bez obzira na to, koliki je broj ljudi, od kojih se sastoji, i koja je veličina teritorije, na kojoj živi" (cit. po Vlček 2004, 9). Po Kolaru je savremeni zadatak vremena – u saglasnosti sa Herderom – da Sloveni stvore novu evropsku kulturnu epohu, kako to iziskuje dijalektika istorije (Zumr 2006, 184-185). Poput Herdera, Kolar takođe ističe da vreme Slovena tek dolazi i da su oni budući nosioci svih civilizacijskih tekovina. Kolar se oslanja na Herderovo shvatanje Slovena kao „Grka novog doba", pri čemu stvara idealističku sliku Slovena glorifikujući njihove karakteristike, pre svega demokratičnost, kao i „njihovu ljubav za slobodom". Fiktivna slika o starim Slovenima, kao o narodu koji je više od svega cenio demokratičnost i princip slobode je posebno naglašena u njegovom radu i postaće često korišćen motiv u radu drugih panslavista i slavofila. Ideja sveslovenske uzajamnosti u konačnom ishodu, nije trebalo da služi samo Slovenima, nego i drugim evropskim narodima, odnosno trebalo je da izgradi osećanje narodnog ponosa i požrtvovanja, ali ne na bazi tadašnjih nacionalizama koje Kolar nije priznavao, već je njegovo delovanje imalo prevashodno narodno odbrambeni karakter protiv jezičkog jedinstva Ugarske, gde je jedini jezik trebalo postati mađarski (Žilíková 2010, 51-52). Međutim, kako to primećuje M. Pišut, iako je Kolar lično nastojao da se njegovoj poeziji, kao i njegovoj koncepciji slovenske uzajamnosti ne pripisuje politički smisao, već od početka je bilo jasno (što se manifestovalo na Slovenskom kongresu u Pragu), da su Kolareve ideje imale politički značaj. Kolar se zalagao za odbranu jezičkog i kulturnog identiteta naroda kojeg je shvatao kao etničku zajednicu, pri čemu se nadovezivao na Herderovu ideju da narod nije identičan sa državom već da predstavlja „prirodni organizam" (Žilíková 2010).

KONSTRUKCIJA SLOVENSTVA U POLITICI I NAUCI

Celokupni koncept Kolarovog shvatanja slovenskog jedinstva se zapravo oslanja se na Herderov rad, naročito na njegovu idiličnu sliku o mirnim Slovenima koji su kroz čitavu istoriju bili ugnjetavani od svojih ratobornih i agresivnih suseda, i kojima predstoji uloga „naroda budućnosti", odnosno naroda koji će proklamovati ideju slobode, jednakosti i demokratičnosti. Kolarova kritika Teutonaca zbog politike prema Slovenima se ne bazira ni na socijalnom darvinizmu, ni na rasizmu, već je ona u skladu sa njegovim humanizmom oličenim u delu „Slavy dcera" i ima sveljudski proglas (Krejči 2000, 115). Pojam „sveslovenstvo" *(všeslovanstvo)* je kod njega u potpunosti spojen sa terminom *Všeslávia* po kojem je ujedno imenovana i jedna cela generacija predstavnika preporoda – tzv. *generacija Všeslávie* (Žilíková 2010, 52).[36] Za Kolara je „uzajamnost" predstavljala saradnju slovenskih naroda za opštu dobrobit svih, uključujući i neslovenske narode. Kolar pišući o svojoj ideji slovenskog jedinstva unosi čitav niz subjektivnih stavova koje preplićе kroz različite aspekte istorije, mitologije, religije, etike i politike, pri čemu često izražava sopstveni sentimentalni patos, ali i svoju viziju budućnosti slovenskih neslobodnih naroda. Njegova misao o slovenskom jedinstvu se kretala u pravcu izdizanja Slovena, ali ne na

---

[36] Termin *Všeslávia* je Kolar prvi put pomenuo u svom najznačajnijem delu *Slávy dcéra*. Generaciju *Všeslávie*, su reprezentovali Kolar (*Ján Kollár*, 1793-1852), Šafarik (*Pavel Jozef Šafárik*, 1795-1861) i Kuzmani (*Karol Kuzmány*, 1806-1866). U radovima ovih autora prisutna je ideja slovenskog jedinstva. Ona se prvenstveno bazirala na ideji o literalnom i kulturnom zajedništvu, odnosno na jezičkom zbližavanju slovenskih naroda, pri čemu nije otvoreno težila promeni postojećeg društvenog sistema i političkih tvorevina. Viktor Timura je istakao da pojam *Všeslávia* u smislu oznake generacije predstavlja sveslovenski fokus. Pri tome navodi čitav niz definicija, koje u sebi ovaj pojam implicira: statističko-geografski izraz slovenske misli; izraz ideologije literarno-kulturnog reciprociteta i jezičkog zbližavanja; reprezentovanje istorijske etape samorefleksije naroda zarad više celine, itd. (vidi Timura 1987, 43-45). O ideološkim aspektima generacije *Všeslávia*, detaljnije u Žilíková 2010, 52- 55.

II PANSLAVIZAM I SLOVENSKI NACIONALNI IDENTITETI

štetu pripadnika drugih naroda (Žilíková 2010, 52). Jedna od osnovnih misli zajedničkih za generaciju *Všeslávia,* dakle za J. Kolara, ali i P. J. Šafarika, koja se prenela i u slovačku istoriografiju, bila je misao o velikom, jedinstvenom narodu Slovena (Podolan 2007, 6). Međutim, Kolar nije raspravljao o eventualnoj budućoj državi Slovena, pošto je živeo u multietničkoj Habzburškoj monarhiji, zbog čega bi pokretanje ovakve rasprave značilo otvoreno istupanje protiv nje. Nasuprot tome, on je u skladu sa građanskim pravima i idejom jednakosti, tražio ravnopravan položaj Slovena u monarhiji, isto kao i ostalih naroda u zajedničkoj domovini (Žilíková 2010, 55). *Všeslávia,* odnosno Kolarov koncept *sveslovenstva* (uslovno panslavizma), nije bio oblik ideologije koja je težila revolucionarnom delovanju i konkretnim političkim akcijama kojim bi se menjalo postojeće stanje, već je predstavljala neku vrstu opšteg poziva ka delovanju u formi neke vrste patriotskog i moralnog patosa, kao oblika reakcije na „preteću opasnost" pangermanizma i intenzivnog mađarskog nacionalizma. Dakle, koncepcija panslavizma kod Kolara nastaje između ostalog, kao reakcija na realni osećaj ugroženosti usled širenja pangermanskih ideja i procesa konsolidacije mađarskog nacionalnog identiteta. Iako je po svojoj koncepciji panslavizam težio ka višem obliku kolektiviteta, što je naročito bilo izraženo upravo kod Kolara, on je ipak kao ideologija generalno posmatrano u prvoj polovini devetnaestog veka predstavljao samo jednu etapu refleksije ideja koja je u realnosti imala mnogo veći uticaj na formiranje užih nacionalnih identiteta (pre svega češkog i slovačkog), nego što je na praktičnom planu uspela da stvori svest o kolektivnom slovenskom identitetu. U suštini, Kolarov koncept jedinstvenog slovenskog naroda sastavljenog iz četiri plemena proizilazi iz idealizma u periodu kada su već u značajnoj meri iskristalisani nacionalni identiteti i samosvest pojedinih slovenskih naroda, pa je upravo zbog toga u izvesnom smislu njegova ideja imala prilično utopistički karakter. Ipak, uprkos značajnom otporu, njegov uticaj je bio prilično intenzivan, naročito među Slovenima u Habsburškoj monarhiji. Nacionalizam

KONSTRUKCIJA SLOVENSTVA U POLITICI I NAUCI

kod Kolara nema politički kontekst, već bi se pre mogao označiti kao „obazriv nacionalizam", dok bi se ideja slovenske uzajamnosti mogla nazvati „koncepcijom slovenskog kulturnog nacionalizma", koja se zasnivala na osnovama uzajamne saradnje i slobodnih kontakata slovenskih kulturnih uticaja, odnosno dijalekata i literature (Pichler 1998, 20).

Kolar je bio svestan prilične razjedinjenosti između Slovena, pa je upravo mnogostruke razlike (religijske, jezičke itd.) nastojao da smanji ili u potpunosti zaobiđe, zalažući se za slovensko kulturno i jezičko jedinstvo. Po Kolaru, jedinstvo Slovena je neophodno, budući da je došlo vreme kada će slovenski narodi, odnosno slovenski princip, preuzeti „duhovno vođstvo čovečanstva" (Žilíková 2010, 56). U tom kontekstu jezik je za Kolara, u skladu sa Herderom, predstavljao jednu od najosnovnijih karakteristika naroda. Po Kolaru je jezik Slovena, koji on posmatra kao jedinstven, u monarhiji bio ugrožen, te su prema tome bila ugrožena i prava Slovena u smislu njihovog ravnopravnog položaja unutar Habsburškog carstva (Žilíková 2010). Kako bi prevazišao razlike između slovenskih jezika, odnosno kako ih je on shvatao dijalekata jednog slovenskog jezika, Kolar se često osvrće na primer starih Grka. Kao što je već napomenuto, u Kolarovim delima je prisutno glorifikovanje klasične grčke starine kao najvišeg mogućeg ideala, ali i antike u celini, što je svakako bilo u skladu sa tada dominantnom percepcijom klasične Grčke kao „kolevkom evropske civilizacije".[37] Češki klasični filolog Karel Svoboda u svojoj opsežnoj studiji

---

[37] Ova formulacija je incijalno formirana od strane ideološkog tvorca neoklasicizma J. J. Vinkelmana (*Johann Joachim Winckelmann* 1717–1768). Vinkelman je sopstvena viđenja antičke umetnosti izneo u svojim delima *Misli o podražavanju grčkih dela u slikarstvu i vajarstvu* iz 1755. i *Istorija drevne umetnosti* iz 1764. godine. Po Vinkelmanu, umetnost, ali i celokupno stvaralaštvo klasičnog perioda oličeno kroz sliku Atine u petom veku stare, predstavlja vrhunac i najviši stupanj ukupnog civilizacijskog razvoja uopšte. Uz ovakvu dozu glorifikacije, Vinkelman se zalaže za usvajanje antičkih oblika u

II PANSLAVIZAM I SLOVENSKI NACIONALNI IDENTITETI

Antika a česká vzdělanost od obrození do první války světové iz 1957. godine, ističe da je Kolar insistirao na opštoj slovenskoj literarnoj uzajamnosti i njeno uporište je dokazivao upravo na primeru starih Grka (Svoboda 1957). U tom pravcu, model za sveslovensku koncepciju naroda bio je klasicističko shvatanje grčko-slovenske sličnosti budući da je kod Grka (Helena) podela jezika na dijalekte bila u vezi i sa „plemenskim poretkom" (Podolan 2007, 8). Grci i Rimljani za Kolara predstavljaju stvaraoce prve kulture u evropskoj istoriji (Varcl et al. 1978; Zumr 2006, 184), i po njemu se klasični jezici mogu adekvatno prevoditi samo u slovenske jezike, jer samo sa slovenskim jezicima je moguće imitirati (oponašati) slobodan redosled reči i rečenica, prozaički ritam i pesničku metriku, onako kako je to izvorno u grčkom, ali i latinskom jeziku (Svoboda 1957, 66-67). Ipak, forma grčkog poimanja vremena se nije u potpunosti mogla primeniti na sve njih (npr. na ruski i poljski), ali u slučaju češkog i slovačkog ipak je donosila zadovoljavajuće rezultate (Podolan 2007, 5). Po Kolaru su stari jezici bili melodični sa bogatstvom oblika, imali su prozaički ritam i osećaj za vreme, dok su nasuprot tome, novi germanski i romanski jezici kruti i sa iskrivljenim korenima (vidi Svoboda 1957). Kolar je kao glavni propagator jezičkog jedinstva među Slovenima u svom radu isticao da slovenski narodi u sebi nose brojne antičke

---

svim segmentima umetnosti i arhitekture, pri čemu eksplicitno ističe da se protivi kopiranju i teži ka stvaranju „istinskog grčkog duha" kao ideala stvaralaštva. Ujedno, pod njegovim uticajem se formira ideja da elegancija i jedinstvenost antičke grčke civilizacije na određeni način predstavljaju bazične temelje moderne Evrope, odnosno da Grčka predstavlja kolevku Evrope. Kulminaciju fascinacije antikom i glorifikovanja stare Grčke, predstavlja dalekosežna i sveobuhvatna reforma celokupnog obrazovnog sistema koju je sproveo Vilhelm fon Humbolt (*Wilhelm von Humboldt* 1767- 1835), kojom je nasleđe antičke Grčke zapravo ugrađeno u temelje akademske pismenosti prosvetiteljske Evrope, a (uslovno) i u temelje nacionalnih identiteta brojnih zapadnoevropskih naroda (Obšust 2012). Opširnije o idealizovanju antičke Grčke klasičnog perioda kao „kolevke evropske kulture", videti u Babić 2008.

elemente, odnosno da je njihov jezik najčistiji i najbliži jeziku starih Grka. Ovakve svoje stavove je nastojao da potkrepi brojnim prilično proizvoljnim i ne kritičkim analizama, odnosno sopstvenim proučavanjima u formi lingvističkih komparacija. Između ostalog se u svojim analizama u poređenju grčkih i slovenskih narečja (dijalekata), pozivao na dubrovačkog pisca iz 17. veka, Gradića (Svoboda 1957, 67).[38] Međutim, poređenje Slovena sa Grcima, odnosno njegove teorije o bliskosti podele dijalekata ova dva jezika, kod Kolara je imalo prvenstveni značaj u kontekstu prevazilaženja lingvističkih razlika između Slovena. Onovremeno interesovanje za jezik kao najznačajniji znak naroda, pojačavalo je pokušaje za implementaciju antičkog estetskog kanona na slovenske jezike (Podolan 2007, 5). U skladu sa Herderovim stanovištem za Kolara je princip slobode bio najbitniji, pa je upravo zbog toga, bez obzira na njegovo idealizovanje antike, Kolar kritikovao tadašnji položaj robova kao suprotan ljudskosti, i isticao je nasuprot tome primer starih Slovena koji su, kako je bio uveren, omogućavali zatočenicima da se iskupe i vrate normalnom životu (Zumr 2006, 185). Ovaj motiv idilične slike o Slovenima kao o narodu (narodima) za koje *sloboda* predstavlja najviši ideal, počevši od Herdera se stalno provlačio kroz dela autora romantičarske istoriografije i zastupnika različitih formi panslavističkih ideja. Iako je za Kolara, stara Grčka (uslovno) bila univerzalni model i skoro idealan uzor, on u Slovenima vidi narod koji na brojnim poljima delovanja može prevazići i stare Grke. On je svestan da npr. antičko vajarstvo teško može biti prevaziđeno, ali se zato po njemu poezija, prirodne nauke i filozofija stalno usavršavaju, i upravo Sloveni, budući da su bliski starim Grcima sa kojima baštine sličnosti u strukturi jezika, mogu da izvrše spajanje antike sa modernim obrazovanjem (Svoboda

---

38 K. Svoboda u svom tekstu ne konkretizuje na koje se delo dubrovačkog diplomate, naučnika i rukovodioca Vatikanske biblioteke Stjepana Gradića (1613-1683), nadovezivao Kolar.

II PANSLAVIZAM I SLOVENSKI NACIONALNI IDENTITETI

1957). Zbog toga za Kolara, uloga istorije nije u imitiranju njihove „grčkosti", već u preslikavanju njihove "ljudskosti" (Zumr 2006, 184). Po Kolaru postoje dva principa: princip antike koji je bio paganski i narodni, kao i moderni germansko-hrišćanskom princip, ali su po njegovom mišljenju oba principa vremenski prevaziđena i zbog toga nastupa novi „princip ljudskosti", nošen mladim slovenskim narodima (Svoboda 1957, 67). Kolarova ideja o sveslovenskom kulturnom i jezičkom jedinstvu se temeljila u izvesnoj meri, između ostalog, i na njegovom shvatanju identiteta starih Grka, koji su, iako su pripadali različitim polisima i govorili različitim dijalektima, uspeli da ostvare kulturno jedinstvo. Uzimajući u obzir prethodno navedeno, nije pretenciozno reći da je Kolar svojim stavovima u izvesnom smislu inkorporirao grčku klasičnu starinu, odnosno pojedine njene segmente u svojstvu uzora, u panslovenski kontekst. Ovakvoj tvrdnji govori u prilog i činjenica što je glorifikacija grčke klasične starine i antike u celini, u smislu različitih varijeteta poređenja starih Grka sa Slovenima, prisutna i u radu P. J. Šafarika, F. Palackog i J. Jungmana.[39] U radu ovih autora a pre svega kod Kolara i Šafarika, Sloveni su smatrani budućim nosiocima opšteg progresa i kao takvi su poređeni sa starim Grcima, a sve u cilju konstruisanja širokog niza mehanizama za ostvarivanje emancipacionih procesa u kontekstu panslavizma, odnosno kod Kolara, isključivo u cilju propagiranja slovenske uzajamnosti i zarad stvaranja (sve)slovenskog kolektivnog identiteta.

Koncept „slovenske uzajamnosti" ne može se odrediti kao statičan, budući da je tokom svog razvoja poprimio divergentna značenja. Svakako, u svojoj inicijalnoj koncepciji je imao isključivo jezički, kulturni i literarni karakter, ali već od samih početaka

---

39 Detaljnije o pojedinim aspektima značaja klasične starine i antike u devetnaestovekovnom kontekstu u okviru češkog i slovačkog narodnog preporoda, kao i o percepciji antike u delima J. Jungmana, J. Kolara, P. J. Šafarika, F. Palackog i drugih, ali i uticaju antike u češkoj kulturi kroz istoriju, videti u: Svoboda 1957; Varcl et al. 1978. i Zumr 2006.

nazirala se izrazita mogućnost njegove politizacije. Uostalom, panslavizam je ubrzo u političkim krugovima monarhije, počeo da se shvata kao ideološki konstrukt, koji je trebalo da posluži Slovenima pod vođstvom Rusije da promene političko uređenje Evrope (Žilíková 2010, 57). Bez obzira što je Kolar insistirao na apolitičnoj formi uzajamnosti, jasno je da je ona već po svom konceptu imala politički značaj. Zapravo, poziv za ostvarivanje saradnje na kulturnom polju među Slovenima predstavljalo je bazični temelj za političke prakse narodnih preporoda a u okviru njih i za proklamovanje različitih ideja vezanih za panslavizam sa jasnije naglašenom političkom dimenzijom. Samim tim je i kasnije označavanje sveslovenstva kao panslavizma počelo da izaziva negativne konotacije, isto kao što su i pojmovi „panslav" i „panslavistički" poprimili pežorativan karakter, što je bilo u vezi sa vremenom mađarske reakcije na Kolarov koncept koji je za pripadnike mađarske političke elite postao neprijateljski budući da je u ovim krugovima percipiran kao sredstvo otpora protiv ugarskog autoriteta (Žilíková 2010, 57). Koncepcija „sveslovenske uzajamnosti", je u ugarskim krugovima shvatana kao određeni oblik pobune i reakcije, odnosno kao ideja koja treba da uspostavi slovensku hegemoniju unutar monarhije, ali i izvan nje. Pojačavanje antagonizama je postepeno doprinosilo sve jače izraženoj političkoj konotaciji panslavizma, tako da je već u prvoj polovini devetnaestog veka iz ideje o kulturnom i jezičkom jedinstvu panslavizam prerastao u ideju opšte slovenske solidarnosti.

Pojedini aspekti interne varijabilnosti panslavizma

Već je istaknuto da panslavizam nije jasno određen, kao i da predstavlja dinamičan termin koji obuhvata širi niz ideja i različitih ideoloških koncepcija. Varijabilnost panslavističkih koncepata u sponi je sa razvojem ideja, odnosno sa različitim percepcijama sveslovenskog jedinstva. Osim kulturnog koncepta sveslovenske

II PANSLAVIZAM I SLOVENSKI NACIONALNI IDENTITETI

uzajamnosti kao oblika apolitične forme o slovenskom jedinstvu, panslavizam je imao i drugačije ideološke forme, sa jasno izraženim političkim konotacijama. Razvoj ideje panslavizma kao oblika ideologije, mora se posmatrati u okviru šireg društvenog i političkog obrasca. Njegov nastanak korespondira sa procesima narodnih preporoda sa kojima se ujedno vremenski u značajnoj meri prožimao na različite načine. Zapravo, procesi narodnih preporoda i narodne emancipacije u srednjoj Evropi omogućili su nastanak dvema istaknutim doktrinama: „pangermanizmu" i „panslavizmu" (Krejči 2000, 91). Problematika vezana za tzv. panpokrete, odnosno pannacionalizme izuzetno je složena i u zavisnosti od autora različito se tumači. Tako npr. Luis Snajder *makronacionalizme* ili *panpokrete* definiše kao političko-kulturne pokrete koji traže da se poveća i unapredi solidarnost između naroda koji su spojeni zajedničkim ili srodnim jezikom, kulturnim sličnostima, istim istorijskim tradicijama i / ili geografskom blizinom (vidi Snyder 1984). Posmatrajući koncepciju panslavizma (uslovno) se može konstatovati da je ovakva definicija Snajdera adekvatna. Takođe se u tom kontekstu čini prilično opravdanom i formulacija Antoni Smita po kome pannacionalizmi predstavljaju pokrete za ujedinjenje nekoliko država, obično susednih, u jednu kulturnu i političku zajednicu na osnovu zajedničkih kulturnih karakteristika ili „porodice kultura" (Smit 2010, 267-268). Sama uspešnost različitih panpokreta u prošlosti (posmatranih u skladu sa prethodnim definicijama) prilično je zavisila od mogućnosti njihovog mobilizacijskog kapaciteta, ali i od čitavog niza drugih konstelacija. U tom smislu dovoljno je ukazati na razliku u uspešnosti u realizaciji pojedinih ideja proklamovanih u kontekstu pangermanizma u odnosu na izuzetnu ili potpunu limitiranost slovenskog pan-pokreta. Odnosno, ove dve ideologije, ili pravilnije dve grupe ideologija, su se međusobno razlikovale pre svega u mogućnostima njihovih političkih potencijala pri čemu vizija o ujedinjenju svih Slovena u formi jednog entiteta nije imala ni približni mobilizacijski kapacitet

KONSTRUKCIJA SLOVENSTVA U POLITICI I NAUCI

poput pojedinih oblika „svenemačkih" shvatanja, a posebno „malonemačke" i „velikonemačke" forme pangermanskih ideja. Međutim, panslavizam se upravo u značajnoj meri razvijao, kao reakcija na pojedine radikalnije struje pangermanske ideje. Osećaj ugroženosti od strane zajedničkog neprijatelja, koji se stvarao i jačao kao posledica pojedinih agresivnih i ekspanzionističkih ideja pangermanizma, je kod različitih slovenskih naroda formirao svest o potrebi za ujedinjenjem i neophodnošću kolektivne odbrane protiv zajedničke „opasnosti". Uprkos tome, što je u kontekstu geopolitičkog aspekta osećaj ugroženosti slovenskih naroda od strane Germana, u najvećoj meri doprinosio razvoju panslavističkih ideja koje su se manifestovale kroz pozive na ujedinjenje i zajednički otpor, pokušaji stvaranja sveslovenskog entiteta su često bili u suprotnosti sa pojedinim internim procesima emancipacije u okviru narodnih preporoda, što će biti analizirano kasnije. Ovom prilikom je potrebno samo istaći da je upravo panslavizam kao oblik ideologije potisnut u procesima formiranja jasno određenih nacionalnih identiteta i država, odnosno da su ideje o formiranju nekog eventualnog zajedničkog entiteta, često od samih ključnih nosilaca narodnih preporoda doživljavane kao utopističke, a neretko i kao suprotne nacionalnim interesima. U kontekstu formiranja svesti o slovenskom kolektivitetu isto kao i u slučaju konstituisanja nacionalnih identiteta, ključnu ulogu je imao *drugi*. U konkretnom slučaju, on je prvenstveno viđen u Nemcima i Mađarima, o kojima je već u devetnaestovekovnom kontekstu bila prisutna i postajala sve izraženija percepcija, kao o najopasnijim neprijateljima Slovena. Ovakva shvatanja su upravo intenzivirana naglim jačanjem mađarskog nacionalizma (kod Slovena koji su živeli u stalnom kontaktu sa Mađarima, pre svega na prostorima današnje Slovačke i Vojvodine), kao i usled jačanja pangermanskih ideja (što je naročito bilo izraženo u češkom kontekstu). Iako je činjenično da su shvatanja o „zajedničkom neprijatelju" bila prisutna, ostaje otvoreno pitanje koliki je bio njihov realan uticaj i uopšte rasprostranjenost izvan

II PANSLAVIZAM I SLOVENSKI NACIONALNI IDENTITETI

krugova nacionalnih elita. Svakako, neosporno je da se slika o „zajedničkom neprijatelju" vremenom intenzivirala i širila uporedo sa procesima narodnih preporoda, ali je i ona više uticala na procese konstituisanja nacionalnih identiteta, nego što je imala udela u stvaranju svesti o sveslovenskom identitetu, kao obliku zajedničkog kolektiviteta i višeg nivoa identifikacije.

Panslavističke ideje, odnosno različite varijante ideja unutar panslavističkog korpusa razlikovale su se u vizijama političkih rešenja, kao i u teorijsko-metodološkim predlozima za njihovo ostvarivanje. Međutim, sve političke struje unutar panslavističke ideje su se barem formalno temeljile na određenom obliku panslovenskog mesijanizma, koji je proistekao iz inicijalne forme oličene u Herderovom humanizmu i koji se razvio kroz Kolarov koncept „sveslovenske uzajamnosti". Pored Kolarove forme panslavizma kao načelno apolitičke, panslavistička ideja, odnosno njen politički aspekt manifestovao se na različite načine. Odnosno, različiti segmenti panslavizma su korišćeni u različitim vremenskim i prostornim kontekstima. Panslavizam se negde pojavljuje kao nacionalna, dok se drugde sreće kao religijska ili politička koncepcija (Krejči 2000, 136). Panslavizam zbog toga treba posmatrati kao širi spektar ideja, unutar koga su postojali različiti pogledi o rešavanju slovenskih pitanja. Iako su postojale brojne ideje, većina njih bi se mogla okvirno podeliti u dve osnovne grupe, odnosno u dva osnovna ideološka pravca koja su imala suprotstavljena shvatanja i vizije rešenja „slovenskog pitanja". O. Krejči ističe da su se tokom devetnaestog veka u panslavizmu jasnije isprofilisale dve osnovne struje, i to velikoruski oblik panslavizma, koji je težio prelasku u panrusizam, i drugi oblik, koji se zasnivao na slovenskoj solidarnosti u smislu akceptovanja razlika između slovenskih naroda (videti Krejči 2000). Radomir Vlček, takođe ističe razliku između koncepta češkog i ruskog oblika panslavizma (videti Vlček 2011). Dve osnovne slavofilske koncepcije, razlikovale su se u više aspekata, iako su se obe zasnivale na osnovnoj ideji Kolarovog sveslovenstva. Prva struja panslavizma, kako ističe Krejči, podrazumevala je shvatanje Slovena kao naroda sastavljenog od više plemena i za nju je bilo karakteristično rešavanje jezičkog pitanja koje je bilo spajano sa povratkom na sveslovenski jezik, ili prelaskom na ruski (Krejči 2000, 111). U ovoj raznovrsnoj grupi ideja bila je prisutna tendencija transformacije panslavizma u panrusizam. Ljudovit Štur bi se mogao smatrati vodećim predstavnikom ovakve (velikoruske) koncepcije panslavizma. Druga struja panslavizma, smatra Krejči, je shvatala Slovene kao grupu raznih naroda sa jedinstvenim zajedničkim imeniteljem, pri čemu je ova koncepcija respektovala jezičke i narodne razlike između Slovena težeći političkom rešenju u formi ujedinjenja nekih, ili svih slovenskih naroda i slovenskih istorijskih političkih entiteta, u cilju ostvarivanja i odbrane njihovih interesa (Krejči 2000, 111). Naravno, izuzev ovih javljale su se i drugačije slične ideje, poput austroslavizma ili ilirskog pokreta Ljudevita Gaja. Međutim, za razliku od panslavizma kojim se nastojalo stvaranje solidarnosti svih Slovena, austroslavizam je usmeravao pažnju na saradnju Slovena u Habsburškoj monarhiji (Žilíková 2010, 60). Stoga austroslavizam treba smatrati protivtežom osnovnom konceptu političkog panslavizma a ne delom korpusa panslavističkih ideja, bez obzira što obe ideologije delimično prožimaju i proističu iz procesa vezanih za nacionalnu emancipaciju.[40] Ilirski pokret, proklamovan prvenstveno od strane Ljudevita Gaja (1809-1872), težio je stvaranju *ilirskog*, odnosno južnoslovenskog lingvističkog i kulturnog a (uslovno) i političkog jedinstva, u skladu sa teorijama o autohtonosti Slovena kao potomcima Ilira na tim prostorima.[41]

---

[40] Detaljnije o razlikama u koncepcijama panslavizma i austroslavizma, kao različitim oblicima rešenja položaja Slovena u Evropi i Habsburškoj monarhiji vidi u Žilíková 2010.

[41] Iako je Ilirski pokret imao pre svega naglašenu lingvističku, odnosno literarnu dimenziju, u njemu su svakako postojale i političke ideje, koje su crpljene prevenstveno iz rada Kolara, Šafarika i drugih. Kao osnovna ideja u kontekstu minimalističkih i maksimalističkih ciljeva nosilaca Ilirskog pokreta, isti-

II PANSLAVIZAM I SLOVENSKI NACIONALNI IDENTITETI

Koncepcija oslanjanja na Rusiju, odnosno ideja o jedinstvu svih Slovena pod njenim okriljem bila je prisutna još kod Kolara. Međutim iako je Kolar glorifikovao Rusiju, on je nije shvatao kao hegemona, već kao zaštitnika malobrojnijih pripadnika slovenskog naroda (Žilíková 2010, 53). Posmatranje Rusije kao zaštitnice svih Slovena, nastajalo je kao rezultat osećaja ugroženosti od strane zajedničkog neprijatelja, viđenog pre svega u Germanima i Mađarima. U procesima narodnih preporoda kako kod Čeha, tako i kod drugih manjih slovenskih naroda, do tada malo poznata, ali snažna slovenska Rusija se pojavljivala u formi potencijalnog „zaštitnika svih slovenskih naroda", odnosno kao jaka barijera koja je trebalo da se suprotstavi pre svega nadirućem ekspanzionističkom pangermanizmu. Međutim, već od samih početaka, postojala su mišljenja koja u Rusiji nisu videla „zaštitnicu", već novu imperiju koja se nije zalagala za ravnopravnost svih slovenskih naroda, već je predstavljala hegemona koji kroz ideje panslavizma želi da ostvari isključivo svoje geopolitičke ciljeve (Krejči 2000). Percepcija Rusije u panslavističkim krugovima unutar Habsburške monarhije, a pre svega u češkom i slovačkom kontekstu – bez obzira da li je Rusija posmatrana kao „zaštitnica Slovenstva", ili prvenstveno kao imperijalna sila kojoj su bili bitni samo njeni nacionalni interesi, što je bio stav koji je preovlađivao nakon gušenja Januarske pobune u Poljskoj – svakako se razlikovala od panslavizma kakav je postojao u Rusiji. Ovom prilikom se neće ulaziti u bilo kakav širi oblik analize kompleksne problematike panslavističke ideologije u Rusiji, kao ni u opsežnu problematiku različitih pogleda na ulogu Rusije u okvirima narodnih preporoda. Takođe, biće preskočene i

---

cala se težnja za ujedinjenjem Južnih Slovena, odnosno Slovena na Balkanu (*Ilira*), ali i želja za postizanjem jedinstva na širem sveslovenskom planu. Iako je pokret 1843. godine na neki način zabranjen od strane austrijskih vlasti, ideje koje su proklamovane od strane njegovih nosilaca su imale veliki uticaj na procesa hrvatskog narodnog preporoda a takođe su kasnije u velikoj meri uticale i na stvaranje koncepcije jugoslovenstva.

KONSTRUKCIJA SLOVENSTVA U POLITICI I NAUCI

šire analize pojedinačnih ideja u kontekstu panslavizma kakve su bile prisutne kod pojedinih čeških i slovačkih autora, koje su Rusiju predstavljale kao entitet oko koga treba da se okupe svi Sloveni, kao i one daleko brojnije koje su se ovakvim rešenjima oštro suprotstavljale.[42] Ipak, potrebno je ukazati na neke najosnovnije podatke, kako bi se jasnije sagledale specifičnosti simboličkog značaja Rusije u okvirima panslavističke ideologije tokom devetnaestog veka, ali i značajne razlike u konceptima kao i disperzivnost panslavističke ideje.

Ruski panslavizam je predstavljao specifičan fenomen, koji je nekoliko decenija značajno uticao ne samo na politiku ruskog društva, već i na celi srednjoevropski prostor. Iako se koreni ideje o jedinstvu Slovena mogu tražiti dublje u prošlosti u smislu ideje o kulturnom jedinstvu, panslavizam se u Rusiji pojavio tridesetih godina devetnaestog veka i to pre svega kao posledica osnivanja katedri slovenskih jezika i literature na ruskim visokim školama, što je bila refleksija studijskih putovanja u slovenske zemlje (Vlček 2011, 2). Na isti način je u rusku sredinu unošena i Kolarova ideja o „sveslovenskoj uzajamnosti", koja je modifikovana u skladu sa vizijom panslavizma unutar ruskog konteksta. Generalno posmatrano, interpretacije panslavizma su se u ruskoj sredini razvijale u potpuno drugačijem pravcu i bazirale na drugačijim ideološkim koncepcijama od onih koje su postojale kod Slovena koji su živeli u Habsburškoj monarhiji, na šta će biti ukazano u narednom poglavlju. Međutim, panslavizam je i u Rusiji inicijalno i suštinski

---

42 Opširnije analize o specifičnostima ruskog panslavizma, odnosno panrusizma, kao i o različitim percepcijama Rusije, pre svega u kontekstu češkog narodnog preporoda, videti u Vlček 2004. i 2011. O geopolitčkim, političkim i kulturnim aspektima pojedinačnih viđenja rešenja slovenskog pitanja pod patronatom Rusije, kao i o konceptu Rusko-Slovenskog carstva Ljudevita Štura, ali i o predlogu Sveslovenskog saveza Nikolaja Jakovleviča Danilevskog, videti u Krejči 2000. gl. 7. O panslavizmu i nacionalnom identitetu u Rusiji, detaljnije u Milojković-Đurić 1994.

II PANSLAVIZAM I SLOVENSKI NACIONALNI IDENTITETI

polazio od istih osnova kao i kod ostalih malih slovenskih naroda, pri čemu je trebalo da plasira jednaku ideju. Ipak, društveno-političke okolnosti u Rusiji, odnosno okruženje u kome su se ideje panslavizma razvijale su bile drugačije, te se stoga i sama ideja razvijala u drugačijem pravcu. Ruski panslavizam je za razliku od oblika panslavizma koji je postojao kod drugih slovenskih naroda bio oslobođen od traganja za korenima, koje se odvijalo u sklopu narodnih preporoda slovenskih naroda. Odnosno, kako primećuje Hanuš Nikl, u Rusiji za razliku od manjih slovenskih naroda nije bilo potrebno vršiti nacionalnu emancipaciju sopstvenog preovlađujućeg etnosa (Nykl 2004, 223), pa je zbog toga panslavizam mogao biti usmeren i na druge prioritete, izuzev što je učestvovao u jačanju ruske nacionalne svesti. Dok je panslavizam za slovenske narode koji su živeli na područjima austrijskog i osmanlijskog carstva bio oblik duhovne podrške u izgradnji njihove nacionalne svesti i reakcije malih, koji su tražili pomoć jačeg i većeg (Rusije), ili ujedinjenje jednako malih (sveslovensko jedinstvo), dotle je ruski panslavizam za rusko stanovništvo predstavljao prvenstveno veru u uspešnu realizaciju misionarske uloge ruske države, čijim će se posredovanjem realizovati odbrambene ili napadačke ambicije ruske imperije (Vlček 2011, 12). Koncepcija ruskog panslavizma se prema tome može definisati kao panrusizam, odnosno kao ideologija koja je u prvi plan isticala veličinu i slavu Rusije i koja je svoje uporište nalazila u okvirima velikoruskog nacionalizma (videti Krejči 2000; takođe Vlček 2004). Postojanje ruske države kao snažnog političkog činioca je panslavističkoj ideji omogućilo da poprimi znatno jače odlike i da preraste u oblik moćnije ideologije, nego što je to bio slučaj sa panslavizmom koji se razvijao u okvirima preporoda manjih slovenskih naroda, koji nisu imali svoje samostalne države i u kojima je panslavistička ideja od strane vladajućih establišmenata austrijskog carstva označavana kao neprijateljska. Međutim, potrebno je napomenuti da bez obzira na uska prožimanja i preklapanja ideje panslavizma sa ruskim nacionalizmom, kao i na sličnosti u ciljevima sa ruskom oficijelnom politikom, panslavizam ipak nije bio u potpunosti identičan sa državnom politikom Ruske imperije. Nosioci oficijalne, odnosno zvanične ruske politike su u panslavizmu videli adekvatno sredstvo za plasiranje svoje političke propagande, pre svega u smislu širenja ideje o veličini i moći Rusije. Zvanična politika je sa jedne strane podržavala ciljeve ruskog oblika panslavizma koji je propagirao izgradnju moćne i velike imperije čiji bi uticaj neprekidno rastao, ali su njeni nosioci isto tako strahovali zbog reakcije onih sila koje su u panslavizmu videle opasnost kojom može da se poremeti postojeća ravnoteža političkih sila, što bi doprinelo ujedno i narušavanju opšteg legitimiteta od strane Rusije (Vlček 2004, 13). Jedan od centralnih motiva i gradivnih elemenata za ruski panslavizam bila je pravoslavna vera. Upravo u kontekstu Rusije je religijski, tj. konfesionalni aspekt panslavističkog korpusa akceptovan kao jedan od najbitnijih i kao takav je predstavljan u formi kohezionog elementa. Ovakva percepcija je u suštini proizilazila iz različitih a često i sukobljenih devetnaestovekovnih ideoloških i filozofskih koncepcija, koje su bile prisutne u radu ruskih slavjanofila i slavofila, na šta će biti detaljnije ukazano u okviru trećeg poglavlja. Vera u jedinstvo pravoslavlja na čijem bi se čelu nalazila Ruska pravoslavna crkva poprimala je elemente određenog oblika religijskog mesijanizma, te je kao takva postala primamljiva za oficijalne krugove ruske politike, budući da je car istovremeno u velikoj meri upravljao i crkvom. Međutim, treba istaći da su izuzev ovakvih pretežno konzervativnih, odnosno slavjanofilskih koncepcija koje su isticale misionarsku ulogu Rusije u objedinjavanju slovenstva, u ruskom kontekstu postojale i drugačije slavofilske i panslavističke ideje koje su otvoreno istupale protiv ruske carske vlasti, kao i društvenog i političkog sistema a (uslovno) i velikoruskog nacionalizma. Te ideje, iako marginalne, težile su barem u deklarativnom smislu ujedinjenju svih Slovena na ravnopravnim osnovama, pri čemu su najčešće osuđivale odnos ruske oficijalne politike

II PANSLAVIZAM I SLOVENSKI NACIONALNI IDENTITETI

prema Poljskoj, kao i prema ostatku slovenskog sveta. One su se pre svega manifestovale kroz delovanje *Društva ujedinjenih Slovena* koje je učestvovalo u pobuni Dekabrista, *Bratstva svetih Ćirila i Metodija,* kao i kroz ideje pojedinaca poput M. A. Bakunjina. Značajan trenutak za razvoj panslavizma u Rusiji je predstavljao njen poraz u Krimskom ratu 1856. godine. Nakon ovog poraza predstavnici ruske oficijalne politike su počeli sve više da prihvataju ideje ruskih panslavista i nekih slovenofila, koji su isticali da Rusija treba da sarađuje i da se spoji sa malim slovenskim narodima, kako bi mogla da ostvari svoje političke ambicije. Pri tome su zagovornici ovakvih ideja isticali da će se na taj način ispuniti istorijska uloga Rusije kao države koje će Slovenima obezbediti svetlu budućnost. Panslavisti su se pri tome nadovezivali na jedinstvo ruske pravoslavne vere sa srpskim i crnogorskim pravoslavljem, kao i na spremnost Čeha i Slovaka da približe ćirilometodijsku i husitsku tradiciju pravoslavlju (Vlček 2011, 3). Takođe je ukazivano i na potrebu pružanja svakog oblika podrške procesima narodnih preporoda kod Slovena, budući da se na taj način doprinosi slabljenju Austrije i Turske. Prema tome, bez obzira što zvanična ruska politika tokom devetnaestog veka nije ni u jednom trenutku formalno podržavala ideju panslavizma, ova ideja je uvek pronalazila simpatije i podršku među najvišim ruskim političkim akterima. Panslavizam se nakon poraza Rusije u Krimskom ratu, u kome se jasno manifestovalo čvrsto nastojanje zapadnih sila da spreče prodiranje Rusije u istočnoevropski prostor, pojavio kao forma alternativnog rešenja, čija je ideologija o slovenskom jedinstvu bila pogodna za plasiranje ruskih uticaja prema Zapadu. Međutim, realni uticaji ruskog oblika panslavizma u češkom i slovačkom kontekstu su bili jako slabi, i od samih početaka su naročito u praksama češkog narodnog preporoda označavani kao velikoruska ideologija koja se ne temelji na ravnopravnosti svih Slovena, već na konceptu ruskog nacionalizma (Krejči 2000; Vlček 2004; Žilíková 2010). Ovakva shvatanja ruskog oblika panslavizma su se naročito

KONSTRUKCIJA SLOVENSTVA U POLITICI I NAUCI

učvrstila usled pretvaranja Poljske u rusku provinciju, nakon gušenja Januarskog ustanka. Ruski panslavizam se još od tridesetih godina devetnaestog veka, od kada se pojavio u Rusiji, zapravo zasnivao na uskom preklapanju sa ruskim nacionalističkim idejama a ne na konceptu koji bi podrazumevao ravnopravan položaj svih Slovena. Zbog toga je njegovo polje delovanja izvan Rusije bilo krajnje limitirano, a nakon gušenja pobune u Poljskoj, u izvesnom smislu i u potpunosti onemogućeno. Međutim, nasuprot tome, unutar ruskog društvenog i kulturnog obrasca, naročito nakon Krimskog rata, panslavizam je dobio podršku srednjih i viših klasa, za koje je iluzija o misionarskoj ulozi Rusije među potlačenim slovenskim narodima postala savremena obaveza, te su stoga pružali ne samo moralnu već i materijalnu podršku (Vlček 2011, 14). Panslavizam je u Rusiji bio u velikoj meri istovetan sa velikoruskim nacionalizmom, pa je samim tim bio izuzetno blizak idejama ruske zvanične politike. Ipak, kao što je već napomenuto, u Rusiji su se javljale i drugačije panslavističke tendencije, koje bez obzira na njihovu marginalnost, donekle relativizuju sliku o suštinskom ideološkom jednoličju političke dimenzije panslavizma u Rusiji. U tom smislu treba istaći delovanje pojedinaca (pretežno nižih oficira i činovnika) okupljenih oko Društva ujedinjenih Slovena, osnovanog 1823. godine, koji su se zalagali za dobrovoljno ujedinjenje slovenskih naroda kao i za njihovo oslobađanje od carizma, samovlašća, despotizma, kmetstva itd. (vidi Kont 1989, 558-559).[43]

---

43 Osnovna ideja društva je bila stvaranje sveslovenske federacije oslobođene ruskog carizma, pri čemu bi svaka jedinica federacije imala jasno utvrđene granice kao i sistem vlasti koji bi se zasnivao na demokratskom i delegatskom upravljanju. Celom budućom federacijom je trebalo da upravlja kongres, pri čemu bi svaka članica nezavisno od njega donosila sopstvene zakone i određivala unutrašnju upravu. Nakon ujedinjenja sa *Društvom sa juga*, društvo je odustalo od svojih ideja o stvaranju jedinstvene Slovenske federacije, stopivši se sa pokretom koji se suprotstavljao carizmu i koji je u tom smislu bio uključen u pobunu Dekabrista 1825. godine, sa kojima je delilo brojne slične ciljeve. Opširnije u Kont 1989.

II PANSLAVIZAM I SLOVENSKI NACIONALNI IDENTITETI

Slične panslavističke a anticarističke tendencije su u ovom periodu postojale i među Ukrajincima, pri čemu posebno u tom kontekstu treba pomenuti rad slikara, humaniste i jednog od najznačajnijih ukrajinskih pesnika Tarasa Grigoroviča Ševčenka, inače člana slavofilskog ćirilometodijskog društva. Društvo Svetih Ćirila i Metodija, osnovano je 1846. godine i činili su ga pretežno mlađi obrazovani Ukrajinci, koji su oštro istupali protiv carizma i ruske zvanične politike prema Ukrajini. Ciljevi ovog društva su se odnosili na oslobađanje slovenskih naroda, stvaranje slovenskog federativnog saveza sa demokratskom vlašću, ukidanje kmetstva i klasnih privilegija, kao i ravnopravno korišćenje svih slovenskih jezika i jedinstvenog liturgijskog jezika (vidi Kont 1989, 561-562). Ipak, najznačajnije ideje ruskog panslavizma, oslobođenog od tradicionalnih slavjanofilskih koncepcija i (uslovno) velikoruskog nacionalizma, bile su prisutne u radu M. A. Bakunjina (Михаил Александрович Бакунин 1814-1876). Ovaj revolucionar i utemeljivač internacionalnog anarhističkog pokreta je u jednom periodu svog života i u skladu sa njegovim ostalim ideološkim stavovima, smatrao da Sloveni treba da predstavljaju glavne pokretače evropske revolucije, pri čemu je ove svoje stavove prvi put izneo u delu „Apel Slovenima", koje je napisao 1848. godine (vidi Dolgoff 1971, 63 i dalje). Bakunjin je zastupao sopstvenu viziju panslavizma kombinujući je sa njegovim stavovima koji će se kasnije oslikavati u njegovom anarhizmu, zalažući se pri tome za stvaranje neke vrste slobodne slovenske federacije kao jedinog mogućeg rešenja za Rusiju, Poljsku i Ukrajinu, kao i za sve slovenske narode. Za njega panslavizam predstavlja veru „da će ujedinjenje svih slavenskih plemena, kojih ima 85 milijuna, unijeti novu civilizaciju, novu živu istinu slobodu u svijet" (cit. po Bakunjin 1976, 32). Ideju o savezu Bakunjin u skladu sa sopstvenim anarhizmom međutim ne predstavlja kao vrstu državne politike, već utopistički smatra da stvaranje saveza treba da ostvare slovenski narodi i pojedinci. Ovakav njegov stav koji je zastupao i kao učesnik Sveslovenskog kongresa u Pragu 1848. godine, u značajnoj meri je proisticao iz njegovih negativnih stavova prema tada aktuelnom ruskom i pruskom političkom i društvenom sistemu. Po Bakunjinu, vlast u Rusiji oličena kroz vladavinu cara Nikolaja, predstavlja „grobnicu slobode", dok u Rusiji koju naziva „državom germanske knute" vlada „mehaničko pokoravanje" (Kont 1989, 565-566). Njegovo slavofilstvo su uočava u izvesnom smislu i kroz njegovu revolucionarnu delatnost. Nakon gušenja ustanka u Poljskoj 1863. godine, on razočaran napušta ranija panslavistička stanovišta, što se najbolje reflektuje u sadržaju jednog njegovog pisma iz koga se ujedno može konstatovati da je Bakunjin panslavizam u izvesnom smislu izjednačavao sa njegovom ruskom koncepcijom, odnosno sa oblikom velikoruskog nacionalizma ili kako ga sam naziva „ruskog državnog imperatorskog patriotizma" (vidi Bakunjin 1976, 36). U kasnijem radu Bakunjina nije moguće uočiti izraženije slavofilske tendencije. Njegovi stavovi, međutim, veoma dobro reflektuju neposredan uticaj stvaranja sveslovenskih koncepcija na opštem nivou, odnosno Bakunjinov panslavizam, lišen svih koncepcija devetnaestovekovnih ruskih slavjanofila, ukazuje na različitost i osobenosti manifestacija u koncepcijama, proisteklim na idejama o sveslovenskom zajedništvu. Međutim, uprkos ovakvim marginalnim i izolovanim idejama, ruski panslavizam, posmatrano u celini, nije sadržao ideje koje su se odnosile na saradnju i uvažavanje jednakosti između svih slovenskih naroda, već je u skladu sa idejama ruskog nacionalizma ruski narod smatrao izabranim i uzdignutijim u odnosu na sve ostale Slovene. Odnosno, ruski panslavisti su propagirali ideju da velikoruski narod u svakom aspektu nadmašuje sve ostale slovenske narode (vidi Fadner 1961). Upravo zbog ovakve koncepcije, oblik ruskog panslavizma nije uspeo da se značajnije utemelji izvan Rusije. To se posebno reflektovalo na sveslovenskom sastanku 1867. godine koji se održavao u Moskvi i Petrogradu, kada je postalo jasno da za ruski oblik panslavizma ne postoji interesovanje kod malih slovenskih naroda (Vlček 2011, 14).

II PANSLAVIZAM I SLOVENSKI NACIONALNI IDENTITETI

Smanjivanje značaja ideje ruskog oblika panslavizma je naročito intenzivirano od druge polovine sedamdesetih godina devetnaestog veka i nastalo je kao konsekvenca veoma lošeg ishoda pregovora po Rusiju na Berlinskom kongresu 1878. godine. Iako je nakon toga panslavizam u Rusiji i dalje bio zastupljen, ovi događaji, kao i ponovno deklarativno iskazivanje nezainteresovanosti slovenskih naroda za direktno prisajedinjavanje Rusiji, doprineli su da se ruski oblik panslavizma svede na kompleks individualnih vizija, koje su se međusobno manje ili više razlikovale u svojim shvatanjima i predlozima konkretnih rešenja. Sama iluzija ruskog panslavizma kao oblika ideologije koja je zagovarala spajanje Slovena pod okriljem Rusije je doduše i dalje preživljavala, ali više nije imala snage da postane značajni deo programa zvanične ruske politike. Kasnije je kroz koncept novoslavizma početkom dvadesetog veka pokušano obnavljanje panslavističkih ideja, ali se pokazalo da se koncepcije panslavizma i novoslavizma prilično međusobno razlikuju. Naime, za razliku od panslavističkih težnji o političkom jedinstvu u formi romantičarskih iluzija, u novoslavizmu je akcenat stavljan prvenstveno na ekonomsku i kulturnu saradnju. Ipak, uprkos ovoj koncepcijskoj razlici, sličnost između ove dve ideje je – kao uostalom i između svih ideja koje su u različitim vremenskih okvirima proklamovale različite forme stvaranja (sve)slovenskog političkog, ekonomskog ili kulturnog jedinstva – u njihovoj iluzornosti, neuspešnosti u realizaciji, kao i manje ili više izraženim početnim emotivnim premisama od kojih su sve one polazile.

Već je pomenuto da se ruski oblik panslavizma veoma slabo prihvatao među Slovenima koji su živeli van Rusije. Međutim, nezavisno od njega u panslavističkom skupu ideja kod Slovena koji su živeli u Habsburškoj monarhiji, pojavljivala su se različita shvatanja, pa su oni na različite načine u Rusiji videli potencijalnog saveznika i zaštitnika svih slovenskih naroda. Slovački pisac, političar i kodifikator slovačkog književnog jezika Ljudovit Štur (1815-1856), verovatno predstavlja najznačajnijeg autora ovakve

KONSTRUKCIJA SLOVENSTVA U POLITICI I NAUCI

proruske struje panslavističkih ideja među Slovenima u monarhiji. Ideju o Rusko-Slovenskom carstvu, Štur je predstavio u svom delu *Das Slawenthum und die Welt der Zukunft* (*Slovenstvo i svet budućnosti*), koje je napisao na nemačkom jeziku 1851. godine. Nije iznenađujuće, uzimajući u obzir Šturovo veličanje Rusije, da je ovo njegovo delo dva puta publikovano na ruskom i to 1867. i 1906. godine, dok je na slovački jezik prevedeno tek 1993. godine. Međutim, ako je Lj. Štur simbolizovao velikorusku koncepciju, u shvatanjima F. Palackog oni panslavisti koji su se oslanjali i usmeravali ka panrusizmu, se nisu razlikovali od fanatizama onih pangermana i nacionalistički orijentisanih Mađara, koji su želeli da unište Čehe kao narod (Krejči 2000, 136). Ipak, budući da je Rusija predstavljala daleko najveću i najmoćniju slovensku državu, u procesima narodnih preporoda i u skladu sa jačanjem tradicije o slovenskoj solidarnosti, pojedini autori su u njoj videli oslonac, ako ne za ujedinjenje, onda svakako za ostvarivanje pojedinih interesa Slovena unutar monarhije. Revolucionarni događaji 1848. i 1849. godine, su sa jedne strane pojačavali ideju politizovanog Kolarevog koncepta, ali su ipak u češkoj sredini primarno u prvi plan isticali ideje poput austroslavizma, koji je do 1867. godine i austrougarske nagodbe, kada je kao ideja praktično nestao, bio daleko više potenciran na realnijim i izvesnijim osnovama nego panslavizam. Ideja austroslavizma je izazivala oštro negodovanje pojedinih ruskih panslavista (vidi Vlček 2011, 3), ali i predstavnika panslavizma u monarhiji koji su budućnost Slovena videli u savezu sa Rusijom. U ovom pravcu se posebno isticao Ljudovit Štur, koji je oštro kritikovao koncept austroslavizma F. Palackog, navodeći pri tome kako je Česima bitan samo njihov „plemenski interes" i kako podržavajući austroslavizam, oni zapostavljaju sudbinu svih Slovena služeći velikogermanskim interesima a ujedno teže i da uspostave svoju hegemoniju nad ostalim Slovenima u Austriji (Krejči 2000, 121). Nakon austro-ugarske nagodbe koja se završila nepovoljnim ishodom po većinu Slovena unutar monarhije, češki političari

II PANSLAVIZAM I SLOVENSKI NACIONALNI IDENTITETI

su pokušali da svoje dotadašnje proklamovanje austroslavističkih stavova zamene širim slovenskim, ali ipak nisu prihvatili ideje političkog panslavizma i rusofilstva, koje bi ih zbližile sa ruskim panslavizmom (Vlček 2011, 5). Iako su se javljale pojedinačne ideje koje bi nastojale prihvatanju ruskog oblika panslavizma, one su u češkom kontekstu bile prilično izolovane, čak ekstravagantne, poput shvatanja pojedinaca kao što je bio češki novinar i političar K. Sladkovski (*Karel Sladkovský* 1823 -1880). Tokom 1867. godine češke diplomate su putovale u Moskvu, gde su uspele da dobiju određeni vid podrške, ali načelno jedinstvo u stavovima u kontekstu panslavističkih ideja je u potpunosti izostalo. Međutim, kao posledica austro-ugarske nagodbe, u okviru pasivne češke politike kao i u češkoj sredini u celini, došlo je do jačanja nekritičkog i glasnog rusofilstva, ali isto tako na drugoj strani se isticalo da priklanjanje Rusiji može predstavljati veliku opasnost po češki identitet (vidi Vlček 2011). Protiv rusofilstva su posebno istupali češki radikali, kao i uticajne ličnosti iz političke sfere poput F. Palackog, V. V. Friča, L. Riegra i drugih. Ipak, nasuprot tome, kao posledica događaja iz 1867. godine u češkom društvu se prilično raširila vera u pomoć Rusije, o čemu relevantnu indiciju pruža i konstrukcija o tzv. „Konstantinovom planu". Zapravo se radilo o navodnom tajnom planu Rusije, po kome će nakon propasti Austro-Ugarske za češkog kralja biti imenovan sin ruskog kneza Konstantina Nikolajeviča Vaclav (Vlček 2011, 8-9).[44] Takođe, kako bi se pridobila ruska naklonost pojedini češki političari su prešli u pravoslavlje. Bez obzira na raširene simpatije prema prilično nepoznatoj Rusiji o kojoj se stvarala fiktivna slika kao o predvodnici Slovenstva u širim društvenim krugovima, ortodoksna forma ruskog političkog panslavizma tokom celog devetnaestog veka nije zadobila u češkoj sredini jaču podršku. Zapravo, tek se od druge polovine devetnaestog

---

44 Detaljnije o ovome, kao i o panrusizmu, odnosno češkom obliku panslavizma u kontekstu češkog društva i politike, videti u Vlček 2011.

KONSTRUKCIJA SLOVENSTVA U POLITICI I NAUCI

veka panslavizam u češkoj sredini, značajnije počeo oslanjati na Rusiju (Vlček 2004, 9). Međutim, čak i tada, to je bilo u formi određenog oblika ekstravagancije pojedinaca poput Karela Sladkovskog, Jozefa Holečka i Svetopluka Čeha, pri čemu se ni u njihovim shvatanjima ne može prepoznati ruski oblik panslavizma, već panrusizam koji se temeljio na tome da je u Rusiji viđen skup svega pozitivnog i da je zbog toga i ruska vizija panslavizma posmatrana kao adekvatan uzor (Vlček 2011, 8). Kao primer krajnje iznenađujućeg pozitivnog odnosa češke sredine prema idejama o slovenstvu koje su dolazile od strane ruskih autora, treba pomenuti delo *Rusija i Evropa* ruskog etnologa, prirodnjaka i istoričara Nikolaja Jakovleviča Danilevskog (1822-1885). Njegov predlog za stvaranje Sveslovenskog saveza, kao nekog oblika panslovenskog projekta pod hegemonijom Rusije, imao je dosta pristalica među pripadnicima različitih slovenskih naroda.[45]

Posmatrano u celini, protiv ruskog oblika panslavizma se prvenstveno istupalo usled toga što je on deklarisao jasnu formu ruskog nacionalizma Odnosno, jačina i veličina ruske imperije su se u češkom kontekstu posmatrale kao potencijalna opasnost koja bi mogla da ugrozi identitete manjih slovenskih naroda. Takođe, ruski panslavizam kao konzervativan i ortodoksan nije odgovarao pretežno liberalno orijentisanim političkim elitama slovenskih naroda u Habsburškoj monarhiji, te je kao takav posmatran sa nepoverenjem i zebnjom. Ruski politički panslavizam isticao je ruske nacionalne interese kao primarne i nije uvažavao izvornu koncepciju o jednakosti i jedinstvu svih Slovena kao ravnopravnih. Nasuprot tome, panslavistička ideja izvan Rusije je podrazumevala da ravnopravnost ne treba da zavisi od brojnosti pojedinih slovenskih naroda, tj. plemena. U tom pravcu se i kasnije u sokolskim udruženjima oštro

---

[45] Detaljnije o ideološkoj koncepciji panslavizma N. J. Danilevskog, kao i o ideološkim koncepcijama slavjanofilstva i panslavizma u Rusiji, biće ukazano u okviru narednog poglavlja.

II PANSLAVIZAM I SLOVENSKI NACIONALNI IDENTITETI

istupalo protiv ruskog političkog panslavizma, pri čemu se isticalo da je „pravi plemenit panslavizam moguć samo kada jedan Sloven drugog za istog ravnopravnog brata smatra" (cit. po Vlček 2011, 5). Protiv ideja ruskog, kao i panslavizma generalno, takođe je oštro istupala zvanična politika Austrijskog carstva, zatim pristalice velikomađarskih i pangermanskih ideja, ali i sami nosioci procesa slovenskih narodnih preporoda, po kojima je panslavistička ideja bila veoma često u konfrontaciji sa užim nacionalnim interesima pojedinačnih slovenskih naroda. Ipak, bez obzira na brojne prepreke, panslavizam je imao veliki broj pristalica i bio je značajna i uticajna ideologija devetnaestog veka koja je višestruko doprinosila procesima narodnih preporoda. Međutim, u kontekstu čeških političkih praksi, panslavizam kao celina a prvenstveno njegova ruska forma, predstavljale su najčešće samo demonstrativno sredstvo usmereno protiv monarhije i pangermanizma. U tom kontekstu Rusija se shvatala isključivo i samo kao delotvorna komponenta koja može biti korišćena protiv velikonemačkih ideja. Generalno posmatrano panslavizam je kao ideologija u celini, bez obzira na njegove različite forme, tokom devetnaestog veka u svom političkom aspektu, predstavljao samo jednu prolaznu epizodu, odnosno fazu u procesima konsolidacije nacionalnih identiteta. Iako je proizveo brojne uticaje na različitim poljima, panslavizam usled brojnih geopolitičkih, kulturoloških, konfesionalnih, lingvističkih i mnogih drugih prepreka, nije mogao da se utemelji na nekoj jačoj bazi kojom bi se stvorili uslovi za njegovu delimičnu ili potpunu realizaciju.

KONSTRUKCIJA SLOVENSTVA U POLITICI I NAUCI

ODNOS NACIONALNIH IDENTITETA I PANSLAVIZMA

Panslavizam kao ideološka koncepcija nastaje u okvirima procesa nacionalnih emancipacija slovenskih preporoda, i bez obzira na svoju varijabilnost formi u različitim vremenskim i prostornim okvirima tokom devetnaestog veka, kao oblik ideologije imao je primarni cilj da konstruiše svest o jedinstvu i zajedničkom poreklu svih slovenskih naroda. Posmatrana u tom kontekstu, sa jedne strane panslavistička, odnosno ideja o sveslovenskom jedinstvu, može se uslovno odrediti kao ideologija koja je pretendovala stvaranju određenog oblika nadnacionalnog, odnosno neke vrste superidentiteta, tj. višeg oblika kolektivnog identiteta nego što je nacionalni. Međutim, ukoliko se panslavizam posmatra kroz koncepciju koja percipira sve Slovene kao jedan narod sa jednim zajedničkim jezikom u okviru kojeg postoje različiti dijalekti – što je ideja koju su zastupali prvenstveno Herder, Kolar i donekle u jednom periodu Šafarik – onda bi se u tom smislu panslavistička ideja mogla shvatiti kao ideologija koja je težila formi kolektiviteta koji isključuje pojedinačne slovenske nacionalne identitete i prihvata isključivo slovenski, tj. sveslovenski identitet. Ovakva distinkcija u percipiranju osnovnog postulata ideje o sveslovenskom jedinstvu, odnosno shvatanju slovenskog kolektiviteta u okvirima ideologije panslavizma, proizilazi iz varijabilnosti same konstrukcije i percepcije ideje o Slovenima, odnosno proističe iz različitog shvatanja Slovena kao jednog naroda (odnosno etničke zajednice koja se sastoji od više plemena), ili kao grupe srodnih naroda. Međutim, treba istaći da je ova podela samo okvirna pa se zbog toga mora krajnje uslovno shvatiti. Pitanja koja se odnose na ideju izgradnje svesti o (sve)slovenskom kolektivitetu su krajnje kompleksna. Konstrukcija ideje o slovenskom zajedništvu, odnosno procesi koji se odnose na formulisanje slovenskog jedinstva u devetnaestovekovnom kontekstu su u korelaciji sa procesima konstruisanja

II PANSLAVIZAM I SLOVENSKI NACIONALNI IDENTITETI

i konsolidacije nacionalnih identiteta iz kojih ujedno i proističu, ali i u kojima takođe na određene načine učestvuju.[46] Uzimajući u obzir različite forme shvatanja slovenskog jedinstva, u njegovom kulturnom, lingvističkom, literarnom, političkom ili bilo kom drugom aspektu, kakvo je postojalo u različitim kontekstima u kojima se razvijala panslavistička ideja tokom devetnaestog veka, potrebno je naglasiti da percepcija o Slovenima (kao o etničkoj kategoriji) nije bila jedinstvena i varirala je u zavisnosti od autora, kao i od čitavog dijapazona konstelacija. Tako se u kontekstu slovenskih preporoda, odnosno u okvirima procesa izgradnje i jačanja nacionalne svesti kod slovenskih naroda koje su živeli u Habsburškoj monarhiji, panslavistička ideja često suprotstavlja procesima izgradnje nacionalne svesti. Nasuprot tome, u Rusiji je panslavizam bio u uskoj sponi sa ruskim nacionalizmom sa kojim je u najvećoj meri delio iste ciljeve. Kako bi se pravilno mogle sagledati specifičnosti odnosa između ideje panslavizma i praksi koje su se odnosile na konstruisanje pojedinačnih (slovenskih) nacionalnih identiteta u sferi njihovih sličnosti, prožimanja i konfrontiranja, potrebno je imati u vidu percepciju panslavističke ideje u konkretnim kontekstima.

U prethodnom delu teksta, ukazano je na pojedinačne aspekte panslavističke ideje kakva je postojala u okvirima češkog i slovačkog narodnog preporoda, pri čemu je istaknuto da je ideja panslavizma veoma često nailazila na oštra suprotstavljanja brojnih nosilaca narodnih preporoda koji su se zalagali prvenstveno za učvršćivanje nacionalnih identiteta, kao i za drugačije koncepcije rešenja. Takođe je i među pojedinim nosiocima nacionalne emancipacije kod Srba, posebno onim koji su živeli na prostoru monarhije, dolazilo do preplitanja i konfrontiranja ideje panslavizma (u

---

46 Danas većina autora panslavističku ideju konstruisanja svesti o zajedničkom identitetu Slovena, smatra kao jednu fazu sa sopstvenim karakteristikama u procesima konstruisanja nacionalnih identiteta (Krejči 2000; Žilíková 2010; Vlček 2011).

KONSTRUKCIJA SLOVENSTVA U POLITICI I NAUCI

njenim različitim formama) sa procesima koji su se odnosili na jačanje srpskog nacionalnog identiteta. U kontekstima slovenskih preporoda (češkog i slovačkog) kao što je ukazano, panslavizam je proistekao iz Kolarove koncepcije o kulturnom, literarnom i lingvističkom jedinstvu Slovena, odnosno kroz koncept „sveslovenske uzajamnosti" i ubrzo je poprimio političku konotaciju (videti Krejči 2000; takođe Žilíková 2010). Prenošenje ovih ideja među Srbe je vršeno pre svega delovanjem ličnosti poput Kolara i Štura, odnosno budući da je na evangelističkim licejima u Bratislavi kao i u studentskoj sredini Pešte i Praga nastavu pohađao veliki broj srpskih đaka, oni su se već od samih početaka susretali sa idejom sveslovenske uzajamnosti i panslavizmom. Skerlić ističe da su srpski đaci u te škole došli u periodu kada se među Mađarima i Slovacima javljao vrlo živ nacionalni pokret, kada se u celoj zemlji osećalo vreme koje prethodi velikim političkim i društvenim procesima, i da su tada dva velika „Slavjana", Ljudevit Štur u Požunu i Jan Kolar u Pešti, vršili jak i neposredan uticaj na mlado srpsko pokolenje (cit. po Skerlić 1906, 6-7).[47] O prenošenju ideja panslavizma u južnoslovenski kontekst, kao i među Srbe a pre svega one

---

47 Delovanje Lj. Štura u Bratislavi, gde je radio kao profesor na luteranskom liceju, imalo je veliki uticaj na prenošenje ideja o slovenskom jedinstvu na brojne srpske učenike koji su se obrazovali u ovoj instituciji. Štur, koji je aktivno održavao bliske kontakte sa Vukom Karadžićem i Brankom Radičevićem, intenzivno je među slovenskim đacima širio Herderovske ideje o Slovenima kao o narodu koji će preporoditi celo čovečanstvo. Pri tome je ujedno nastojao da podstakne što intenzivniju saradnju među pripadnicima različitih slovenskih naroda, zbog čega je i sam učestvovao u formiranju pojedinih đačkih grupa. Jedna od takvih đačkih grupa okupljala je srpske i hrvatske učenike. Luteranski licej u Bratislavi, je tridesetih i četrdesetih godina devetnaestog veka u izvesnom smislu predstavljao jedno od središta procesa slovačkog narodnog preporoda, ali i nacionalističkih pokreta ostalih slovenskih naroda, pre svega Srba. Pri tome su se u ovom periodu među studentskim udruženjima i klubovima, intenzivno širile slovenske i panslavističke ideje u formi ideje o sveslovenskoj uzajamnosti.

II PANSLAVIZAM I SLOVENSKI NACIONALNI IDENTITETI

koji su živeli na prostoru Habsburške monarhije, dosta se raspravljalo i ovom prilikom se neće ulaziti u bilo kakvu analizu tih procesa.[48] Potrebno je ipak obratiti pažnju na specifičnosti panslavističke ideje u srpskom kontekstu, kako bi se pravilno sagledao odnos između u jednom periodu dominantnog okvira ideje panslavizma, koja je postojala među nosiocima procesa nacionalne emancipacije kod Srba, i procesa koji su se odnosili isključivo na stvaranje srpskog nacionalizma koji su vremenom ideju panslavizma u potpunosti potisnuli bez bilo kakvih izraženijih turbulencija.

Forma ideje o (sve)slovenstvu kakva se pojavljivala među nosiocima srpske nacionalne emancipacije, pre svega onog njenog dela koji je obrazovan na protestantskim licejima, u najvećoj meri se zasnivala na Kolarovoj koncepciji i već od samih početaka je imala izvesni stepen političke konotacije. Panslavističke ideje u srpsku sredinu značajnije prodiru od sredine tridesetih, a naročito početkom četrdesetih godina devetnaestog veka, kada ujedno veći broj Srba pohađa nastavu na bratislavskom liceju kod Štura, kao i u Modri, Prešovu i Pešti. Školovanje Srba na protestantskim gimnazijama u Austriji je postalo učestala praksa još od poslednje četvrtine osamnaestog veka i nastalo je kao posledica austrijske intervencije koja je označila prekid dotadašnje srpsko-ruske kulturne saradnje, odnosno višedecenijsku praksu uticaja Rusije na kulturno-prosvetni razvitak Srba u Austriji. Dotadašnje obrazovanje većine srpskih intelektualaca na teološkim akademijama u Rusiji i Kijevu, koje je oličeno kroz rad ličnosti poput Jovana Rajića i Zaharija Orfelina, preusmereno je na protestantske liceje, pre svega one na prostoru današnje Slovačke. Najviše srpskih đaka bilo je u Požunu o čemu svedoče arhivski podaci koje donose studije Riste

---

48 O prenošenju ideja o sveslovenskom jedinstvu u srpski kontekst tokom prve polovine devetnaestog veka, pre svega u formi kulturnog, lingvističkog i literarnog (pan)slavizma, značajne podatke je objavio još Skerlić (vidi Skerlić 1906, gl. 1, 3).

KONSTRUKCIJA SLOVENSTVA U POLITICI I NAUCI

Kovijanića o Pavlu Julincu, Jovanu Muškatiroviću, Joakimu Vujiću i Atanasiju Stojkoviću (Kovačević 2001, 26). Inkorporacija ideje o sveslovenskom jedinstvu u srpsko okruženje, sprovođena je dakle prvenstveno kroz delovanje tadašnjih srpskih intelektualaca koji su se obrazovali na protestantskim licejima u Bratislavi, Prešovu i Modri, ili delovanjem onih koji su se sa ovim idejama susretali na studijama u Pešti, a kasnije i u sredinama Beča i Praga. U svakom slučaju, panslavizam među Srbe značajnije prodire od kraja tridesetih godina devetnaestog veka, da bi četrdesetih godina, u okviru omladinskih udruženja, postao u izvesnom smislu dominantna ideologija koja je često stavljana i ispred ideja koje su se ticale ostvarivanja uže definisanih nacionalnih interesa. Interesantno je, kako je još Skerlić zapazio, da su slovenofilske ideje Srbima došle od česko-slovačkih panslavista, Kolara i Štura u prvom redu, a ne od ruskih pravoslavnih panslavista Aksakova i Homjakova (Skerlić 1906, 176-177). Međutim, kao što je istaknuto, ruska forma panslavizma se značajnije razvijala tek od tridesetih godina devetnaestog veka i to u pravcu koji je pre naginjao ruskom nacionalizmu, nego što je bio blizak idejama o ravnopravnosti svih Slovena (Vlček 2004; 2011). Zbog toga ona nije bila prijemčiva za akceptovanje poput koncepcija koje su polazile od Kolara i Štura. Osim toga, kontakti sa Rusijom su u svakom segmentu bili nesrazmerno slabiji od kontakata sa ostalim slovenskim narodima u Habsburškoj monarhiji, pa je zbog toga i prenošenje bilo kakvih jačih uticaja vezanih za rusku formu panslavizma u srpsku sredinu bilo praktično isključeno i svedeno samo na izolovane slučajeve. Međutim, percepcija Rusije kao najznačajnije slovenske države kroz koju bi se mogle ostvariti pojedine kulturne i političke težnje porobljenih slovenskih naroda je svakako bila prisutna u okvirima panslavističkih ideja koje su dopirale iz slovačke i češke sredine. Ona je u srpskoj sredini pored toga imala posebnu težinu i intenzitet, budući da je pravoslavlje činilo dodatan objedinjujući elemenat, koji nije postojao kod Slovena koji su pripadali katoličkoj ili protestant-

II PANSLAVIZAM I SLOVENSKI NACIONALNI IDENTITETI

skim konfesionalnim zajednicama. Izuzev Kolara i Štura, panslavističke ideje je među Srbima, možda u najvećoj meri širio Pavel Jozef Šafarik, koji je između 1819. i 1833. godine radio kao direktor gimnazije u Novom Sadu (vidi Skerlić 1906). Njegovim delovanjem su se ujedno širile i romantičarske ideje na neposredniji način, nego što su one prodirale među Srbe posredstvom Jerneja Kopitara i Jakoba Grima, koji su Herderovu ideju prenosili Vuku Karadžiću (Kovačević 2001, 146). Šafarikov rad je posebno značajan i u pogledu romantičarske etnopsihologije naroda, budući da njegov članak „*Karakter slavenskog naroda voopšte*" predstavlja opis karakteristika Slovena zasnovan na Herderovim idejama, odnosno pun je glorifikovanja psihičkih i fizičkih osobina Slovena. Između ostalog, ovim Šafarikovim člankom se utirao put ekspanziji romantičarske „etnopsihologije" među Srbima (Kovačević 2001, 212).

Fundusi ideja o panslavizmu su se tokom tridesetih i četrdesetih godina devetnaestog veka značajno intenzivirali kod svih slovenskih naroda koji su živeli u Habsburškoj monarhiji, što je kulminiralo prvim sveslovenskim kongresom koji je održan u Pragu 1848. godine.[49] Koncepcija panslavizma je u ovom periodu

---

[49] Ovaj kongres je sazvan na inicijativu ličnosti poput Palackog, Šafarika, Štura, Rigera, Hanke, Ivana Kukuljevića-Sakcinskog i drugih, sa ciljem da se predloži austroslavizam kao koncepcija koja je trebalo da reši položaj slovenskih naroda u monarhiji. Zapravo, ideja o održavanju sveslovenskog kongresa je nastala kao reakcija na slične tendencije u nemačkom i mađarskom kontekstu, odnosno kao svojevrsni odgovor na sastanak pre-parlamenta u Frankfurtu na kome je propagiran pangermanizam, kao i reakcija na sastanke koje je organizovala Košutova revolucionarna stranka u Budimpešti. Međutim, još tokom priprema kongresa došlo je do razmimoilaženja stavova da li na kongresu treba da učestvuju samo Sloveni koji žive u okviru monarhije, ili i oni izvan nje, što bi u velikoj meri ugrozilo prodinastičko deklarisanje karaktera kongresa. Međutim, iako su na kongres ruski predstavnici na kraju ipak pozvani, oni se po nalogu ruske vlade, ipak na njega nisu odazvali, tako da je jedini Rus koji je učestvovao u radu kongresa bio Bakunjin, ali on svakako nije predstavljao ruske panslaviste sa većinom kojih se nije slagao, već je zastupao sopstvena anticaristička stanovišta. Na kongresu su predlagane različite for-

KONSTRUKCIJA SLOVENSTVA U POLITICI I NAUCI

obuhvatala različite forme, odnosno predloge rešenja položaja Slovena, i imala je naglašenu političku konotaciju. Skerlić ističe da je slovensko osećanje kod Srba 1848. godine bilo vrlo jako, i da im je „slavjanstvo" bilo isto tako, ako ne i više drago no samo „srpstvo", kao i da su oni u prvom redu snevali jedno veliko „slavjansko carstvo", i tek kao neko popuštanje od ideala pristajali i na „Dušanovo carstvo" (cit. po Skerlić 1906, 179-180). Ovakvo shvatanje slovenstva, koje je među onovremenim nosiocima procesa nacionalne emancipacije kod Srba često isticano ispred nivoa uže nacionalne identifikacije, na šta je pravilno ukazao još Skerlić, proizilazilo je u značajnoj meri i iz činjenice što je većina onovremenih nosilaca

---

me rešenja položaja Slovena unutar monarhije, pri čemu su dominirale dve suprotstavljene ideje: panslavizam, odnosno sveslovenska ideja koju je zastupao prvenstveno Lj. Štur, kao i austroslavizam koji je najviše propagirao F. Palacki kao osnovnu koncepciju odbrane protiv jačajućeg pangermanizma. Pored toga, Poljaci su takođe težili svojim ciljevima, proklamujući da se zalažu za obnavljanje granica iz 1772. godine, dok su pojedini učesnici poput Bakunjina oštro istupali protiv austroslavizma, ali takođe i protiv utopističkih iluzija proruski orijentisanih panslavista. Bakunjin je inače na kongresu oštro kritikovao carizam i aktuelni politički i društveni sistem u Rusiji, ukazavši kako ostali slovenski narodi treba da pomognu svrgavanju carske vlasti i sprovođenju revulucije u Rusiji, tako što će prethodno stvoriti slovensku uniju (vidi Kont 1989). Kao pokušaj približavanja dve dominantne suprotstavljene koncepcije (panslavizma i austroslavizma), predložen je određeni oblik manifesta F. A. Zaha. Na kongresu je usvojen samo jedan dokument (manifest evropskim narodima), iako je trebalo da se raspravlja o četiri ključne tačke: stvaranju saveza Slovena u monarhiji; odnosima sa Slovenima izvan monarhije, odnosima sa ne slovenskim narodima u carstvu, kao i o odnosu Slovena u carstvu sa ne slovenskim narodima koji žive izvan njega, pre svega sa Nemcima. Od Srba su na kongresu učestvovali Đuro Daničić, Vuk Karadžić, Nikanor Grujić, Jovan Subotić i drugi. Kongres je protekao pre svega u iznošenju deklarativnih stavova, budući da je prekinut od strane austrijske vlasti. Generalno posmatrano, kongres je zapravo ukazao na velika razmimoilaženja u kontekstu različitih viđenja rešenja slovenske budućnosti, kao i na opštu disperziju i nepremostivost različitih vizija i stanovišta u slovenskom korpusu.

II PANSLAVIZAM I SLOVENSKI NACIONALNI IDENTITETI

nacionalnih ideja obrazovana upravo u duhu ideja o sveslovenskom jedinstvu. Iako u ovom periodu u srpskom kontekstu nije bila zastupljena ideja ruske komponente panslavizma u formi njenog ideološkog oblika, krajem četrdesetih godina je među Srbima bilo prisutno veličanje Rusije u svakom mogućem segmentu. Međutim, već u godinama nakon revolucije u skladu sa značajnijim širenjem liberalnih ideja, zanos i simpatije vezane za Rusiju značajno opadaju. Kao i u kontekstu češkog i slovačkog preporoda rusofilstvo se među liberalno opredeljenom omladinom praktično u potpunosti ugasilo nakon ruskog gušenja ustanka u Poljskoj 1863. godine (vidi Skerlić 1906, 187-188). Isticanje slovenstva u srpskom kontekstu četrdesetih godina devetnaestog veka, nije imalo preteranih specifičnosti koje bi odudarale od tadašnjih opštih panslavističkih ideja kakve su postojale kod ostalih Slovena koji su živeli u monarhiji, dok je ideja austroslavizma za razliku od češkog konteksta u kome je dominirala, među srpskom omladinom skoro u potpunosti izostala. Zapravo, austroslavizam je čak po svojoj viziji rešenja slovenskog pitanja mogao biti shvaćen kao suprotan nacionalnim interesima, pošto su Srbi za razliku od ostalih slovenskih naroda koji su živeli u Austrijskom carstvu, već imali sopstveni nacionalni entitet sa kojim su težili da se ujedine ili u formi nekog oblika slovenske federacije, ili u okviru proširene srpske države. U tom pravcu, treba ukazati na činjenicu da je panslavizam među Srbima imao naglašenu idejnu koncepciju koja je podrazumevala između ostalog i zaštitu u odnosu na Osmansko carstvo. Panslavizam je sa svim svojim internim varijabilnostima među habsburškim Srbima, najintenzivnije bio zastupljen četrdesetih godina devetnaestog veka, odnosno u godinama neposredno pre revolucije. Tada je ujedno imao i najistaknutiju političku dimenziju. Međutim, panslavističke ideje zauzimaju u izvesnom smislu dominantan okvir i tokom pedesetih, kao i početkom šezdesetih godina devetnaestog veka, da bi zatim bile potisnute nacionalističkim idejama u njihovoj iredentističkoj formi. Ipak, nakon revolucije, panslavizam

KONSTRUKCIJA SLOVENSTVA U POLITICI I NAUCI

u srpskom kontekstu nije imao toliko naglašenu političku dimenziju kao krajem četrdesetih godina devetnaestog veka, već je, kako je još Skerlić primetio, imao pretežno književni karakter.[50] Percepcija Slovena kao „naroda budućnosti", koja je proistekla iz nemačke sredine (Herder), i koja je kroz koncepciju „slovenske uzajamnosti" inicirana u Poljskoj a zatim značajnije razrađena kroz Kolarov rad, se u srpskom kontekstu javljala po univerzalnom šablonu, odnosno bila je analogna onom shvatanju kakvo je postojalo u okvirima slovenskih narodnih preporoda. Glorifikacija Slovena i fiktivna slika o njihovoj misionarskoj ulozi po kojoj treba da preporode čovečanstvo, odnosno da zamene istrošenu latinsku i germansku civilizaciju, bila je u velikoj meri izražena i kod srpskih i južnoslovenskih panslavista. Skerlić navodi da su „mladi naraštaji" 1860. godine takođe prihvatali te ideje i da su bili „uvereni u velike kulturne sposobnosti Slovena", verujući pri tome „da je mlado i nepokvareno slovenstvo pozvano da preporodi truli Zapad i staru goto-germansku Evropu" (Skerlić 1906, 182).[51] Ovakva ideja o Slovenima koji treba da preporode i spasu Evropu, koja je bila često isticana među panslavistima tokom prve polovine devetnaestog

---

50 Skerlić ističe da je nakon 1848. godine, panslavizam među Srbima bio znatno „oprezniji" i u duhu Kolarove „književne uzajamnosti", pri čemu navodi kako su naredne dve decenije protekle u prevođenju različitih dela slovenskih pisaca i objavljivanju mnogobrojnih članaka „slovenske" literature u onovremenoj štampi, kao i u raspravama o eventualnom stvaranju jedinstvenog opšte-slovenskog jezika i pisma (vidi Skerlić 1906, 181).

51 Formulacija o „trulom Zapadu", kao i različite varijante formulacija o „truloj, duhovno i moralno propaloj i posrnuloj Evropi", bile su frekventno korišćene tokom narednih decenija, pre svega u okvirima konzervativnijih i pojedinih klerikalnih ideja i ideologija, dok se one takođe u specifičnim oblicima vrlo česte u različitim kontekstima i u sadašnjosti. Posebno naglašenu dimenziju i specifičnu formu, one su imale među ruskim devetnaestovekovnim slavjanofilima, ali i među pojedinim proruski orijentisanim panslavistima na prostoru Habsburške monarhije, na šta će biti ukazano u okviru narednog poglavlja.

II PANSLAVIZAM I SLOVENSKI NACIONALNI IDENTITETI

veka, bila je još uvek prisutna i kod pojedinih čeških panslavista i tokom osamdesetih godina devetnaestog veka, dakle u periodu kada je romantičarska ideja panslavizma u češkom kontekstu već značajno izgubila intenzitet. Međutim, ona se u ovom periodu pojavljivala kao ekstravagantna i izolovana pojava, kao na primer u okvirima književnog dela Svatopluka Čeha i njegovog utopijskog panslavizma. Njegovi alegorijski ep „*Slavia*" iz 1884. godine, u kome Sloveni bez nasilja ispunjavaju svoju civilizacijsku misiju spasavanja čovečanstva, kao i njegov raniji alegorijski prikaz posrnule Evrope opisan u epu „*Evropa*" iz 1878. godine, kako je to O. Krejči istakao, predstavljaju „kredo tradicionalnog panslavizma" (Krejči 2000, 116-117). Ovakve i slične ideje o Slovenima uz priličnu dozu glorifikovanja, su šezdesetih godina devetnaestog veka među Srbima najviše propagirane kroz listove kao što su bili „Slovenka" i „Sloga".

Potiskivanje dominantnog korpusa panslavizma, od strane ideja koje su se koncizinije usmeravale ka nacionalizmu, u srpskom kontekstu se jasnije primećuje krajem šezdesetih godina devetnaestog veka. Specifičnost predstavlja činjenica da se u izvesnom smislu ovaj prelazak odigrao jednolinijski bez izraženijih konfrontacija, kakve su bile prisutne u okvirima češkog narodnog preporoda. Ideja panslavizma je generalno posmatrano u češkom kontekstu nailazila na najviše otpora i konfrontacija sa procesima koji su se odnosili na konstruisanje svesti o nacionalnom identitetu. U ruskom kontekstu je nasuprot tome, panslavizam već od samog početka po svojoj koncepciji bio saglasan i u sintezi sa velikoruskim nacionalizmom, sa kojim je ujedno delio iste ciljeve. Među Srbima, pre svega onima koji su živeli na prostoru Habsburške monarhije, panslavističke ideje nisu percipirane u suprotnosti sa užim nacionalnim, već su u jednom periodu isticane ispred njih. Od kraja šezdesetih godina devetnaestog veka, one su postepeno bez preteranih turbulencija jednostavno bile potisnute u cilju zaokruživanja ideja o srpskom nacionalnom identitetu u njegovoj iredentističkoj formi. U kontekstu slovačkog prostora situacija je bila specifična i prilično konfuzna, budući da se panslavizam, odnosno preciznije slovenstvo, ovde po koncepciji prožimalo sa formiranjem slovačkog nacionalnog identiteta, koji se konstruisao na krajnje maglovitim i nedefinisanim etničkim osnovama, kao i na izvesnom ograđivanju od pre svega češkog lingvističkog aspekta. Paradoksalno je što je panslavistička ideja u okvirima slovačkog narodnog preporoda verovatno bila najizraženija, dok su se ujedno delovanjem Lj. Štura i J. M. Hurbana pravila određena distinkcija u odnosu na Čehe. Razlozi za ovakve paralelne procese su kompleksni i na njih će biti ukazano u okviru trećeg poglavlja. Izuzev nosilaca koncepcije austroslavizma, koja je u češkom kontekstu bila najizraženija i koja je bukvalno do austro-ugarske nagodbe panslavizam u potpunosti stavljala u drugi plan, protiv panslavizma i ideje sveslovenstva je oštro istupao češki političar, novinar i ekonomista K. H. Borovski (*Karel Havlíček Borovský,* 1821-1856). On se u svom uticajnom članku *Slovan a Čech* iz 1846. godine, deklarativno suprotstavio bilo kojoj formi panslavizma, negirajući pri tome tvrdnju da Sloveni čine jedan narod i ističući značajne razlike između njih (vidi Krejči 2000, 115-116). Kritikujući opšti površni sveslovenski zanos, kao i percepciju Rusije za koju je isticao da je despotska država, Havliček je naglašavao da Sloveni predstavljaju etnografsku kategoriju poput Romana i Germana, a ne jedan narod (vidi Vlček 2004, 13-14). Njegov boravak u Rusiji, kao i kratka poseta Poljskoj, kako je to sam isticao, na njega su imali izuzetno jak uticaj, pošto se tu lično uverio u ruski konzervativizam i feudalni režim, kao i u nemogućnost ostvarivanja ideje o slovenskoj uzajamnosti (Žilíková 2010, 59). Havliček je zastupao ideju o razvijanju češkog nacionalnog identiteta, pri čemu je isticao da Česi ne bi imali apsolutno nikakve koristi od stvaranja bilo kakvog oblika sveslovenske države, pri tome naglašavajući da su neki slovenski narodi u međusobnom konfliktu poput Rusa i Poljaka i da domovina Čeha nije ceo slovenski prostor, već samo

II PANSLAVIZAM I SLOVENSKI NACIONALNI IDENTITETI

Češka, Morava, Šlezija i Slovačka (vidi Krejči 2000, 116).[52] Pri tome je upozoravao da ideja slovenske uzajamnosti nije neostvariva samo zbog toga što Sloveni ne čine jedan narod, već i zbog činjenice što ne bi bilo moguće uspostaviti ravnopravnost među svim Slovenima, što se po njemu najbolje videlo u politici Rusije prema Poljskoj, kada je carski režim tokom 1830. i 1831. godine krvavo ugušio narodnooslobodilački pokret (vidi Žilíková 2010). Delovanjem Havličeka i Thuna (*Leopold von Thun und Hohenstein, 1811-1888*), češki panslavizam je bio potisnut i zamenjen austroslavizmom kojim se nastojalo ostvarivanje narodnih ciljeva putem federalizacije austrijske države čime bi bili garantovani narodna ravnopravnost i opšte slobode (Vlček 2004, 14). Uostalom, austroslavizam kao koncepcija je počivao na mnogo realnijim osnovama, budući da je bio u saglasnosti sa nacionalnim identitetima, odnosno za razliku od nekih ideja u okviru panslavizma, on nije istupao protiv pojedinačnih nacionalizama, već je težio očuvanju narodnih jezika i individualnih narodnih egzistencija Slovena u monarhiji. Kao takav, austroslavizam je proisticao iz nacionalizma, odnosno iz procesa konstruisanja nacionalnog identiteta u okvirima češkog narodnog preporoda. Prema tome, kako je istakao J. Koči, austroslavizam bi se mogao okarakterisati kao specifična ideologija češkog buržoaskog nacionalizma, u kome je značajnu ulogu imala koncepcija slovenstva, koja je odražavala situacije i interese slovenskih

---

52 Havliček je takođe kritikovao Šturov i Hurbanov rad, za koje je isticao da se zalažu za odvajanje Slovaka od Čeha, pri čemu je ironično isticao da je upravo kod Slovaka najduže postojala vera za stvaranjem jednog slovenskog naroda. Po njemu je slovenstvo nejasno, nedefinisano i neodređeno, što se posebno, kako je smatrao, moglo pratiti u radu Šturovaca u Slovačkoj. On je Slovake, Moravane i Čehe smatrao jednim narodom i zalagao se da Slovaci i Moravani prihvate zajedničko označavanje pod imenom Čeha, pri čemu bi književni jezik takođe bio češki. Odnosno, on je Čehe i Slovake smatrao jednim narodom, zbog čega je izuzev oštrih kritika upućenih na račun panslavizma, oštro kritikovao i Šturovce, optužujući ih za pokušaj deljenja naroda. Opširnije u Vlček 2004. i Žilíková 2010.

KONSTRUKCIJA SLOVENSTVA U POLITICI I NAUCI

naroda u Habsburškoj monarhiji (Koči 1987, 452).[53] Panslavizam je dakle u češkoj sredini, odnosno među vodećim političkim ličnostima, akceptovan sa ogromnom dozom rezerve i interpretiran kao suprotan nacionalnim interesima. Češki narodni liberali, kao tvorci austroslavističkog programa, koji bez obzira što je u okviru svog korpusa ideja sadržao različite koncepcije, uspeli su da ga istaknu ispred krajnje nedefinisanog i interno varijabilnog panslavizma. Zapravo, panslavizam tokom celog devetnaestog veka u češkom kontekstu nije zauzimao dominantan okvir, iako je ujedno stalno bio prisutan. Uticajne ličnosti poput Palackog, Rigera, Thuna, Havlíčeka i drugih, su uži nacionalni identitet isticali daleko ispred ideje o sveslovenskoj uzajamnosti, odnosno smatrali su ga primarnijim i daleko realnijim od političkih aspekta panslavizma. Iako je ideja sveslovenske uzajamnosti u češkom kontekstu imala značajnog odjeka, možda čak u jednom periodu i preovlađujućeg okvira, to je bilo isključivo u formi i domenu romantičarskih književnih iluzija i već od druge polovine četrdesetih godina devetnaestog veka se kristališe austroslavizam koji proističe iz čeških nacionalnih okvira sa jasno zacrtanim političkim programom. Nakon revolucionarnih događaja, panslavizam se kod Čeha više nije javljao kao primarna i uticajna forma ideologije, već u formi sredstva za ostvarivanje konkretnih nacionalnih ambicija (Vlček 2004, 15). Kolarov idejni koncept je u Češkoj imao svojih pristalica, uostalom u početku ga je podržavao i kasnije najznačajniji predstavnik austroslavizma F. Palacki, ali je po svojoj koncepciji kao krajnje

---

[53] Austroslavizam je po svojoj koncepciji istupao jednako protiv nemačkog, kao i protiv mađarskog nacionalizma. Naime, kako se tokom četrdesetih godina devetnaestog veka u štampi između mađarskih, slovačkih i čeških publicista počelo diskutovati o položaju Slovena u Ugarskoj, češki interes je izuzev solidarnosti prema potlačenim slovenskim narodima bio ojačan time, što ukoliko bi se monarhija raspala usled delovanja mađarskog nacionalnog pokreta, došlo bi i do odvajanja Čeha i Slovaka, što je svakako bilo u suprotnosti sa onovremenom dominantnom percepcijom čeških nacionalnih interesa.

II PANSLAVIZAM I SLOVENSKI NACIONALNI IDENTITETI

idealistička teorija bio nedovoljan da bi se mogao istaknuti kao adekvatan za „zaštitu slovenskih interesa" (Žilíková 2010, 63). Među brojnim Kolarovim savremenicima se još od tridesetih godina devetnaestog veka javljalo odstupanje od opšte definisanog panslavizma i pojavila su se mišljenja koja su težila konkretizaciji političkih ciljeva. Te konkretizacije su stavljale akcenat na sopstvenu etničku pripadnost. Odnosno, slično kao što su ruski slavenofili u ovom periodu na prvom mestu isticali ruske probleme i kao što su poljski mesijanisti isticali poljske, tako su i češki slavisti akcenat stavljali na češki nacionalni identitet (Vlček 2004, 11). Tako je već izdanje Kolarove „*Slávy dcera*" iz 1832. godine u Češkoj izazvalo brojne kritike i to pre svega zbog njegovog eksperimentisanja sa jezikom, koji je, po češkim shvatanjima, Kolar previše slovakizovao (Žilíková 2010, 63). Čak i u godinama nakon Austo-Ugarske nagodbe iz 1867. godine, kada je austroslavizam kao koncepcija rešenja u potpunosti izgubio na značaju u češkoj sredini, panslavizam nije dobio na intenzitetu, već je kao i do tada nastavio da se koristi samo kao pomoćna ideologija koja eventualno može da se iskoristi za ostvarivanje nacionalnih interesa, odnosno kao koncept kojim se moglo u izvesnom smislu pretiti zvaničnoj austrougarskoj politici. Tako se kao akt nezadovoljstva austrougarskom nagodbom, u češkoj sredini pojavilo istaknutije demonstriranje slovenstva kao i političkog panslavizma, koje je imalo za cilj pojačavanje ionako izuzetno naglašenog straha unutar monarhije od Rusije. Međutim, deklarativno proklamovanje panslavizma je prvenstveno služilo kao potpora usko koncipiranim češkim nacionalnim interesima, dok se panslavizam kao osnovni koncept rešenja pojavljivao samo u obliku ekstravagantnih i izolovanih slučajeva.

Kao što je već ukazano, upravo je odnos ruske zvanične politike prema Poljacima u najvećoj meri uzrokovao značajno opadanje verovanja u jedinstvo Slovena i uopšte u panslavizam među slovenskim narodima u monarhiji. Ovakva percepcija je u potpunosti preovladala i dobila dodatno na argumentaciji, nakon gušenja

KONSTRUKCIJA SLOVENSTVA U POLITICI I NAUCI

Januarskog ustanka i pretvaranja Poljske u rusku provinciju. Ovaj događaj je u priličnoj meri doprineo i slabljenju ideja o slovenstvu među Srbima. Zapravo, šezdesetih godina u srpskom kontekstu je sa jedne strane još uvek bilo izraženo veličanje Rusije, koje je posebno bilo prisutno kako Skerlić ističe među starijim, pre svega „pravoslavnim Slavjanima", dok je sa druge strane liberalno nastrojena omladina koncentrisana oko *Srbskog Dnevnika* intenzivno podržavala Poljake.[54] Od kraja šezdesetih godina devetnaestog veka do tada prilično izražena ideja o Slovenstvu, koja je pred kraj četrdesetih čak bila isticana među obrazovanim habsburškim Srbima kao bitnija nego Srpstvo (vidi Skerlić 1906), u potpunosti je potisnuta liberalnim idejama, kao i užim nacionalizmom koji se usmeravao na ostvarivanje uže i jasnije definisanih onovremenih srpskih nacionalnih interesa. Kao i u češkom kontekstu, tako se i među Srbima pojavila izraženija tendencija koja je nastojala da se usmeri na što izvodljivije rešenje, koje je svakako odudaralo od već prilično degradirane i istrošene ideje slovenskog kulturnog, jezičkog, političkog i verskog jedinstva. Skerlić navodi da su panslavističke ideje među Srbima značajno oslabile nakon smrti Kolara i Štura, pri čemu ističe da su nove generacije umesto želje za stvaranjem „Slavjanskog carstva" u prvi plan isticale ideal obnavljanja „Dušanovog carstva", odnosno sasvim praktične težnje koje bi podrazumevale ujedinjenje Srbije i Crne Gore, kao i pripajanje Bosne i Hercegovine dvema slobodnim kneževinama srpskim (Skerlić 1906, 189-190). Uostalom ideje generacija obrazovanih na protestantskim licejima u duhu „sveslovenske uzajamnosti", bile su potisnute od strane nosilaca liberalnih ideja, koji su težili stvaranju što jače nacionalne države, iako su se paralelno sve više pojavljivale i

---

54 Poljake su podržavali, često istupajući otvoreno protiv ruske zvanične politike ličnosti poput S. Miletića, J. Ignjatovića, J. J. Zmaja i mnogi drugi. Opširnije o raspoloženju prema Rusiji i Poljacima među Srbima tokom pedesetih i šezdesetih godina devetnaestog veka, naročito u okviru delovanja *Ujedinjene Omladine,* videti u Skerlić 1906. gl. XI.

II PANSLAVIZAM I SLOVENSKI NACIONALNI IDENTITETI

ideje koje su zagovarale ujedinjenje južnih Slovena, ili neki oblik federacije balkanskih naroda. Međutim, one se nisu zasnivale isključivo na idejnoj koncepciji na kojoj se temeljio panslavizam, bez obzira što je težnja ka stvaranju južnoslovenske zajednice sadržala pojedine modifikovane aspekte panslavističkog korpusa. Teorijski koncept sveslovenske uzajamnosti je izuzev toga već znatno ranije u okvirima češkog preporoda u potpunosti ocenjen kao utopistički, dok je u kontekstu slovačkog narodnog preporoda modifikovan na specifičan način delovanjem Štura i njegovih sledbenika, a generalno posmatrano značajno je narušen usled konflikta Rusa sa Poljacima još tokom događaja iz 1831. i 1832. godine. Zapravo, konflikt između Poljske i Rusije, predstavljao je krah u percepciji slovenske saradnje, koji je u mnogim mislima izazivao skepsu (Žilíková 2010, 63). Prelaz od preovlađujućeg panslavizma ka dominantnom nacionalizmu se u srpskom kontekstu odigrao bez bilo kakvih izraženijih oscilacija.[55] Zapravo uži nacionalizam je bio prisutan i značajno izražen i u periodu najvećeg uticaja panslavizma krajem četrdesetih godina devetnaestog veka, kada je dominantan prostor zauzimala generacija obrazovana u duhu Šturovih i Kolarovih ideja. Međutim, za razliku od češkog konteksta gde se panslavistička ideja konfrontirala sa ideološkim aspektima užeg nacionalizma, panslavizam i ideje koje bi se mogle podvesti pod srpski nacionalizam su korespondirale i često su se međusobno dopunjivale. Potrebno je međutim naglasiti da je postojala razlika u intenzitetu uticaja panslavističkih ideja, odnosno percepcije slovenstva među Srbima koji su živeli na prostoru monarhije i onih na prostoru kneževine Srbije, u kojoj ideje o slovenstvu nisu ni približno bile toliko zastupljene kao u krugovima obrazovanih

---

55 Ipak, Skerlić ističe da je dolazilo do negodovanja starijih generacija, poput npr. Nikanora Grujića zbog okretanja „liberalne omladine" idejama koje su dolazile sa Zapada, naročito Engleske i zbog slabljenja „osećaja slovenstva" kod mladih generacija.

KONSTRUKCIJA SLOVENSTVA U POLITICI I NAUCI

Srba koji su živeli na prostoru Austrijskog carstva. Svakako, i u kneževini su se širile panslavističke ideje, posebno tokom četrdesetih godina devetnaestog veka, ali pre svega u kontekstu delovanja omladinskih udruženja i listova.[56] One su takođe u sebi sadržale značajnu dozu rusofilstva, što je posebno bilo izraženo tokom Krimskog rata. Generalno posmatrajući, ideja slovenstva je od šezdesetih godina bila potisnuta, ali je još uvek postojala u krugovima Omladine kao prilično izražena pre svega u formi opšte glorifikacije Slovena. Međutim, ona više nije imala mobilizacijske kapacitete kao što je to bio slučaj u godinama neposredno pre revolucije. Prema tome, slovenstvo je dolazilo samo kao niži stepen kolektivne i individualne identifikacije, nakon primarnog proklamovanja srpskog nacionalnog identiteta. Ipak, iako je od šezdesetih godina među Srbima nacionalizam sve više jačao i postajao isključiviji potiskajući slovenstvo (vidi Skerlić 1906, 220), ideja o jedinstvu je i dalje opstajala. U tom kontekstu i specifičnosti slovenskog, odnosno kasnija afirmacija jugoslovenskog nacionalizma, proizilazile su u određenoj meri između ostalog i na koncepcijama ranije proklamovanog panslavizma, odnosno na ideji sveslovenske uzajamnosti. U okvirima političkog panslavizma bi se delovanje F. Zaha (*František Alexander Zach*, 1807-1892), odnosno njegov plan za stvaranje zajedničke države Južnih Slovena uz vodeću ulogu Srbije iz 1844. godine, mogao okarakterisati kao jedan od prvih konkretnih pokušaja za stvaranje političkog jedinstva. Zahov program, koji je proisticao iz ideja poljskih panslavista i koji su između ostalih podržavali Šafarik i Matija Ban, propagirao je zapravo komponentu koja je u svojoj konstrukciji naginjala idejama kasnije srpske nacionalne politike.[57] Međutim, na prostoru kneževine Srbije ove ideje nisu

---

56 Pre svega su izlazili prevodi Kolarovih dela, poput npr. njegovog članka *O književnoj uzajamnosti između različitih plemena i narečjima slovenskih jezika*, objavljenog 1845. godine u Beogradu.

57 U Zahovom planu Srbija je isticana kao najvažniji subjekt u objedinjavanju Južnih Slovena. U tom kontekstu Zahovim delovanjem trebalo je ostvariti

II PANSLAVIZAM I SLOVENSKI NACIONALNI IDENTITETI

uspele da u značajnijoj meri razviju svest o slovenskom kolektivnom identitetu. Time je bio nezadovoljan i Matija Ban (vidi Durković-Jakšić 1957, 67). Ideja slovenstva je u srpskom kontekstu, pre svega među Srbima na prostoru Habsburškog carstva, tokom devetnaestog veka imala određeni uticaj, čak je u jednom periodu zauzimala dominantno mesto u okvirima društvenog i političkog života Srba u monarhiji. Međutim, kao i među ostalim slovenskim narodima na prostoru monarhije, ona je bila opterećena brojnim razlikama i karakterisala se krajne nejasnim političkim ciljevima, bez preteranog prostora za njihovu realizaciju, pa je kao takva ubrzo potisnuta idejom srpskog nacionalizma.

Odnosi između procesa koji su referirali konstruisanje nacionalnog identiteta i panslavizma u slovačkom kontekstu su krajne specifični i prilično kontradiktorni. Iako je u okvirima slovačkog narodnog preporoda ideja o sveslovenskoj uzajamnosti, kao i politički oblik panslavizma bio najistaknutiji, uporedo sa isticanjem slovenstva formirala se i svest o slovačkom nacionalnom identitetu, pri čemu se posebno nastojalo distanciranju slovačkog jezika u odnosu na češki. Štur i Hurban su doprineli kodifikaciji slovačkog jezika i izgradnji slovačkog nacionalnog identiteta u značajnoj meri i distinkcijom u odnosu na Čehe, što je posebno izazivalo negodovanja nosilaca češkog narodnog preporoda, pre svega K. Havličeka Borvskog. Konstruisanje slovačkog nacionalnog identiteta je korespondirao sa idejnim konceptom slovenstva i u kontekstu delovanja Kolara i Šafarika, budući da je slovačka romantičarska istoriografija Slovake predstavljala kao najstarije Slovene sa jezikom koji je najbliži staroslovenskom, o čemu će detaljnije biti reči u

---

što bliže veze između Srbije i Crne Gore, kao i proklamovati ideju u duhu panslavizma da Hrvati i Srbi predstavljaju jedan narod koji govori istim jezikom i piše različitim pismima. Garašaninov politički program *Načertanije* predstavlja delimično modifikovanu verziju srpske nacionale spoljne politike, koja je inicijalno proistekla delovanjem poljske političke emigracije. Opširnije o Zahovom planu videti Durković-Jakšić 1957.

KONSTRUKCIJA SLOVENSTVA U POLITICI I NAUCI

okviru sledećeg poglavlja. Zapravo, kroz koncepciju sveslovenskog pristupa, romantičarska istoriografija je omogućavala stvaranje percepcije Slovaka kao samostalnog naroda. Tako se, na primer, u Šafarikovim „Slovenskim starinama" opis Slovaka, u određenoj meri zajedno sa Moravcima, pojavljuje izdvojen od opisa češke istorije (Podolan 2007, 13). Prostor Slovačke je takođe vezivan za Velikomoravsku, kao i za misiju Ćirila i Metodija, čime je predstavljan kao kolevkom celokupne slovenske kulture. Sa Slovacima je usko bila vezana i teorija o kolevci Slovena u Podunavlju, odnosno ispod Tatra, kao i teorija o slovačkom kao centralnom korenu svih slovenskih jezika (Podolan 2007, 13). Na taj način je naglašavanje jedinstvenosti bilo naizgled u kontrastu sa idejom o sveslovenskoj uniformnošću. Ipak, uzimajući u obzir ideju o slovenskom jedinstvu kakvu je proklamovao Kolar, naglašavanje jedinstvenosti treba shvatati samo kao formu za ispoljavanje prvenstva unutar celine, a ne kao sredstvo za izdvajanje iz nje. Interesantan i pomalo paradoksalan je kasniji rad Štura u kontekstu njegove ideje o Rusko-Slovenskom carstvu, kojim se u potpunosti priklonio ruskoj komponenti panslavizma po kojoj svi Sloveni treba da pređu u pravoslavlje i na korišćenje ruskog jezika, što je ujedno bilo u priličnoj kontradiktornošću sa njegovim ranijim delovanjem (videti Krejči 2000, 117-122). Kolareva sveslovenska koncepcija je u slovačkoj sredini u početku imala izuzetno veliki uticaj, međutim sa formiranjem mlade generacije nosilaca procesa preporoda na čelu sa Ljudovitom Šturom, rešenje slovenskog i slovačkog pitanja viđeno je u drugačijem, radikalnijem duhu, bez obzira što se i dalje u velikoj meri oslanjalo na Kolarov koncept (Žilíková 2010, 63). Takođe, austroslavizam kao drugačiji oblik rešenja je i među Slovacima imao veliki broj sledbenika, ali nije ni približno zauzimao toliki značaj kao u češkom kontekstu. U drugoj polovini devetnaestog veka panslavističke ideje su među Slovacima postepeno slabile, dok su u prvi plan prodirale ideje koje su propagirale jačanje slovačkog nacionalnog identiteta. Ipak, uporedo sa procesima jačanja

II PANSLAVIZAM I SLOVENSKI NACIONALNI IDENTITETI

nacionalnog pokreta i dalje su postojale i prilično bile zastupljene i ideje o slovenskom jedinstvu, ali one su vremenom stekle drugačije koncepcijske obrise, odnosno ispoljavale su se u formi novoslavizma koji je imao drugačiji ideološki obrazac.

* * *

Procesi koji su se odnosili na formiranje slovenske tradicije u kontekstu panslavističke ideje, odnosno u okvirima različitih aspekata ideje o (sve)slovenskom jedinstvu, odvijali su se unutar procesa nacionalne emancipacije slovenskih preporoda, pa se zbog toga moraju posmatrati u uskoj vezi sa njima. Kao što je već istaknuto, ideje kojima je proklamovano jedinstvo Slovena su znatno starije od koncepta koji je proistekao na ideološkim osnovama Herderovog, Kolarovog i rada pojedinih poljskih slavista. Međutim, korpus ideja o Slovenima kakav se pojavljuje u okviru ideja o sveslovenskoj uzajamnosti i panslavizmu, temeljio se na Herderovskoj percepciji naroda i na njegovom shvatanju Slovena. Kolarov panslavizam se upravo zasnivao na Herderovskim principima i kao takav se takođe temeljio i na verovanju u jedinstvo kulturno-civilizacijskih karakteristika Slovena.[58] Kolar je nesumnjivo predstavljao najuticajniju ličnost u širenju ideje o slovenskom jedinstvu među Slovenima, posebno onim koji su živeli u monarhiji. Na njegovoj idejnoj koncepciji iako načelno apolitičkoj, se između ostalog u značajnoj meri zasnivao i politički panslavizam u svim svojim formama. Bez obzira na različite ideološke koncepcije u okvirima panslavističkog korpusa na koje je ukazano, može se istaći da se panslavizmom, barem deklarativno u idealnoj formi, težilo stvaranju (sve)slovenske imperije – *Slavije*, koja bi podrazumevala je-

---

58 Na istim postulatima svoj rad su zasnivali slovački pisac J. Herkelj (*Ján Herkel*), koji ih je proklamovao 1826. godine u svojoj gramatici slovačkog jezika, kao i poljski panslavista Samuel B. Linde u svom rečniku poljskog jezika. Opširnije u Vlček 2004.

KONSTRUKCIJA SLOVENSTVA U POLITICI I NAUCI

zičko, versko, kulturno i političko jedinstvo svih Slovena. Naravno varijacije u okviru ove ideje su svakako postojale, ali težnja ka stvaranju zajedničke moćne političke tvorevine svih Slovena se pojavljuje kao konačan viši cilj mnogih panslavista, bez obzira na njihove različite idejne koncepcije koje su se odnosile na konkretne predloge rešenja. Međutim, pokušaj konstruisanja nekog oblika kolektivnog slovenskog identiteta, koji bi potisnuo uže nacionalizme, nije imao adekvatne mobilizacijske kapacitete, kao ni realnu društvenu i političku osnovu, te je zbog toga ostao čisto deklarativne prirode. On je svakako u različitim kontekstima imao brojne sledbenike, ali usled niza, pre svega društvenih i političkih konstelacija, nikada nije prešao u praktičnu sferu delovanja.

Moglo bi se istaći da je devetnaestovekovni panslavizam predstavljao korpus ideja o jedinstvu Slovena (slovenskih naroda ili plemena), koji je sadržao čitav spektar internih varijacija. Kao oblik političke ideologije, panslavizam nije uspeo da stvori fundus oko koga bi se uspostavio opšti konsenzus, koji bi bio jasnije određen i usmeren na konkretno delovanje. Ipak, kao oblik ideologije, iako je često ulazio u sukob sa procesima nacionalnih emancipacija, panslavizam je u značajnoj meri doprinosio konsolidaciji nacionalnih identiteta. Iz okvira slovenskih preporoda (pre svega češkog i slovačkog), ideologija sveslovenstva se širila i među ostalim slovenskim narodima, pa je tako prodirala i u južnoslovenski, kao i u srpski kontekst. U Rusiji je panslavizam prerastao u oblik velikoruskog nacionalizma, dok u Poljskoj panslavistička ideja nije uspela da poprimi okvire kao među ostalim slovenskim narodima, već se najčešće pojavljivala u sklopu težnji za oslobođenjem od dominacije Ruskog carstva. Kao takva, ona je imala potpuno drugačiju koncepciju koja je korespondirala sa poljskim nacionalnim idejama, pa se stoga i upotreba termina panslavizam u poljskom kontekstu mora u izvesnoj meri relativizovati. Ipak, i u Poljskoj su se tokom devetnaestog veka među pojedinim proruski orijentisanim autorima pojavljivale ideje kojima je propagirana ruska varijanta

II PANSLAVIZAM I SLOVENSKI NACIONALNI IDENTITETI

panslavizma u njenom najisključivijem obliku.[59] U Bugarskoj je ideja panslavizma imala specifičan oblik i bila je u potpunosti vezana za rusofilstvo i ruske koncepcije, što je bilo uzrokovano procesima nacionalne emancipacije, kao i borbama sa Osmanlijama za stvaranje samostalne bugarske države. U Hrvatskom i (uslovno) slovenačkom kontekstu, slovenske tendencije su se najčešće manifestovale kroz ideje ilirskog pokreta. Panslavizam, kao što je istaknuto, nastaje kao reakcija na pangermanizam i sve izraženiji mađarski nacionalizam. U srpskom, bugarskom i delimično širem južnoslovenskom kontekstu on se takođe percipirao i kao pogodan odbrambeni mehanizam protiv Osmanskog carstva. Ideja panslavizma kao oblika ideologije, proisticala je upravo kao reakcija proizašla iz osećaja realne ugroženosti različitih slovenskih naroda, odnosno kao potreba zajedničkog otpora slovenskih naroda njihovim zajedničkim neprijateljima (Krejči 2000; Vlček 2011). Potrebno je konstatovati da ideja slovenstva proističe iz jakog nemačkog uticaja (Herder) često kao odraz u ogledalu u odnosu na pangermanizam, i kao ideja je bila posebno jaka na prostoru Podunavlja, na kojem su se sudarali interesi različitih naroda (Pospíšil 2004, 28). Postojanje *drugog* koji je viđen pre svega u Nemcima (uslovno

---

59 U tom kontekstu treba navesti rad Adama Gurovskog (*Adam Gurowski* 1805-1866). Gurovski je u početku podržavao poljske ustanike i oštro istupao protiv ruske zvanične politike, pri čemu je više puta bio hapšen, a nakon što je učestvovao u organizovanju ustanka 1830. godine, oduzeta mu je imovina i bio je osuđen na smrt, ali je uspeo da pobegne u Francusku. Međutim, 1835. godine je publikovao svoj rad *La vérité sur la Russie* u kome je zagovarao uniju različitih grana Slovenske rase i koji je pozitivno primljen od strane oficijelne ruske politike. Kasnije je u svojoj raspravi *Civilizacija i Rusija* (*La civilisation et la Russie*) iz 1840. godine, Gurovski istakao da kada Rusija postane „središte Slavije, Poljska i Češka će biti samo melezi civilizacije" (videti Kont 1989, 556). Panslavizmom se bavio i u svojoj knjizi *Le Panslavisme* iz 1848. godine, a nakon što se preselio u Ameriku, prilično je branio pozicije Rusije tokom Krimskog rata pišući brojne pamflete i članke koji su imali veliki uticaj na javno mnjenje.

KONSTRUKCIJA SLOVENSTVA U POLITICI I NAUCI

Germanima), i u manjoj meri u Mađarima, je za intenziviranje panslavizma, pored izmišljanja slovenske tradicije kroz prizmu romantičarske istoriografije, imao presudan značaj.

Kao što je ukazano, panslavizam je vremenom potisnut od procesa koji su se odnosili na definisanje pojedinačnih nacionalnih identiteta različitih slovenskih naroda. Odnosi između nacionalizama i panslavizma su se međusobno razlikovali u zavisnosti od konteksta, odnosno bili su različiti u ruskom, srpskom, češkom i slovačkom okruženju, dok su u poljskom u izvesnom smislu bili u potpunosti konfrontirani. Ideja sveslovenske uzajamnosti je generalno posmatrano imala značajan uticaj, ali ona se, uostalom kao i različite ideje panslavističkog korpusa, akceptovala na različite načine. Uprkos različitim intenzitetima i specifičnostima panslavizma, on je vremenom u svim kontekstima potisnut nacionalizmom, kao mnogo koncizinijom i određenijom formom stvaranja svesti o kolektivitetu. Tako ne samo da se razvoj panslovenske misli na barijerama narodne države zaustavio, već se može reći da je na njima panslavizam kao oblik ideologije ugašen (Krejči 2000, 112). Uprkos svojim mnogostrukim uticajima, panslavizam nikada nije postao dominantna ideologija kod bilo kog slovenskog naroda, dok u Poljskoj sa izuzetkom nekoliko pojedinačnih primera koji su se reflektovali kroz pojedinačne rusofilske ideje, zapravo nije imao formu kojom se težilo stvaranju jedinstvene države u formi sveslovenskog entiteta. Svakako, kao što je istaknuto, među Slovenima koji su živeli na prostoru Habsburške monarhije, panslavizam je imao značajan uticaj, ali on se ipak pojavljivao samo kao sekundarna ideologija koja je proisticala iz procesa koji su se ticali nacionalne emancipacije.

III

IZMIŠLJANJE SLOVENSKIH TRADICIJA I MITIZACIJE SLOVENSKE PROŠLOSTI

Konstruisanje i izgradnja tradicije o Slovenima, bez obzira na različite forme percepcije o njihovom jedinstvu, odnosno o tome da li su shvatani kao više srodnih grupa različitih etničkih identiteta ili kao jedna homogena celina, predstavlja izuzetno kompleksnu tematiku koja prevazilazi okvire ideoloških korpusa koji se mogu podvesti pod panslavizam. Odnosno, pokušaji stvaranja slovenskog jedinstva kao oblika nadnacionalnog identifikovanja, bez obzira što u značajnoj meri određuju panslavistički korpus ideja, proizilaze iz različitih slavofilskih tendencija i moraju se posmatrati u kontekstu znatno šireg spektra konstelacija, koji bi se (uslovno) mogli podvesti pod znatno širu odrednicu *slovenstvo,* pod kojom se kao što je već istaknuto, podrazumeva problematika vezana za Slovene u celini. Izmišljanje (stvaranje) tradicija, odnosno različiti oblici mitizacije prošlosti Slovena, kao i književne mistifikacije delova folklora, odvijale su se prvenstveno kroz različita dela devetnaestovekovne romantičarske književnosti i istoriografije. Ova dela bi se, na osnovu savremenog shvatanja, mogla u celini podvesti pod široku i složenu problematiku slovenstva – *slavistiku.*[60]

---

60 Slavistika se u smislu pojma definiše na različite načine i često njena definicija zavisi od konkretnog slovenskog konteksta. P. Piper ukazujući na ovaj problem, odnosno na raznovrsnost upotrebe ovog termina ističe da „u najširem i najpotpunijem značenju slavistika je kompleks nauka o slovenskim jezicima i književnostima, o istoriji materijalne i duhovne kulture Slovena, kao i o njihovoj političkoj i ekonomskoj istoriji. Ukoliko se termin slavistika upotrebljava u nekom užem značenju, njegov obim svodi se na one komponente koje su u datom slučaju bitne (lingvističke, istorijske, antropološke i dr.)". Pri tome, Piper ističe da se slavistika najčešće odnosi na proučavanje slovenskih

KONSTRUKCIJA SLOVENSTVA U POLITICI I NAUCI

Pokušaji stvaranja jedinstvenog korpusa „slovenskih tradicija", inicijalno su proisticali iz koncepta slovenske uzajamnosti, a ujedno su doprinosili i stvarali podlogu za ideološke premise na kojima se temeljila ideologija slovenskog pan-pokreta. Prema tome, kao što je već istaknuto, panslavizam predstavlja koncepciju realnog ili potencijalnog slovenskog kulturnog, literarnog i političkog jedinstva, koji je često građen protiv ideologije pangermanizma (videti Pospíšil 2004, 28), ali se u svojim bazičnim premisama temeljio na brojnim mitizacijama prošlosti, kao i na onovremenim interpretacijama kulturnog i političkog značaja Slovena. Takve interpretacije, stvarale su idiličnu sliku o Slovenima kojom se tendenciozno isticao njihov značaj kao jedinstvenog kolektiviteta. One su inicijalno započele sa J. G. Herderom, ali su u slovenskom kontekstu razrađene kroz istoriografska dela Jana Kolara, a posebno kroz rad Pavela Jozefa Šafarika. Prema tome, konstruisanje mitova o prošlosti Slovena bilo je vezano za rad onovremenih slavista, tj. različitih autora koji se mogu podvesti pod ovakvu generativnu odrednicu. Slavistika je u prvoj polovini devetnaestog veka u slovenskoj sredini (prvenstveno u češkoj i slovačkoj), u izvesnom smislu percipirana kao „narodna nauka" Slovena, pri čemu je njen opšti karakter bio veoma bitan na spoljnom planu, ali je ipak njena primarna funkcija bila usmerena za unutrašnje potrebe, odnosno ka sopstvenim narodima, gde je ona znatno doprinosila samoidentifikaciji i izgradnji slovenskih nacionalnih identiteta (vidi Podolan 2007). U slovenskim kulturama tokom romantizma paralelno su se razvijale ideje nacionalnog buđenja i proces nadnacionalnog identifikovanja kroz jačanje ideja o slovenskoj uzajamnosti (Ajdačić 2001, 119). Međutim, bez obzira što su se ovi procesi u suštini prelamali

---

jezika i književnosti, odnosno da u najužem smislu, slavistika predstavlja „nauku o slovenskim jezicima i kulturi stvorenoj na tim jezicima" pa je u tom kontekstu pojam slavistike sličan starijem pojmu slovenska filologija (vidi Piper 2008).

III IZMIŠLJANJE SLOVENSKIH TRADICIJA

i prožimali stvarajući jedan zajednički korpus, mitizacije koje su se odnosile na zajedničku prošlost svih Slovena, ukoliko se izuzme rad pojedinca poput Kolara, Šafarika i drugih, nisu imale ni približan značaj kao ni mobilizacijski kapacitet poput realnog uticaja užih nacionalnih mitologija različitih slovenskih naroda.

Konstruisanje nacionalnih identiteta slovenskih naroda, kao i uklapanje izmišljenih nacionalnih tradicija u oblik nadnacionalnog identiteta, tj. u šire okvire slovenske zajednice, međusobno je u značajnoj meri korespondiralo, naročito ukoliko se posmatra u okviru srpskog, slovačkog i češkog konteksta. Odnosno, brojni segmenti nacionalnih mitologija često su u onovremenim literarnim delima izdizani na opšti sveslovenski nivo, pri čemu se tendenciozno ukazivalo na zajedništvo i sličnosti među pojedinačnim slovenskim tradicijama. Pri tome se izgradnja slovenskih tradicija u suštini odigravala na dva osnovna polja: literarnom i istorijskom. Oni su bili u uskoj međusobnoj vezi i međusobno su se prožimali sa procesima konsolidacije pojedinačnih nacionalnih identiteta. Ipak, ukoliko se uzme u obzir kompletan fundus raspoloživih konstelacija, izgradnja slovenskih tradicija, odnosno stvaranje mitizacija koje su se odnosile na stvaranje (sve)slovenskog jedinstva, nije moguće posmatrati kao homogeni i jasno definisan proces. Bez obzira na pojedine slične tendencije koje su se pojavile u devetnaestovekovnoj romantičarskoj književnosti, bitno je ukazati da su se ovi procesi znatno razlikovali između sebe u zavisnosti od konkretnog konteksta. Pri tome se izgradnja sveslovenskih tradicija mora sagledati isključivo u kontekstu radova pojedinaca uz akceptovanje činjenično limitiranog intenziteta ovih procesa. Pored toga, izmišljanje sveslovenskih tradicija nikada nije postiglo jasno određeni pravac, a kod nekih slovenskih naroda uopšte nije ni zaživelo, ili je imalo drugačiju formu, odnosno služilo je pre svega za jačanje i konsolidaciju nacionalnih identiteta. Tako se npr. u Rusiji ideja panslavizma, kao što je ukazano, u značajnoj meri preklapala sa idejama koje se mogu podvesti pod ideologiju ruskog nacionalizma, što

KONSTRUKCIJA SLOVENSTVA U POLITICI I NAUCI

je ujedno u velikoj meri uslovljavalo specifičan oblik percipiranja ruske i slovenske prošlosti kao jedinstvene, pri čemu je Rusiji tendenciozno pridavan poseban značaj.[61] U Poljskoj, nasuprot tome slavofilstvo i panslavizam u pravom smislu nisu nikada ni zaživeli prvenstveno zbog toga što je upravo Rusija, koja je u panslovenskom pokretu i slovenstvu u celini posmatrana kao zaštitnica Slovena, viđena kao glavna prepreka za ostvarivanje Poljske državnosti (videti Rychlík 2004). Međutim, uprkos priličnoj disperzivnosti ovih ideja i procesa, kod naroda koji su živeli u sastavu Habsburške monarhije, javile su se određene tendencije koje su se ipak kretale u prilično sličnom pravcu.

Slovenske tendencije u književnim mitizacijama folklora

Pojedina dela devetnaestovekovne romantičarske literature imala su znatan uticaj u pokušaju konstruisanja svesti o slovenskom kolektivitetu, odnosno svesti o zajedničkim crtama i karakteristikama svih slovenskih naroda. Uz pomoć njih je, kroz brojne književne mitizacije, tendenciozno pokušano stvaranje idealizovane slike o Slovenima. Opšte interesovanje za slovensku prošlost, religiju i mitologiju, koje se javljalo u periodu romantizma, omogućilo je prodiranje tema vezanih za Slovene u dela onovremene visoke književnosti i ujedno je doprinelo stvaranju slavistike kao oblika nauke proizašle iz procesa nacionalnih emancipacija. Od

---

61 Percepcija Rusije kao „zaštitnice slovenstva" proizilazila je prvenstveno iz rada pojedinih ruskih autora. Međutim, potrebno je naglasiti, kao što je to istakao J. Rihlik (*Jan Rychlík*), da je Rusija od početka među svim panslavistima doživljavana kao država koja jedina može da garantuje slobodu svim Slovenima. Sa druge strane u Rusiji je, prilično paradoksalno, panslavizam zaživeo u specifičnom velikoruskom obliku tek kasnije, budući da je u početku Rusija, odnosno njena spoljna politika slovenstvo izjednačavala sa pravoslavljem, pri čemu su se ruski slavjanofili u tom periodu interesovali isključivo za pravoslavne slovenske narode. Videti Rychlík 2004.

III IZMIŠLJANJE SLOVENSKIH TRADICIJA

početka devetnaestog veka međusobna saradnja među onovremenim slovenskim nacionalnim intelektualnim elitama jača i dolazi do značajnog širenja interesovanja za usmenu baštinu Slovena, pre svega među slovenskim autorima koji su živeli na prostoru Habsburške monarhije. Otkrivanje bliskosti narodnih književnosti i verovanja slovenskih naroda predstavljalo je jedno od uporišta njihovog približavanja (Ajdačić 2001, 119). Zbližavanje, odnosno literarno jedinstvo, koje je inicijalno u svojim radovima proklamovao Jan Kolar, ali takođe i J. Herkelj, kao i Samuel Hojče, postepeno je od prvobitne zamisli o kulturnom i literarnom jedinstvu slovenskih naroda, evoluiralo u ideološke koncepte koji su propagirali politički oblik slovenske kohezije. Međutim, zapravo je već samostalna ideja o kulturnom i jezičkom jedinstvu slovenskih naroda po svojoj koncepciji imala jak politički naboj, pa su ograđivanja njenih početnih nosilaca da ideje o jedinstvu Slovena imaju isključivi literarni karakter, bila iluzorna (Rychlik 2004). Uostalom, pojedina dela devetnaestovekovnih romantičarskih slovenskih književnosti, uključujući i ona koja su pretendovala da budu naučna, pored aktivne uloge u procesima nacionalnih emancipacija znatno su doprinosila i konstruisanju (sve)slovenski tradicija. Lj. Radenković ističe, da pojedini književnici, ljubitelji slovenske prošlosti, zadojenici idejama romantizma, rodoljubljem ili iz drugih razloga (kao što je sticanje sopstvene slave), smatraju da su Sloveni tokom vremena izgubili svoje rane pisane spomenike i mitove, na osnovu kojih se mogu predstaviti kao stari narodi, nosioci drevne kulture, pa su se zato prihvatili nekih oblika izmišljanja ili krivotvorenja svoje istorije i folklora, pri čemu se krivotvorenje kreće od popravki narodnih pesama do stvaranja potpuno novih, sopstvenih kreacija, ili mistifikacija (Radenković 2005, 30). Ovakva tendencija je započela upravo u kontekstu pokušaja stvaranja sveslovenskog ideološkog korpusa i u izvesnom smislu ona proističe iz procesa formiranja pojedinačnih slovenskih nacionalnih mitologija. D. Ajdaćić, ističe kako

KONSTRUKCIJA SLOVENSTVA U POLITICI I NAUCI

su se pored izvornog folklora kao građe za proučavanje mitologije slovenskih naroda, u 19 veku pojavile i mistifikacije folklora, zasnovane na neizvornim, izmišljenim crtama mitoloških bića, junaka i događaja, pri čemu se ova pojava ponajviše ogledala u rukopisima koje je tobože otkrio Čeh Hanka, u zbirci Miloja Milojevića, u stihovima srpskog guslara Divjanovića u knjigama Petranovića, radovima Belorusa Špilevskog (Drevljanskog), zapisima Rusa Saharova, Hrvata Luke Ilića, bugarskog učitelja Jovana Gloganova, koji je obmanuvši Stefana Verkovića, obmanuo i deo evropskih slavista tobožnjim otkrićima vedskih starina (Ajdačić 2001, 119). Pored navedenih, od značajnijih mistifikatora potrebno je pomenuti i ličnosti poput češkog pisca Jozefa Linde, kao i ruskog folkloriste P. V. Kirijevskog (1808 -1856). Ova dela su nastajala kao posledica tendencije u istoriografiji prve polovine devetnaestog veka koja je podrazumevala korišćenje i veličanje „izvora" tzv. „oralne istorije" koji su percipirani od strane većine onovremenih autora (J. G. Herder, V. A. Gete, braća Grim, itd.) kao „živa" svedočanstva najstarije prošlosti koja su starija od bilo kakvih pisanih izvora i koja imaju naglašen „narodni karakter" oličen pre svega u jeziku u kome su sačuvani (Podolan 2007). Konsekventno: kao neka vrsta posebne kategorije ovakve grupe izvora u ovom periodu, dolazilo je i do stvaranja čitavog dijapazona falsifikata, odnosno do čestog falsifikovanja brojnih dela, koja su se kasnije prezentovala kao autentični srednjovekovni ili stariji spisi. Tako je npr. češki pisac i lingvista Vaclav Hanka (1791-1861), uz pomoć Josefa Linde (1789/1792-1834) po mišljenju većine vodećih naučnika krivotvorio čitav niz dokumenata, koje je predstavio kao autentične srednjovekovne češke spise.[62]

---

62 Pre svega u tom kontekstu treba pomenuti dva dokumenta, koji su po mestima lokacija na kojima su „otkriveni" nazvani *královédvorský* i *zelenohorský* rukopis, i o čijoj su autentičnosti u okviru češke javnosti decenijama trajale rasprave pri čemu su one u sebi nosile čitav dijapazon nacionalističkih, emotivnih i drugih premisa. Tzv. *spor o rukopisima* vodio se između is-

III IZMIŠLJANJE SLOVENSKIH TRADICIJA

Takođe, karakterističan je i primer takozvanih *Veda Slovena*, koje je po svemu sudeći krivotvorio bugarski učitelj Ivan Popiliev Ikonomov (Gologanov) izmišljajući sadržaje za koje je tvrdio da predstavljaju stare narodne pesme tzv. *Pomaka* (muslimanskog stanovništva Bugarske i istočne Makedonije) koje navodno potiču iz predhrišćanskog i praistorijskog perioda Bugara iz regiona Rodopa i koje je zatim objavio Stefan Verković 1860. godine (videti Kovachev 2001). Inače, Verković je smatrao da su Sloveni potomci Tračana i starih Makedonaca, kao i da su nosioci iste kulture kao Indijci, pri čemu je u razvijanju ovakve koncepcije uporište nalazio u delima pseudo-istoričara G. S. Rakovskog (vidi Radenković 2005, 32-33). Ove književne mistifikacije su značajno uticale na procese izgradnje bugarskog nacionalnog identiteta, ali su ujedno izazvale i veliko interesovanje onovremene evropske književne i naučne javnosti. U srpskom kontekstu, najznačajnije je delovanje Miloša S. Milojevića (1840-1897) , kako u smislu stvaranja brojnih falsifikata narodnih pesama, tako i u

---

toričara, lingvista, kao i brojnih patriotski opredeljenih pojedinaca i imao je od početka izraženu političku dimenziju sa veoma često prenaglašenim emotivnim nabojem. Panslavistički orijentisani naučnici poput P. J. Šafarika, ali i neke istaknute ličnosti poput F. Palackog oštro su istupile u odbranu autentičnosti rukopisa, dok su sa druge strane pojedini naučnici poput osnivača slavistike u Češkoj, Jozefa Dobrovskog od početka tvrdili da je reč o falsifikatima. Iako je ovaj spor u izvesnom smislu okončan još krajem devetnaestog veka zaključkom da se radi o veštim falsifikatima, do danas postoje tendencije koje zagovaraju autentičnost ovih rukopisa. Takođe, na osnovu lingvističkih i gramatičkih analiza, pojedini istraživači smatraju da autora ovih falsifikata treba tražiti među južnim Slovenima, odnosno Slovencima. Međutim, većina naučnika danas smatra da je falsifikator bio upravo Hanka, budući da je dobro poznavao staročeški jezik, kao i zbog činjenice da su pesme u *Kraljodvorskom* rukopisu po strukturi podsećale na srpske narodne pesme koje je prethodno prevodio na češki jezik. Opširnije o kontekstu književnih mistifikacija rukopisa u Češkoj, kao i o njihovom uticaju na procese nacionalne emancipacije, videti u Grabowicz 2001. i Radenković 2005. O tvrdnjama da je autor ovih rukopisa južnoslovenskog porekla videti Daneš 1980.

falsifikovanju istorijskih izvora vezanih za prošlost Srba i Slovena. On je posebno bio aktivan, poput Rusa P. Drevljanskog, u pogrešnim tumačenjima, kao i u izmišljanjima različitih karakteristika slovenskih bogova.[63] Miloš S. Milojević je kao jedan od najmarkantnijih mistifikatora srpske narodne poezije, falsifikovanjem narodnih pesama nastojao da dâ potvrdu svojim političkim stavovima i nacionalnim ubeđenjima, a u istom pravcu su se kretali i njegovi istoriografski radovi (vidi Antonijević 2012). Odnosno, Milojevićevi radovi o istoriji Srba, koje je pisao tendenciozno u skladu sa njegovim emotivnim i subjektivnim političkim i nacionalnim stavovima, u potpunosti su lišeni bilo kakve validne metodologije kao i kritičkog pristupa, tako da su odmah nakon objavljivanja argumentovano kritikovani od brojnih naučnika tog vremena poput Ilariona Ruvarca. Nastanak književnih falsifikata se mora sagledati u kontekstu onovremenog specifikuma opšteg društvenog obrasca, kako u kontekstu njihove naglašene i primarne političke dimenzije, tako i u samoj tadašnjoj istoriografskoj metodologiji, odnosno u svojstvu korišćenja onovremenih komparativnih lingvističkih analiza, kao i frekventno korišćenih i omiljenih „naučnih" etimologizacija (videti Podolan 2007, 3). Procesi izmišljanja novih tradicija generalno posmatrano, podrazumevali su korišćenje elemenata stare građe, ali takođe se usled nedostatka iste, pristupalo izmišljanju novih sredstava, koji su sintetizovani i uklapani sa starim, ili su jednostavno predstavljani kao autentični. Tako

---

63 Milojević je bio oduševljen slovenofilskim i slavenofilskim idejama, pri čemu je tendeciozno nastojao da u srpskim narodnim pesmama rekonstruiše staru slovensku mitologiju, odnosno da dokaže da su istorijska sećanja srpskog naroda prisutna i izražena u okviru narodnog stvaralaštva. Opširnije o krivotvorenju Milojevića i drugih falsifikatora slovenskog folklora i mitologije, videti u Radenković 2005. Takođe, o falsifikatorima i lažnim folkloristima srpskog narodnog stvaralaštva kao što su Miloš S. Milojević, Boža Petranović i Vuk Vrčević, videti Antonijević 2012.

III IZMIŠLJANJE SLOVENSKIH TRADICIJA

je veliki broj političkih institucija, ideoloških pokreta i grupa – ne samo onih koje su vezane za nacionalizam – bio bez presedana u toj meri da je čak i istorijski kontinuitet morao biti izmišljen, na primer, kreiranjem davne prošlosti izvan stvarnog istorijskog kontinuiteta, bilo pomoću polu-fikcije (Boadika, Vercingetoris, Armenije Heruski), bilo pomoću prevare (Osijan, srednjovekovni češki rukopisi) (Hobsbom 2011, 14). U tom kontekstu je i panslovenski pokret, morao stvarati čvrste kohezione temelje, potkrepljene „istorijskim argumentima", koji bi potvrđivali prastaro jezičko i kulturno jedinstvo Slovena, kao i celovitost i homogenost njihovog religijskog i mitološkog korpusa. Ovakvo tumačenje je uostalom u skladu sa stanovištem američkog folkloriste Alana Dandesa, koji je dovodeći u vezu Hobsbaumov koncept „izmišljanja tradicije" i pojam R. Dorsona „lažni folklor", pretpostavio da je „fabrikacija" lažnog folklora intenzivirana od onih naroda koji se osećaju kulturno i nacionalno inferiorni (vidi Antonijević 2012, 10). Slovenski narodi tokom devetnaestog veka koji su sa izuzetkom Rusa bili lišeni ili delimično ograničeni u kontekstu njihove političke samostalnosti, svakako odgovaraju ovako postavljenom Dadensovom kriterijumu. Do stvaranja istorijskih falsifikata koji su imali za cilj da tendenciozno prikažu starost i značaj Slovena dolazilo je i kasnije. Tako je verovatno najpoznatiji i najuticajniji falsifikat koji se tematski odnosio na prošlost, mitologiju i religiju Slovena (prvenstveno Rusa), tzv. *Velesova knjiga,* sačinjen negde nakon okončanja Drugog svetskog rata. Velesova knjiga, na čiji ćemo se značaj vratiti kasnije u okviru dela petog poglavlja o političkim kontekstima slovenskog neopaganizma, definitivno je najviše uticala na stvaranje čitavog dijapazona pseudonaučnih teorija o prošlosti Slovena u kontekstu pseudonaučne literature u poslednje dve decenije. U tom smislu treba pomenuti da skoro svi slovenski i balkanski narodi imaju pisce koji tvrde da je baš njihov narod najstariji, pri čemu je zanimljivo da je među ovim

KONSTRUKCIJA SLOVENSTVA U POLITICI I NAUCI

„mitotvorcima" dosta onih koji su živeli ili žive van matice svog naroda (Radenković 2005, 30).[64]

---

[64] U skladu sa Radenkovićevim zapažanjem, da su autori pseudonaučne literature veoma često pojedinci koji su živeli ili žive u dijaspori, pri čemu je ova pojava koja se „danas primećuje kod Rusa, Srba, Slovenaca, Hrvata, Slovaka itd." poseban intenzitet dobila nakon „sloma socijalizma u slovenskim i drugim zemljama", kao i da je prijemčiva za širok krug ljudi koji „u vreme siromaštva i pada ljudskog dostojanstva umesto naučne istine" mnogo više prihvataju pseudonauku, „koja im je za utehu ponudila sliku davnog vremena sa njihovim precima kao nosiocima prestižne kulture", treba ukazati na pojedine aspekte ovakvih konstelacija. Nacionalistički disidentski krugovi (pre svega ruski) su još od pedesetih godina dvadesetog veka, nezadovoljni onovremenom društvenom i političkom situacijom u Rusiji, odnosno na prostoru SSSR-a, koju su percipirali kao ugrožavanje ruskog nacionalnog identiteta i tradicionalnih vrednosti, bili prijemčivi za plasiranje različitih falsifikata koji su navodno ukazivali na veliku starost i značaj Slovena i Rusa, poput npr. tzv. *Velesove knjige* J. P. Miroljubova. Takođe, u kontekstu teorija o starosti Srba kao najstarijeg naroda sa sopstvenim pismom, treba pomenuti rad pseudonaučnika Svetislava Bilbije, koji je navodno dešifrovao etrurski jezik kao srpski, i koji se između ostalog nadovezivao na radove pojedinih romantičarskih istoričara i falsifikatora, poput Miloša S. Milojevića. Bilbija, pored Radivoja Pešića, u tom kontekstu predstavlja na neki način utemeljivača moderne pseudoistorijske i emotivno orijentisane tzv. *autohtonističke* ili *neoromantičarske* škole, po kojoj su Srbi jedan od najznačajnijih i najstarijih naroda. Nakon pada komunističkih režima, dolazi do intenzivnog širenja korpusa nacionalno i emotivno orijentisane pseudoistorijske literature, čiji su autori, upravo kao što je to primetio Lj. Radenković, najčešće ličnosti koje su dugo živele ili žive van prostora njihovih matica (npr. O. L. Pjanović i J. I. Deretić u srpskom, ili C. A. Hromník u slovačkom kontekstu). Tendencija intenzivnog rasta korpusa pseudoistorijskih dela, kao i čitavog dijapazona naučno neutemeljenih, čak fiktivnih teorija, prisutna je skoro u svim slovenskim postkomunističkim državama i svakako korespondira sa kontinuiranim porastom „neupućenih" čitalaca sa relativno slabo razvijenim kritičkim mišljenjem, koji emocionalno percipiraju nacionalnu prošlost grupa (naroda) sa kojima se identifikuju. Pri tome, ova tendencija je naročito izražena u srpskom kontekstu, posebno zahvaljujući razvoju interneta, odnosno lakše dostupnosti ovakvih sadržaja koji se predstavljaju kao naučni, i proističe iz kompleksnosti opšte društvene i političke situacije. U tom smislu, kao zasebna problemati-

III IZMIŠLJANJE SLOVENSKIH TRADICIJA

Mitizacije elemenata slovenske prošlosti, a prvenstveno različitih segmenata koji su se odnosili na staroslovensku religiju i mitologiju, imale su za cilj ukazivanje na praslovensko zajedništvo. Pri tome su se nadnacionalne mitizacije nadovezivale na konstruisanje nacionalnih mitova, odnosno većinom su proisticale kao njihova sekundarna konsekvenca. Težilo se uspostavljanju i određivanju zajedničkih crta kultura različitih slovenskih naroda kako bi se ukazalo na nekadašnje zajedništvo Slovena, ali takođe i na kolektivno pamćenje slovenskih naroda. Na taj način stvarana je iluzorna predstava kojom se omogućavalo da Sloveni po svom panteonu i mitološkom korpusu mogu parirati Germanima, ali takođe se poistovećivati i sa Grcima.[65] Bogatstva mitoloških sadržaja su naravno pri tome većinom krivotvorena, tendenciozno nadograđivana inkorporiranjem brojnih spoljnih elemenata i interpretirana krajnje proizvoljno, a sve u cilju stvaranja jedinstvene baze koja jasno aludira na jedinstveno jezgro staroslovenskih sadržaja. Analizirajući pojedine aspekte slovenskih ideja književnih mistifikacija folklora tokom devetnaestog veka, D. Ajdačić je istakao da su unošenjem „starih" slovenskih elemenata, autori mistifikacija svoju nacionalnu kulturu uključili u nadnacionalnu, slovensku porodicu, pri čemu su oslanjajući se na već poznate elemente, nastojali da je približe drugim slovenskim kulturama (Ajdačić 2001).[66] Međutim,

---

ka, ona svakako zahteva izdvojenu kompleksnu analizu, koja prevazilazi tematske okvire ovog rada. Međutim, ipak je potrebno u skladu sa analiziranim tematskim opsegom pomenuti, da u kontekstu savremenog slovenstva, ona ima takođe naglašenu ideološku dimenziju i značaj, ali je on sekundaran i daleko manje istaknut, od primarno nacionalno i (uslovno) patriotski koncipiranih premisa, iz kojih ujedno i proističe. O problematici pseudoistorije u srpskom kontekstu vidi u Radić 2011; Todorović 1999. i Palavestra 2010.

65 Kao što je već istaknuto, u radovima J. G. Herdera, J. Jungmana, J. Kolara, P. J. Šafarika, F. Palackog i nekih drugih autora, uočavaju se pojedini aspekti poređenja Slovena sa starim Grcima.

66 On ističe kako su mistifikatori koji su izmišljali folklorne crte mitoloških bića radi isticanja ideje slovenske bliskosti koristili nekoliko strategija kako

KONSTRUKCIJA SLOVENSTVA U POLITICI I NAUCI

ovakve tendencije nisu imale preteranog realnog uspeha, posebno ne u kontekstu izgradnje ideološke platforme zasnovane na svesti o prvobitnoj zajedničkoj religijskoj i mitološkoj slovenskoj zajednici koja bi trebalo da posluži kao jedan od kohezionih elemenata za političke forme slovenskog zajedništva. Želja za konstruisanjem jedinstvenog okvira slovenske mitologije, najčešće je polazila iz subjektivnih stavova pojedinaca, ali ona nije morala po pravilu imati isključivo naglašenu panslovensku dimenziju, već je mogla biti rukovođena motivima koji su usko nacionalno određeni. Uklapanje nacionalne kulture u (sve)slovenski okvir, prema tome mogao je proisticati i kao izvestan oblik nadgradnje nacionalnih mitologija i nedovršenog procesa konsolidacije slovenskih nacionalnih identiteta. Pri tome su se Sloveni u okviru različitih oblika mitizacija prikazivali na idealizovan način: kao baštinici staroindijske, grčke ili staroitalske kulture, kao najstariji narod na Balkanu sa sopstvenim pismom i pre pokrštavanja i sa drevnim epovima (Radenković 2005, 30). Književne mistifikacije koje su se odnosile na mitizaciju elemenata folklora, kao i izmišljanje brojnih spisa koji su predstavljani kao autentični i izvorni dokumenti iz srednjovekovne ili ranije prošlosti, imale su značajan uticaj ne samo na izgradnju i konsolidaciju nacionalnih identiteta, već i na formiranje korpusa, odnosno postavljanje bazičnih temelja modernih nacionalnih književnosti.

---

bi se ukazalo na drevnost i celovitost mitološkog sistema Slovena. Tako se često pristupalo unošenju mitoloških, leksičkih, ritualnih, onomastičkih i drugih sadržaja iz jedne slovenske kulture u drugu. Takođe, često su se izmišljali i prilagođavali pojedini sadržaji unutar jedne konkretne slovenske tradicije, a sve u cilju ukazivanja na jedinstvenost i celovitost mitološkog sistema Slovena(videti Ajdačić 2001).

III IZMIŠLJANJE SLOVENSKIH TRADICIJA

Uticaj romantičarske istoriografije u kontekstu pokušaja stvaranja sveslovenskog identiteta: mitizacije prošlosti i istorijska dela Kolara i Šafarika

Naše starine su prelepa tema, plakao bih kada na to gledam kako su one sve do sada od nas i naših sunarodnika zapostavljene, čak i osakaćene. Nama su do sada svirali Nemci a mi smo bili slepi medvedi koji su po njihovim notama plesali.[67]

Deo iz pisma P. J. Šafarika upućenog J. Kolaru 1.1.1829. godine
(cit. po Podolan 2007, 2)

Posmatrano u celini, definitivno najveći uticaj i najznačajniji doprinos izgradnji svesti o zajedničkoj prošlosti Slovena, imali su radovi, odnosno istorijska dela Jana Kolara i Pavela Jozefa Šafarika. Pristupajući analizi delovanja ova dva autora u kontekstu njihovih istoriografskih dela, bitno je naglasiti da ja njihovo delovanje paralelno doprinosilo sa jedne strane konsolidaciji slovačkog nacionalnog identiteta, dok je sa druge, odigralo presudan uticaj na izgradnju ideoloških koncepata sveslovenskog nadnacionalnog korpusa. Istorijska dela ovih autora moraju se podvesti pod koncept romantičarske istoriografije i kao takva, nastala su u karakterističnom vremenskom i prostornom kontekstu kada je istorijska nauka korišćena kao sredstvo dokazivanja starosti, kontinuiteta, kao i prava na teritoriju određenog naroda, odnosno kada je doprinosila konstruisanju mitova o starosti i veličini naroda i njegove državnosti. Izrazita nacionalna angažovanost Kolara i Šafarika u značajnoj meri je korespondirala i proisticala iz procesa jačanja mađarskog nacionalizma, kao i iz permanentnog osećaja ugroženosti dela zapadnih

---

67 „Starožitnost naše jest prekrásné thema plakal bych když na to hledím, kterak posud od nás a našincov zanedbána, kterak zpotvořena byla. Nám posavađ prohoudali Nemci a my sme byli slepí medvědi, kterí po jejich notách tancovali."

KONSTRUKCIJA SLOVENSTVA U POLITICI I NAUCI

Slovena od strane Germana. Njihov rad je u uskoj vezi, odnosno mora se sagledati u kontekstu spleta konstelacija koje se odnose pre svega na stvaranje slovačkog nacionalnog identiteta primarno uzrokovanog pojačanim procesima mađarizacije (videti Škvarna 2004). Onovremeni društveni i politički obrazac nametao je i ujedno na određeni način iznedrio potrebu za pisanjem istorije Slovena od strane „domaćih" (slovenskih) autora, što je proisticalo iz kompleksnih tendencija koje su bile u vezi sa procesima slovenskih narodnih preporoda. Odnosno, u periodu slovenskih narodnih preporoda dotadašnja istorijska dela o Slovenima koja su pisana prvenstveno od strane stranih, pretežno nemačkih autora, u značajnoj meri su nudila stereotipnu sliku o Slovenima koja je bila u priličnom kontrastu sa samorefleksijom nosilaca narodnih preporoda, odnosno sa njihovom percepcijom Slovena (videti Podolan 2007). Šafarikovo deklarativno zalaganje za pisanje slovenske istorije od strane slovenskih autora, apsolutno je jedan od osnovnih inicijalnih postulata njegovog angažmana u tom kontekstu. Njegovo istupanje protiv dotadašnjeg neprikosnovenog nemačkog intelektualnog uticaja i stvaranje istorijskog dela namenjenog pre svega Slovenima, svakako ima izraženu političku i etničku dimenziju. Kao takvo može se sagledati u kontekstu tumačenja motiva razvoja evropske istoriografije koje je ponudio francuski istoričar *Jacques Le Goff*, koji ističe da je istorija još u periodu stare Grčke bila pre svega korišćena od strane viših klasa, da je bila u uskoj vezi sa kolektivnim sećanjem i da je kao takva postala prilično značajno političko sredstvo, pri čemu su glavni motivacioni faktori koji su doprineli njenom stvaranju i razvoju bili etnički i politički (videti Le Goff 2007). Šafarikovo, kao i Kolarovo delovanje, imalo je izrazito naglašenu političku dimenziju i motiv, bilo je usmereno nacionalnoj emancipaciji i samodefinisanju, pri čemu je ujedno težilo otklanjanju od stranih (nemačkih) intelektualnih, odnosno političkih uticaja. Početno distanciranje od nemačke istoriografije, ujedno je označilo rasprave o tzv. nemačkoj istorijskoj školi koja je u

III IZMIŠLJANJE SLOVENSKIH TRADICIJA

različitim vremenskim i prostornim kontekstima sa svojim internim varijacijama izazivala i izaziva brojne diskusije, pri čemu u poslednje dve decenije u nekim kontekstima (uključujući i srpski) predstavlja jednu od glavnih premisa u okviru pseudoistorijske literature nacionalističke orijentacije.[68]

Šafarikov i Kolarov rad se iz perspektive današnje prizme observacije podvodi pod slavistiku, bez obzira na to što bi se njihovi radovi tematski mogli u izvesnoj meri podvesti i pod lingvistiku, istoriju, arheologiju, etnologiju, itd. Iako su njihova pojedina dela pisana sa ambicijom da budu naučna, opus Šafarika i Kolara prožimaju različite koncepcije koje svakako odudaraju od ovako koncizne kategorizacije, ali se u celini ipak moraju sagledati kao radovi koji su istraživački nastojali da zadru u do tada slabo proučavanu problematiku koja se odnosila na prošlost i kulturu Slovena. Sa aspekta potreba narodnih preporoda, ali ujedno i kao glavni cilj slavista u kontekstu građenja slovenskih ideja bilo je prioritetno osvetljavanje, tj. rekonstrukcija najstarijeg perioda istorije Slovena. Maglovita prošlost najranijih perioda Slovena, imajući u vidu nepostojanje pisanih izvora za ovaj period, bila je prilično intrigantna za opštu klimu istoricizma i senzitive romantičarske percepcije. Međutim, pitanje slovenske etnogeneze ujedno je imalo i krucijalni ideološki, a samim tim i politički značaj za procese nacionalne emancipacije narodnih preporoda, kao i za pokušaje građenja opšteslovenskih tradicija. Zapravo, upravo je problematika koja se ticala nastanka i praistorije Slovena trebalo da predstavlja osnovnu ideološku sponu i glavni kohezioni elemenat koji bi dokazivanjem jedinstva i bliskosti Slovena u prošlosti, trebalo da upućuje na njihovo prirodno zajedništvo u sadašnjosti, odnosno budućnosti. Istrorijski radovi Šafaika i Kolara,

---

[68] Tako se u kontekstu tzv. *neoromantičarske* ili *autohtonističke* škole, često kao argument za dokazivanje starosti i autohtonosti Srba, navodi da je *nemačka škola* zbog sopstvenih antisrpskih i antislovenskih interesa, nametnula Slovenima svoje „lažno" viđenje njihove prošlosti.

KONSTRUKCIJA SLOVENSTVA U POLITICI I NAUCI

odnosno njihove interpretacije prošlosti Slovena, uz akceptovanje interne varijabilnosti i nekih manjih odstupanja, moraju se sagledati u ovakvom kontekstu. Težnja za stvaranjem osećanja pripadnosti sveslovenskom kolektivitetu, je prvenstveno za Kolara bila osnovna referenca u njegovom delovanju. Kolar i Šafarik su svojim delima i interpretacijama prošlosti Slovena, koje su prikazali kao jedinstven narod (Kolar) ili bliske i srodne narode (ili grane u okviru jednog naroda) sa brojnim zajedničkim crtama i interesima (tumačenje bliže Šafariku), izvršili ogroman uticaj na celokupnu tadašnju slovensku intelektualnu elitu na prostoru Habsburške monarhije, ali i generalno na sve onovremene slovenske autore. Građenje sveslovenskih tradicija i nacionalnih identiteta slovenskih naroda u sastavu Austrijskog carstva u početnim fazama je na određeni način predstavljalo paralelne procese, ali ne i procese istog intenziteta, izuzev možda donekle u slovačkom kontekstu. Hipotetički, moguće je da su upravo iz procesa konstruisanja slovačkog nacionalnog identiteta, proistekli i procesi koji su težili stvaranju svesti o sveslovenskom kolektivitetu, barem kada je reč o delovanju ova dva autora. Odnosno, budući da su Kolar i Šafarik predstavljali ipak u prvom redu slovačke autore koji su bili aktivni nosioci pre svega procesa slovačkog nacionalnog preporoda, obojica su težila stvaranju novog oblika nacionalne konsolidacije i stabilizacije, koji bi mogao parirati novouspostavljenim prilikama proisteklim iz procesa konstruisanja, tj. konsolidacije mađarskog nacionalnog identiteta i njegovog prisvajanja tj. nacionalizacije starih struktura ugarske državnosti i njene prošlosti.[69] Za brojčano male i kulturno slabe narode (npr. Slovake) se

---

69 Ovi procesi su započeli u poslednjoj četvrtini osamnaestog veka čitavim dijapazonom prisvajanja „tradicionalnih ugarskih simbola" od strane onovremenih mađarskih intelektualnih elita. Nizom tendencioznih interpretacija srednjovekovnih hronika, kao i konkretnim realizacijama različitih političkih, prosvetnih i drugih ideja, dolazilo je sve više do stvaranja percepcije o drugorazrednosti ugarskih Slovena, prvenstveno Slovaka u odnosu na Mađare. Odnosno, u čitavom nizu tadašnjih publikacija frekventno se isticalo da po-

III IZMIŠLJANJE SLOVENSKIH TRADICIJA

smatralo da sami neće uspeti da se odupru drugim nacionalističkim pritiscima, tako da jedina alternativa viđena u spajanju sa slovenskom

---

beda starih Mađara nad Velikomoravskom, ujedno daje politički i istorijski legitimitet Mađarima (Arpadovim potomcima) kao glavnom i najbitnijem narodu u Ugarskoj, dok Slovacima kao poraženom, a time i drugorazrednom narodu prirodno sledi asimilacija tj. (uslovno) mađarizacija. Pri tome je često istican jedan mitologizovani element iz jedne srednjovekovne hronike po kome je vladar Svetopluk Mađarima predao svoju državu za belog konja, što je ujedno simbolički gest koji je označio nesposobnost i drugorazrednost slovenskog elementa u odnosu na mađarski. Stereotipno prikazivanje Slovena kao inferiornih u odnosu na Mađare je pri tome u mađarskoj publicistici sve frekventnije isticano. Ovakva novouspostavljena, ali ujedno i čvrsto fiksirana percepcija među Mađarima, kojom je otpočela pre svega jezička, ali i politička diskriminacija slovenskog stanovništva u Ugarskoj, izazvala je kod slovačkih intelektualaca već krajem osamnaestog veka osećanje ugroženosti etničke egzistencije Slovaka. U kontekstu onovremenih opštih društvenih tendencija, ovakva osećanja su postala glavnim mobilizacijskim determinantom slovačkih „odbrambenih" aktivnosti. Ti osećaji su ujedno konsekventno izazivali reakcije koje su intenzivirale procese slovačkog narodnog preporoda i u tom smislu, započeo je proces otklanjanja, tj. stvaranje bipolarnosti između perioda Ugarske prošlosti i tradicija Velikomoravske. Do tada u značajnoj meri percipiran kao deo sopstvene (slovačke) prošlosti, period Ugarske istorije prerasta u katastrofičan prikaz hiljadugodišnjeg ropstva, što se naročito intenziviralo kasnije u okviru političkih mitologija nakon stvaranja Čehoslovačke republike. Međutim, ujedno su se tražili argumenti iz nekih segmenata Ugarske prošlosti kako bi se dokazalo kako je Ugarska bila ravnopravna država za sve narode, pri čemu je od nosilaca slovačkog narodnog preporoda navođen primer prvog ugarskog kralja Stefana, koji više nije u slovačkom kontekstu zauzimao samo značajno mesto kao osnivač države i svetac, već je predstavljao simboličku ličnost, primer pravednog i mudrog vladara, koji je bio zaštitnik ravnopravnosti svih naroda u multietničkoj Ugarskoj. Na prelomu između osamnaestog i devetnaestog veka, u kontekstu slovačkog preporoda otpočinju ujedno i procesi stvaranja slovačkih nacionalnih simbola, koji su se posebno intenzivirali u prvoj polovini devetnaestog veka (videti Škvarna 2004, 14-15). Uz stvaranje nacionalnih simbola, koji su građeni kao dijametralno suprotne opozicije mađarskoj nacionalnoj simbolici, dolazilo je i do „slovakizacije" istorije, i u tom kontekstu do početaka stvaranja sveslovenskih tradicija.

celinom, respektivno sa drugim slovenskim etnikumom (Podolan 2007, 6). Ovakva percepcija je verovatno inicijalno usmeravala delovanje ova dva autora, ali bi bilo pogrešno u njoj videti jedini motiv za promovisanje ideje o zajedništvu Slovena, naročito kod Kolara, koji je, kao što je već istaknuto, u skladu sa mišljenjem J. G. Herdera, Slovene smatrao jednim narodom podeljenim u nekoliko plemenima. Određeni oblik jedinstva, prvenstveno u jezičkom smislu, spajao je deo Slovaka evangelističke (luteranske) konfesionalne pripadnosti čiji pripadnici su bili Kolar i Šafrik sa Česima i kao takav, u izvesnom smislu je predstavljao dobru podlogu za dalje širenje ideja o prvenstveno literarnom i kulturnom jedinstvu među Slovenima. Uz to, kao što je već više puta navedeno, u okviru onovremenih slovenskih intelektualnih krugova ideja o slovenskom jedinstvu imala je značajan mobilizacijski kapacitet koji je proisticao iz konstantnog osećaja ugroženosti proizišlom kako iz procesa mađarizacije, tako i kao reakcija na ideologiju pangermanizma. Međutim, van konteksta deklarativne političke dimenzije (koja ni kod Kolara, kao ni kod Šafarika, usled onovremenih političkih prilika nije mogla biti isticana), uzori za jedinstvo Slovena, izuzev u dokazivanju njihovog zajedničkog života u praistoriji, traženi su u analogijama, odnosno u političkom jedinstvu Germana ili starih Grka, na bazi jezičke osnove.[70] Ovakve ideje o slovenskom jedinstvu u kontekstu jezičke dimenzije, su uostalom bile aktuelne već dosta dugo, a Kolar i Šafarik su ih pre svega crpeli iz rada J. G. Herdera,

---

70 Već je ukazano da je pri tome kao model za oblik sveslovenske koncepcije navođen primer starih Grka, koji su uprkos razlici u narečjima ostvarili političko jedinstvo kao Heleni, ali i slučaj Nemaca, odnosno Germana koji su na jezičkoj osnovi ostvarili značajno političko jedinstvo, odnosno započeli procese ujedinjenja. Svakako na idejne forme o zajedništvu su neposredno uticali i drugi tada aktuelni primeri „narodnih ujedinjenja" poput npr. ujedinjenja Francuza za vreme vladavine Napoleona Bonaparte, ali i radovi filozofa klasičnog nemačkog idealizma.

III IZMIŠLJANJE SLOVENSKIH TRADICIJA

ali i iz dela J. Dobrovskog.[71] Zajednički jezik, odnosno homogena lingvistička osnova, trebalo je inače da predstavlja početnu i osnovnu premisu u stvaranju budućeg slovenskog kolektiviteta, što svakako između ostalog treba posmatrati i u skladu sa značajem i specifičnošću jezika i njegove socijalne funkcije u formi stvaranja etničkog i nacionalnog identiteta. Uostalom, kao što je ukazano u prvom poglavlju, lingvistička osnova i percepcija o jedinstvenom jeziku je

---

71 Češki filolog J. Dobrovski (*Josef Dobrovský*) verovatno predstavlja ključnu figuru češkog narodnog preporoda i kao jedan od osnivača slavistike zauzima istaknuto mesto u kontekstu proučavanja slovenskih jezika, ali i najranije prošlosti Slovena čiji je rad prilično uticao na stvaranje sveslovenskih koncepcija. On je u svom značajnom delu *Über die Begräbnissart der alten Slaven überhaupt und der Böhmen ins besondere* iz 1786. godine, odbacio pojedina onovremena tumačenja koja su Slovene izjednačavali sa Dačanima, Tračanima, Ilirima i Getima, iznevši pri tome hipotezu da Sloveni predstavljaju poseban evropski etnos kojem su u lingvističkom smislu najbliži Baltički narodi, a pre svega Litvanci. Kao prapostojbinu Slovena, Dobrovski je na osnovu proučavanja u prvom redu hidronima, odredio prostore oko gornjih tokova Odre, Labe i Visle za koje je smatrao da nose nazive izvorno slovenskog porekla. Odatle su se Sloveni od IV do VI veka raseljavali u tri osnovna pravca: istok/sever (preci istočnih Slovena), zapad – (preci Lužičkih Srba, Polabskih I Baltičkih Slovena) i jug, odnosno u pravcu Dunava i Balkana, dok su u slovenskoj prapostojbini ostali samo preci Slovaka i Poljaka (vidi Sedov 2012, 26-27). Dobrovski je smatrao da etnonim *Sloveni* (*Slaveni*) potiče od starijeg toponima (*Slovy*), odnosno smatrao je da je ime Slovena izvedeno iz imena prostora koga su prvobitno naseljavali (vidi Piper 2008). Međutim, takođe je ponudio i drugačiju interpretaciju po kojoj je ime Slovena izvedeno od reči *slovo*. Po Dobrovskom opšteslovenski jezik se prvo podelio na dve osnovne grane: istočnu, od koje potiču ruski, hrvatski, slovenački i ilirski (srpski i bugarski) jezik, i zapadnu od koje vode poreklo češki, slovački, poljski, kao i jezik Lužičkih Srba. Kasnije je temeljno revidirao svoja ranija gledišta o prošlosti Slovena i izneo je mišljenje da je moguće da su Tacitovi Venedi bili Germani koji su naseljavali prostore oko Visle, i da su Sloveni koji su kasnije naselili te prostore preuzeli ovaj etnonim. Takođe je ukazao da je moguće da Sloveni potiču od Plinijevih i Ptolomejovih Srba, koji su živeli nadomak ušća Volge odakle su se preselili u Evropu zajedno sa Hunima, ili nedugo nakon njih (Sedov 2012, 27).

KONSTRUKCIJA SLOVENSTVA U POLITICI I NAUCI

predstavljala glavni kohezioni elemenat slovenskog kolektivnog identiteta još tokom srednjeg veka. Značaj lingvističkog jedinstva generalno posmatrano, ima po svojoj strukturnoj koncepciji veoma bitnu ulogu u stvaranju grupnih identiteta. Odnosno, funkcija jezika u stvaranju kolektivnih identiteta, proizilazi iz činjenice što je on socijalno determinisan na takav način da pojačava osećaj solidarnosti unutar grupe i ujedno stvara njenu distancu prema drugim grupama, tj. prema spoljašnosti (vidi Botík 2007, 10-11).

Iscrtavanje slike slovenskih „starina" postalo je zajedničko ne samo za J. Kolara i P. J. Šafarika, već i za druge onovremene slaviste i generacijske drugove kao što su bili J. B. Rakowiecki, Z. D. Chodakowski, ili W. Surowiecki. (Podolan 2007, 3). Generacia Všeslavie (*Všeslávie*), odnosno Sveslovenstvo, koju su reprezentovali prvenstveno Šafarik i Kolar (Timura 1987; Žilíková 2010), je kao jednu od glavnih koncepcija propagirala ideju o velikom i jedinstvenom slovenskom narodu, što je proisticalo iz onovremene situacije kao konsekvenca nekoliko različitih varijabilnih faktora. Potencijalna kohezija, trebalo je da bude građena putem književnosti, ali i kroz istoriografska dela, odnosno procesima koji bi se zbirno i uslovno mogli označiti kao izmišljanje slovenstva u nauci. Međutim, ponovo je potrebno naglasiti, da su ovakve tendencije proisticale od dela onovremenih intelektualnih elita, koje su pre svega bile pripadnice slovenskih naroda koji su živeli u sastavu Habsburške monarhije, kao i nekih pojedinaca u Poljskoj i Rusiji. Prema tome, iako uticajne, one nisu mogle imati, a nisu ni imale nekakav masovniji okvir, koji bi parirao procesima koji su bili vezani za konsolidaciju nacionalnih identiteta, već su predstavljale njihovu dopunu, a u kasnijim fazama politički određeniju dimenziju svojstvenu pan-pokretima. Konstruisanje slovenstva u nauci, kao ni u politici, pri tome nikada nije predstavljalo proces koji je propagiran od strane onovremene oficijalne politike nosilaca slovenskih preporoda, ukoliko se o njenom formalnom jedinstveno usmerenom obliku može u ovom periodu uopšte i govoriti, imajući

III IZMIŠLJANJE SLOVENSKIH TRADICIJA

u vidu neke koncepcijske razlike između pojedinih nosilaca slovačkog i češkog preporoda, odnosno različite individualne stavove predstavnika onovremenih (uslovno) slovenskih političkih establišmenata na prostoru Habsburške monarhije.[72] Isto tako, kao što je ukazano, ni ruska spoljna politika tokom devetnaestog veka (a ni kasnije) nije koncizno propagirala ove procese, već ih je infiltrirala i sintetizovala u okvire velikoruskih nacionalnih, odnosno onovremenih geopolitičkih interesa. Prema tome, konstruisanje slovenstva, se mora sagledati i ograničiti isključivo na dela onovremene intelektualne elite, odnosno pojedinaca (poput Kolara i Šafarika) čiji je uticaj nesumnjivo bio značajan, ali nije nikada mogao da podstakne masovniju mobilizaciju koja bi se kretala u kontekstu ostvarivanja ovakvih ciljeva.

Radovi Kolara i Šafarika su, kao uostalom i radovi većine onovremenih slavista, bez obzira na pojedinačne razlike u njihovim tumačenjima nekih aspekata slovenske prošlosti, suštinski imali isto ishodište. Odlikovali su ih subjektivni pristupi, tendenciozni zaključci, kao i brojne slobodne i ne kritičke interpretacije koje su proisticale iz onovremenog romantičarskog zanosa, ali i iz konstelacija vezanih za stvaranje modernih naroda. Međutim, iako činjenično potpadaju pod romantičarska dela, njihovi istoriografski radovi predstavljaju početke istoriografske tradicije kod Slovena. Takođe, u izvesnom smislu, označavaju početke stvaranja sveslovenskih tradicija na bazi istorijskog dokazivanja prastarog jezičkog i kulturnog jedinstva Slovena, odnosno formiranja kolektivne svesti i istorijskog sećanja u kontekstu samoidentifikovanja kao Slovena. Konstruisanje kolektivnog sećanja, odnosno kolektivnog

---

72 Kao što je ukazano u poglavlju o panslavizmu i slovenskim nacionalnim identitetima, tokom devetnaestog veka su predlagane različite koncepcije političkog rešenja slovenskog pitanja u Austrijskom carstvu, pri čemu su do 1867. godine, odnosno do austro-ugarske nagodbe dominirale ideološke koncepcije austroslavizma i u manjoj meri panslavizma. Opširnije u Krejči 2000; Vlček 2004; 2011. i Žilinkova 2010.

pamćenja (memorije) u okviru istoriografije u uskoj je vezi sa koncepcijama formiranja etničkog identiteta. U okviru istorijske nauke društveno pamćenje ima funkciju ideologije, jer pre svega konstruiše i sledi društveno motivisan pogled na prošlost kojim se oblikuju najvažniji domeni javnog života (Đerić 2010, 99). U tom smislu, mnogi istoričari ukazuju na inkompatibilnost pojmova istorija i pamćenje (sećanje), pri čemu sećanje definišu kao formu živog afiniteta ka prošlosti, dok se istorija u celini definiše kao jedinstveni konstrukt istoričara (videti Assmann 2001; takođe Le Goff 2007). Preciznije, dok istoriografija naučno poznatim postupcima verno dokumentuje i objašnjava istorijske događaje, istorijsko sećanje iz istorije bira samo one događaje i činjenice ka kojima su ljudi i grupe izgradili osobena, odnosno emotivna osećanja (Botík 2007, 13). Ovo ujedno podrazumeva i procese neprekidne selekcije sadržaja, koji su u značajnoj meri emotivno motivisani. Zapravo, ideološki konstruisano istorijsko (narodno) sećanje funkcioniše zahvaljujući tome, što svojom sakralnom dimenzijom utiče na misli ljudi, budi poverenje i nadu, konstruiše simboličko „sudbinsku" zajednicu, podseća na herojsku smrt predaka u korist naroda i u nesigurnim vremenima donosi jedinstvo (Mannová 2005, 12). Da bi bilo na ovakav način ustrojeno, ono neizostavno podrazumeva odabir sadržaja u procesima njegovog stvaranja. Tako dolazi do čestog redigovanja i prilagođavanja pojedinih elemenata (sadržaja), ili čak i do njihovog izmišljanja. Ipak, prilikom selekcije najčešće dolazi do brisanja, tj. zaboravljanja onih sadržaja koji se po koncepciji ne uklapaju u oblike uspostavljenog samodefinisanja (vidi Bačová 1996; takođe Connerton 2008). Na taj način kolektivno sećanje, zapravo podrazumeva selekciju prošlih događaja, u skladu sa ostvarivanjem nekih savremenih potreba i prioriteta. Ovakvo tumačenje je u skladu sa zapažanjem B. Andersona, da su istoričari u nacionalnim državama često težili da kroz selektivno interpretiranje prošlosti, predstave svoju naciju kao jako staru, bez obzira što je ona verovatno mogla nastati tek u devetnaestom veku (vidi

III IZMIŠLJANJE SLOVENSKIH TRADICIJA

Anderson 1998). Uloga kolektivnog sećanja je izuzetno bitna u kontekstu etničke mobilizacije u kojoj služi kao oblik političke mobilizacije u okviru svoje etničke linije (vidi Kusá 2009). Odnosno, najbitniju ulogu kolektivnog sećanja treba videti u konstruisanju kolektivnog identiteta, u strukturiranju grupne svesti, kao i u samodefinisanju određene grupe (Botík 2007, 13). U tom smislu, stvaranje kolektivnog sećanja, podrazumeva ujedinjavanje i diferenciranje „nas" od „njih", odnosno distanciranje u odnosu na „drugog". Uostalom, etničke grupe sa sopstvenim identitetom, kao i nacije sa njihovim kolektivnim identitetom, predstavljaju tipove kulturnih kolektiviteta koje stavljaju akcenat na ulogu prošlosti zajednice, gde mitovi, istorijska sećanja, običaji, jezik, religija i drugo igraju bitnu ulogu. Pri tome se kolektivni kulturni identitet ne odnosi na jednoobraznost elemenata tokom generacija, već na osećanje kontinuiteta iz generacije u generaciju date kulturne populacione jedinice, na njihova zajednička sećanja o ranijim događajima i razdobljima u njenoj istoriji, kao i na predstave koje svaka generacija ima o kolektivnoj sudbini te populacione jedinice i njene kulture (Smit 2010, 46). Međutim, kolektivno sećanje ne predstavlja kategoriju koja je isključivo oslonjena samo na prošlost, već reflektuje i sadašnjost, a neposredno utiče i na budućnost. Istorijska podsvest je više nego ekskluzivno bavljenje time šta se desilo u prošlosti i šta je postalo istorijom, koristeći ovo znanje kao element prilikom formiranja mišljenja i delovanja, koje uči budućnost (Schieder 1978, 1). Pri tome, kolektivno sećanje nije statični atribut etničkih društava, već namerni i selektivni proces stvaranja istorijskih narativa etničkih grupa (Kusá 2009, 58). Ono predstavlja jedan od formativnih delova etničke podsvesti, koji se konstruiše čitavim nizom mehanizama, uključujući i istorijske nauke. Upravo se istoriografskim delima devetnaestovekovnih slovenskih romantičarskih istoriografa, težilo stvaranju, pored primarnog nacionalnog oblika kolektivnog sećanja, forme kolektiviteta koji bi se iz današnje prizme observacije mogao označiti kao oblik nad-

KONSTRUKCIJA SLOVENSTVA U POLITICI I NAUCI

nacionalnog identiteta. Pri tome se u kontekstu stvaranja sveslovenskih tradicija, odnosno socijalnog sećanja koje bi se vezivalo za sve Slovene, težilo pronalaženju pojedinih zajedničkih elemenata bitnih na sveslovenskom, odnosno opšteslovenskom nivou. Ovi procesi su zapravo, barem među nosiocima procesa nacionalne emancipacije kod zapadnih i južnih Slovena, na neki način proisticali iz procesa uspostavljanja nacionalnih identiteta i mitologija, ali su takođe mogli predstavljati i prilično autonomne tendencije proistekle iz emotivno jasno određenih slavofilskih stavova ili iz ideoloških korpusa koji se podvode pod slovenski pan-pokret. Uprkos ovakvim prožimanjima i uz nemogućnost jasnih razgraničenja, generativni oblik kolektivnog identiteta Slovena, odnosno stvaranje kolektivne memorije vezane za sveslovenske okvire, podrazumevalo je unošenje, odabir i najčešće izmišljanje elemenata iz pojedinačnih slovenskih tradicija koji bi mogli biti iskorišćeni u kontekstu stvaranja jedinstvenog i sveobuhvatnog korpusa, tj. kulturne, istorijske, jezičke a u skladu sa time i eventualne političke slovenske kohezije. Pronalaženje zajedničkih okvira iz prošlosti Slovena, postaje jedan od najbitnijih ciljeva i u delovanju J. Kolara, P. J. Šafarika, kao i mnogih drugih slavofila, slavista i panslavista. Pri tome je ova tendencija bila izražena naročito kod Kolara (za koga su svi Sloveni nedvosmisleno predstavljali jedan narod) i u nešto manjoj meri kod Šafarika (koji je u mnogo većoj meri akceptovao razlike među slovenskim narodima).[73] Međutim, ovakve tendencije postaju ishodište i mnogih drugih autora (vidi Ajdačić

---

[73] Tako se u svom najznačajnijem istorijskom delu, i nesumnjivo najuticajnijim radom romantičarske istoriografije o prošlosti Slovena *Slovanské starožitnosti*, Šafarik zasebno bavi istorijom pojedinačnih slovenskih naroda, a ne prošlošću Slovena u celini, iako je sveslovenski pristup svakako nedvosmislen. Odnosno, zasebno obrađivanje istorije pojedinačnih slovenskih naroda, ne znači da je Šafarik dovodio u pitanje već od srednjeg veka izgrađenu percepciju o zajedničkom poreklu svih Slovena, kao i njihovom kulturnom jedinstvu u prapostojbini.

III IZMIŠLJANJE SLOVENSKIH TRADICIJA

2001), koji prevazilaze okvire istoriografije i podvode se i pod ostale segmente slavistike. One su ujedno, u formi teorija o lingvističkom jedinstvu Slovena, crpele podatke iz sadržaja brojnih srednjovekovnih izvora u kojima slovensko lingvističko jedinstvo, kao ni zajedničko poreklo nije dovođeno u pitanje, što je percepcija na koju je ukazano u prvom poglavlju ove knjige. Teorija o slovenskom lingvističkom jedinstvu u prošlosti uz koju se po automatizmu podrazumevao i zajednički etnički identitet, je dodatno razrađena radom filologa J. Dobrovskog na šta je već ukazano, iako se kod njega ne može govoriti o slavofilskim ideološkim koncepcijama analognim onim, koje su postojale kod Kolara i Šafarika. Međutim, indirektni uticaj Dobrovskog na slovenske tendencije je bio izuzetno značajan. Percepcija o Slovenima kao jedinstvenom narodu sa jedinstvenim jezikom, tokom prve polovine devetnaestog veka, bila je prisutna i kod većeg dela nemačkih, mađarskih i francuskih autora, kod kojih je pojam „*Natio slavica*" tokom sedamnaestog, osamnaestog, kao i u prvim decenijama devetnaestog veka shvatan kao kulturni i jezički entitet. Pri tome su moderni slovenski narodi bili shvatani kao grane, podgrupe ili narodnosti (nem. *Völkerschaften, Zweige*) jednog slovenskog naroda (Šoltés 2004: 73). Tako su npr. imena za Srbe, Ruse, Čehe i druge u smislu značenja naziva više shvatani kao termini kojima se označava političko-teritorijalni nego etnički kontekst.[74] Odnosno, Sloveni su tumačeni

---

[74] U Ugarskoj je percepcija o Slovenima kao jednom narodu sa više podgrupa (grana) imala korene u tradicijama koji pojedini autori označavaju kao „barokni slavizam" i bila je prisutna kod svih onovremenih naučnika nezavisno od njihove etničke pripadnosti, pri čemu je ujedno konsekventno određivala onovremenu aktuelnu podelu stanovništva Ugarske na četiri glavna (*Hauptvölker*) i deset sporednih naroda (*Nebenvölker*). U četiri glavna naroda su pri tome ubrajani Mađari, Nemci, Vlasi i Sloveni koji su navođeni kao celina, ali se takođe za njih isticalo da su podeljeni na različite grupe, odnosno „grane" pri čemu se navodilo da ovakva podela odgovara dijalektima (a ne posebnim jezicima) kojima oni govore, budući da su u onovremenoj terminologiji današnji (moderni) slovenski jezici predstavljali dijalekte jedinstve-

KONSTRUKCIJA SLOVENSTVA U POLITICI I NAUCI

po istoj metodološkoj šemi kao i Nemci, tj. kao narod sa više grupa, pri čemu je i jezik Slovena viđen kao jedinstven i sa dijalektima, poput nemačkog jezika. Upravo je jezičko jedinstvo Slovena u prošlosti, koje je početkom devetnaestog veka percipirano kao činjenično, predstavljalo polaznu referentnu tačku ka svim ostalim interpretacijama, uključujući i onu o jedinstvenom slovenskom narodu. Pri tome, unošenje ovakvih interpretacija sa specifičnom političkom pozadinom u kontekst onovremene slovenske istoriografije, svakako u prvom redu treba vezati za Kolara i Šafarika, iako su same teorije o jedinstvenom slovenskom narodu u prošlosti bile prisutne od ranije, na šta je već ukazano. Ideja o jedinstvenom slovenskom narodu kakva se pojavila u kontekstu devetnaestovekovnih slavofilskih koncepcija u prvom redu kod Kolara i Šafarika, mora se posmatrati u kontekstu tada aktuelne društvene i političke situacije, u kojoj su ova dva autora delovala. Odnosno, budući da je interesovanje za prošlost bilo posebno jako tamo gde trenutno stanje nije nudilo realnu šansu u borbi sa konkurentskim nacionalnim pokretima, kao što je to sa izvesnim odstupanjima bio slučaj sa onovremenom situacijom u slovačkom i češkom kontekstu, pri čemu bi u oba primera bila očigledna šema: slavna prošlost – tužna sadašnjost – opet svetla budućnost, postojanje svesti o nekadašnjem slovenskom jedinstvu u prošlosti, budilo je nadu u mogućnost takvog ponovnog ujedinjenja u budućnosti (vidi Podolan 2007, 1-2; 7-8). Aspekt jedinstvenog slovenstva u prošlosti naglašavan je upravo zbog ovakve vizije. Međutim, upravo su ovakve nove tendencije u kontekstu slovenskih preporoda, koje su imale jasno naglašenu koncepcijsku matricu koja je aludirala na političku formu panslavizma, doprinele drugačijim interpretacijama i u

---

nog slovenskog jezika. Tako se u kontekstu onovremene nauke u Austrijskom carstvu često isticalo kako npr. jezik kojim se govori na prostoru Moravske i Češke, predstavlja „češki dijalekt slovenskog jezika", jezik Polajka kao „poljsko narečje slovenskog" itd. (vidi Šoltés 2004, 73).

III IZMIŠLJANJE SLOVENSKIH TRADICIJA

skladu sa time i promeni percepcije o Slovenima kao jedinstvenom narodu u kontekstu mađarske, i u nešto manjoj meri nemačke intelektualne sredine. U kontekstu tadašnje mađarske (i donekle) nemačke publicistike, kao konsekvenca akceptovanja ideja o slovenskom jedinstvu u kontekstu slovenskih nacionalnih pokreta, postepeno dolazi do prestanka korišćenja termina Sloveni u smislu označavanja jedinstvenog naroda, već mu se pridodaje drugačije značenje, odnosno koristi se kao naziv za jezičko i etnografski blisku grupu (porodicu) samostalnih naroda (videti Šoltés 2004, 73-74). Pomalo je paradoksalno da je apliciranje ideje o slovenskom jedinstvu (u smislu ideje o Slovenima kao jednom narodu sa jednim jezikom) i parcijalnom širenju panslavističkih segmenata u kontekstu slovenskih nacionalnih emancipacija, upravo potisnuto nedugo nakon njegovog proklamovanja od strane Kolara, a donekle i Šafarika u procesima kodifikacije samostalnih slovenskih jezika i pojedinačnih nacionalnih identiteta.[75] Svakako to nije podrazumevalo i prestanak panslavističkih tendencija, ali njih nakon (okvirno) 1848. godine treba posmatrati prvenstveno kao težnju ka stvaranju višeg oblika kolektiviteta, odnosno nadnacionalnog identiteta, a ne kao tendenciju koja je polazila od premise da Sloveni predstavljaju jedan narod koja je bila svojstvena autorima poput Herdera, Kolara, uz određena odstupanja Šafariku, kao i nekim drugim autorima.

U kontekstu konstruisanja sveslovenskih tradicija, izuzev dokazivanja o jedinstvu Slovena u prošlosti kao jednoj etničkoj celini (uslovno) jednog naroda, bilo je potrebno pronaći dodatnu argumentaciju koja bi ukazivala na jedinstvenost slovenskog kulturološkog korpusa. Tako je u kontekstu stvaranja istorijskog sećanja i (sve)slovenske kolektivne svesti, bilo neophodno isticanje zajedničkih kohezionih elemenata svojstvenih za sve slovenske narode.

---

75 Ova problematika je detaljnije analizirana u okviru drugog poglavlja o odnosu ideologije panslavizma i slovenskih nacionalnih identiteta.

KONSTRUKCIJA SLOVENSTVA U POLITICI I NAUCI

Kada oni nisu pronalaženi, što je najčešće bilo slučaj, dolazilo je do inkorporiranja pojedinačnih elemenata iz užih (nacionalnih) kultura sećanja i do njihovog uklapanja u sveslovenske okvire. Takođe, kao što je već istaknuto, zarad prevazilaženja deficita adekvatnih elemenata, pristupalo se preoblikovanju nekih postojećih ili jednostavno izmišljanju novih, što je uočljivo kroz neke primere unošenja sveslovenskih ideja u kontekstu književnih mitizacija. Pokušaji konstruisanja sveslovenskih tradicija, podrazumevali su prethodnu izgradnju svesti o pripadanju slovenskom kolektivitetu, bez obzira da li je on bio percipiran kao oblik nacionalnog, ili nadnacionalnog identiteta. Uticaj istorijskih dela Kolara i Šafarika, je u tom kontekstu imao značajnu, čak na određeni način inicijalnu ulogu. Unošenje prošlosti u oblike samodefinisanja bilo je ključno radi stvaranja kohezije. Zbog toga su uz pomoć istorijskog sećanja pronalaženi i konstruisani takvi segmenti prošlosti, koji bi ukazali na davno poreklo, herojsko počinjanje i slavna dela društva, kojima se ujedno potvrđivala i potreba njegovog savremenog identiteta (Botík 2007, 13). Etnička svest bi pri tome podrazumevala „osećaj originalnosti" etničke grupe, pri čemu ovaj osećaj originalnosti i jedinstvenosti može biti zasnovan na mitovima, koji se ne mogu naučno dokazati, ili koji su lažni (Kaľavský 2001, 1). Budući da su nacionalni mitovi i simboli u vezi sa kulturom sećanja i njenom etnoidentifikacijskom funkcijom (vidi Botík 2007), jasno je da su oni ključni sastavni elementi koji učestvuju u formiranju kolektivnih identiteta, bez obzira da li se radi o etničkom, nacionalnom ili obliku nadnacionalnog identiteta koji u sebi sadrži premise nacionalnih identiteta. Konkretno u sveslovenskom kontekstu, pokušaj konstruisanja nadnacionalnog oblika identiteta se temeljio na nekoliko različitih, ali međusobno isprepletanih faktora, koji su obuhvatali čitav niz tematskih celina, odnosno pitanja koja su se odnosila na utvrđivanje karakterističnih crta svojstvenih Slovenima, različitih segmenata njihove prošlosti i rasprostiranja, zatim pitanja koja su se odnosila na problematiku oko slovenske etnogeneze, itd.

III IZMIŠLJANJE SLOVENSKIH TRADICIJA

Među ruskim slavistima, pre svega u kontekstu uticajnog rada ruskog biologa, filozofa i tvorca teorije o kulturno-istorijskim tipovima razvoja društva, Nikolaja Jakovleviča Danilevskog (1822-1885), konstruisanje (sve)slovenskih tradicija imalo je potpuno drugačiju konotaciju, ukoliko se uopšte o njemu može i govoriti. Ideje o slovenstvu u ruskom kontekstu su se zasnivale, izuzev na geopolitičkom aspektu, i na filozofskim premisama i raspravama o kulturološkom i (uslovno) duhovnom jazu između Rusije i Evrope. Danilevski u svojoj knjizi *Rusija i Evropa* iz 1869. godine, sa znatnom dozom konzervativizma i antiokcidentalizma, ističe kulturološku distinkciju između Evrope (Zapada) i Rusije (uslovno) Slovenstva, nudeći pri tome sopstvenu viziju sveslovenskog zajedništva (videti Nykl 2004). Slične tendencije se, iako sa sopstvenim specifičnostima, mogu uočiti i kod ostalih devetnaestovekovnih ruskih autora poput npr. Konstantina Nikolajeviča Leontjeva ili kod F. M. Dostojevskog, na šta ćemo se vratiti kasnije.

U Habzburškoj monarhiji, kao najuticajnije ličnosti među Slovenima u kontekstu stvaranja istoriografske podloge o slovenskom zajedništvu u prošlosti pojavljuju se Kolar i Šafarik. Njihove ideje o sveslovenstvu su podrazumevale pokušaje pronalaženja (stvaranja) što većeg broja argumenata koji bi učvrstili hipotezu o slovenskom jedinstvu i zajedništvu u prošlosti, odnosno „prirodnoj bliskosti", pri čemu se pristupilo razjašnjavanju tematskih celina koje se na osnovu dominantnih tema u njihovom radu mogu podeliti u dve osnovne grupe. Prva bi se odnosila na težnju da se u skladu sa Herderovim *Volksgeistom*, iscrtaju karakteristične osobine Slovena kao osnovni elemenat samoidentifikacije, ali i u kontekstu tzv. *aspekta kritike slovenskog otuđenja* (formulacija po P. Podolanu). Druga grupa obuhvatala je isključivo teme koje se mogu podvesti pod romantičarsku istoriografiju i podrazumevala je tematske celine poput razmatranja problematike etnonima *Sloven*, identifikovanje Slovena u što dubljoj prošlosti i u skladu sa tim rasprave o njihovoj pradomovini i poreklu, odnosno kompleks pitanja koja su se odnosila na slovensku etnogenezu i auto-

KONSTRUKCIJA SLOVENSTVA U POLITICI I NAUCI

htonost u Evropi (Podunavlju) i/ili identifikovanje, odnosno preciznije dokazivanje veza Slovena sa Indijom i sanskritom, itd. Takođe, pod nju se mogu podvesti i rasprave (tumačenja) koja su se odnosile na Velikomoravsku, prvenstveno u kontekstu njenog percipiranja kao entiteta koji je objedinjavao brojne slovenske narode (plemena), ali i teme vezane za ćirilo-metodsku problematiku. Kako bi se stekao uvid u osnovne premise delovanja ova dva autora, ukratko će biti ukazano na suštinu njihovih interpretacija gore navedenih celina, uz uvažavanje okvirnih postavki (navedenih tematskih celina) koje je analizirajući ovu problematiku predložio P. Podolan. Pri tome će se, kroz analizu rada Kolara i Šafarika u kontekstu doprinosa konstruisanja sveslovenskog idejnog korpusa, apsolutno akceptovati činjenica da je ovaj proces tekao kao paralelan i kao nadogradnja konstituisanja pre svega slovačkog nacionalnog identiteta, odnosno da je inicijalno proizilazio iz procesa slovačkog narodnog preporoda, iako se ujedno prožimao i sa procesima nacionalne emancipacije ostalih slovenskih naroda sa izuzetkom već mnogo čvršće konsolidovanog ruskog nacionalnog identiteta.

Izmišljanje (iscrtavanje) ili stvaranje slovenskih karakteristika, odnosno osobina vezanih za Slovene u skladu sa inicijalnim tumačenjima J. G. Herdera, kako u kontekstu šireg koncepta *Volksgeista*, tako i u smislu njegovog idiličnog predstavljanja Slovena, predstavljalo je glavnu premisu konstruisanja slovenskih tradicija, koju su dodatno razradili Kolar u svojoj propovedi *O dobrim osobinama slovenskog naroda (O dobrých vlastnostiach národa slovanského)* iz 1822. godine, kao i Šafarik, koji je ove Kolarove stavove citirao u svom kapitalnom i uticajnom delu „Geschichte der slawischen Sprache und Literatur nach allen Mundarten", koje je prvi put publikovano 1826. godine i koje je ujedno predstavljalo prvi značajniji pokušaj sistematizacije slovenskih jezika kao celine.[76] Značajan

---

76 Ovo delo je ujedno označilo na neki način prekretnicu u kontekstu slavistike, ali je takođe predstavljalo jedan od najuticajnijih radova u širenju ideje

III IZMIŠLJANJE SLOVENSKIH TRADICIJA

doprinos Šafarika u kontekstu opisivanja osobina i karakteristika Slovena predstavlja i njegov već pomenuti članak „Karakter slavenskog naroda voopšte" (videti Kovačević 2001). Jednaku predstavu o Slovenima, posebno usmerenu ka filozofiji istorije i uloge Slovena u svetskoj istoriji Šafarik je implementirao i u svoje delo *Slovenske starine* (*Slovanské starožitnosti*) gde je Slovene prikazao kao miran narod u glavnom moralnom opozitu u odnosu na razbojničke i zaostale Germane i Ugrofince u prošlosti, ali bile su i očigledne Šafarikove paralele sa sadašnjošću (Podolan 2007, 9). Isticanje pozitivnih karakteristika o Slovenima i stvaranje stereotipnog prikazivanja Slovena koje je započeo Herder, inače su jedna od osnovnih karakteristika rada Kolara i Šafarika. Međutim, ova tendencija se mora sagledati u kontekstu onovremenih dela o Slovenima koji su pisali strani, pre svega nemački i mađarski autori, u kojima se Slovenima pripisivao čitav niz izrazito negativnih stereotipa. Odnosno, isticanje pozitivnih karakteristika o Slovenima, koje se uočava kako u radu Kolara i Šafarika, tako i u delima ostalih onovremenih slavista, proisteklo je kao reakcija i opozit čitavom dijapazonu negativnih stereotipa i imagotipa prisutnih u značajnom delu onovremene Ugarske (Mađarske) i nemačke publicistike, bez obzira na različite koncepte stereotipizacija u ova dva konteksta. Heterostereotipi o Slovenima, ili pojedinačnim slovenskim narodima (Slovacima, Srbima, Hrvatima, Rusinima itd.) postojali su paralelno, i bili su česti u delima ugarskih (neslovenskih) autora, kao i u putopisima i delima austrijske i nemačke (u teritorijalnom

---

„slovenske uzajamnosti" među onovremenom slovenskom intelektualnom elitom. Delo je pisano u skladu sa Herderovim i Kolarovim shvatanjima Slovena kao jednog naroda, odnosno bavi se problematikom slovenskog jezika u celini sa njegovim različitim dijalektima, pri čemu se u skladu sa dostupnošću i rasoploživošću građe Šafarik najviše bavio srpskim i češkim jezikom. Detaljnije o značaju Šafarikovog rada u okviru slavistike, kao i u kontekstu slovačkog narodnog preporoda videti u Hrozienčík 1978; Jóna 1985; Rosenbaum 1978. i Šmatlák 1988.

smislu) stručne literature i publicistike. Tako se o Slovenima kao celini u kontekstu nemačke literature krajem osamnaestog i u prvoj polovini devetnaestog veka pojavljuje značajan broj izrazito negativnih stereotipa koji su većinom Slovene prikazivali kao zaostale, primitivne i proste. Pored toga opus stereotipa dodatno je varirao kada se radilo o pojedinačnim slovenskim narodima. Negativna stereotipizacija Slovena (prvenstveno kod nemačkih autora) je proisticala iz već ranije srednjevekovne uspostavljene percepcije o necivilizovanim i nekultivisanim susedima na istoku, pri čemu je o Slovenima već bila učvršćena tradicionalna predstava po kojoj su oni opisivani kao lažljivi i neverni ljudi koje odlikuje nečistoća, koji nemaju smisao kao ni naviku za red, i koji imaju jake sklonosti ka krađi i laži (vidi Šoltés 2004). Međutim, kod pojedinih autora se javljaju i relativno pozitivne stereotipizacije o Slovenima i to pre svega u kontekstu radova J. G. Herdera, K. G. Antona, braće Grim itd.[77] Ipak, negativni stereotipi o Slovenima, bili su neuporedivo i nesrazmerno zastupljeniji i u značajnoj meri su na prelomu između osamnaestog i devetnaestog veka, bili motivisani zaostalim

---

[77] U delima ovih autora a pre svega u radu J. G. Herdera, kao što je već istaknuto, Sloveni su viđeni kao mladi, perspektivni i demokratičan narod kome predstoji svetla i slavna budućnost i koji će biti novi pokretači posustale evropske civilizacije. K. G. Anton je Slovene slično kao i Herder opisivao kao gostoprimljive i vesele ljude koji vole muziku, i koji su zbog svoje servilnosti i poslušnosti bili veoma često ugnjetavani od susednih naroda. Međutim, čak i kod autora koji su pokazivali prilične simpatije prema Slovenima, pojavljivali su se stavovi koji govore o apstinenciji više kulture i nekoj vrsti zaostalosti i surovosti, ali nikako o zlonamernosti kod Slovena. Generalno posmatrano, grupa nemačkih autora koja je gajila simpatije prema Slovenima, bila je konzervativno i tradicionalno orijentisana i pilično je bila skeptična prema nekim liberalnim idejama. Ovi autori su u skladu sa nekim romantičarskim principima u Slovenima videli narod koji „nije iskvaren sa bolestima stare Evrope" i koji nisu zahvatile „negativne posledice" društvenih promena poput izgradnje liberalnog, industrijskog i građanskog društva. Upravo zbog toga u njihovom radu inače dominantni stereotip o „varvarskim i zaostalim" Slovenima nije bio toliko izražen (vidi Šoltés 2004, 77-78).

III IZMIŠLJANJE SLOVENSKIH TRADICIJA

feudalnim sistemom u kome su Sloveni živeli. Odnosno, u zapadnoj publicistici i putopisima (konkretno nemačkog govornog područja) Ugarska je percipirana kao entitet u kome su ljudi podeljeni samo na veliku grupu neprivilegovanih ratara i uzak sloj slobodnih i plemića (Šoltés 2004, 77). Posebno loše mišljenje u okviru ovakve slike o Ugarskoj kao celini, postojalo je o Slovenima, koji su posmatrani u celini (sa različitim varijacijama u odnosu na konkretni slovenski narod) kao najzaostaliji stanovnici Ugarske, koji uprkos tome što su daleko brojniji od Mađara, predstavljaju njihove podređene. Upravo ovaj motiv o slovenskoj podređenosti je u radovima nemačkih autora (u teritorijalnom smislu) zauzimao dominantno mesto i istican je kao svojevrsni pokazatelj nesposobnosti, zaostalosti i nesvesnosti Slovena. U kontekstu ugarskih izvora o Slovenima do početka procesa mađarizacije, nisu zabeleženi negativni stereotipi o Slovenima kao o necivilizovanim i zaostalim, kakvi su postojali u nemačkoj sredini. Čak i kada su se oni povremeno u nekim delima pojavljivali, nisu imali ni približno toliko kruti i naglašeni karakter kao u onovremenim delima nemačkih autora. Međutim, intenziviranjem procesa konstruisanja mađarskog nacionalnog identiteta i u skladu sa time – mađarizacije Ugarske, u mađarskoj nacionalnoj publicistici, negativni stereotipi o pojedinačnim slovenskim narodima, kao i o Slovenima u celini postaju sve učestaliji i poprimaju sve negativnije karakteristike. Šafarik i Kolar su generalno posmatrano, uložili priličnu količinu energije kako bi upozorili na opasna i štetna dela i njihove autore, pri čemu ih je Kolar kritikovao u svom delu *Slávy dcéra,* gde je ovakve autore smestio u slovenski pakao (...), dok je Šafarik objavio spisak ovakvih dela u „Geschichte der slawischen Sprache und Literatur nach allen Mundarten", kao i u delu „Über die Abkunft der Slawen nach Lorenz Surowiecki" (Podolan 2007, 9). Različite stereotipizacije na prostoru Habsburške monarhije, bez obzira da li se radilo o stereotipima o Slovenima, slovenskim stereotipima o drugim narodima ili između slovenskih naroda pojedinačno, pored

KONSTRUKCIJA SLOVENSTVA U POLITICI I NAUCI

ostalih, nastajali su i kao rezultati samoidentifikacije i kao takvi su u uskoj vezi sa konstruisanjem kolektivnih identiteta. Kao analitički pojam socijalne antropologije, stereotip se odnosi na standardizovane predstave o kulturnoj različitosti neke grupe, pri čemu stereotipe imaju i grupe koje su u podređenom položaju i dominantne grupe; oni su rašireni u društvima u kojima postoji velika razlika u raspodeli moći, ali i u društvima u kojima postoji kolika-tolika ravnoteža između etničkih grupa (Eriksen 2004, 48). Političke okolnosti u Habsburškoj monarhiji, a posebno u Ugarskoj, početkom i u prvoj polovini devetnaestog veka su poprilično odgovarale konstataciji o velikoj raspodeli moći među etničkim grupama, odnosno u datim okolnostima, višestrukoj obespravljenosti Slovena u odnosu na Mađare i Nemce. Tako su stereotipi, u konkretnom slučaju, dodatno pojačavani i ekonomskim faktorima, odnosno onovremenom političkom, društvenom i ekonomskom situacijom na prostoru monarhije. Negativne stereotipe o Slovenima, bez obzira da li su se oni odnosili na njih kao na celinu, tj. kao na (uslovno) jedan narod, ili na pojedinačne grupe, odnosno zasebne slovenske narode, treba posmatrati u znatno širem kontekstu kompleksnih tendencija vezanih za dihotomiju Istok – Zapad, odnosno za jedan od do danas najučvršćenijih evropskih stereotipa.[78] *Treba međutim*

---

[78] Bez bilo kakve tendencije da se ulazi u kompleksnu problematiku konstelacija vezanih za stvaranje dijametralnih opozicija Istok – Zapad konstruisanih inicijativno prvenstveno zapadnoevropskim fundusom različitih oblika percepcija o Istoku i u skladu sa time varijacija kroz različite kategorije predstavljene putem diskursa poput npr. Orijentalizma, Balkanizma, itd., treba napomenuti da se konkretno u smislu percepcije o Slovenima, ovako uspostavljena dihotomija (uz akceptovanje njenih internih varijabilnosti) ne može posmatrati kao jedinstvena i to ne samo zbog različitih vremenskih, već i zbog drugačijih prostornih, ali i (uslovno) identitetskih okvira. Odnosno, imajući u vidu kontinuirano jačanje ovako uspostavljene dihotomije u kontekstu zapadnoevropskih putopisa, naučnih i ostalih dela, koja su tokom 18. i 19. veka doprinosili njenom nadograđivanju između ostalog i u smislu shvatanja Slovena (kao etničke kategorije/a) u kojima je u skladu sa percepcijom

III IZMIŠLJANJE SLOVENSKIH TRADICIJA

napomenuti, da za razliku od radova nemačkih autora (u teritorijalnom smislu), bipolarno deljenje Evrope na zaostalu i nezrelu Istočnu Evropu i njenu modernu i pravedniju zapadnu polovinu, kod ugarskih autora odsustvuje ili je slabo izraženo (Šoltés 2004, 87) (kurziv moj). Ovakva podela, svakako očekivano, ne postoji ni kod Šafarika, kao ni kod Kolara, ali je oblik polarizacije (Istok – Zapad) naravno uz potpuno drugačiju idejnu i ideološku koncepciju konstruisanu na potpuno drugačijim konstelativnim osnovama, zastupljena kod nekih ruskih slavista poput N. J. Danilevskog. Međutim, uprkos isticanju pre svega pozitivnih karakteristika o Slovenima, kod Kolara i Šafarika, tj. u njihovim radovima, mogu se uočiti i pojedine negativne karakteristike (osobine) koje su oni vezivali za Slovene kao celinu a koji se mogu označiti kao autostereotipi. Prvenstveno je isticana nesloga – u pojednostavljenom konceptu osobina, koja je bila prepreka brzom sveslovenskom ujedinjenju u 19. veku i koja je ujedno bila uzrok raspadanja prvobitne

---

Istoka u celini viđen simbol zaostalosti, nasuprot zapadnoevropskom progresu, tj. (uslovno) modernosti, mora se akceptovati činjenica da su shvatanja o Slovenima (i njihovo poistovećivanje sa Istokom) varirale u zavisnosti od regiona. Tako su stereotipi koji su konstruisani o južnim Slovenima (uz unutrašnje razlike među pojedinim narodima) često bili drugačije koncipirani, u odnosu na zapadne ili istočne Slovene (prvenstveno Ruse). Stereotipno prikazivanje je izuzev etničke dimenzije sadržalo i regionalnu, tj. geografsku (u širem smislu značenja) koja je npr. u kontekstu južnih Slovena (a delom u određenim slučajevima i zapadnih), bila vezana za konstrukciju slike o Balkanu (posmatranog u kontekstu koji bi odgovarao predloženom diskursu *Balkanizma* M. Todorove). Tako su se postojeći etnostereotipi o Slovenima međusobno prožimali i dopunjavali sa percepcijama Balkana i/ili Istočne Evrope (uslov. onovremene Ugarske) kao regije. Opširnije o stereotipima o Slovenima kao celine, kao i o ugarskim Slovenima tj. pojedinačnim slovenskim narodima koji su živeli na prostoru Ugarske (Slovacima, Srbima, Rusinima, Hrvatima, Poljicima i Slovencima) u kontekstu dela nemačkih i ugarskih (mađarskih) autora od kraja osamnaestog do prve polovine devetnaestog veka, videti u Šoltés 2004. O percepciji Balkana vidi Jezernik 2007. i Todorova 2006; 2010.

KONSTRUKCIJA SLOVENSTVA U POLITICI I NAUCI

celine Slovena u davnoj prošlosti (Podolan 2007, 10). Inače tumačenje o stalnoj neslozi i nejedinstvu kod Slovena, a u tom smislu i kod pojedinačnih slovenskih naroda, npr. Srba, predstavljalo je i još uvek predstavlja jedan od najfrekventnije korišćenih autostereotipa. Takođe, motiv slovenske razjedinjenosti (uslov. nesloge) prisutan je kao heterostereotip i u opisima Slovena kod pojedinih nemačkih autora, poput J. G. Herdera. U kontekstu ideja o sveslovenstvu, a pre svega u delima romantičarske istoriografije Kolara i Šafarika, slovenska nesloga se simbolično prezentovala kroz primere propasti Velikomoravske i u manjoj meri nestanka Samove kneževine. Generalno posmatrano, ovaj autostereotip je najčešće vezivan za propast slovenskih država, kao i za opštu stagnaciju naroda pri čemu je veoma često kombinovan sa motivom izdaje, što se najbolje reflektuje u kontekstu segmenata srpske nacionalne mitologije, odnosno konkretno u primeru narativa i spektra mitizacija vezanih za bitku na Kosovu.[79] Druga negativna karakteristika koju su Kolar i Šafarik pripisivali Slovenima, odnosila se na lako primanje tuđih (stranih) kulturnih uticaja, jezika itd. Pri tome je ovakvim „darovima" stranih prvenstveno germanskih i ugrofinskih naroda bilo npr. feudalno uređenje, robovlasništvo, lopovluci, ubistva, podsmevanja, psovke i slično (Podolan 2007, 10). Ovakvi stavovi o „otuđenju" slovenskih naroda, odnosno preciznije o njihovoj sklonosti, tj. nedovoljnom otporu asimilaciji (pre svega mađarizaciji i germanizaciji) koji su se pojavljivali kao kritika kod svih istaknutih onovremenih slovenskih (posebno čeških i slovačkih) autora (pisaca), a prvenstveno kod Kolara, proisticali su iz onovremene društvene situacije, odnosno kao reakcija na izrazito uočljive i masovne procese asimilacije Slovena u Ugarskoj, ali i na

---

79 O motivu nejedinstva, nesloge i izdaje u kontekstu simbolike Kosovskog boja i Vidovdana, kao i o aspektima mitizacije kosovske legende, videti u Popović 2007. O nekim političkim aspektima značaja ovih motiva u kontekstu savremenog srpskog društvenog i političkog diskursa videti u Čolović 2008.

III IZMIŠLJANJE SLOVENSKIH TRADICIJA

drugim prostorima. Oštra kritika „otuđenja", kod Kolara je inače predstavljala najznačajnije razmatranu temu u njegovim radovima, posebno u jednom od njegovih najuticajnijih dela *Slávy dcera,* u kojem se posebno bavio problemom nasilne asimilacije Slovena u Nemačkoj. Takođe, u njegovim delima *Staroitalia slavjanská* i *Cestopis obsahující cestu do Horní Italie a odtud přes Tyrolsko a Bavorsko, se zvláštním ohledem na slavjanské živly roku 1841 konanou a sepsanou od Jana Kolára,* Kolar se bavio asimilacijom, odnosno nestankom navodnih Slovena u Italiji.[80] Nostalgija koja prati Kolarove komentare, je možda izraz pesimističkog pogleda na uspeh slovenske emancipacije, a verovatno predstavlja i Kolarovu svest o naročito slaboj poziciji Slovaka u Ugarskoj (Podolan 2007, 10). Tema „otuđenja" Slovena je bila prisutna i kod Šafarika, ali se ona odnosila isključivo na asimilaciju Slovena na prostoru današnje Nemačke.

Za Kolara, Šafarika, ali i za mnoge druge slovenske istoričare romantičarske istoriografije poput npr. Miloša S. Milojevića (1840-1897), pronalaženje etnonima Slovena u istorijskim izvorima pre šestog veka, odnosno identifikacija Slovena u davnoj prošlosti, predstavljalo je poseban izazov, a samim tim i suštinsko pitanje, koje je ujedno bilo bitan gradivni segment samoidentifikacije.

---

80 Kolar je smatrao da su stari Sloveni, koje naziva Venetima (Vendove) bili bliski srodnici italskih plemenana i stanovnici Apeninskog poluostrova na kome su živeli od antike, pri čemu je „argumente" za ovakva tvrđanja potkrepljivao krajnje proizvoljnim i ne kritičkim analizama nekih vlastitih imenica. Tako je npr. u svom delu *Staroitalia slavjanská* iz 1853. godine, tvrdio da latinski jezik predstavlja jedan od staroslovenskih dijalekata koji je izmenjen. U istom radu je, kako bi dokazao staroslovensko poreklo italskih plemena, takođe navodio i neke sličnosti u kultovima i religiji između italskih plemena i starih Slovena. Opširnije o ovim Kolarevim analizama, vidi u Svoboda 1957, gl. IX. Inače, ovakve teorije se često pojavljuju kod savremenih srpskih pseudoistoričara autohtonističke (neoromantičarske) škole, koji se često upravo oslanjaju na dela Kolara, kao i drugih romatičarskih istoričara, sa razlikom što etnonim Sloveni najčešće zamenjuju etnonimom Srbi.

KONSTRUKCIJA SLOVENSTVA U POLITICI I NAUCI

Ovakve težnje su po pravilu dovodile do čitavog niza naučno neutemeljenih i nekritičkih interpretacija o starosti i značaju Slovena, koje u kontekstu pojedinih nacionalnih pseudoistorija (pre svega srpske) postoje do danas. U smislu stvaranja tradicije o Slovenima i njihovom zajedništvu, problematika slovenske etnogeneze, a u skladu sa njom i slovenskog etnonima, kao i traženja slovenske pradomovine, bila je od izuzetnog značaja u radu Šafarika i Kolara. Kod ova dva autora su ove teme služile kao (uslovno) elementi konstruisanja slovenskog identiteta i kao takve se mogu sagledati u kontekstu već pominjanog niza: zajednička prošlost – razjedinjenost u sadašnjosti – zajednička budućnost. *One su ovako formulisane svakako bile u skladu sa procesima karakterističnim za* sve pokrete nacionalne emancipacije koji su se pozivali na slavnu prošlost, koja je bila u kontrastu sa njihovom nezadovoljavajućom sadašnjošću. (Mannová 2005, 12) (kurziv moj). Tako je i razotkrivanje maglovitih elemenata, pre svega slovenske davne prošlosti, trebalo da posluži kao bitan elemenat samoidentifikacije i formiranja kolektivnog pamćenja, a u skladu sa time i stvaranja svesti o Slovenima u identifikacijskom i identitetskom smislu. Uostalom, etnonim, odnosno imenovanje zajednice predstavlja bitan element etničke svesti i u sebi nosi potencijalno jak emotivni naboj, vezujući se pri tome za prostor domovine, bez obzira da li je ona realna ili simbolička, pri čemu kolektivne aspiracije treba da ispune ulogu ujedinjenja etničke grupe kao jedinstvenog i originalnog kolektiviteta (Kusá 2009). Rasprave i interpretacije koje su se pri tome pojavile kod pojedinih stranih autora o samom značenju reči Sloven, odnosno o njenoj etimologiji, pri čemu je reč Sloven, *Slavus* tendenciozno izvođena od reči rob, izazivale su svakako emotivne reakcije među slavistima i konsekventno su doprinele aktivnom angažmanu Kolara i Šafarika na ovom pitanju. Dok su P. J. Šafarik i J. Dobrovski u duhu onovremene etimologije nastojali da dokažu da je reč *Sloven (Slovan)* izvedena od reči *slovo,* Kolar je želeo da ukaže da je

III IZMIŠLJANJE SLOVENSKIH TRADICIJA

naziv *Slavjan,* tj. *Slav (Sláv),* za koji je isticao da predstavlja ispravniju formu, nastao od *slave (slávy).*[81]

Rasprave koje su se odnosile na starost Slovena, odnosno pitanja vezana za nazive naroda pod kojima su se Sloveni „skrivali" u izvorima, predstavljalo je poseban predmet interesovanja romantičarskih istoričara, a posebno Kolara i Šafarika. Pored ove dvojice autora koji su u kontekstu romantičarske istoriografije u najvećoj meri uticali na stvaranje sveslovenskih koncepcija, na sveslovenski korpus su indirektno doprineli i mnogi drugi devetnaestovekovni autori koji su se bavili najranijom prošlošću Slovena.[82] Tumačenja koja su polazila od

---

[81] Iako je Kolar u početku koristio obe varijante naziva (etnonima), odnosno *Slavjan (Sláv)* kao i *Slovan,* kasnije je usled odbijanja njegovih argumenata o varijanti *Sláv,* od strane Šafarika i većine drugih slavista, počeo uporno i isključivo da upotrebljava samo ovaj naziv. Kolar je svoje argumente za upotrebu i ispravnost naziva *Sláv – Slavjan,* izneo u svom nepublikovanom radu *O jméně národu slovanského,* iz 1826. godine, kao i u svom delu *Rozprawách o Gmenách, počátkách i starožitnostech národu Slawského a geho kmenů* iz 1830. godine (vidi Podolan 2007, 8).

[82] U širokom korpusu radova javljaju se različite mitizacije Slovenske prošlosti, od koji pojedine predstavljaju potpunu fikciju. Ova tendencija je zapravo prisutna kod pojedinih poljskih i ruskih istoričara još od XVII veka. Tako se npr. u *Poljskoj hronici* M. Beljskog, pojavljuju različite proizvoljne priče, poput one o gramati Aleksandra Makedonskog podaranoj Slovenima, o „mnogopoštovanom" gradu Moshve itd. Slične priče o najranijoj istoriji Slovena i Rusije postoje i u poznatom zborniku Rusa Inokentija Gizela iz 1674. koji je imao čitav niz reizdanja, kao i u *Istoriji Rusije* M. V. Lomonosova (Михаи́л Васи́льевич Ломоно́сов 1711 — 1765). Međutim, do glorifikovanja i tendencioznog prikazivanja slovenske prošlosti intenzivnije dolazi od kraja osamnaestog i naročito tokom devetnaestog veka u kontekstu romantičarske istoriografije i stvaranja slovenskih ideoloških koncepcija. Bez obzira da li su bili slavofili ili ne, većina devetnaestovekovnih istraživača je smatrala da su stari Sloveni bili drevni stanovnici Evrope koji su zauzimali veliki areal. Tako su brojni istraživači poput A. Šembera, V. Kentšinjskog, J. Pervolfai i slaviste O. M. Bođanskog, u stare Slovene na različite načine ubrajali neka drevna plemena poput Ilira, Tračana, Kelta, Dačana, itd. U ovom periodu je takođe bila izražena tendencija koja je jadranske Venete smatrala Slovenima, koju je najviše zastupao A. Giljferding. Opširnije u Sedov 2012. Ukrajinski i bugarski slavista, istoričar i filolog, Jurij

KONSTRUKCIJA SLOVENSTVA U POLITICI I NAUCI

početne i tendenciozne premise da Slovene u delima starih pisaca i istorijskih izvora treba tražiti pod nazivima drugih naroda (budući da je etnonim *Sloven* odsustvovao), dovelo je do stvaranja zadivljujućeg korpusa slobodnih interpretacija i neverovatnih kvaziteorija sa kojima je moderna istoriografija (posebno slovačka) morala dugo da se bavi. Takođe, kao i u kontekstu teorija o slovenskoj etnogenezi, autohtonosti, tj. hipoteza o slovenskoj pradomovini i drugog, traženje slovenskih naroda pod različitim etnonimima koji se pojavljuju u istorijskim izvorima predstavlja nepresušnu inspiraciju za savremene kvazinaučnike koji svojim tumačenjima proizvode zadivljujući korpus subjektivnih, emocionalnih i prvenstveno apsurdnih tumačenja. Konkretno za Kolara i Šafarika, kao i za dobar deo ostalih slavista i romantičarski opredeljenih istoričara, nepostojanje etnonima *Sloven* pre perioda VI veka (a time i etnonima pojedinih slovenskih naroda), predstavljao je prilično „veliki problem" u dokazivanju starosti, ali i ostalih elemenata prošlosti Slovena. Problematika „nedovoljne starosti" slovenskog etnonima je ujedno je uz problem nepostojanja pismenosti kod Slovena (slovenskih naroda) pre procesa hristijanizacije, predstavljao (i predstavlja) najosetljiviju a konsekventno i najviše razmatranu temu, odnosno problem koji je težio pronalaženju alternativnih rešenja, što je tendencija koja je i danas uočljiva kod brojnih pseudoistoričara. U kontekstu prevazilaženja „odsustva slovenskog etnonima" pre VI veka, Šafarik i Kolar su pristupili izjednačavanju etnonima *Sloven* sa etničkom oznakom *Sarmati*.[83] Šafarik je kasnije

---

Ivanoveč Venelin, je u svom delu „Drevni i današnji Bugari, i njihovi politički, narodni, istorijski i religiozni odnosi sa Rusima" zastupao tezu da Bugari imaju slovensko-rusko poreklo. Delo ovog rusofila i slaviste, imalo je izuzetan uticaj na popularizaciju Bugarske u ruskom društvenom, političkom i kulturnom kontekstu, kao i na „osvajanje nacionalne prošlosti" (vidi Kont 1989, 564). Venelin je između ostalog izneo mišljenje da Huni imaju slovensko poreklo.

83 Ovakve interpretacije su bile prisutne i u delima mnogih starijih pisaca tokom XV i XVI veka, kao i kasnije, na šta je već ukazano u okviru prvog poglavlja ove knjige. Po Šafarikovim interpretacijama Sloveni, a posebno Slovaci su stanovali u Podunavlju još od trećeg veka nove ere pod imenom Sarmati, pri če-

III IZMIŠLJANJE SLOVENSKIH TRADICIJA

ovakve teze odbacio, odnosno revidirao na način približan interpretacijama koje postoje kod antičkog pisca iz IV veka n. e. Amijana Marcelina (*Ammianus Marcellinus*). Odnosno, Šafarik je u svojim delima *Geschichte der slawischen Sprache und Literatur nach allen Mundarten* i *Über die Abkunft der Slawen nach Lorenz Surowiecki* akceptovao u značajnoj meri tezu o tome da se iza naziva Sarmati zapravo nalaze Sloveni, dok je u svom uticajnom delu *Slovanské starožitnosti* iz 1837. godine, ovakav stav je ipak u značajnoj meri revidirao.[84] Međutim, razlog revidiranja Šafarikove interpretacije vezane za Sarmate, nije bio isključivo naučne prirode, već se može tumačiti u

---

mu je ovakva koncepcija preuzeta iz dela autora starije ugarske istoriografije, prvenstveno od slovačkog polihistora, luteranskog sveštenika i naučnika Matije Bele (*Matej Bel* 1684-1749), kao i ugarskog polihistora slovačkog porekla Samuela Timona (1675-1736), dok se kod Šafarka pojavila pod uticajem rada češkog istoričara J. K. Jordana (videti Podolan 2007, 8-9). O tumačenjima o sarmatskom poreklu Slovena videti takođe u (Sedov 2012, 13-29).

84 Odnosno, Šafarik je podelio Sarmate na *strane (nomade) i domaće (pokorene od strane nomada)*, pri čemu su ovi drugi protumačeni kao Sloveni (Podolan 2007, 9). Ovakvo tumačenje Šafarika je izuzetno zanimljivo, i u izvesnoj meri se poklapa sa podacima koji navodi antički pisac Amijan Marcelin. Opisujući stanovništvo IV veka na prostoru današnje Bačke i Banata, on pominje postojanje dve grupe Sarmata: slobodnih (konjanika) – *Sarmatae Argaragantes*, kao i tzv. „ropskih Sarmata" *Limigantes Sarmatas Servos*, čija se materijalna kultura značajno razlikovala od kulture Argaraganata, kojima su ujedno jedno vreme bili potčinjeni zbog čega ih Marcelin pominje kao Sarmate robove. Teorije o tome da se pod imenom Limiganti kriju zapravo Sloveni, prisutne su i u kontekstu pojedinih današnjih arheoloških interpretacija u Srbiji i često izazivaju oštre rasprave među domaćim arheolozima. Bez tendencije i namere da se ovom prilikom ulazi u bilo kakvu stručnu analizu ovakve hipoteze, odnosno da se ukazuje na njenu dovoljnu ili nedovoljnu argumentovanost, treba ukazati da rasprave koje se odnose na ovu problematiku veoma često nose naglašenu političku konotaciju. Teorije o Limigantima, prisutne su u nekim radovima arheologa Đ. Jankovića. Pored ovoga, treba napomenuti da se u radu srpskih pseudoistoričara često pojavljuju teorije kako su Srbi (ređe Sloveni) zapravo Sarmati, pri čemu se autori ovih dela veoma često pozivaju upravo na Šafarikov ili na radove nekih ranijih autora.

kontekstu onovremene političke i društvene situacije. Odnosno, karakter konjice, koji je imao bitnu ulogu uglavnom u baroknoj istoriografiji, zbog toga što je evocirao povezanost Sarmata i plemstva slovenskog porekla izgubio je značaj zato što je poprimio ugarski (iz aspekta pripadanja feudalnoj državnoj celini) a kasnije i promađarski karakter (Podolan 2007, 9). Pored toga, sa slikom konjanika bila je kontradiktorna i Herderova idilična slika o Slovenima kao mirnim ratarima. Dakle, odstupanje Šafarika od bezuslovnog poistovećivanja Sarmata i Slovena, treba tražiti u konstelacijama bitnim za stvaranje onovremene nacionalne, a u skladu sa tim (uslovno) i sveslovenske mitologije. Konkretno: do napuštanja motiva Slovena (Sarmata) konjanika, uzimajući u obzir simboliku ovog motiva koji je aludirao na plemstvo, od strane nosilaca slovenskih (a posebno slovačkog) narodnog preporoda dolazi kako zbog nenalaženja adekvatne podrške za procese nacionalne emancipacije u ugarskom plemstvu slovačkog porekla, koje je u najvećoj meri bilo mađarizovano, tako i zbog poistovećivanja plemstva (a time simbola i konjanika kao ratnika) sa Mađarima, što je stajalo u suprotnosti sa konstrukcijom nacionalnog mita o Slovacima kao plebejskom narodu.[85] Ovakvo potiskivanje konkretnog sadržaja ujedno ukazuje i na međusobno preplitanje procesa konstruisanja nacionalnih identiteta i pokušaja izgradnje sveslovenskih tradicija. Odnosno, zbog pojedinih konstelacija vezanih za percepciju ratnika konjanika u kontekstu procesa slovačke nacionalne emancipacije, došlo je ujedno i do potiskivanja ovog elementa na sveslovenskom nivou, što je još jedna potvrda predložene teze da je konstruisanje sveslovenskog identiteta predstavljalo mnogo više pokušaj formiranja nadnacionalnog identiteta u mnogome zavisan od procesa kontruisanja pojedinačnih slovenskih identiteta (u ovom slučaju konkretno slovačkog), nego što su se procesi vezani za slovenstvo, kretali ka formiranju (uslovno) autonomnog i jedinstvenog oblika identifikacije.

---

85 O jednom od najbitnijih nacionalno konstitutivnih slovačkih mitova o Slovacima kao plebejskom narodu videti u: Krekovičová 2005. i Škvarna 2004.

III IZMIŠLJANJE SLOVENSKIH TRADICIJA

Problematika vezana za etnogenezu i pradomovinu Slovena u kontekstu istorijskih dela Kolara i Šafarika po obimu, ali i važnosti, verovatno predstavlja najfrekventnije razmatranu temu. Međutim, ove teme su takođe predstavljale predmet interesovanja mnogih drugih devetnaestovekovnih slovenskih i neslovenskih naučnika i istoričara koji nisu bili slavofili, odnosno čije radove nije moguće podvesti pod korpus literature u kojoj se uočava tendencija glorifikovanja Slovena i njihove prošlosti, kao ni težnje ka stvaranju sveslovenskog kolektiviteta. Tako su se problematikom etnogeneze, prapostojbine i najranije istorije Slovena, zastupajući različita stanovišta, bavili brojni devetnaestovekovni istoričari poput poljsko-ruskog istoričara J. Potockog, bavarskog naučnika K. Cojsa (*K. Zeuss*), Poljaka Surovjeckog (*W. Surowiecki*), čuvenog ruskog istoričara Karamzina (*N. M. Karamzin*), kao i Poljaka Hodakovskog (*Z. D. Chodakowski*) čiji je rad posebno značajan zbog toga što je prvi počeo da upotrebljava arheološki materijal, kao i etnografsku građu u rekonstruisanju prošlosti Slovena sprovodeći sopstvena terenska istraživanja (vidi Sedov 2012, 26-28). Pored pomenutih istoričara posebno je značajan rad brojnih lingvista poput nemačkog lingviste F. Bopa koji je neosporno pokazao da slovenski jezik pripada indoevropskoj (indo-germanskoj) jezičkoj porodici, zatim slovenačkog i austrijskog lingviste F. Miklošića, nemačkog lingviste A. Šlajhera (*A. Schleicher*), M. Milera, E. Lotnera, kao i ruskog lingviste A. S. Budiloviča koji je sedamdesetih i osamdesetih godina devetnaestog veka sakupio i sistematizovao znatan leksički materijal slovenskih jezika.[86] Pored navedenih, značajan doprinos istraživanju prošlosti Slovena dao je i najznačajniji ruski istoričar druge polovine XIX veka S. M. Solovjov (*Сергей Михайлович Соловьёв* 1820-1879), koji se nadovezivao na pojedine aspekte Šafarikovog rada zastupajući Dunavsku hipotezu o pradomovini Slovena. Slična stano-

---

[86] Opširnije o različitim interpretacijama i stanovištima ovih devetnaestovekovnih naučnika (istoričara i lingvista), kao i generalno o istorijatu istraživanja prošlosti Slovena, videti u Sedov 2012.

KONSTRUKCIJA SLOVENSTVA U POLITICI I NAUCI

višta o poreklu i prapostojbini Slovena bila su prisutna uz različite varijacije i u radovima čitavog niza istoričara poput D. J. Samokvasova, R. S. Kaulfusa (*Kaulfuss*), A. Bjelovskog (*Bielowski*), J. Lelevela (*Lelewel*), L. Koncena (*Contzen*), F. Račkog, J. Zupana, I. G. Kuna (*Cuno*), F. Helvalda (*Hellwald*), I. K. Sakcinjskog (*Sakcinski*), D. Terstenjaka, F. Sasineka, K. Manerta (*Mannert*), N. Leopardova i mnogih drugih. Svi ovi autori su nastojali da dokažu istinitost podataka iz *Primarnog letopisa* o prapostojbini Slovena na Dunavu, pri čemu su se često proizvoljno toponomastikom. Radovi ovih naučnika, uprkos tome što nisu imali analognu političku dimenziju sa radovima Kolara, Šafarika i drugih devetnaestovekovnih slavista i panslavista, svakako su indirektno doprinosili konstruisanju slovenstva u kontekstu nauke. Prošlost Slovena je bila predmet interesovanja naučnika različitih profila i kasnije u drugoj polovini devetnaestog veka, pri čemu se pojavljuje čitav niz različitih interpretacija.[87] Dok su neki od radova svakako imali određenu naučnu vrednost, pojedini su bili izrazito spekulativne prirode. Međutim, svi devetnaestovekovni autori koji su

---

[87] Tokom ovog perioda među istraživačima su prisutne interpretacije koje su prapostojbinu i poreklo Slovena videli u istočnoj Evropi i/ili Aziji. Takve hipoteze su na različite načine zastupali brojni istoričari i lingvisti, nudeći sopstvene hipoteze. Neki od njih su češki istoričar J. E. Vocel (1803-1872), filolog A. A. Njerkasov (1837-1905), A. F. Ritih, kao i V. M. Florinski, koji je smatrao da se prapostojbina Slovena nalazila na prostoru istočne Mesopotamije između Tjan-Šana, Hindukuša i Persijskog zaliva i koji u Slovene između ostalih ubrajao i Venete sa Jadrana, Venede, Kimerce i Skite. Teoriju o seobi Slovena iz istočnoevropske prapostojbine zastupao je hrvatski istoričar i leksikograf T. Maretić u svom delu *Sloveni u davnini* iz 1889. godine, koji je odbacio Dunavsku hipotezu o prapostojbini. Pored ovih postojale su i drugačije najčešće nekritičke hipoteze. Tako je npr. istoričar i filolog I. V. Grigorovič, nadovezujući se na Šafarika dokazivao kako je nekadašnji sopstveni etnonim Slovena bio Srbi, dok je osamdesetih godina XIX veka E. R. Boguslavski objavio dvotomnu istoriju Slovena u kojoj je pokušao da dokaže da su Sloveni bili autohtoni narod na prostranoj teritoriji Evrope (vidi Sedov 2012, 36-40).

III IZMIŠLJANJE SLOVENSKIH TRADICIJA

se bavili istraživanjem slovenskog porekla, slovensko etničko, kulturno i jezičko jedinstvo u najranijoj prošlosti nisu dovodili u pitanje. U procesima stvaranja nacionalnih identiteta, kao i u smislu stvaranja nadnacionalnog – sveslovenskog oblika identifikacije, težilo se prvenstveno dokazivanju duboke starosti Slovena, odnosno njihovog kontinuiteta u dalekoj prošlosti. U tom pravcu i naučno razmatranje pitanja koja su se odnosila na poreklo bilo je spajano sa traženjem i konstrukcijom istorijskog kontinuiteta (Mannová 2005, 13). Odnosno, interpretacije koje su se odnosile na etnogenezu i pradomovinu, a u skladu sa tim i dokazivanje autohtonosti na određenom prostoru, težile su potvrđivanju neprekidnog kontinuiteta naroda, kao i njegovog prava na određenu teritoriju, pri čemu je primarno isticana njegova posebnost i jedinstvenost. Uostalom, kako je to primetio A. Smit, u svetu nacija je svaka nacija jedinstvena, svaka je „izabrana", pa je samim tim i nacionalizam svetovni i moderni ekvivalent premodernog, svetog mita o etničkom izboru (Smit 2010, 134). Kompleks pitanja koja su se odnosila na poreklo Slovena i traženje njihove pradomovine, u radu romantičarskih istoričara je imalo izuzetan emotivni naboj, kao i izraženu političku dimenziju. Pri tome su ponuđene interpretacije (uključujući Kolarove i Šafrikove), bile u sponi sa onovremenim aktuelnim tendencijama prisutnim u okvirima evropskih romantičarskih istoriografija, kao i u kontekstu istoricizma kao celine. U slučaju ostalih nacionalnih istoriografija, tadašnja tumačenja slavista i slovenskih romantičarskih istoričara su se kretala u pravcu dokazivanja veza sa starom Indijom i u lingvističkom smislu modernih slovenskih (slovenskog) jezika sa sanskritom, što je bila posledica tvrdnji vezanih za indoevropsku teoriju, odnosno opšteg oduševljenja otkrićem sanskrita i onovremenog pojačanog interesovanja za bogatu indijsku kulturu i civilizaciju. (vidi Podolan 2007, 10-11). Zapravo, na vezu određenih evropskih jezika sa sanskritom je ukazao još krajem XVI veka F. Saseti (*Sasseti*), ali ova teorija je ostala prilično nezapažena sve do druge polovine XVIII veka, kada

KONSTRUKCIJA SLOVENSTVA U POLITICI I NAUCI

tendencija traženja veza između savremenih evropskih jezika i sanskrita, postaje dominantna u krugovima onovremenih evropskih lingvista koji na osnovu nje predlažu različite etnogenetske konstrukcije. Ona je takođe zaokupirala pažnju većine tadašnjih lingvista i istraživača koji su se bavili proučavanjem slovenske etnogeneze. O njoj raspravljaju naučnici poput J. Jungmana, A. Jungmana, I. V. Levande, P. Š. Leveka (*P. CH. Levesque*), H. Adelunga i mnogih drugih. V. V. Sedov navodi da je otkriće sanskrita od strane evropskih naučnika u prvo vreme dovodilo do fantastičnih interpretacija u oblasti slovenske etnogeneze koja je često povezivana sa Indusima ili Persijancima, uz pretpostavke da je slovenski jezik zapravo evoluirao od drevnih jezika ovih naroda. Tako je poljski naučnik V. S. Majevski (*W. S. Majewski*) Slovene direktno izvodio iz starih Indusa, dok je S. Bohuš-Šestženjcevič (*Bohusz-Siestrzencewicz*) tvrdio da Sloveni i Skiti potiču od drevnih Persijanaca – Miđana (Sedov 2012, 30). Teorije o poreklu i vezi Slovena sa sanskritom i Indijom bile su prisutne i kod Kolara i Šafarika.[88] Međutim, kao reakcija na tvrdnje pojedinih stranih (neslovenskih) istraživača koji su u skladu sa postojećim negativnim stereotipima

---

[88] Šafarik se dolaskom Slovena iz Indije bavio u svom delu *Geschichte der slawischen Sprache und Literatur nach allen Mundarten*, gde je pravio paralele između etnonima *Vindu* i *Hindu*, razmatrajući mogućnost da su Sloveni iz indijske prapostojbine mogli doneti sopstveno pismo. Međutim, ovakve teorije u njegovom delu *Slovanské starožitnosti*, više nisu u prvom planu i Šafarik se zaustavlja samo na tumačenju o zajedničkom indoevropskom poreklu svih evropskih naroda, pri tome napustivši i na neki način isključivši suviše nejasnu i maglovitu „indijsku teoriju" iz slovenske istoriografije, koju je zamenio novom o autohtonosti Slovena u Podunavlju. Kolar je temu koja se odnosila na potencijalnu vezu Slovena i Indije detaljno razrađivao u svom delu *Sláwa Bohyně a původ gména Slawůw čili Slawjanůw* iz 1839. godine, komparirajući po njegovom običaju karakteristike, mitologiju i običaje starih Slovena sa narodima sa prostora Indije, da bi je u svom poslednjem radu *Staroitalia slavjanská* kompenzovao vezom između starih Slovena i Italskih plemena, odnosno napustio kao i Šafarik (vidi Podolan 2007, 10-11).

III IZMIŠLJANJE SLOVENSKIH TRADICIJA

o Slovenima, kao primitivnim i zaostalim, tvrdili da oni potiču iz Azije, kod Šafarika je došlo do promene teze o slovenskom poreklu i njihovoj prapostojbini, pri čemu je on, u skladu sa nekim starijim radovima, počeo da zastupa teoriju o Slovenima kao autohtonom evropskom narodu.[89] Ovakve pretpostavke su se kod Šafarika zapravo javljale i u nekim njegovim ranijim radovima, ali su verovatno u izvesnoj meri intenzivirane upravo pomenutim tumačenjima neslovenskih autora o Slovenima kao došljacima i nosiocima primitivne kulture, odnosno inicijativno su imale političku dimenziju. Kod Kolara je takođe bila prisutna teza o autohtonosti Slovena na prostoru Evrope, ali je ona imala drugačiju koncepciju od Šafarikove. Kolar je

---

[89] Tako je Šafarik je u svom delu *Geschichte der slawischen Sprache und Literatur nach allen Mundarten* razmatrao dve moguće već postojeće starije teorije o slovenskoj paradomovini: *Zatatransku* i *Podkarpatsku*, dok je u svojoj knjizi *Slovenske starine (Slovanské starožitnosti)* iz 1837. godine, prilično konfuzno teorije o pradomovini Slovena usmeravao u skladu sa njegovom osnovnom koncepcijom koja je akceptovala težnje i pravo svih Slovena na prostore koje su u tom trenutku naseljavali. Dok su Šafarikova razmatranja vezana za tzv. *zakarpatsku (zatatransku)*, tj. *karpatsku* teoriju u izvesnoj meri poklapaju sa današnjom dominantnom paradigmom o prapostojbini Slovena, odnosno sa (uslovno) *Vislansko-odranskom* teorijom o lokaciji slovenske pradomovine, rasprave o tzv. *Podunavskoj (tatranskoj)* ili u današnjem smislu *Dunavsko-panonskoj* hipotezi su se zasnivala prvenstveno na letopisnom podatku iz XII veka tzv. *Nestorovoj hronici* tj. delu *Povest minulih leta (Повѣсть времѧньныхъ лѣтъ)*, kao i u izvesnoj meri na onovremenim teorijama o istovetnosti Slovena i Sarmata (vidi Podolan 2007). Odnosno, zaobilazeći pitanja vezana za Indoevropljane i njihovu davnu migraciju, Šafarik je tvrdio da su se Sloveni razvili u Evropi u susedstvu srodnih indoevropskih plemena kao što su Kelti, Tračani, Germani i Litvanci i da su u V veku p.n.e. Sloveni koji su živeli u Panoniji i Iliriku potisnuti od strane Kelta prema Slovenima koji su živeli iza Karpata, što je po Šafariku događaj o kome svedoči i Nestorov letopis. Po Šafariku Sloveni su od svoje najranije prošlosti zauzimali široka prostranstva srednje i istočne Evrope, pri čemu ističe da su plemena poput Nevra, Budina i Borisfena (etnonim koji koristi za Herodotove skite zemljoradnike, tj. orače) predstavljali jugositočni ogranak Slovena (Sedov 2012, 29).

KONSTRUKCIJA SLOVENSTVA U POLITICI I NAUCI

pradomovinu Slovena ograničio sa jedne strane na prostor Slovačke, konkretno regiona Tatra koje je smatrao kolevkom Slovena, uz akceptovanje teze o slovenstvu Sarmata, dok je sa druge strane pretpostavljao da su Sloveni bili uvek i takoreći svuda autohtonim narodom (Podolan 2007).[90] Ideološka koncepcija vezana za Tatre je upravo zbog ovakvog inicijalnog tumačenja Kolara, u kontekstu procesa izgradnje slovačkih nacionalnih simbola vremenom poprimila posebno značajnu i naglašenu dimenziju, pri čemu su Tatre postale jedan od najznačajnijih slovačkih nacionalnih simbola (videti Škvarna 2004). Generalno posmatrano, istoriografija 19. veka je značajno učestvovala u formiranju nacionalnih mitologija i njihovog prezentovanja kao naučnih istina (Mannová 2005, 12). U tom kontekstu je potrebno sagledati i teorije o autohtonosti naroda, a samim tim i konkretno hipotezu o autohtonosti Slovena na prostoru Podunavlja, koju je između ostalih zastupao Šafarik (uslovno i Kolar), a koja i danas ima značajan broj pristalica, i opet se aktualizuje u različitim kontekstima sa praktično uvek izrazito naglašenom političkom pozadinom.[91]

---

90 Pri tome je Kolar smatrao da je skoro cela Evropa bila izvorno slovenska, odnosno osim prostora na kojima su Sloveni živeli u devetnaestom veku, Kolar je kao izvornu slovensku teritoriju smatrao i prostore na kojima je došlo do „otuđenja" Slovena, odnosno do njihove nasilne asimilacije, poput Nemačke, Italije itd. Kolarov rad u ovom pravcu se čini posebno zanimljivim, imajući u vidu da je od 1849. godine radio kao vanredni profesor slovenskih starina (uslov. arheologije) na Univerzitetu u Beču, pri čemu je često proizvoljno služeći se toponomastikom, dokazivao rasprostiranje starih Slovena. Izuzev Kolara, fantastične i proizvoljne teze o naseobinama starih Slovena u Italiji je zastupao i istoričar Klasen (*Klassen*) koji je pokušao da dešifruje etrurske, ali i feničanske natpise uz pomoć slovenskih jezika, dok je npr. Čertov (А. Д. Чертов) pretpostavljao da su Pelazgi bili Sloveni (vidi Sedov 2012, 39).
91 Tako tzv. *Dunavsko-panonska (Balkanska)* hipoteza, pored dominantne *Vislansko-odranske* i *Srednjodnjeparske* teorije o pradomovini Slovena (ova terminologija se inače upotrebljava u kontekstu savremene slavistike – beleška K.O.), predstavlja najčešće navođenu teoriju o pradomovini

III IZMIŠLJANJE SLOVENSKIH TRADICIJA

Pitanje autohtonosti Slovena na prostoru Evrope, u periodu konstituisanja pojedinačnih slovenskih nacionalnih identiteta imalo je izuzetno bitnu ulogu u korpusima različitih slovenskih nacionalnih mitologija, odakle se, delimično – pre svega radom Kolara

> Slovena, koja je naročito oživela na prostorima postkomunističkih slovenskih država i koja veoma često ima naglašenu (uslovno) nacionalističku dimenziju. Ona je danas sa nizom različitih varijanti najzastupljenija, uz svakakve nadogradnje i izvesna prekomponovanja, u delima koja potpadaju pod korpus pseudonaučne literature sa naglašenim karakterom tzv. „patriotske", tj. „izvorno nacionalne istorije" kao protivteže tzv. „nemačkoj istorijskoj školi". Tako se npr. u kontekstu tzv. *srpske autohtonističke*, odnosno *neoromantičarske škole,* ističe kako su zapravo Srbi autohtoni na prostoru Podunavlja od neolita (vinčanska kultura), dok se ponekad navodi postojanje kontinuiteta čak od mezolita, odnosno od kulture Lepenskog vira. (videti radove J. Deretića, O. L. Pjanović, S. Jarčevića i drugih). Pri tome se uz mnoštvo varijanti (često kontradiktornih čak i u opusu radova jednog autora), ističe da su Srbi zapravo stariji od Slovena, ili se rede etnonim Sloveni i Srbi izjednačava, što zavisi od konkretnog autora ili dela. Jako je interesantno uporediti sličnu pojavu u kontekstu slovačke pseudonaučne literature koja je mnogo siromašnija od srpske, ali gde takođe dolazi do izjednačavanja etnonima Sloveni i Slovaci, kao i do pojave tendencije koja se odnosi na dokazivanje autohtonosti Slovaka na prostoru današnje Slovačke (videti npr. knjigu *Sloveni, Slováci, kde sú vaše korene,* čiji je autor Cyril A. Hromnik). Treba napomenuti da se u oba slučaja autori ovakvih „teorija", najčešće oslanjaju na radove romantičarskih istoriografa. Međutim, tzv. *Dunavskopanonska* hipoteza o poreklu Slovena nije oživela samo u kontekstu pseudonaučne literature, iako je upravo zahvaljujući ovakvim delima u naučnim krugovima dodatno diskreditovana. Tako je u radovima nekih savremenih slavista i lingvista poput npr. O. N. Trubačova, V. P. Kobičeva, L. Trbuhović i drugih, došlo do njenog ponovnog oživljavanja nakon višedecenijskog marginalizovanja (vidi Piper 2008). Međutim, lingvističke analize ovih autora su najčešće osporavane, između ostalog i zbog početne pogrešne metodološke premise koje podrazumevaju poistovećivanje etnosa i jezika (vidi Krekovič 2007). Takođe, u određenom smislu potencijalno oživljavanje ovakve teorije prisutno je i u radovima pojedinih arheologa (npr. videti neke radove Đorđa Jankovića, P. Mačale i B. Chropovskog).

KONSTRUKCIJA SLOVENSTVA U POLITICI I NAUCI

i Šafarika – uzdizalo i prebacivalo na viši, odnosno nadnacionalni ili sveslovenski nivo. Tako koncipirana, Šafarikova i Kolarova istoriografska, ali i druga dela, se definitivno mogu podvesti u red najznačajnijih radova koji su predstavljali pokušaje izgradnje korpusa ideja i (uslovno) tradicija koji se mogu označiti kao sveslovenske. U tom smislu, rad ova dva autora u kontekstu njihovog bavljenja problematikom slovenske etnogeneze pa samim tim i pitanjima slovenske prapostojbine, kretao se u razmatranju ove problematike koji je akceptovao Slovene kao celinu, a kod Kolara nesumnjivo kao jedinstven narod. Iz takvih konstelacija su proizilazila i njihova tumačenja vezana za Slovene kao „prirodan" i relativno kompaktni, iako svakako u tom trenutku sticajem okolnosti činjenično razjedinjen kolektivitet. Emocionalni naboj kod oba autora, a posebno kod Kolara kao idejnog tvorca koncepcije „slovenske uzajamnosti" a time i jednog od inicijalnih pokretača korpusa ideja vezanih za panslavizam, bio je svakako izuzetno naglašen i kretao se u pravcu „ostvarivanja slovenskog jedinstva", svakako deklarativno nepolitičkog. Šafarikove i Kolarove interpretacije slovenske prošlosti, upravo su polazile i za ishodište su imale ovakav cilj, pa su u značajnoj meri njime bile i određene. Ipak, bez obzira na deklarativni pristup oba autora o „pisanju istorije za sve Slovene", jasno je da je barem inicijalno, njihov rad u značajnoj meri bio određen potrebama konkretnog užeg političkog i društvenog konteksta, čiji su sastavni deo i sami predstavljali. Odnosno, njihovi radovi vezani za analizu istorije svih Slovena, značajno su bili određeni onovremenim potrebama i težnjama koje su proisticale iz procesa slovenskih narodnih preporoda na prostoru Habsburške monarhije, a posebno iz potreba pokreta vezanog za nacionalnu emancipaciju kod Slovaka. Sam izbor tema koje su zastupljene u radu ova dva autora, a posebno njihove interpretacije pojedinih perioda slovenske prošlosti prilično ukazuju upravo na ovakva njihova polazišta. Tako npr. kod Kolara je sa Slovacima bila usko spajana teorija o slovenskoj

III IZMIŠLJANJE SLOVENSKIH TRADICIJA

pradomovini, odnosno teorija da se kolevka Slovena nalazi u Podunavlju, tj. u regionu Tatra.[92] Takođe, Velikomoravska koja je u radu Kolara i Šafarika percipirana kao primer zajedničke države Slovena u prošlosti i na neki način funkcionalni primer buduće sveslovenske države, teritorijalno je vezivana upravo za prostor

---

92 Tatre su, kao što je već istaknuto, upravo zahvaljujući teorijama o prapostojbini Slovena, u kontekstu slovačke nacionalne simbolike, vremenom postale jedan od najznačajnijih njenih motiva. Motiv Tatra (tada više u smislu Karpata) bio je čest u slovačkoj literaturi već tokom osamnaestog veka, a od njihovog vezivanja za pitanja slovenske etnogeneze postepeno je prerastao u simbol čuvara i toplog doma. U skladu sa onovremenim teorijama o autohtonosti Slovena i Slovaka, odnosno o njihovoj tzv. *tatranskoj (podkarpatskoj, karpatskoj)*, tj. p*anonskoj (podunavskoj)* prapostojbini, postojala su tumačenja kako su se preci Slovena posle njihovog odlaska iz „biblijske zemlje" doselili u Karpatsku kotlinu, odnosno na prostore severno od Dunava, ispod Tatra, odakle su se postepeno širili na sve strane zauzimajući nove prostore, dok je ispod Tatra ostalo samo njihovo jezgro – Slovaci. Nadovezujući se na ovakvu konstrukciju, logično se pojavilo i romantičarsko tumačenje o značaju, poreklu i karakteru slovačkog jezika koji je percipiran kao najstariji i najčistiji slovenski jezik, budući da je smatran najbliži staroslovenskom, kao što su i Slovaci percipirani kao direktni i najbliži potomci starih Slovena. Na ovako formirano tumačenje slovačkog kao jezgra slovenskih jezika, nadograđeno je i tumačenje da je posredstvom njega šireno hrišćanstvo i kultura na prostoru Velikomoravske od strane Ćirila i Metodija. Ovakve teorije su još krajem osamnaestog veka proizašle iz rada pojedinih nemačkih i slovenskih autora i nisu bile vezivane nužno za sveslovenski kontekst, izuzev kasnije kod Kolara. Ovakva tumačenja o značaju slovačkog jezika su inače korišćena od strane nosilaca slovačke nacionalne emancipacije za onovremene pokušaje kodifikacije slovačkog jezika (Bernolákovčina). Tatre su kasnije u kontekstu daljih procesa slovačkog narodnog preporoda percipirane kao srce slovenstva (Ljudevit Štur), i kao dijametralna pozitivno kotirana opozicija u odnosu na germanske Alpe. Kao takve imale su izuzetno naglašenu narodnoidentifikacijsku funkciju i predstavljale su na neki način atribut slovačkog naroda , simbolišući pri tome jedinstvenost (lepotu) nacionalno percipiranog prostora. (vidi Škvarna 2004, 21-22; 33-34; 40-42). U savremenom slovačkom društvenom i političkom diskursu, Tatre predstavljaju jedan od najfrekventnije upotrebljavanih nacionalnih simbola, čak i u kontekstu komercijalizacije njihovog imena kao sinonima kvaliteta (vidi Lipták 2005).

KONSTRUKCIJA SLOVENSTVA U POLITICI I NAUCI

Slovačke.[93] Posebnu temu u ovom kontekstu predstavlja problematika koja se odnosila na shvatanje Moravske misije, odnosno na delovanje Ćirila i Metodija, koje je takođe spajano sa teritorijom Velikomoravske, pa i Slovačke doživljenom kao kolevkom slovenske a uslovno i slovačke kulture.[94] P. Podolan koji je analizirao karakteristike istoriografskih dela ova dva autora, uzimajući u obzir ove činjenice, ukazuje da je „sveslovenski pristup" kod ova dva autora bio zapravo rezultat razmatranja vezanih za očuvanje

---

[93] Odnosno u radu Kolara i Šafarika, ona nije percipirana kao entitet Moravljana i „starih Slovaka", kao što je to bio slučaj u kasnijim interpretacijama prisutnim u slovačkoj nacionalnoj istoriografiji od kojih su i danas mnoge još uvek aktuelne.

[94] Ćirilo-metodska tradicija inače predstavlja jedan od najznačajnijih konstitutivnih mitova vezanih za formiranje slovačkog nacionalnog identiteta, čija analiza prevazilazi tematski opseg ove knjige. U kontekstu sveslovenskih tendencija (konkretno u radu Šafarika i Kolara), *Moravska misija* je na neki način reprezentovala dokaz volje Slovena oličene u vladaru Velikomoravske Rastislavu. Takođe, po svom karakteru, imajući u vidu da je simbolisala hristijanizaciju, potkrepljivala je stanovište Kolara o pobožnosti kao jednoj od osnovnih karakteristika Slovena. Međutim, kod Kolara je ona ujedno imala i negativnu konotaciju, budući da je simbolisala i proces nasilnog gušenja slovenske paganske kulture. Odnosno, imajući u vidu da je paganska slovenska religija shvatana kao narodna, pridodavan joj je veliki značaj. Tako je i za Kolara, iako je bio evangelistički sveštenik, pitanje konfesije imalo sekundarni značaj u odnosu na dominantnu percepciju o važnosti narodnih karakteristika u koje je ubrajana i paganska religija Slovena. Međutim, treba napomenuti, da je Moravskopanonska misija, uprkos narušavanju starog slovenskog paganskog religijskog sistema, zapravo u izvesnom smislu doprinela jačanju slovenskog identiteta u srednjem veku, na šta je ukazano u prvom poglavlju ove knjige. Odnosno, ćirilo-metodska tradicija je bila bitna u kontekstu shvatanja slovenske kulture i pismenosti, odnosno značaja ćirilice kao slovenskog pisma i staroslovenskog, kao narodnog jezika svih Slovena. Ova problematika, koja se odnosila na pitanja slovenske pismenosti, odnosno značaja ćirilice i glagoljice, predstavljala je poseban predmet interesovanja kod Šafarika, dok je kod Kolara bila prilično marginalizovana (vidi Podolan 2007). O značaju ćirilo-metodske tradicije u kontekstu slovačke nacionalne mitologije videti u Turčan 2005. i Škvarna 2004.

III IZMIŠLJANJE SLOVENSKIH TRADICIJA

Slovaka kao samostalnog naroda (Podolan 2007, 12-13). Međutim, bez obzira na priličnu argumentovanost ovakvog Podolanovog zaključka, ipak se njime ne isključuju činjenice koje ukazuju na enormni doprinos Kolara i Šafarika u kontekstu stvaranja (sve)slovenskog ideološkog korpusa, kao i dalji razvoj ovakvih koncepcija uključujući i panslavizam, koji je svakako daleko prevazilazio ovakve inicijalne premise ova dva autora. Uostalom, sama ideja o sveslovenskom jedinstvu kod Kolara i Šafarika, čak i ukoliko je nastala na ovako percipiranim početnim premisama, ne umanjuje njihovu težnju za stvaranjem jedinstvenog slovenskog korpusa.

U kontekstu dokazivanja starosti i autohtonosti Slovena, pa samim tim (uslovno) i u stvaranju sveslovenskog korpusa, treba ukratko ukazati i na značaj devetnaestovekovne arheologije, odnosno pojedinih interpretacija materijalne kulture kojima se tendenciozno nastojalo da se ukaže na veliku starost Slovena. U tom smislu posebno je interesantna aktivnost Kolara, koji je uostalom nakon revolucije od 1849. godine radio kao profesor na Bečkom Univerzitetu, gde je predavao slovenske starine, odnosno slovensku arheologiju. Njegov rad se tokom poslednjih godina života u značajnoj meri usmeravao na proučavanje slovenskih toponima na prostoru Nemačke, ali i na dokazivanje autohtonosti Slovena na različitim prostorima Evrope, pri čemu je kao argumentaciju navodio i često tendenciozno interpretirane materijalne ostatke kojima je proizvoljno pripisivao slovensku etničku atribuciju. Kao i u kontekstu pisanih izvora, i po pitanju različitih arheoloških nalaza su se često pojavljivali falsifikati. Interesantan je primer pronalaska tzv. *prilwitzkih idola*, kojima je deo onovremenih slavista u romantičarskom zanosu odredio slovensku, odnosno lužičku-slovensku atribuciju, iako se zapravo radilo o krivotvorenim statuama navodnih slovenskih bogova. Međutim, pojedini naučnici među kojima su bili Dobrovski i Šafarik, smatrali su od početka da je reč o lažnom nalazu. Takođe, interesantni su i primeri tendencioznih, ali i nenamernih interpretacija pojedinih autentičnih nalaza, koji su prvenstveno zahvaljujući Kolaru određeni kao slovenski. U tom kontekstu treba pomenuti njegovu interpretaciju tzv. nalaza Crnoboga iz Bamberga, ili takozvano otkriće „poslednjeg svetilišta Crnoboga u Češkoj" od strane češkog amaterskog arheologa V. Krolmusa (videti Sklenář 1977, 33-34). Značaj arheologije u njenom devetnaestovekovnom obliku kao mlade nauke sa krajnje nerazvijenom metodologijom je generalno pružao mogućnosti za različite tendencionalne i nekritičke interpretacije, pri čemu je nedostatak pisanih izvora koji bi osvetlili najstariju prošlost Slovena, jednostavno sam po sebi nametalo potrebu za njenim korišćenjem u proučavanju ovih perioda. Mogućnosti njenog nacionalnog angažovanja tokom devetnaestog veka su bile zaista velike i zbog toga je u obliku u kakvom je tada postojala, arheologija korišćena u različitim kontekstima, pri čemu je njena politička dimenzija bila više nego naglašena. Nacionalizovanje arheoloških nalaza, kao i generalno materijalnih ostataka iz prošlosti u periodu romantizma bilo je više nego učestalo i služilo je dokazivanju starosti naroda na određenom prostoru a u skladu sa time i njegovog prava na teritoriju. Odnosno, postojala je tendencija – koja je svoju kulminaciju dostigla još u periodu stvaranja brojnih nacionalnih država u Evropi tokom osamnaestog i devetnaestog veka, ali koja je opstala u nešto izmenjenom obliku prisutna sve do sredine dvadesetog veka – da se brojna arheološka otkrića interpretiraju kao dokazi o postojanju fiktivnog nacionalnog jedinstva pojedinih naroda koje je navodno postojalo u dubokoj prošlosti. Na taj način se težilo pronalaženju argumenata za isticanje velike starosti i prirodnog jedinstva određenog naroda na teritoriji koja mu je oduvek pripadala. Ovakve interpretacije bile su u vezi sa onovremenom percepcijom o nacionalnom i etničkom identitetu koji je smatran „prirodan", jasno određen i postojan. U arheološkom kontekstu je percepcija etničkog, nacionalnog, ali i drugih formi identiteta (rodnog, individualnog, statusnog itd.) bukvalno sve do uspostavljanja nove

III IZMIŠLJANJE SLOVENSKIH TRADICIJA

paradigme šezdesetih godina dvadesetog veka koja je označena kao *nova* ili *procesna arheologija*, bila u priličnoj meri površna, ne kritička i opterećena standardizovanim negativnim klišeima, kao i već ustaljenim prilično uniformnim šablonima kao opštim modalitetima prilikom definisanja.[95] Tako je i koncept arheološke kulture u njegovom kulturno-istorijskom modelu percepcije, podrazumevao da sličnosti u materijalnoj kulturi na određenom prostoru predstavljaju refleksiju koja ukazuje na određenu grupu ljudi, odnosno na jednu posebnu kulturnu grupu (kulturu), kojoj je u ranijim periodima tokom devetnaestog veka po pravilu određivana etnička atribucija. Odnosno, sličnosti u arheološkoj građi su posmatrane kao rezultat imanentnih duhovnih kvaliteta kod datog naroda sa zajedničkim jezikom i identitetom (Olsen 2002, 32). Takođe, etnički identiteti su veoma često u arheološkim proučavanjima percipirani i interpretirani u skladu sa potrebama onovremenih nacionalnih identiteta, i tako formulisani često su zapadali na nezgodan teren poređenja savremenih koncepata grupnih identiteta sa zajednicama u prošlosti (vidi Jones 1997, 136). U tom smislu arheologija je postajala i pogodan mehanizam za ostvarivanje različitih političkih interesa, koji su neretko imale brojne negativne konsekvence, što se tokom vremena može pratiti na čitavom dijapazonu različitih primera. Arheologija, kao i ostale društvene i istorijske nauke, kako ističe A. Smit, su u periodu stvaranja i konsolidacije nacionalnih identiteta, imale značajan uticaj na formiranje

---

95 Iako je nastankom *procesne* arheologije došlo do značajnog napretka u tumačenju kolektivnih i etničkih identiteta u arheološkoj interpretaciji, adekvatan pristup je ostvaren tek sa nastankom *postprocesne (interpretativne)* arheologije. Pri tome je izuzetan, ako ne i presudan značaj u percepciji i tumačenjima kulturnih razlika, imalo implementiranje stavova norveškog socijalnog antropologa F. Barta (*Thomas Fredrik Weybye Barth*) u arheološka proučavanja od strane Hodera (*Ian Hodder*). Opširnije o nekadašnjoj percepciji etničkih identiteta, kao i o razvoju i savremenim tumačenjima etniciteta u arheološkoj teoriji vidi u Babić 2010; Džonson 2008; Grin 2003; Jones 1997; Olsen 2002; Shenan 1994. itd.

KONSTRUKCIJA SLOVENSTVA U POLITICI I NAUCI

tj. „ponovno otkrivanje" tzv. „nacionalnog duha", pod kojim se podrazumevao osobit identitet svake nacije sa sopstvenim karakteristikama koje je ona navodno baštinila iz duboke prošlosti. Odnosno, za konstruisanje svesti o naciji i formiranju same nacije izuzetno važno je bilo ponovno otkrivanje „kolektivnog ja" uz pomoć filologije, istorije i arheologije, kao i važnost iznalaženja svojih korena u „etničkoj prošlosti", kako bi se utvrdio autentični identitet ispod tuđih mu naslaga vekova (Smit 2010, 121). U skladu sa ovim, iako limitirana i od neuporedivo manjeg značaja od romantičarske istoriografije, arheologija u obliku u kakvom je postojala u prvoj polovini devetnaestog veka, imala je svoj mali udeo i u stvaranju slovenskih ideja a uslovno i u pokušaju stvaranja nadnacionalnog slovenskog identiteta, pri čemu se ovakve tendencije mogu pratiti pre svega u kontekstu Kolarovog rada.[96] Krajem devetnaestog veka, dolazi do značajnijeg pomaka u arheološkim istraživanjima najranije prošlosti Slovena, pri čemu se i interpretacije iznose sa mnogo većim stepenom kriticizma.[97] Ipak, najznačajniji doprinos u izučavanju etnogeneze, istorije i kulture Slovena, predstavljaju istraživanja češkog naučnika L. Niderlea (1865-1944), koji je svojim kritičkim radovima potpuno oslobođenim od emocionalnih i subjektivnih pristupa romantičarske istoriografije i različitih tendencioznih slavofilskih koncepcija, započeo nov period proučava-

---

[96] Ova tematika za sada nije posebno obrađena, iako je na njen značaj ukazao pre više od tri decenije češki arheolog J. Skutil (vidi Skutil 1976).

[97] U tom kontekstu potrebno je pre svega pomenuti istraživanja kijevskog arheologa I. A. Hojnovskog koji je među prvima ukazao na značaj arheološkog materijala u rasvetljavanju pitanja oko slovenske etnogeneze i prapostojbine, iako se prilikom iznošenja sopstvene hipoteze nije previše na njega oslanjao. Prva ozbiljnija istraživanja u tom pravcu sproveo je H. Vankel (Wankel), dok ju poseban uticaj u korišćenju arheoloških podataka za rasvetljavanje najranije prošlosti Slovena imao rad osnivača češke arheologije J. L. Piča (vidi Sedov 2012, 39-40).

III IZMIŠLJANJE SLOVENSKIH TRADICIJA

nja prošlosti Starih Slovena utemeljenog na strogom kritičkom i naučnom pristupu.[98]

* * *

Iz svega navedenog može se zaključiti da je rad Šafarika i Kolara, u smislu stvaranja sveslovenskog korpusa u suštini imao dve šire dimenzije konstruisanja: Prva je bila vezana za teme koje bi se u današnjem smislu mogle podvesti pod kontekst jezičkih mitova, dok je druga dimenzija obuhvatala široku problematiku koja je bila u vezi sa prošlošću Slovena, pa se kao takva može (uslovno) podvesti pod širok korpus nacionalnih mitova o poreklu, etničkom izboru, jedinstvenosti naroda, itd. Ove dve (uslovno predložene) dimenzije su se međusobno prožimale, i kao što je već ukazano proisticale su, i međusobno se dopunjavale, sa procesima vezanim za stvaranje pojedinačnih slovenskih nacionalnih identiteta. Korpus jezičkih mitova, nastao je inicijalnom koncepcijom sveslovenske uzajamnosti, propagiranom u prvom redu Kolarom, ali takođe i radom pojedinaca kao što su bili Samuel Hojče, J. Herkelj, Samuel B. Linde, i mnogi drugi (v. Rychlík 2004; takođe Vlček 2004). Svakako, teorija o slovenskom jezičkom jedinstvu, kao što je ukazano, bila je uspostavljena znatno ranije, ali nije imala toliko naglašenu političku, tj. (uslovno) (sve)slovensku podlogu. Tako se ona npr. u kontekstu radova čeških filologa, bazirala na dokazivanju stepena „klasičnosti" češkog (ređe slovenskih) jezika u skladu sa onovremenim trendovima u Evropi, proizašlim iz percepcije o klasičnoj Grčkoj kao kolevci evropske civilizacije. Pored toga, različite teorije o slovenskom jeziku koje su se kretale u dokazivanju njegove starosti i osobenosti, bile su aktuelne u radu mnogobrojnih filologa, koji su

---

[98] O radovima Lubora Niderlea i njegovih savremenika u kontekstu istraživanja prošlosti Slovena, videti u Sedov 2012.

KONSTRUKCIJA SLOVENSTVA U POLITICI I NAUCI

bili Kolarovi i Šafarikovi savremenici.[99] Sama ideja o jedinstvenosti i starosti slovenskog jezika, izraženiju ideološku dimenziju dobila je upravo radom Kolara, a kasnije je na njenim temeljima izgrađena i ideološka osnova slovenskog pan-pokreta. Međutim, ona je početkom devetnaestog veka, odnosno već od kraja osamnaestog veka, u skladu sa teorijom o autohtonosti Slovena, imala uticaja i na pojedinačne premise nacionalnih preporoda. Tako je nrp. u slovačkom kontekstu predstavljala inicijalnu tačku od koje je započelo stvaranje čitavog niza nacionalnih mitova vezanih za slovački kao najmelodičniji, najlepši i najstariji slovenski jezik, a koji u različitim svojim formama u izvesnom smislu postoje do danas u savremenom slovačkom društvenom i političkom diskursu (videti Krupa and Ondrekovič 2005). Različite teorije o poreklu, starosti, autohtonosti i značaju Slovena potrebno je posmatrati kao mitizacije vezane za formiranje sveslovenskih tendencija, ali uz prihvatanje činjenica koje ukazuju da su one najčešće proisticale upravo iz procesa (i za potrebe) nacionalnih emancipacija. U tom smislu, uz akceptovanje tematskog okvira analiza prisutnih u radu,

---

99 Tako je npr. filolog i profesor grčkog jezika R. Danovski (*Řehoř Dankovský* 1781-1857) dokazujući etimološku vezu između grčkog i slovenskih jezika, izneo tumačenje o srodnosti između Slovena i Grka. On je u svom delu *Die Griechen als Stammverwandte und Sprachverwandte der Slaven* iz 1828. godine, istakao da je istočna Evropa bila nastanjena narodom iz kojeg su nastali Sloveni i Grci, pri čemu je Orfeja nazvao slavnim praocem Slovena. Takođe je često izmišljajući pojedine termine, nastojao da dokaže srodnost slovenskih jezika sa grčkim, pri čemu je tendenciozno usklađivao imena staroslovenskih i grčkih bogova. Po sličnom sistemu je izneo i tumačenje da u mađarskom jeziku postoji dosta grčkih reči, na osnovu čega je pretpostavio da su Mađari živeli u blizini Grka, nedaleko od Crnog mora. Bez obzira što je rad Dankovskog kod pojedinaca izazivao oduševljenje „što su Sloveni braća po krvi starim Grcima", autori poput Čelovskog i Šafarika, su ga okarakterisali kao „filološkog ludaka, koji i sebe i Slovene izaziva opštem podsmehu". Pomalo paradoksalno, njegove proizvoljne teorije je napadao i Kolar, da bi kasnije u svojim radovima pristupio i sam sličnim analizama (videti Svoboda 1957, 85-86).

III IZMIŠLJANJE SLOVENSKIH TRADICIJA

izuzetno je teško bezrezervno odrediti šta predstavlja sveslovenske a šta uže koncipirane nacionalne mitizacije. Takođe, mora se postaviti i pitanje da li se uopšte može govoriti o konstruisanju sveslovenskih tradicija kao jasno određenom, jedinstvenom i homogenom skupu konstelacija proisteklom iz ideja vezanih za slavofilstvo i slovenstvo, ili je njihov razvoj u prvoj polovini devetnaestog veka bio produkt isključive nadgradnje nacionalnih korpusa proistekao iz osećaja realne ugroženosti slovenskih naroda u Habsburškoj monarhiji. Fluidnost i nepostojanje čvrstih okvira sveslovenskog korpusa (nezavisno od konkretnog perioda), odnosno njegovo prožimanje sa konstitutivnim mitovima nacionalnih mitologija, pre svega onih koji se odnose na etničko poreklo i „zlatno doba", doprinose priličnoj konfuznosti u ionako hipotetičkom izdvajanju slovenskih elemenata. Motivi prisutni u istoriografskom radu Šafarika i Kolara svakako imaju konotaciju koja se može u prvom redu definisati kao sveslovenska, pri čemu je njihov rad predstavljao u istoriografskom smislu bazični temelj za kasnije nadgradnje ideja o slovenstvu. Međutim, bez obzira na ogroman uticaj istoriografskih dela ova dva autora u krugovima onovremenih slovenskih nosilaca nacionalnih ideja, on je ipak ostao u praktičnom smislu krajnje limitiran, a ubrzo zaslugom kritičke istoriografije i marginalizovan. Odnosno, izuzev priličnog neuspeha kasnije ideologije panslavizma za čiju je idejnu podlogu u smislu „opravdanosti stavova" o slovenskom zajedništvu interpretacija prošlosti Slovena ponuđena od Šafarika i Kolara predstavljala bitan gradivni segment, njihova dela su čak i među slovenskim istoriografima vremenom osporena i značajno su izgubila na jačini. Ipak, ukoliko se posmatraju u kontekstu kasnije izgradnje konstitutivnih i političkih mitologija koje se barem uslovno mogu odrediti kao slovenske (nezavisno od njihovog slabog implementiranja u okvirima zvaničnih politika), istoriografska dela ova dva autora su pored (uslovno) geopolitičkih i konzervativnih koncepcija (Danilevskog, Štura, Križanića i dr.), imala definitivno najznačajniji uticaj i kao takva su predstavljala

KONSTRUKCIJA SLOVENSTVA U POLITICI I NAUCI

bazu za stvaranje svih kasnijih političkih i nacionalnih mitologija vezanih za Slovene.

Slovenska (slavofilska) politička mitologija, ukoliko se uopšte o njenom postojanju može govoriti, zapravo predstavlja smesu elemenata preuzetih iz slovenskih nacionalnih mitologija, koji su modifikovani i interpretirani u skladu sa sveslovenskim okvirom. Međutim, ovaj proces je u nekim segmentima imao i suprotan pravac, odnosno pojedini segmenti koji su inicijalno predstavljani kao sveslovenski (npr. Šafarikova tumačenja o autohtonosti Slovena ili starosti Srba) su preuzeti i uklopljeni u okvire pojedinačnih nacionalnih mitologija (srpsku, slovačku, rusku itd.). Odnosno, pojedini mitovi (nacionalni i politički) zauzimali su prostor (uz određene koncepcijske i vremenske varijacije) u oba ova konteksta. Konfuznost u eventualnom određivanju njihovih koncepcija, pored toga nastaje i zbog njihove dinamičnosti i neodređenosti. Fluidnost, to jest nepostojanje čvrstih i trajnih okvira koje bi svaki od njih pojedinačno imao, promenljivost njihove sadržine, kao i nepostojanost granica, kao neke od glavnih odlika političkih mitova savremenih društava, dovode do njihovog prožimanja i preklapanja, kao i do povremenog srastanja ili gubljenja jednih u drugima (Žirarde 2000, 15). Upravo kao što se sami pojedinačni mitovi međusobno prožimaju, prepliće se i njihov značaj u kontekstu slovenstva i/ili pojedinačnih nacionalnih mitologija. Tako je npr. tzv. mit o „zlatnom dobu" koji je poseban značaj upravo imao u kontekstima narodnih preporoda (vidi Podolan 2007), kao jedan od najznačajnijih nacionalnih (i sveslovenskih) mitova u slovenskom okviru zauzimao prilično slične dimenzije poput onih koje je barem u početnoj fazi imao u kontekstu slovačkog narodnog preporoda.[100] U oba konteksta

---

100 Sličnosti u ovom smislu su upravo bili uslovljeni paralelnim procesima formiranja slovačkog nacionalnog identiteta i konstruisanja slovenstva, na šta je presudno uticao rad Kolara i u nešto manjoj meri Šafarika. Međutim treba ukazati na činjenicu da su u okviru slovačkog konteksta kasnije javili i dru-

III IZMIŠLJANJE SLOVENSKIH TRADICIJA

u prvim decenijama devetnaestog veka „ovaj period" je označavala onovremena izgrađena imaginacija o najstarijoj slovenskoj prošlosti, odnosno o dobu kada su svi Sloveni (posmatrani u skladu sa Herderovskom idiličnom slikom) živeli zajedno u svojoj pradomovini. Zajedništvo u davnoj prošlosti, odnosno imaginarna slika o „slovenskom jedinstvu" se u onovremenom društvenom kontekstu percipiralo kao najbitnije i imalo je funkciju svojevrsnog uzora za budućnost. Kao takvo može se podvesti pod procese konstruisanja mapa i moralnih načela za onovremene generacije, što inače podrazumeva korišćenje istorije, i u kome kult zlatnih doba ima poseban značaj (videti Smit 2010, 106-108). *Zlatno doba* Slovena je dakle bilo viđeno i još uvek se percipira kao period najstarije slovenske prošlosti, što je inače vreme pre procesa njihove hristijanizacije. Međutim, značenja u okviru njega (kao političkog, nacionalnog i uslovno nadnacionalnog mita) su se višedimenzionalno preplitala i imala su često različite i protivrečne sadržaje u odnosu na ostale mitove vezane kako za sveslovenske, tako i za pojedinačne slovenske nacionalne kontekste. Polazeći od tumačenja R. Žirardea da je i verskim i političkim mitovima svojstveno višeobličje što znači da se isti niz oniričkih predstava može prenositi naizgled raznorodnim mitskim konstrukcijama, te da je jedan isti mit kadar izazvati mnoge različite odjeke i sadržati više različitih značenja koja se nužno ne moraju nadovezivati jedna na drugu, već su često međusobno sukobljena (videti Žirarde 2000, 15-16), treba ukazati na pojedine aspekte u ovom smislu. Uzimajući u obzir značenje kulta „zlatnog doba" u (sve)slovenskim okvirima, treba napomenuti da ovaj mit (budući da označava period paganske prošlosti Slovena) stoji u suprotnosti sa tradicijom o Velikomoravskoj, a posebno mitizacijama vezanim za misiju hristijanizacije, odnosno delovanje Ćirila i Metodija, koje je u kontekstu stvaranja slovenskih tradicija

---

gačiji oblici percepcije koji su na neki način suprotstavljeni sveslovenskim koncepcijama u ovom kontekstu.

KONSTRUKCIJA SLOVENSTVA U POLITICI I NAUCI

(a posebno u okviru slovačkog narodnog preporoda) imalo veoma bitan značaj i koje i danas ima izuzetno jaku simboličku podlogu. Takođe, dijalektički stoji i kao opozicija devetnaestovekovnim ruskim ideološkim koncepcijama vezanim za panslavizam u kojima je pravoslavlje kao konfesionalni aspekt često vezivano uz slovenstvo i koje je kao takvo imalo izuzetno bitnu ulogu predstavljajući jedan od ključnih „argumenata" onovremenih ruskih panslavista koji su se zalagali da Rusija pomogne pre svega slovenske pravoslavne narode na prostoru Balkana (videti Rychlík 2004). Pored toga, upravo je koncepcija pravoslavlja kao zajedničke vere svih Slovena u skladu sa percepcijom Rusije kao slovenske zaštitnice, predlagana i od strane pojedinih panslavista na prostoru Habsburške monarhije (Štur, Sladkovski i dr.), pri čemu je predstavljala i osnovnu premisu nekih konzervativno i antiokcidentalno nastrojenih ruskih autora (I. Leontjev). Sa druge strane, kult zlatnih doba ima drugačije značenje u pojedinim nacionalnim mitologijama slovenskih naroda i on je (uslovno) pre viđen u periodima prošlosti koji se vezuju za proces hristijanizacije slovenskih naroda i srednjovekovni period pojedinih slovenskih entiteta (ruskog, srpskog, češkog, slovačkog). Ovi periodi, koji su u usko spojeni sa procesima hristijanizacije su opet sa druge strane, od pripadnika pojedinih grupa poput značajnog dela slovenskih neopagana percipirani kao najveća katastrofa u istoriji Slovena koja je bila uzrok njihovog kulturnog, duhovnog i svakog drugog stagniranja, kao i razjedinjavanja koje je upravo nastupilo zbog stvaranja različitih konfesionalnih razlika među njima (videti Aitamurto 2007; takođe Shnirelman 1998). Pored svega navedenog, treba ukazati čak i da je sama percepcija slovenskog mita o „zlatnom dobu" varirala u zavisnosti od konkretnih autora, bez obzira na njihove naglašene slavofilske stavove, što je opet bilo uslovljeno pravcima njihovog angažovanja u kontekstima nacionalnih preporoda. Tako je u sebi sama vizija mogla sadržati različite premise koje su (uslovno) isticali hrišćansku ili pagansku komponentu, ili su obe najčešće vešto

III IZMIŠLJANJE SLOVENSKIH TRADICIJA

kombinovane (Kolar, Šafarik).[101] Bez obzira na višestruke varijacije, u principu mit o zlatnom dobu u slovenskim okvirima ipak nije odlazio od suštine, odnosno konkretne karakteristične percepcije vremenskog perioda koji je označavao. U skladu sa svime prethodno navedenim, treba istaći da mit o zlatnom dobu u kontekstu sveslovenskog korpusa predstavlja izuzetno značajan aspekt u smislu konstruisanja *moralnih načela*, na koji se nadovezuju mnogi drugi izrazito nacionalni i/ili (uslovno) nadnacionalni mitovi sa varijabilnim sadržajima. Uz to, on ne predstavlja usamljenu i izdvojenu pojavu, već sastavni deo različitih mitskih konstrukcija u kojima ima specifične refleksije i izaziva mnogostruke emotivne a često i afektivne reakcije. Kao takav, kao i svi politički mitovi u sebi sadrži dijalektiku suprotnosti. Odnosno, uz stalno promenljiv oblik, mit dakle ima i protivrečna značenja (Žirarde 2000, 16). Uz njega su se u sveslovenskim okvirima u periodu romantizma u izvesnom smislu nadovezivala i tumačenja pojedinih autora (Herdera, Kolara i dr.) o uzdizanju slovenskog naroda, odnosno o Slovenima kao narodu sa svetlom budućnošću. Ova tumačenja su inicijalno, kao što je već istaknuto započela sa J. G. Herderom koji je za Slovene istakao da su „Grci novog doba" (vidi Krejči 2000). Međutim, ovakva tumačenja uzimajući u obzir njihovu limitiranost, ali i kratkotrajnost, nije moguće podvesti pod mit o etničkom izboru ili „izabranom narodu", iako se pojedini elementi ovakve percepcije mogu uočiti u nekim savremenim tendencijama koji se vezuju za shvatanje značaja Slovena u kontekstu pojedinih rodnovernih grupa na prostoru Rusije, Ukrajine i Belorusije. Generalno posmatrano, stvaranje zajedničkog korpusa, odnosno pokušaji stvaranja sveslovenskih tradicija, trebalo je da doprinesu osećaju kohezije, bez obzira da li je ona trebalo da bude postignuta kao nacionalna, ili

---

101 O varijacijama kulta o etničkom zlatnom dobu u različitim kontekstima, kao i o kombinovanju paganskih i hrišćanskih komponenti u konkretnim primerima, videti u Smit 2010. gl. 3.

daleko izvesnije kao nadnacionalna (uz akceptovanje različitih slovenskih nacionalizama). Pri tome su, kao i u kontekstu izgradnje nacionalnih identiteta, tradicije, navike, zajedničke norme, i „način života" trebalo da služe kao alat za identifikaciju granica zajednice, bez obzira da li je ona bila fizička ili imaginarna (vidi Bart 1997). Ta zajednica (u ovom slučaju konkretno sveslovenska) uprkos njenoj kompleksnosti koja je proizilazila iz njenog ustrojstva kao nadnacionalnog oblika kolektiviteta (bez obzira na pojedine interne konfrontacije panslavista u kontekstu shvatanja slovenstva kao nacije), morala je posedovati izuzev jasne političke dimenzije (reakcija na pangermanizam, mađarizaciju, ponegde i osmanizam) i čvrsto koncipirane tradicije kao kohezione elemente. Odnosno, kao što jedan od ključnih činilaca postojanja nacije, predstavlja samosvest grupe koja je odvaja od svih ostalih grupa (vidi Putinja i Strf-Fenar 1997), tako je i formiranje sveslovenskog nadnacionalnog identiteta moralo biti zasnovano kako na zajedničkim mitovima o poreklu, ugroženosti, zlatnom dobu, opadanju i ponovnom uzdizanju, tako i na određenju u odnosu na zajedničku opasnost, viđenu pre svega u Germanima. Svakako ove dimenzije su se vremenom menjale i dopunjivale, tako da npr. u kontekstu savremenog slovenstva ključni *drugi* najčešće proizilazi iz antiokcidentalizma, dok se pored već tradicionalne percepcije o Germanima i donekle Muslimanima, zajednički neprijatelj reflektuje i u politici Sjedinjenih Američkih država, a kod određenih grupa na prostoru Rusije, Belorusije i Ukrajine, (uslovno) i u Evropskoj uniji.[102] Problem etničkog porekla Slovena je, kao što je ukazano, za Kolara i Šafarika predstavljao primarnu temu i ishodište njihovih istorijskih dela. Međutim, uprkos velikom uticaju, njihove interpretacije iako izrazito slavofilske, u sveslovenskim okvirima nikada nisu imale mogućnost razvijanja mobilizacijskog kapaciteta, kao

---

102 Opširnije o ovoj problematici u kontekstu savremenih refleksija slovenstva će se raspravljati u okviru petog poglavlja.

III IZMIŠLJANJE SLOVENSKIH TRADICIJA

što su imale uticaj na formiranje slovačkog, kao i nekih drugih pojedinačnih nacionalnih identiteta. Na taj način su, kao i ideologija panslavizma, potisnute od nacionalno koncipiranih sadržaja (vidi Krejči 2000). Ipak, njihovim istoriografskim radom je u sveslovenskim okvirima, odnosno u slovenstvu kakvo je postojalo u prvoj polovini i sredinom devetnaestog veka, postavljen temelj za sve kasnije nadogradnje, prekomponovanja, a inicijalno i izmišljanja novih teorija, koje se mogu podvesti pod koncept krajnje heterogenog fundusa mitizacija koje se odnose na najčešće, u naučnom smislu, kvaziteorije o etničkom poreklu i značaju Slovena. Odnosno, bez obzira što su sve kasnije, a posebno današnje mitizacije, vezane za problematiku slovenske etnogeneze, po sadržaju često drugačije od Kolarovih i Šafarikovih, sve one sadrže manje ili više slične idejne koncepcije koje se kreću ka dokazivanju autohtonosti, starosti i značaju slovenskih naroda. Svakako njihovi sadržaji su daleko opširniji u smislu stepena fiktivnosti, a takođe su pored toga u savremenim konceptima mnogo više vezani za tumačenja o starosti nacije, dok se slovenska dimenzija pojavljuje samo kao propratna i kao takva je marginalizovana. Zbog toga, a u skladu sa percepcijom slovenstva, ne može se govoriti o postojanju nekakvog jednoobraznog mita o poreklu kao što je to slučaj u brojnim nacionalnim kontekstima, pošto su postojeći sadržaji vezani za ovu tematiku posmatrani na sveslovenskom nivou izuzetno disperzivni i fragmentalni. Sveslovenski habitus, u njegovim političko mitološkim okvirima, dakle, od početnih inicijalnih faza, preko različitih etapa svoje egzistencije u raznim vremenskim i prostornim kontekstima pa sve do danas, ne postoji kao neki zaseban niz, već je u uskoj vezi sa nacionalnim i političkim mitovima prisutnim u okviru obrazaca pojedinačnih slovenskih nacionalizama i političkih entiteta. Zbog toga, tradicije i mitizacije koje bi mogle imati epitet sveslovenske, ujedno su imale i imaju svoje okvire u zasebnim (sopstvenim) nacionalnim diskursima. Odnosno, one poprimaju „slovensku" dimenziju prvenstveno zbog unutrašnjih razloga, pre

KONSTRUKCIJA SLOVENSTVA U POLITICI I NAUCI

svega i najčešće u kontekstu potreba šire političke i društvene mobilizacije. Tako je, u zavisnosti od vremenskog konteksta, njihovo uzdizanje na slovenski nivo korespondiralo sa političkim i društvenim potrebama konkretnih nacionalizama a povremeno i „zvaničnih politika" određenih slovenskih država. Samim tim, „osećaj slovenstva" u identifikacijskom smislu, je bio najizraženiji u trenutcima političkih i društvenih kriza koje su inicijalno nastajale delovanjem spoljnog faktora, odnosno opasnošću i ugroženošću od strane zajedničkog (slovenskog) neprijatelja. U početku u Habsburškoj monarhiji među Slovenima, taj neprijatelj je viđen u mađarskom nacionalizmu i pangermanizmu a u južnoslovenskom (i donekle istočnoslovenskom) kontekstu i u Osmanlijskom carstvu. Kanije, tokom Prvog svetskog rata a naročito tokom Drugog svetskog rata, slovenstvo uz osećaj već prethodno izgrađenog koncepta slovenske solidarnosti, korišćeno je kao mobilizacijski faktor, odnosno kao dopuna ruskom nacionalizmu u otporu protiv nemačke invazije, budući da se koncepcija inače propagiranog internacionalizma i komunizma pokazala kao nedovoljna za mobilizaciju u ratu protiv Nemaca (vidi Rychlík 2004, 130-131). U kontekstu pojedinih savremenih ideja, slovenstvo, iako krajnje marginalizovano, se kod nekih pojedinaca i grupa, percipira kao sredstvo otpora protiv „američkog i/ili nemačkog imperijalizma", na šta ćemo se vratiti kasnije. Dakle, mitovi nacionalnih mitologija, koji su po svojoj koncepciji bili, ili su mogli biti (uslovno) i sveslovenski, zavisili su i varirali od prostornih i vremenskih okvira. Iako se može govoriti o pojedinim slovenskim tradicijama i mitizacijama, njihov okvir je krajnje ograničen i prilično se u koncepcijskom smislu dobro reflektuje kroz tematske celine koje su bile zastupljene u Kolarovim i Šafarikovim delima. Međutim, čak i kada su pojedini (uslovno) slovenski politički motivi bili jasnije naglašeni, opet su bili povezani sa procesima nacionalnih emancipacija. Tako se i stvaranje slovenske političke mitologije na osnovama nacionalnih, u devetnaestovekovnom kontekstu reflektovalo nizom primera, na šta je

III IZMIŠLJANJE SLOVENSKIH TRADICIJA

već ukazano u tekstu. Rad Kolara i Šafarika, najbolji je pokazatelj tih procesa. Mitski diskurs, slovenskih nacionalnih mitologija kao i sveslovenskih političkih mitova, je s obzirom na njegovu predvidivost i limitiranost broja obrazaca, moguće sagledati i analizirati prateći ustaljene oblike koji su se vremenom ponavljali. Zbog toga se uprkos ključnoj problematici koja prati ovu analizu u celini – a koja proizilazi iz konfuznosti konstelacija, tj. nemogućnosti jasnog odvajanja nacionalnih od nadnacionalnih (slovenskih) mitizacija i tradicija – uočavaju pravilnosti u samoj strukturi konkretnog mitološkog korpusa. Time se uprkos varijacijama, zbog predvidivog broja obrazaca kao i ograničenosti i uslovljenosti idejnog potencijala, može npr. pratiti osnovna struktura (uslovno nazvanog) *slovenskog mita o zlatnom dobu*. Ovo proizilazi iz činjenice što, iako je mitska stvarnost polimorfna, promenljiva i dvosmislena, ona svoju koherentnost stiče na osnovu pravila po kojima se strukturiše, pri čemu je način na koji se ona gradi i funkcioniše predstavljen kao nizanje i kombinovanje pojedinih slika (Žirarde 2000, 18).

Pojedini Kolarovi postupci koji su proizilazili iz njegove idejne koncepcije o sveslovenskoj uzajamnosti, kao i neki njegovi lični postupci iz privatnog života možda bi se mogli sagledati, uz akceptovanje delimične mitizacije njegove ličnosti nedugo nakon njegove smrti, kao premisa u stvaranju sveslovenskog korpusa. Npr. podatak koji se često navodi o tome da je Kolar redovno postio samo tri dana u godini, odnosno kako J. Skerlić ističe „na dan češke propasti na Belom Brdu, na dan kada je Košćuško potučen i na srpski Vidovdan" (vidi Skelić 1906, 10), mogao bi se tumačiti u takvom pravcu. Uostalom već ovo navođenje Skerlića, uz njegov prilično emotivni opis Kolarovog delovanja, uzimajući u obzir vremenski nastanak Skrelićevog dela (1906. godinu), predstavlja oblik onovremene učvršćene mitizacije. Međutim, podatak o karakteru Kolarovog posta, izuzev što svedoči o njegovom emotivno određenom postupanju, ukazuje upravo na njegovo spontano unošenje elemenata nacionalnih mitologija u sveslovenski korpus. Srpski poraz na

KONSTRUKCIJA SLOVENSTVA U POLITICI I NAUCI

Kosovu, koji u srpskom društvenom i političkom diskursu simboliše čitav niz fenomena (Kusá 2009), definitivno predstavlja najemotivniji i najznačajniji politički mit sa najvećim brojem različitih manifestacija. Za Kolara je ovaj događaj prvenstveno predstavljao propast srednjovekovne srpske države i otpočinjanje viševekovnog ropstva, i kao takav je bio u vezi sa njegovim tumačenjem nesloge kod Slovena. On je po koncepciji u izvesnom smislu korespondirao sa mitizacijama vezanim za značaj poraza na Beloj Gori, kao češke nacionalne tragedije i kraja češke samostalnosti.[103] Izuzev ova dva događaja koja su za Kolara predstavljala sveslovenske tragedije, što je proisticalo iz njihovog značaja u nacionalnim okvirima u kontekstu stvaranja nacionalnih mitova, Kolar je kao jednu od najvećih tragedija Slovena smatrao i treći događaj, koji je bio malo drugačijeg karaktera i novijeg datuma od prethodna dva. Radi se o porazu vojske poljskog generala Tadeuša Košćuška (1746-1817) i gušenja Poljskog ustanka od strane Rusa. Za Kolara je ovaj događaj predstavljao neshvatljiv rat među samim Slovenima i ujedno kao takav, reprezentovao je jedan od najbolnijih primera slovenske nesloge. Dakle, pojedini istorijski događaji koji su u kontekstu pojedinačnih nacionalnih mitologija poprimali okvire svenacionalnih tragedija (bitka na Kosovu, bitka na Beloj Gori, propast Velikomoravske itd.), su za Kolara i deo devetnaestovekovnih panslavista simbolisali u prvom redu tragedije svih Slovena, a tek onda tragedije pojedinačnih slovenskih naroda ili plemena, u zavisnosti

---

103 Ovaj događaj zapravo nije imao poseban istorijski značaj, a definitivno nije predstavljao početak češkog ugnjetavanja katolicizmom i tuđom dinastijom, kakvu je simboliku i značaj stekao u kontekstu češkog narodnog preporoda, pre svega tumačenjima glavnog propagatora austroslavizma F. Palackog koji je ovaj događaj označio kao tragediju češkog naroda, a period nakon njega kao „mračno doba". Ovaj mit se posebno intenzivirao nakon stvaranja prve Čehoslovačke republike, kada je prerastao u mit o „hiljadugodišnjem ropstvu" i germanizaciji Čeha u Habsburškoj monarhiji kao „zatvoru naroda" (vidi Mannová 2005, 14-15). O mitizaciji bitke na Beloj Gori i evoluciji mita o „hiljadugodišnjem ropstvu" u istorijskom razvoju vidi u Rychlík 2001.

III IZMIŠLJANJE SLOVENSKIH TRADICIJA

od tumačenja pojedinaca. Međutim, sa druge strane kod nosilaca procesa nacionalnih emancipacija, ovi porazi, pojedinačno su reflektovali isključivo nacionalne tragedije, dok je njihov sveslovenski karakter ukoliko je uopšte i postojao, bio u potpunosti zanemarljiv i eventualno sveden na nivo poređenja.

Specifičan primer niza naracija koji bi se po svojoj koncepciji mogao podvesti pod sveslovenski korpus, predstavlja problematika vezana za tzv. *slovenski mit* (formulacija po Kodajová 2005) u okviru slovačkog konteksta, odnosno odnosi se na već pominjano poslednje delo Ljudovita Štura *Slovenstvo i svet budućnosti (Das Slawenthum und die Welt der Zukunft)*. Iako se na osnovu svog sadržaja koji je vezan za Šturovu viziju budućnosti Slovena, koju on vidi u formi velikoruske koncepcije panslavizma, ovaj spis može smatrati delom sveslovenskog korpusa, on zapravo (uslovno) predstavlja formu političkog mita koji je svoje različite refleksije imao i još uvek ima prvenstveno u okviru slovačkog društvenog i političkog diskursa. O Šturovom značaju za širenje ideologije panslavizma, detaljnije je ukazano u prethodnom poglavlju, pri čemu je naznačeno da je njegovo poslednje delo u kome Štur ističe da svi Sloveni treba da pređu u pravoslavlje, da prihvate ruski jezik, kao i da se ujedine pod hegemonijom Rusije, bilo u priličnoj kontradiktornosti sa njegovim ranijim delovanjem koje se odnosio na kodifikaciju slovačkog književnog jezika i izgradnju slovačkog nacionalnog identiteta. Ovaj Šturov spis je napisan verovatno 1851. godine na nemačkom jeziku, a objavljen je po prvi put na ruskom 1867. godine pod nazivom *Славянство и міръ будущаго* uz prethodnu pripremu ruskog slaviste i istoričara V. I. Lamanskog. Kasnije je opet publikovano na ruskom 1906. godine. Na nemačkom jeziku ga je prvi objavio češki pedagog J. Jirasek (*Jozef Jirásek*) 1931. godine, koji je za njega prvi istakao da predstavlja neku vrstu *Šturovog političkog testamenta*, navodeći kako je ono pisano u poslednjim godinama Šturovog života koje je on provodio u izolaciji i da kao takvo predstavlja njegovu poslednju poruku svom na-

KONSTRUKCIJA SLOVENSTVA U POLITICI I NAUCI

rodu (vidi Kodajová 2005). Na slovačkom jeziku je inače po prvi put ovo delo publikovano tek 1993. godine, iako je korektura slovačkog izdanja drugog ruskog prevoda za štampu bila pripremljena još 1944. godine.[104] Već nakon prvog objavljivanja, zbog svoje

---

[104] U slovačkom kontekstu je ovo Šturovo delo uprkos dva izdanja na ruskom jeziku sve do njegovog publikovanja na prostoru prve Čehoslovačke republike na nemačkom jeziku (Jozef Jirásek) ostalo prilično nezapaženo, pa samim tim nije preterano uticalo na devetnaestovekovne panslavističke koncepcije. Međutim, od tridesetih godina ono postepeno prerasta u specifičnu formu političkog mita koji svakako načelno ima slovenski karakter imajući u vidu njegov sadržaj, ali ostaje pre svega kao ograničena premisa u kontekstu slovačkog nacionalizma, akceptovana od relativno malog broja pojedinaca. Percepcija Šturovog spisa je pored toga u slovačkom kontekstu podrazumevala čitav niz različitih mitizacija. Pojedini autori su nastojali da ukažu na potrebu praćenja njegove vizije, predstavljajući je bukvalno sa posvetnim poštovanjem (S. H. Vajanský), dok je sa druge strane ovaj spis budući da nije korespondirao sa Šturovim predrevolucionarnim stavovima, često istican kao falsifikat načinjenim od strane Rusa zbog njihovih geopolitičkih interesa. Ovakva argumentacija je dodatno potkrepljivana vremenom publikovanja prvog ruskog izdanja koje se podudaralo sa slovenskim skupom u Moskvi i etnografskom izložbom u Petrovgradu 1867. godine. Ovakve teze su odbačene lingvističkom analizom početkom tridesetih godina dvadesetog veka i autentičnost Šturovog autorstva je potvrđena. Tokom Drugog svetskog rata Šturova vizija Slovenstva je imala značajno mesto u delima slovačkog političara i pisca V. Clementisa (*Vladimír Clementis*), kao i u kontekstu iznova aktualizovane problematike i shvatanja o borbi između Slovena i Germana. Nakon raspada Čehoslovačke republike i u kontekstu prvog izdanja ovog Šturovog dela na slovačkom jeziku značajne rasprave su izazvali stavovi slovačkog političara, istoričara i jednog od lidera studentskog pokreta 1989. godine, S. Bombika (*Bombík*). Generalno posmatrano, slovačko izdanje ovog kontroverznog dela izazvalo je dodatne mitizacije i preuveličavanja. Međutim, detaljnom analizom onovremene Šturove korespondencije koja je usledila, između ostalog je utvrđeno da ovo delo zapravo ne predstavlja poslednje što je Štur napisao, kao i da se ne radi o nekakvim vizionarskim Šturovim instrukcijama Slovenima, već da je ovaj spis inicijalno nastao kao reakcija na aktuelnu političku situaciju neposredno nakon revolucije i kao uvodna postavka za planiranu širu diskusiju predstavnika različitih slovenskih naroda. O značaju

III IZMIŠLJANJE SLOVENSKIH TRADICIJA

izrazito rusofilske koncepcije, ovo delo je postalo prilično popularno među ruskim slavjanofilima i panslavistima, ali ostalo je prilično nepoznato slavofilima i posrtajućem panslavizmu na prostoru Habsburške monarhije. Odnosno, zbog svoje izrazite proruske koncepcije, njegov uticaj je bio isključivo ograničen na ruski kontekst i u smislu izgradnje sveslovenskog korpusa njegov značaj kao takav je bio krajnje limitiran. Svakako, ovo delo je u kontekstu slovačke nacionalne i političke mitologije imalo niz refleksija od tridesetih godina dvadesetog veka, ali njihov slavofilski karakter iako neosporan ne može se označiti kao sveslovenski, već ga je potrebno sagledati kao sporadične manifestacije slovenstva u kontekstima slovačkog nacionalističkog diskursa. U ruskom kontekstu, ono je značajno doprinosilo da se Slovacima kao narodu u političkim kalkulacijama ruskih panslavista pripisuje veća naklonost ka carskoj Rusiji nego što su je ispoljavali ostali slovenski narodi (Kodajová 2005, 117). Samo delo je objavljeno jedanaest godina nakon Šturove smrti, odnosno 1867. godine kada je ruski panslavizam bio na vrhuncu. Iste godine organizovan je čuveni Slovenski kongres u Moskvi, koji su ruski panslavisti iskoristili za prezentaciju Rusije kao predvodnice Slovenstva ostalim predstavnicima slovenskih naroda koji su učestvovali u njegovom radu. U takvim okolnostima, svakako da je Šturovo delo, kao rad koji dolazi od autora koji nije Rus a zastupa rusku formu panslavizma, bilo veoma dragoceno ruskim slavjanofilima. U svom delu *Slovenstvo i svet budućnosti* Štur u panslavističkom duhu raspravlja o budućnosti Slovena, nudeći sopstveni predlog za njihovo ujedinjenje. Proširenje Ruskog carstva i uključivanje svih slovenskih naroda u njega, on vidi kao jedinu i najbolju alternativu slovenskog opstanka, pri čemu odbacuje koncepte austroslavizma i slovenske federacije kao praktično neostvarive, navodeći sopstvenu argumentaciju kojom

---

ovog Šturovog dela u slovačkom kontekstu u formi njegove mitizacije, kao i o procesu njegove naučne demitizacije, videti u Kodajová 2005.

KONSTRUKCIJA SLOVENSTVA U POLITICI I NAUCI

obrazlaže nedostatke ovakvih koncepcija. Štur, koji je još od ranije imao percepciju o Slovenima i njihovoj budućnošću u skladu sa Herderovom i Kolarovom idealističkom slikom o njihovom značaju, u ovom delu ovakve premise dodatno naglašava i postavlja ih u kontekst opozicije Rusija (Sloveni) – Evropa (Zapad), kakva je postojala među ruskim konzervativnim autorima. Odnosno, klasični stavovi o zapadnim narodima koji su na zenitu svoje slave, kao i Herderovski stavovi o Slovenima kao novoj nosećoj energiji čovečanstva sa posebnom misijom, činili su da percepcija Slovena i njihove istorijske misije kod Štura ima duhovni i praktično transcendentalni karakter (vidi Krejči 2000). Sloveni za Štura praktično predstavljaju izabrani narod, oličenje ljudskosti čija je misija uzdizanje ljudske kulture. Štur je pri tome istupio protiv liberalizma i modernosti ocenjujući ih, kao i ostale političke i društvene tendencije na Zapadu, kao „destrukcije ljudskosti". Međutim, radikalna kritika propadanja Zapada i panslovenski mesijanizam nisu kod Štura predstavljali nihilistički poziv ka konfrontaciji, već su kod njega, kao i kod Kolara, ovakve ideje imale humanistički karakter i sveljudske ideale (Krejči 2000, 135).[105]

Slično kao i po pitanju Šturovog dela, književni rad Svatopluka Čeha koji ispunjava kriterijume forme koja bi se mogla nazvati utopijski panslavizam, takođe je predstavljao na neki način doprinos stvaranju sveslovenskog korpusa u njegovoj (uslovno) konzervativnoj i ideološko antiokcidentalnoj dimenziji. Njegovi alegorijski epovi *Evropa* (1878) i *Slavia* (1884) apsolutno predstavljaju najreprezentativniju manifestaciju ideja o posrnuloj Evropi kao brodu koji tone i Slovena koji u skladu s njihovom istorijskom misijom ponovo uzdižu čovečanstvo. Tako sadržinski ustrojena, ova dva rada koja se nadovezuju jedan na drugi obuhvataju kompletan niz

---

105 Opširnije o ideološkoj koncepciji Šturovog dela *Das Slawenthum und die Welt der Zukunft*, kao i o njegovom geopolitičkom karakteru videti u Krejči 2000.

III IZMIŠLJANJE SLOVENSKIH TRADICIJA

motiva vezanih za tradicionalni panslavizam i kao takvi verovatno najbolje reflektuju idealističku sliku slovenstva i panslavizma u formi idealističke i utopijske percepcije kakva je postojala među slavofilima i slavjanofilima tokom devetnaestog veka. Svakako njihov realan uticaj je bio limitiran i zbog toga ova dva dela zapravo predstavljaju izraz jednog ekscentričnog pojedinca u trenutku konačnog gašenja panslavističkih tendencija u njihovim klasičnim oblicima.

Uslovno, specifična forma stvaranja, a ujedno i manifestacije sveslovenskih tradicija delimično je proisticala i iz različitih formi umetničkog stvaralaštva, odnosno iz likovnih, muzičkih i scenskih umetnosti. Tako se od sredine devetnaestog veka pa sve do tridesetih godina dvadesetog veka pojavljuju različita dela sa naglašenom slovenskom tematikom proisteklom iz izraženih slavofilskih stavova njihovih tvoraca. Pri tome se slovenska dimenzija i u kontekstu ovih umetničkih dela u značajnoj meri veoma često preplitala sa uže definisanim nacionalnim koncepcijama, odnosno autori ovih dela su bili inspirisani temama iz pojedinačnih slovenskih nacionalnih korpusa, koje su zatim predstavljali u sveslovenskim okvirima. Njihova dela su bila u manjoj ili većoj meri akceptovana u skladu sa njihovim ideološkim kodom od strane posmatrača, čime su se ujedno na neki način i ovakvim putem prenosile slovenske ideje u najširem smislu njihovog značenja. Svakako, ovde se ne može govoriti bezuslovno kao o formi stvaranja sveslovenskih tradicija, ali ovakve manifestacije su definitivno predstavljale najčešće nenamerne medijume za plasiranje ideja o Slovenstvu, čijim ideološkim korpusom su uostalom i bile inspirisane, pa se kao takve moraju sagledati kao eventualni elementi, tj. segmenti koji su doprinosili u najmanje, konstruisanju slovenstva u umetnosti.[106]

---

[106] U tom kontekstu potrebno je pomenuti brojne autore, kao što su češki slikar Jozef Manes (1820-1871), koji je na određeni način stvorio „idealan tip" istorijskog Slovena predstavljenog kao poljskog Gorala. Nadovezujući se na nje-

KONSTRUKCIJA SLOVENSTVA U POLITICI I NAUCI

Pojedini aspekti slavjanofilskih (slovenofilskih) i slavofilskih ideja u Rusiji tokom devetnaestog veka

Pored svih do sada analiziranih konstelacija koje su se odnosile na pokušaje stvaranja sveslovenskih tradicija kroz prizmu slovenskog zajedništva u prošlosti, gde je pored pojedinih mitizacija folklora, najznačajnije mesto zauzimala istoriografija, treba pomenuti i drugu (uslovno) geopolitičku, anti-okcidentalnu, religijsku i konzervativno-filozofsku dimenziju konstrukcije slovenstva, koja je pre svega bila prisutna u ruskom kontekstu. Nju u prvom redu simboliše korpus ideja ruskog klasičnog slovenofilstva, kao i druge bliske koncepcije o kulturnoj suprotstavljenosti Rusije i Evrope koje su međutim bile oslobođene od religijskih i romantičarskih

---

gov rad, Mikoláš Aleš (1852-1913) je za svoje crteže crpeo inspiraciju iz svih slovenskih nacionalnih istorija, pri čemu su njegovi radovi najviše tematski usmereni ka (uslovno) slovenskim junacima i junačkim događajima. Tako se od tema zastupljenih u njegovom radu između ostalih nalazi i bitka na Kosovu, različite predstave idealizovanih slovenskih i čeških junaka, ruskih kozaka, pri čemu je posebno značajan njegov ciklus *Život starih Slovena*. Jaroslav Čermak (1830-1878), u skladu sa onovremenim romantičarskim zanosom, bazirao se pretežno na teme koje su prikazivale oslobodilačke ratove južnih Slovena sa Turcima. Značajan je i rad vajara Josefa Vaclava Mislbeka (1848-1922), dok je u muzičkoj umetnosti slovenstvom najviše bio inspirisan čuveni češki kompozitor A. Dvoržak (*Antonín Dvořák* 1841-1904). Međutim, u kontekstu inspiracije Slovenima, definitivno najznačajnije delo predstavlja čuveni ciklus *Slovenska epopeja (Slovanská epopej)* koji se sastoji od dvadeset velikoformatnih slika čuvenog češkog slikara Alfonsa Muhe (1860-1839). Muha je u ovom ciklusu, koji je nastajao od 1912. do 1928. godine, obuhvatio različite teme vezane za istorijske događaje i ličnosti kod svih slovenskih naroda, kao i teme koje se odnose na period njihove najstarije prošlosti. Ova dela su međutim nastajala u periodu kada je panslavizam kao ideologija, kao i slovenstvo generalno bilo krajnje marginalizovano kao politički i društveni koncept. Takođe, Muhova dela iz ovog ciklusa su bila u vreme svog nastanka likovni anahronizmi, budući da su u tom periodu u češkoj sredini bili značajno prisutni stilovi poput kubizma, ekpresionizma itd. (vidi Petrusek 2005).

III IZMIŠLJANJE SLOVENSKIH TRADICIJA

elemenata, poput one koja se uočava u delu *Rusija i Evropa*, ruskog panslaviste N. Danilevskog. Pored toga, različiti motivi iz nekih dela pisaca poput F. Dostojevskog, A. Puškina, L. N. Tolstoja i drugih, takođe u izvesnom smislu proizilaze iz pojedinih slavjanofilskih koncepcija i kao takve takođe ukazuju na specifičnost slovenstva u ruskom kontekstu. U ovom smislu, (uslovno) je moguće sagledati i rad pojedinih predstavnika tzv. ruske verzije panslavizma van Rusije, pre svega kodifikatora slovačkog književnog jezika Lj. Štura, kao i daleko manje uticajne, prilično retke i ekstravagantne pojedince u kontekstu češkog narodnog preporoda poput S. Čeha, K. Sladkovskog i drugih, na šta je već ukazano u prethodnim delovima knjige.

Slovenska ideja u ruskom kontekstu je tokom devetnaestog veka, kao što je ukazano, ukoliko se izuzmu pojedine marginalne anticarističke tendencije u kontekstu ideja Bakunjina, Društva ujedinjenih Slovena i Bratsva svetih Ćirila i Metodija, predstavljala neki oblik paravana za plasiranje ideja vezanih za geopolitičke ambicije Ruske Imperije. U početnim fazama ideja panslavizma je u Rusiji bila prilično slabo akceptovana i imala je specifičnu dimenziju. Odnosno, slovenstvo je poistovećivano sa pravoslavljem i spajano sa tradicijama ruskog sela i patrijarhalnom zajednicom. Kao takvo, stajalo je u suprotnosti sa „pokvarenim" liberalnim evropskim zapadom (Rychlík 2004, 127). Međutim, slovenstvo u celini, kao ni samo slavjanofilstvo, u tom kontekstu nisu predstavljali homogenu celinu. Odnosno, iako su najčešće istupali protiv ideja liberalizma, nisu svi slavjanofili podržavali rusku carsku autokratsku vlast, već su postojali i slovenofili koji su se zalagali za liberalne reforme. Ipak, svi oni su isticali specifičnosti istorijske i kulturne tradicije Rusije kao suprotne racionalizmu i zapadnoevropskim tradicijama, pri čemu su glorifikovali tradicionalnu rusku opštinu, kao i pravoslavlje kao jedinu pravu hrišćansku crkvu. Ruski oblik panslavizma je zapravo u velikoj meri proizilazio upravo iz ideja ruskog slovenofilstva, dok su

KONSTRUKCIJA SLOVENSTVA U POLITICI I NAUCI

slavofilske ideje koje su dolazile iz drugih slovenskih sredina bile daleko slabije akceptovane, iako su ideje i istoriografski radovi slavista poput Kolara i Šafarika svakako imali veoma velik uticaj. Interesovanje ruskih slavjanofila je u početku bilo skoro isključivo usmereno ka pravoslavnim Slovenima, budući da je u prvoj polovini devetnaestog veka postojala tradicionalna percepcija Rusije kao naslednice Vizantije i zaštitnice pravoslavlja. Pri tome ih je posebno zanimao položaj pravoslavnih hrišćana u Osmanlijskom carstvu, ali i u katoličkoj Poljskoj. U skladu sa percepcijom Moskve kao trećeg Rima, odnosno nastavljača tradicija drugog Rima – Kostantinopolja, brojni onovremeni konzervativno i tradicionalno orijentisani autori su smatrali da Rusija treba da bude centar pravoslavnog sveta sa ruskim carem na njenom čelu. Vremenom je ova uloga *Rusije kao zaštitnice pravoslavlja,* u skladu sa prodiranjem idejnih tendencija koje su bile u vezi sa stvaranjem modernih naroda, ali i slovenskih ideja koje su postepeno prodirale u ruski kontekst, evoluirala u ideju o *Rusiji kao zaštitnici Slovenstva.* Međutim, i dalje je primarni interes ostao vezan u prvom redu za pravoslavne Slovene, pri čemu se većina slavjanofila zalagala za principe tzv. *sabornosti.* Ruski slavjanofili su gajili posebne simpatije pre svega prema Južnim Slovenima i zalagali su se da im Rusija pomogne u njihovoj borbi za narodnu i političku samostalnost, ali su isto tako istupali protiv poljskih i ukrajinskih nacionalnih procesa. Iako je u panslavizmu od strane ruske zvanične politike viđen pogodan mehanizam za prodiranje Rusije prema Zapadu, odnosno ka širenju njenog uticaja među slovenskim narodima, ideologija panslavizma nikada nije postala zvaničan deo ruske spoljne politike (Krejči 2000; Rychlík 2004; Vlček 2011). Međutim, ona je u kontekstu ruske filozofije istorije bila prisutna, ali je imala donekle drugačiju dimenziju, budući da se uz nekoliko pojedinačnih marginalnih koncepcija, temeljila na ideološkom korpusu slovenofilskih koncepcija. Svakako, u kontekstu geopolitike slavjanofili su u suštini imali iste ideje svojstvene

III IZMIŠLJANJE SLOVENSKIH TRADICIJA

ruskom obliku panslavizma koji je deklarativno u određenim slučajevima korišćen od strane oficijalne ruske politike.

Slavjanofilstvo, odnosno slovenofilstvo se u ruskom kontekstu pojavilo najpre kao ideja u radovim autora poput Alekseja Homjakova (*Алексей Степанович Хомяков* 1804-1860) i Konstantina Sergejeviča Aksakova (*Константи́н Серге́евич Акса́ков* 1817-1860). Ono je u značajnoj meri proisteklo kao reakcija na prosvetiteljstvo kojim se od vladavine Petra Velikog težilo ka modernizaciji i približavanju Rusije zemljama zapadne Evrope. Nastalo je u intelektualnim konzervativnim moskovskim krugovima koji su se interesovali za nemačku klasičnu filozofiju, odnosno mogućnostima njene primene na društvo i državu. Radovi filozofa poput G. V. Hegela i F. Šelinga, zajedno sa patriotskim romantičarskim koncepcijama, imali su veoma velik značaj u stvaranju slavjanofilstva kao filozofsko-ideološkog pravca. Slovenofilstvo predstavlja u prvom redu specifičnu slavofilsku (slovensku) koncepciju ili skup koncepcija, koja se temeljila na idejama J. G. Herdera, slovenskom romantičarskom pesništvu, kao i na starijoj tradicionalnoj percepciji o civilizacijskoj misiji Rusije, odnosno (uslovno) na korpusu mitizacija o „svetoj Rusiji".[107] Slavjanofilstvo u tom kontekstu zapravo predstavlja neku vrstu filozofskog i kulturno religijskog pravca koji je zagovarao ideje suprotne tzv. *zapadnjaštvu* i koji je bio najvidljiviji u periodu od četrdesetih do kraja šezdesetih, a po nekim autorima i do osamdesetih godina devetnaestog veka. Izuzev A. S. Homjakova i K. S. Aksova, kao najznačajnije slavjanofile treba pomenuti I. S. Aksakova (*Ива́н Серге́евич Акса́ков* 1823-1886), I. V. Kirijevskog (*Ива́н Васи́льевич Кире́евский* 1806-1856), J. F. Samarina (*Ю́рий Фёдорович Сама́рин* 1819-1876), kao i pisce poput Vladimira Ivanoviča Dala, Fjodora I. Tutčeva i druge. Ruski slavjanofili su težili stvaranju sintetičko filozofskog pogleda na svet, koji je trebao da se temelji na kombinaciji patrijarhalne pravoslavne

---

[107] O ideološkoj koncepciji i sadržaju pojma *Sveta Rusija*, videti u Lepahin 2002.

KONSTRUKCIJA SLOVENSTVA U POLITICI I NAUCI

tradicije i elemenata moderne evropske misli, pri čemu je rusko-slovenski prostor trebao da bude nosiocem ovakve sintetičke percepcije sveta (Nykl 2004, 223). Upravo je ovakva koncepcija u kontekstima ruskog devetnaestovekovnog slovenstva bila dominantna i nju je (uslovno) moguće označiti kao nešto što bi u određenim segmentima moglo biti sa priličnom rezervom tumačeno kao stvaranje slovenskih tradicija. Pri tome bi ovakva interpretacija, sa nekoliko izuzetaka bila ograničena samo na ruski kontekst. Odnosno, tendencije koje bi (uslovno) bile označene kao elementi slovenskih tradicija, bi po svojoj strukturi bile prvenstveno ruske, a samo deklarativno slovenske. U skladu sa onovremenim tokovima socijalne filozofije ruskog klasičnog slovenofilstva, kao i široke problematike vezane za „traganjem za ruskom idejom", Rusija je percipirana u kulturološkom smislu kao dijametralna opoziciju Evrope. Zapravo, slovenofili su upravo nizom dijametralnih opozicija postavljali u protivtežu pozitivno percipirane ruske tradicije u odnosu na negativno shvaćene tekovine (uslovno) zapadnoevropske kulture. U skladu sa time su zastupali ideje da Rusija ne treba da se prilagođava Zapadu, budući da će se upravo „isprazni i iskvareni Zapad" pre ili kasnije okrenuti ka Rusiji pa su u tom smislu za razliku od tzv. *zapadnjaka* carsku Rusiju i pravoslavlje smatrali prednošću a ne simbolom zaostalosti. U skladu sa osnovnim postulatima slavjanofilskih ideja, predstavnici ruskog klasičnog slovenofilstva su veličali period pre reformi Petra Velikog, ističući mnogostruke kvalitete ruskog sela i društvenog uređenja koje je reprezentovala tradicionalna *община*. Po njima je ona kao osnovna jedinica države nastala postepenim harmoničnim razvojem i predstavlja rezultat dogovora i solidarnosti nasuprot zapadnog društva koje odlikuju osvajanja, sebičnost, isključivo lični interes i želja za dominacijom. Idealizacija pravoslavlja, glorifikovanje tradicionalnog ruskog patrijarhalnog sistema, istupanje protiv individualizma oličenog pre svega u protestantizmu, izrazito negativni stavovi o katolicizmu i racionalizmu, kao i percepcija Zapada kao agresivnog,

III IZMIŠLJANJE SLOVENSKIH TRADICIJA

otuđenog i iskvarenog, mogli bi se (uslovno) označiti kao prepoznatljivi elementi koji su se nalazili u temelju slavjanofilskih stanovišta. Takođe, bitno je istaći da bez obzira što su slovenofili deklarativno zastupali slovenske i filoslovenske ideje, u kontekstu sukoba sa Poljskom, većina slavjanofila je oštro istupala protiv Poljaka, kao i protiv nacionalnih pokreta Ukrajinaca i Belorusa, čime je ističući značaj pravoslavlja, ruske države i naroda, podržavala zvaničnu rusku politiku. Iako kompleksna problematika koja se odnosi na konzervativne ideje ruskog klasičnog slovenofilstva prevazilazi tematske okvire analiziranih tema na koje se ova studija fokusira, kao što je u prethodnom delu teksta ukratko ukazano na osnovne karakteristike ovog pravca, potrebno je još samo u najkraćim crtama ukazati na neke od ideja slavenofilskih autora, kao i na rad autora poput Danilevskog. Time će biti dat najosnovniji uvid u drugačije dimenzije na kojima su građene ideološke koncepcije slovenstva u Rusiji, od onih koje su postojale među Slovenima koji su živeli u Habsburškoj monarhiji. Takođe, na taj način će biti i ukazano na varijabilnost ideje u okviru samog slovenofilstva. Međutim, uzimajući u obzir tematske okvire ove knjige, svaka detaljnija analiza o problematici slovenskog slovenofilstva je izostavljena.[108]

Od kraja tridesetih i tokom četrdesetih godina devetnaestog veka u intelektualnoj sredini Moskve vodile su se brojne rasprave o ulozi Rusije u budućnosti, odnosno o tome šta je Rusija i kakva je njena civilizacijska uloga. Zapravo ovaj period karakteriše podela ruskih intelektualaca u (uslovno) dve grupe, odnosno na one koji su zastupali slovenofilske ideje i na tzv. zapadnjake okupljene oko

---

108 Opširnije o filozofskim i ideološkim podlogama slavjanofilstva (slovenofilstva), kao i o različitim vizijama panslavizma u delima N. J. Danilevskog, K. N. Leontjeva, V. S. Solovjova, F. M. Dostojevskog, A. S. Puškina i drugih, videti u Nykl 2004; Kacis i Odeski 2006. i Subotić 1995a i 1995b. O pojedinim aspektima vezanim za političke ideje klasičnog ruskog slavofilstva, kao i o slovenofilskoj socijalnoj filozofiji vidi u Subotić 1998. i 1999.

pojedinaca poput P. J. Čadajeva, I. S. Turgenjeva, A. I. Hercena i drugih. Bitno je istaći da su oba pokreta imala naglašenu patriotsku i nacionalnu dimenziju, ali su se vizije rešenja, odnosno pravca u kome treba da se kreće Rusija dijametralno razlikovale. Pri tome su brojni pojedinci u početku zastupali stanovišta bliža zapadnjacima da bi se kasnije priklonili slovenofilskim idejama i obratno. Tako je npr. Ivan V. Kirijevski jedan od najznačajnijih i najuticajnijih slovenofila, u početku zastupao stanovišta o evropeizaciji Rusije, pri čemu je pokrenuo časopis karakterističnog naziva *Evropljanin* (vidi Kont 1989, 568). Međutim, kasnije se priklonio romantičarskoj koncepciji ruskog slovenofilstva. Njegov rad zapravo na neki način predstavlja traganje za sintezom Rusije i Evrope uz posebno isticanje uloge pravoslavlja kao ključnog u budućoj sintezi zapadne i ruske kulture (vidi Subotić 1997). Ruski pisac K. N. Leontjev (*Константин Николаевич Леонтьев* 1931-1891) je u svom delu *Vizantizam i slavjanstvo* iz 1875. godine, kao i čitavom nizu kasnijih radova, takođe poput ostalih slavjanofila pošao od bazične tvrdnje o suprotnosti Evrope i Rusije kao dva posebna civilizacijska okvira. Međutim, kod njega je pravoslavlje kroz koncepciju vizantizma bilo znatno istaknutije u odnosu na daleko manji značaj slovenskih premisa koje u skladu sa svojom početnom intencijom akceptuje, ali ujedno odbacuje kao suprotne vizantizmu, argumentujući ovakav otklon između ostalog i zbog po njemu previše liberalnih stavova pojedinih panslavista van Rusije (videti Nykl 2004). Odnosno, iako Leontjev u sopstveno traganje za samobitnim ruskim identitetom polazi inicijalno inspirisan slovenofilstvom, njegova „potraga" za ruskom idejom kao glavnog motiva tradicije kojoj pripada, rezultira otkrićem vizantizma. M. M. Subotić, analizirajući politička, religijska i istoriosofska shvatanja K. Leontjeva, njegovo delo ističe ga kao primer „samodestrukcije ruske ideje", odnosno rezultat njegovog traganja ocenjuje kao „autodestruktivan u odnosu na sopstveno polazište i svoju osnovnu intenciju" (vidi Subotić 1995b). Leontjev dakle, zapravo nije bio

III IZMIŠLJANJE SLOVENSKIH TRADICIJA

slavenofil i u njegovom sistemu razmišljanja vizantizam je glavna ideja koja ne sme biti narušena nacionalizmom ili panslavizmom.[109] Kod F. M. Dostojevskog, u skladu sa njegovim utopističkim konzervativno-religijskim stavovima, integracija Slovena pod vođstvom pravoslavne Rusije, predstavlja neku vrstu prvog i osnovnog stepena u njegovoj viziji ujedinjenja čovečanstva i stvaranja hiljadugodišnjeg Božijeg kraljevstva na zemlji (vidi Nykl 2004). Ideje o slovenstvu su se pojavljivale i kod drugih ruskih devetnaestovekovnih pisaca i autora poput A. Puškina, koji je u svojoj pesmi *Klevetnicima Rusije* istupajući oštro protiv Poljske, smatrao da se sukob između nje i Rusije može rešiti samo trijumfom druge (vidi Kont 1989). On u tom smislu izražava nadu „da će se svi slovenski potoci sliti u ruskom moru". Slovenske ideje su takođe bile zastupljene i u delima ruskog filozofa, teologa i mistika V. S. Solovjova (Владимир Сергеевич Соловьёв 1853-1900), koji je u svom članku *Slovensko pitanje,* izneo mišljenje da Rusija može da inicira proces integracije čovečanstva, a kao prvi korak u tom procesu je video ujedinjenje slovenskih naroda, što je bilo shvatljivo u trenutku kada je Rusija imala misiju oslobođenja južnih Slovena (vidi Kacis i Odeski 2006).

Posmatrano u celini, ruski slovenofili, bez obzira na različita individualna stanovišta, zastupali su ideje o Zapadu koji propada zbog racionalizma i individualizma koji su nastali iz rimskog oblika hrišćanstva, odnosno latinske civilizacije. Po njima je „racionalizam bio logičko znanje odvojeno od moralnih načela", kako je to istakao Jurij Samarin (vidi Kont 1989). Idealizovanje seoske opštine kao načina uređenja sa jedne i pravoslavne crkve sa druge strane, većina slovenofila je zapravo (uslovno) zastupala neki oblik velikoruskog klerikalnog nacionalizma oličenog kroz princip tzv. *sabornosti* koja je po njima činila ruski narod prirodnom homoge-

---

[109] Detaljnije o njegovoj percepciji različitih slovenskih naroda u skladu sa njegovim glavnim filozofskim idejama videti u Todorova 2006, 184-190.

nom celinom. Postavljajući Vizantiju (i Rusiju kao njenu naslednicu) nasuprot „izopačenosti" Zapada oličenog u krutom racionalizmu, slavjanofili su zapravo težili stvaranju idealnog teokratskog tradicionalnog društva i države. Sa takvim stavovima oni su zapravo bili bliski, (uslovno) klerikalnim idejama ruskog nacionalizma. Slovenofilstvo je dakle po svojoj koncepciji predstavljalo određeni oblik mesijanizma, odnosno preplitalo se sa idejama o mesijanskom spasenju koje se uočava u delima pisaca poput Dostojevskog, Gogolja i drugih. Slavenofili su u tom smislu isticali civilizacijsku ulogu Rusije kao nosioca opšteg spasenja čovečanstva, što je uostalom istakao i Homjakov po kome je zadatak Rusije da oslobodi čovečanstvo delimične i lažne evolucije koju je svet sledio pod ubitačnim uticajem Zapada (Kont 1989, 573-574). Pri tome su, po Homjakovu, oni koji bi trebalo prvi da prihvate Rusiju kao oslonac u svojoj borbi za političku i nacionalnu nezavisnost upravo slovenski narodi koji su živeli pod vlašću Austro-Ugarskog carstva, kao i oni koji su bili pod vlašću Turaka (Kont 1989). Iako su slovenofili isticali izrazitu bliskost slovenskih naroda, oni su smatrali da su jedino Poljaci zbog njihovog izraženog katoličanstva potpali pod veliki uticaj Zapada, što ih je odvelo od karakteristika kojim se odlikuje „slovenski svet". Iz svega navedenog se uočava da je slovenstvo kao skup ideja, a time i slavofilstvo i panslavizam, za slavjanofile zapravo imalo sekundarni značaj i bilo je akceptovano samo ukoliko je korespondiralo sa religijskim, konzervativnim, antimodernističkim, antiokcidentalnim i proruskim koncepcijama. Kao takvo, slovenstvo se u radu slovenofila isključivo razmatralo kroz uže nacionalne, odnosno uže ruske koncepcije i nipošto nije predstavljalo autonomni skup ideja, kao ni koncepciju koja je mogla biti izdignuta iznad ruskog nacionalizma i pravoslavlja. Kao takvo, ono je sa izuzetkom nekoliko pojedinaca ostalo apsolutno bez uticaja van ruskog konteksta. Međutim, suprotno tome, slovenofilstvo je zato imalo značajnih refleksija u ruskom kontekstu i uticalo je na rad velikog broja pisaca. Takođe, uticaj ovog skupa ideja se reflektuje i u

III IZMIŠLJANJE SLOVENSKIH TRADICIJA

savremenom kontekstu, pri čemu su njegove različite manifestacije naročito primetne u postkomunističkoj Rusiji a između ostalog i u kontekstu savremenog ruskog slovenstva. Tako se korpus ideja koje karakterišu slovenofilstvo, na specifičan način uočava i u radu A. Složenjicina, na šta će biti detaljnije ukazano u okviru petog poglavlja ove knjige. Slovenofilske ideje su inače bile prisutne i u radu Petra II Petrovića Njegoša, odnosno u njegovom delu *Luča Mikrokozma*.

Iako ga nije moguće podvesti pod slavenofilstvo, budući da je bilo oslobođeno religijskih koncepcija, kao najuticajnije delo u širim slovenskim okvirima koje reprezentuje stavove o kulturnoj specifičnosti Rusije u odnosu na Zapad (Evropu) predstavlja knjiga Danilevskog, gde on svoju viziju slovenstva i panslavističkog programa nadovezuje na sopstvenu teoriju kulturnoistorijskih tipova. Objavljeno prvo kao serija novinskih tekstova tokom 1869. godine, a kasnije i u formi jedinstvene publikacije 1871. godine, delo Danilevskog je ubrzo steklo izuzetnu popularnost u krugovima ruskih panslavista i slavjanofila. Danilevski, polazeći od suštinske idejne pretpostavke o kulturnoj suprotstavljenosti Rusije i Evrope, bio je ubeđen da „Evropa Rusiju i slovenstvo shvata kao nešto tuđe i neprijateljsko", nešto što ne može biti prostim materijalom iz čega bi mogla da ima korist kao od Kine, Indije, Afrike, pa i većeg dela Amerike (Krejči 2000, 123). Danilevski, u svom delu detaljno razmatra različite aspekte kojima „potkrepljuje" svoju tezu o antagonizmu i razlici između Evrope i Rusije, pri čemu problematici ne pristupa sa romantičarskih stanovišta, već posebnom metodologijom svojstvenom prirodnim naukama i u skladu sa svojom koncepcijom kulturno-istorijskih tipova (vidi Nykl 2004). Odnosno, Danilevski gradi svoje stavove na naučnim premisama, odbacujući ideju o jedinstvu globalne istorije (vidi Subotić 1995a). Po njegovom mišljenju, Evropa predstavlja samostalnu civilizaciju koja se sastoji od njenog germanskog i romanskog dela, koji su u suprotnosti sa posebnim

KONSTRUKCIJA SLOVENSTVA U POLITICI I NAUCI

slovenskim i pravoslavnim, i koji su za razliku od Evrope, naslednici Vizantije (Nykl 2004; Krejči 2000).[110]

Iz svega prethodno navedenog moguće je konstatovati da su se slovenske tradicije u ruskom kontekstu umesto na istoriografskim i lingvističkim osnovama, gradile pre svega na percepciji Rusije i slovenskog sveta kao različitog u odnosu na Zapad i Evropu, tj. na konzervativnim i prilično antiokcidentalnim koncepcijama, na čemu se najčešće (uslovno) baziraju i u savremenim kontekstima. Odnosno, uočava se prilična koncepcijska razlika ideja vezanih za slovenstvo koje su postojale u Rusiji tokom devetnaestog veka u odnosu na procese mitizacija i izgradnju slovenskih tradicija kakve se uočavaju van ruskog konteksta, odnosno u radu autora poput Kolara, Šafarika i drugih. Svakako, detaljnije preispitivanje različitih dimenzija ove problematike zahteva posebnu i daleko složeniju analizu, koja prevazilazi tematske i prostorne okvire ove knjige.

Potrebno je međutim još napomenuti, da su izuzev slavjanofilskih konzervativnih tradicionalnih koncepcija koje su bile prožimane različitim religijskim premisama, tokom devetnaestog veka u Rusiji postojale i posebne slavofilske ideje, poput onih koji se uočavaju u radu M. A. Bakunjina, u kontekstu delovanja Društva ujedinjenih Slovena, kao i među pojedincima okupljenim oko Bratstva svetih Ćirila i Metodija, na šta je već ukazano u prethodnom poglavlju. Iako izrazito marginalne, ovakve ideje ukazuju na različitost i osobenost manifestacija i u okviru ruskog devetnaesto-

---

[110] Hanuš Nikl, inače ističe da teorija kulturno-istorijskih tipova, kao i tumačenja Danilevskog o bipolarnosti između Istoka i Zapada (Rusije i Evrope), imaju određenih koncepcijskih paralela sa kasnijim delima nekih autora u kojima su dodatno razrađena. Pri tome kao primere pominje čuveno i uticajno delo nemačkog filozofa Osvalda Spenglera *Propast Zapada* (1918. i 1923.), zatim monumentalnu studiju u deset tomova *A Study of History* (1934-1961) engleskog sociologa, istoričara i filozofa Arnolda Džozefa Tonbija, kao i čuveno delo *Sukob civilizacija* (1993 i 1996), Samuela P. Huntingtona (vidi Nykl 2004, 227).

III IZMIŠLJANJE SLOVENSKIH TRADICIJA

vekovnog društvenog i političkog konteksta, odnosno svedoče o delimičnoj raznolikosti ruskih koncepcija koje su nastale na početnim premisama o sveslovenskom zajedništvu i koje su barem delimično doprinele stvaranju sveslovenskog korpusa.

IV

REFLEKSIJE I PERCEPCIJA SLOVENSTVA U DVADESETOM VEKU:

Manifestacije i koncepcije slovenskih ideja

Krajem devetnaestog veka ideologija panslavizma je praktično u potpunosti bila napuštena i ocenjena kao utopistička i neostvariva. Ideje vezane za koncepciju slovenske uzajamnosti u kontekstu ideja o ravnopravnosti svih slovenskih naroda, kao što je već ukazano, drastično su oslabile razbijanjem dotadašnjih iluzija nakon sloma Januarskog ustanka u Poljskoj od strane Rusije 1863. godine. Međutim, panslavizam u njegovoj ruskoj varijanti (videti Krejči 2000) je među političkim predstavnicima slovenskim naroda koji su živeli na prostoru Habsburške monarhije, ipak ponovo dobio izvesne, iako kratkotrajne, impulse nakon austro-ugarske nagodbe 1867. godine. Odnosno, od strane nosilaca, pre svega češkog narodnog preporoda, ideologija panslavizma i/ili (uslovno) panrusizma je korišćena kao neka vrsta sredstva za vršenje pritiska na političke establišmente Austro-Ugarske monarhije, koja je kontinuirano strahovala od prodora Rusije prema Istoku (vidi Vlček 2004; 2011). Pored toga, panslavizam u njegovoj ruskoj koncepciji je i dalje postojao u idejama nekih pojedinaca, tj. panslavista koji su jedinu mogućnost za opstanak Slovena videli u njihovom ujedinjenju i često stapanju sa Rusijom. Tako su u drugoj polovini devetnaestog veka, izuzev već pominjanih S. Čeha, K. Sladkovskog i drugih, rusku formu panslavizma zastupali i pojedinci kao što su slovački pisac i publicista Svetozar Hurban-Vajanski (1847-1916) ili istoričar, književni kritičar i pisac Jozef Škulteti (1853-1946). Oni su smatrali da jedino Rusija, kao najsnažnija slovenska država, može osloboditi sve male slovenske narode. U radu ova dva autora uočljiva je tendencija za idealizovanjem carske Rusije i različitih segmenata tradicionalnog ruskog društva, poput ruskog sela i ruskog mužika, ali i političkog sistema u

KONSTRUKCIJA SLOVENSTVA U POLITICI I NAUCI

celini. Oba autora su naročito „upozoravala" na egzistencijalnu pretnju slovenstvu koja dolazi iz viševekovne nemačke težnje ka Istoku – *Drang nach Osten* (vidi Syrný 2004, 175). Inače, stavovi ova dva pojedinca bili su veoma slični onim koji su bili karakteristični za devetnaestovekovne ruske slavjanofile, odnosno u njihovim radovima prisutna je naglašena dihotomija između „materijalističkog, egoističkog i trulog" Zapada i svežeg slovenskog Istoka.[111] Međutim, bez obzira na to što je panslavizam koji je otvoreno prelazio u panrusizam bio prisutan među pojedincima, krajem devetnaestog veka on je kao ideologija u potpunosti bio marginalizovan, dok se ideje o sveslovenskoj uniji i o jednakosti svih slovenskih naroda u ovom periodu praktično više i ne pominju. Dakle, koncepcija

---

111 Vajanski i Škulteti tako u svojim radovima idealizuju slovenski Istok i Rusiju postavljajući ih kao dijametralnu opoziciju Zapadu koji propada. U skladu sa Herderovim tumačenjima oni su u Slovenima videli svežu novu snagu koja će u skorijoj budućnosti predvoditi čitavo čovečanstvo, dok su univerzalnu narodnu religiju pri tome, poput Štura, videli u pravoslavlju. Vajanski je u svojoj publicistici često isticao kako „Zapad truli" zahvaćen destruktivnim tendencijama poput ateizma, nihilizma, internacionalizma, materijalizma itd. Po njemu Zapad mrzi Slovene i smatra ih gnusnim, pri čemu teži da ih što više razjedini a zatim i porobi. Vajanski ističe kako je neprijateljima Slovena uspelo da ih razjedine u prošlosti, kao i da im oduzmu jedinstvo jezika, čime su im namenili drugorazrednu ulogu u društvu. Ipak, po njemu Slovenima predstoji slavna budućnost i dominantno mesto u odnosu na sve narode na Zapadu. Škulteti je u svom članku *Neprijatelji Slovenstva* iz 1876. godine, hvalio i izdizao pomoć Rusije južnim Slovenima u njihovoj borbi protiv Turaka. On takođe u skladu sa Herderovim tumačenjima, očekuje slavnu budućnost Slovena, ističući da će bez obzira na to što će Sloveni predstavljati najsnažniji narod u Evropi, oni zadržati svoju miroljubivost. Kod obojice autora prisutni su motivi karakteristični ruskim slavjanofilima, kao i Herderovske i Kolarove vizije slovenske budućnosti. Njihovi radikalni proruski stavovi, kao i njihova orijentacija na očuvanje Slovaka i Slovena uz pomoć carske Rusije, su međutim, u značajnoj meri proisticali kao reakcija na onovremenu društvenu i političku situaciju, odnosno bili su svojevrsni odgovor na intenzivne procese mađarizacije Slovaka krajem devetnaestog i početkom dvadesetog veka. Opširnije u Syrný 2004.

IV REFLEKSIJE I PERCEPCIJA SLOVENSTVA U XX VEKU

panslavizma koja se temeljila na ideji slovenske uzajamnosti u njenom romantičarskom obliku, već od poslednje četvrtine devetnaestog veka praktično nije postojala. Forma panslavizma koja se povremeno manifestovala u poslednjoj četvrtini devetnaestog veka je zapravo više bila slavjanofilstvo i rusofilstvo, međutim ni ono nije imalo skoro nikakve mobilizacijske kapacitete i bilo je ograničeno na stavove pretežno konzervativnih pojedinaca. Zapravo još od 1867. godine i slovenskog sastanka u Moskvi, kao i etnografske izložbe u Petrogradu, uprkos nastojanjima ruskih panslavista i slavjanofila, postalo je jasno da među političkim predstavnicima ostalih slovenskih naroda, uprkos pojedinim deklarativnim stavovima, ne postoji preterano interesovanje za rusku formu panslavizma (videti Kodajová 2005; takođe Vlček 2011). Ishod pregovora na Berlinskom kongresu 1878. godine, koji se po Rusiju završio prilično neuspešno, zapravo je još u dodatnoj meri ideologiju panslavizma pomerio na margine političkih koncepcija, kako u ruskom, tako i u ostalim slovenskim kontekstima. Odnosno, u poslednje dve decenije devetnaestog veka ona je opstajala samo u izolovanim i prilično neuticajnim radovima pojedinaca i bila je svedena na mali broj individualnih vizija vezanih za jedinstvo Slovena.

Ipak, slovenstvo, kao dinamična kategorija koja obuhvata znatno širi korpusa ideja, slavofilskih stavova i generalno svega što se odnosi na problematiku Slovena, nezavisno od panslavizma kao oblika ideologije, ipak je krajem devetnaestog veka već bilo učvršćeno na znatno jače koncipiranim tradicijama koje iako nisu bile iskristalisane, ipak su predstavljale prilično postojanu i široko rasprostranjenu percepciju vezanu za viši oblik kolektiviteta i identifikacije. Čvrsto izgrađena svest o zajedničkoj prošlosti i poreklu, kao i o lingvističkoj i kulturološkoj bliskosti među slovenskim narodima, predstavljala je dovoljnu bazu za stvaranje novih koncepcija vezanih za različite forme političkih ideja vezanih za koheziju Slovena. Tako početkom dvadesetog veka dolazi do obnavljanja ideja o slovenstvu, odnosno do stvaranja tzv. novoslovenstva tj. neoslavizma.

KONSTRUKCIJA SLOVENSTVA U POLITICI I NAUCI

Pojedini aspekti ispoljavanja slovenskih ideja do početka II svetskog rata

Bez obzira što je panslavizam kao koncepcija više od poslednje dve decenije devetnaestog veka postojao samo kao ideja u radu pojedinaca, pojedini autori smatraju da je zapravo poraz Rusije u ratu protiv Japana 1905. godine, definitivno okončao njegovu etapu (videti Krejči 2000, 131-132). Novoslavizam (novoslovenstvo) nastaje kao nova etapa i specifičan oblik slovenske uzajamnosti, oslobođen od romantičarskih koncepcija starog panslavizma.[112] Novoslavizam je kao ideološka koncepcija u prvom redu težio ka ostvarivanju ekonomske i kulturne saradnje među slovenskim narodima na prostoru Habsburške monarhije, kao i njihovom zbližavanju sa Rusijom. Takođe, njime se nastojalo prevazilaženje sukoba i razmirica među pojedinačnim slovenskim narodima (poljsko-ruskih; rusinsko-poljskih; srpsko-bugarskih itd.), dok se sa druge strane težilo poboljšavanju saradnje između Austro-Ugarske i Rusije u cilju povećanja prava Slovena na prostoru Habsburške monarhije (videti Lustigová 2004). Neoslavisti su iskazivali nadu u pomoć Rusije u borbi Slovena protiv Nemaca, pri čemu su u neoslavističkom pokretu osobito snažno sudelovali češki političari (stoga je na čelu tog pokreta i bio Karel Kramar), nešto manje bugarski i slovenački, a delom, i to samo u početku, poljski političari (Agičić 2003, 107). Na prostoru Austo-Ugarske se ideja novoslovenstva nadovezivala na austrozlavizam F. Palackog (Krejči 2000, 132-133), i njome se u izvesnom smislu osim razvijanja ekonomske saradnje među Slovenima, težilo i federalizaciji Habsburške monarhije. Period neoslavizma je trajao izuzetno kratko, svega nekoliko

---

[112] Svakako, treba istaći da ova koncepcija, kao ni jedna druga ideja o jedinstvu Slovena, nije bila oslobođena od različitih emotivnih i subjektivnih slavofilskih početnih premisa, ali su u slučaju novoslavizma one bile daleko manje naglašene nego u kontekstu panslavizma, kao i u slučajevima mnogih drugih slovenskih korpusa ideja.

IV REFLEKSIJE I PERCEPCIJA SLOVENSTVA U XX VEKU

godina i sveo se na dva slovenska kongresa (u Pragu 1908. i Sofiji 1910. godine), kao i na nekoliko sastanaka manjeg obima. Glavni nosilac ideja novoslovenstva bio je uticajni češki političar, a kasnije i prvi predsednik vlade Čehoslovačke republike K. Kramar (*Karel Kramář* 1860-1934), koji je ujedno i predsedavao sveslovenskim kongresom u Pragu 1908. godine.[113] Pod ekonomskom saradnjom se prvenstveno podrazumevalo uspostavljanje slovenske banke, a

---

113 Kramarova aktivnost kao vođe stranke mladočeha (kasnije Čehoslovačke narodne demokratije) bazirala se na smanjivanju nemačkog uticaja u monarhiji, kao i na ostvarivanje što bliže saradnje između Čeha i carske Rusije. On je u politici neoslavizma video mogućnost za zbližavanje slovenskih naroda radi ostvarivanja njihovih zajedničkih interesa, kao i smanjivanja sve većeg uticaja Nemaca na Austro-Ugarsku. Zbog toga je nastojao da radi na zbližavanju Rusije (za koju je bio emotivno vezan) i Habsburške monarhije. Na sveslovenskom sastanku u Pragu, Kramar je istakao da novoslavistički pokret ne teži razbijanju država, već da je mirnodopski i da kao takav nastoji spajanju društava. Nakon neuspeha neoslavističkih inicijativa, odnosno nakon aneksije Bosne i Hercegovine, Kramar je u skladu sa svojim stavovima da slovenski elemenat može biti dominantan u Austro-Ugarskoj, podržao težnju monarhije za prodor prema Balkanu. Međutim, nakon izbijanja Prvog svetskog rata Kramar se zalagao za prestanak postojanja Austro-Ugarske, kao i za osamostaljenje Slovena a u skladu sa njegovim tajnim planom Slovanská ústava iz 1914. godine, i za stvaranje velike slovenske države na čelu sa Rusijom. Njegov detaljan plan iz 1914. godine bio je poslat ruskom ministru spoljnih poslova i po svojoj koncepciji više je odgovarao viziji Danilevskog, nego što je imao veze sa neoslovenskim tendencijama. Ipak, nakon Oktobarske revolucije u Rusiji, odnosno nakon okončanja Prvog svetskog rata i stvaranja Čehoslovačke republike, Kramarove rusofilske tendencije značajno gube na intenzitetu. Ipak, on je i dalje bio ubeđen da će u Rusiji doći do brzih promena, odnosno do rušenja komunističkog režima i ponovnog uspostavljanja starog sistema, pri čemu je naglašavao da bez slobodne Rusije mir u svetu neće dugo potrajati. Odnosno, iako je bio izuzetno antiboljševistički nastrojen, njegova kasnija politika je svakako sadržala proruske elemente. Međutim, njegov politički uticaj od 1919. godine, odnosno nakon poraza njegove stranke na izborima, bio je prilično marginalizovan. Opširnije o delovanju K. Kramařa vidi u Lustigová 2004. O koncepciji njegovog tajnog plana iz 1914. godine, kao i novoslavizmu, detaljnije u Krejči 2000: 131-136.

KONSTRUKCIJA SLOVENSTVA U POLITICI I NAUCI

sveslovenski sastanci su bili koncipirani na način koji je podrazumevao izbegavanje diskusije o politici, budući da je postojao čitav niz spornih pitanja među slovenskim narodima. Odnosno, učesnici pokreta su shvatali kako nemaju nikakvih mogućnosti da te političke sporove reše, pa su ih radije izbegavali i stoga su insistirali da se na tim skupovima isključivo govori o kulturnim i privrednim temama, ali to nije bilo moguće uvek ostvariti, pa se u pozadini rasprava često javljala i politička problematika (Agičić 2003, 133). *Sveslovenskom kongresu* u Pragu, prethodio je niz sastanaka u Petrogradu prvenstveno čeških i ruskih političara. Budući da je neoslavizam u Rusiji prepoznat kao mogućnost širenja pre svega njenih ekonomskih, ali svakako i političkih interesa, on je izazivao pažnju pojedinih političara, ali je sa druge strane kritikovan od nekih ruskih konzervativnih slavjanofila, budući na njegovu i suviše liberalnu koncepciju koja je u mnogome bila suprotna ruskoj formi tradicionalnog panslavizma. Odnosno, dok su u nekim segmentima ruski panslavizam i novoslovenstvo imali slične premise poput zbližavanja Slovena, neoslavizam je predstavljao neku vrstu liberalne reakcije i pokušaja konkretnih rešenja ekonomskih problema u periodu kada je Rusija prelazila na sistem konstitucione monarhije, dok je panslavizam baštinio tradicionalne i prilično konzervativne premise (vidi Vlček 2004). Na samom sastanku u Pragu, raspravljalo se o stvaranju zajedničke slovenske banke i novinske agencije, kao i organizovanju sveslovenske izložbe u Moskvi, i bez obzira na oduševljenje učesnika kongresa, nije došlo ni do kakvih zajedničkih zaključaka (Lustigová 2004). Na kongresu su bile takođe zastupljene i teme koje su se odnosile na sokolski pokret, slovenski turizam, itd. Učesnici kongresa su pri tome deklarativno isticali stavove o slovenskoj bliskosti i značaju, pri čemu su ukazivali na potrebu slovenske međusobne solidarnosti, kao i intenzivne saradnje među svim Slovenima. Međutim, na njemu su takođe iznošena različita mišljenja pojedinih učesnika, koja su ukazivala na enormnu disperziju stavova unutar slovenskog sveta.

IV REFLEKSIJE I PERCEPCIJA SLOVENSTVA U XX VEKU

Tako su npr. češki predstavnici nastojali da ukažu na potrebu federalizacije Austro-Ugarske, ruski su propagirali novi oblik (uslovno) modernizovanog panrusizma, dok su srpski i bugarski predstavnici imali iredentističke tendencije. Generalno posmatrano, uticaj ovog kongresa, kao i kongresa 1910. godine u Sofiji je bio praktično zanemarljiv. Na kongresu u Sofiji je pri tome učestvovao relativno mali broj predstavnika, budući da se mnogobrojni predstavnici slovenskih naroda nisu odazvali. Pri tome je koncepcija neoslavizma bila u potpunosti narušena aneksijom Bosne i Hercegovine 1908. godine, odnosno do tada relativno napredovanje u razvoju prijateljskih odnosa među slovenskim narodima, ovim je događajem bilo praktično zaustavljeno. U kontekstu ovog događaja i prilične uzdržanosti reakcije Rusije, uključujući i odobravanje ovog postupka od pojedinih slovenskih političara na prostoru Austro-Ugarske (K. Kramar), novoslavizam kao koncepcija je značajno oslabio. Tako, iako se na kongresu u Sofiji, ponovo deklarativno ukazivalo na potrebu za slovensku saradnju i solidarnost, pri čemu se raspravljalo o pitanjima vezanim za stvaranje zajedničke banke, sveslovenske enciklopedije, uspostavljanje slovenske naučne terminologije, osnivanje zajedničkog izdavaštva, poboljšanje odnosa među slovenskim akademijama i slično, nijedan od planova nije realizovan. Učesnici kongresa su pri tome bili žestoko kritikovani u različitim slovenskim kontekstima od strane različitih političara. Tako su npr. među Hrvatima protiv kongresa iz različitih razloga istupali socijaldemokrati, a njegov rad su posebno kritikovale klerikalne i praške grupe poput frankovaca i tzv. starčevićanaca.[114] U Srbiji je oštro protiv neoslovenskih kongresa ocenivši ih kao

---

114 Starčevićanci su npr. sledeći svoje izrazito desničarske i (uslovno) ksenofobične stavove, odbacivali slovenstvo i slovensku solidarnost pozivajući se na geslo Ante Starčevića „Bog i Hrvati", pri čemu su nizom saopštenja istupali protiv neoslovenskih kongresa. Detaljno o ovoj problematici, kao i o reagovanjima onovremene hrvatske štampe na slovenske kongrese u Pragu i Sofiji, videti u Agičić 2003.

KONSTRUKCIJA SLOVENSTVA U POLITICI I NAUCI

pokušaj širenja ruskih uticaja u stilu „starog slavizma" posebno istupao Dimitrije Tucović.[115] Takođe, otpor protiv neoslavizma, svakako u mnogo manjoj meri, postojao je i među Česima, Slovacima, a posebno među Poljacima koji na kongresu u Sofiji nisu čak ni učestvovali (vidi Agičić 2003). Značaj oba slovenska kongresa, kako Praškog, tako i Sofijskog, bio je veoma mali a njihov uticaj na praktičnu politiku takoreći nije postojao, tako da osim deklarativnih fraza i angažovanog programa koji nije realizovan (prvenstveno zato što je bio neostvariv), kongresi nisu zapravo doneli ništa (Lustigová 2004, 148). Pored toga, kao posledica isticanja identiteta koje je prelazilo u državno-političke okvire, kao i još izraženije diferencijacije političkih scena među slovenskim narodima, saradnja zasnovana na novoslovenskoj bazi je krahirala (Vlček 2004, 16). U tom kontekstu novoslavizam kao ideja o slovenskoj saradnji praktično nestaje već nakon 1910. godine. Međutim, pojedine tendencije koje su se odnosile na novoslavizam, postojale su i kasnije. Tako je npr. K. Kramar ideje iz svog plana napisanog 1914. godine, pokušao da obnovi nakon okončanja Prvog svetskog rata, što je proklamovao u svom spisu *Ka odbrani slovenske politike*. U ovim svojim razmatranjima on zaključuje, kako je prvo potrebno osloboditi Rusiju od vladavine boljševika a zatim razmišljati o novom uređenju slovenstva, odnosno budućem stvaranju slovenske federacije kao jedine mogućnosti opstanka Slovena. M. Lustigova koja je analizirala Kramarove stavove o slovenskoj federaciji nakon okončanja I svetskog rata, uzimajući u obzir onovremenu nezain-

---

[115] Videti npr. Tucovićev tekst objavljen 1. jula 1910. godine u 13. broju marksističko-teoretskog časopisa *Borba*, koji je napisao povodom kako ističe „II kongresa neoslovenstva koji su u Sofiji 20. juna 1910. organizovale reakcionarne snage južnoslovenskih država sa ciljem da glorifikuju ruski carizam". Tekst u e-verziji je objavljen na sajtu E-novina pod tendencionalnim naslovom *Neoslovenska jeres Grupisanje naroda na Balkanu*, dostupno na: *http://www.e-novine.com/stav/69103-Grupisanje-naroda-Balkanu.html*, 17. 8. 2012.

IV REFLEKSIJE I PERCEPCIJA SLOVENSTVA U XX VEKU

teresovanost slovenskih naroda ka stvaranju ovakvog entiteta, kao i njegovu neizvodljivost, istakla je da Kramarova razmatranja o slovenskoj federaciji treba podvesti pod političke utopije, iako je on sam verovao u realizaciju ovakvog programa (vidi Lustigová 2004, 149).

Potrebno je ukazati da je neoslavizam kao koncepcija za razliku od panslavizma nastala u trenutku kada su slovenski nacionalni identiteti bili formirani i jasno konsolidovani, odnosno kada su se među pojedinim malim slovenskim narodima počele formirati vizije o nacionalnim državama (videti Vlček 2004). Samim tim, ovaj pokret suštinski nije uporediv sa panslavizmom kao izvorno romantičarskom koncepcijom u smislu pokušaja stvaranja neke forme nadnacionalnog identiteta. Odnosno, neoslavizam nije po svojoj koncepciji težio političkom ujedinjenju svih slovenskih naroda, niti konstruisanju sveslovenskog kolektiviteta, već je daleko realnije u skladu sa onovremenim okolnostima bio pragmatičniji i zasnovan na daleko realističnijim osnovama, tj. ograničavao se na tendencije koje su težile pre svega zbližavanju slovenskih naroda na privrednom i kulturnom polju. Ipak, uprkos tome, od strane mnogobrojnih protivnika on je označavan kao nova verzija starog panslavizma, koji je u ovom periodu već smatran političkom utopijom. Svakako, u njegovoj srži je stajala ideja o slovenskoj uzajamnosti, odnosno solidarnosti, kao i već čvrsta percepcija o bliskosti i srodnosti Slovena. Takođe, u određenim dimenzijama on je imao pojedine rusofilske premise.

Slovenstvo je početkom dvadesetog veka imalo čitav niz različitih manifestacija, ali je novoslovenstvo bilo praktično jedini jasno konceptualizovan pokret koji je, iako sa jako malo uspeha, težio objedinjavanju svih Slovena u cilju ostvarivanja pojedinih zajedničkih ciljeva. Pored ove konkretne tendencije, slovenske ideje su se pojavljivale i u raznim drugim oblicima, pri čemu su se one često preplitale sa čitavim nizom drugih ideja. Pri tome su pojedine slovenske ideje bile delom inkorporirane u različite oblike društvenih i političkih procesa, ideja i ideologija na regionalnom nivou. Tako npr. u ovom periodu u južnoslovenskom kontekstu jačaju pojedine ideje o slovenstvu koje se prepliću sa idejama južnoslovenstva, odnosno jugoslovenstva. Međutim, južnoslovenska ideja je za razliku od sveslovenske, pored osećaja slovenskog zajedništva i preferiranja različitih vidova kulturne i ekonomske saradnje, u svojim ekstremnijim oblicima, negovala i ideju nacionalnog oslobođenja i političkog ujedinjenja južnoslovenskih naroda (Matović 1997, 173). O problematici vezanoj za jugoslovenstvo, kao i o idejama koja su se odnosile na (uslovno) stvaranje jugoslovenskog nacionalizma, postoje mnoge studije i ova tematika neće biti razmatrana u ovoj knjizi.[116] Odnosno, skup ideja koji se u smislu različitih konstelacija vezuju za nastanak jugoslovenstva u mnogome prevazilazi slovenski korpus a samim tim i izlazi iz osnovnog tematskog okvira analiza ove studije. Ideologija jugoslovenstva kao određenog oblika različitih kompleksnih koncepcija, svakako kao jednu od najbitnijih idejnih premisa sadrži slavofilstvo, kao i korpus ideja o slovenskoj bliskosti i zajedništvu, ali nastanak jugoslovenske ideje ipak treba sagledati i u čitavom nizu drugih konstelacija i procesa, koje u mnogome prevazilaze sveslovenske koncepcije. Ipak, treba istaći da je u inicijalnom smislu, ideja o kulturnom, lingvističkom a donekle i političkom jedinstvu Južnih Slovena, predstavljala zapravo razradu i modifikaciju pojedinih segmenata slovenskog korpusa formiranog tokom devetnaestog veka, kao i u određenoj meri refleksiju percepcije o slovenskom kolektivitetu, odnosno svesti o slovenskom zajedništvu i prirodnoj bliskosti. Međutim, projekat jugoslovenstva je bio u značajnoj meri oslobođen starijih romantičarskih koncepcija i mora se u određenoj meri

---

[116] O nastanku Jugoslavije, kao i o idejama o južnoslovenskom jedinstvu videti dvotomnu studiju M. Ekmečića *Stvaranje Jugoslavije 1790-1918*, 1-2. (vidi Ekmečić 1989). Takođe o ovoj tematici u Bakić 2000; Gajević 1985; Dugandžija 1985; Petranović 1988; Pišev 2009; Radojević 2012. i dr.

IV REFLEKSIJE I PERCEPCIJA SLOVENSTVA U XX VEKU

sagledati kao autonoman bez obzira na pojedine ključne ideje na kojima se u značajnoj meri bazirao a koje su proisticale iz sveslovenskih koncepcija. Odnos između slovenstva i jugoslovenstva je kompleksan i prilično konfuzan. Kao takav, predstavlja zasebnu problematiku, koja nije striktno u vezi sa analizama o slovenstvu i koja zahteva poseban pristup kroz čitav niz različitih istraživanja koje nemaju posebnu važnost za analiziranu problematiku u ovoj knjizi, budući da je osnovna veza između slovenstva i jugoslovenstva koje je inicijalno crpelo ideje iz percepcije o slovenskom jedinstvu, prilično jasna i neupitna. Svakako, sama kompleksnost razgraničavanja jugoslovenskih od slovenskih ideja, odnosno međusobnih prožimanja u različitim vremenskim intervalima, kao i refleksije slovenskog u kontekstu jugoslovenskog korpusa ostaje otvorena i do sada, koliko je poznato autoru, nije adekvatno analizirana.

Slovenske ideje su se poput jugoslovenskih u srpskom kontekstu značajnije širile nakon majskog prevrata 1903. godine, odnosno nakon rušenja austrofilske dinastije Obrenovića. Međutim, treba istaći da su se one pojavljivale i (uslovno) nezavisno od jugoslovenstva, odnosno moguće ih je sagledati i u kontekstu neoslavizma. Tako pojedini srpski predstavnici učestvuju u radu neoslovenskih kongresa, poput političara Gligorija Gige Geršića (vidi Agičić 2003), dok J. Skerlić i K. Kumanudi u svojim tekstovima objavljenim u *Slovenskom jugu* (1909) i bečkoj *Zori,* posvećuju pažnju ideji novoslavizma, pri čemu naglašavaju jasnu razliku između ove nove koncepcije i starog panslavizma, kao i slavenofilstva (videti Matković 1997). Ova dva autora su neoslavizam percipirali kao novu ideologiju koja je u saglasnosti sa vremenom i srpskim nacionalnim interesima. Slovenske ideje u srpskom kontekstu je međutim potrebno sagledati u znatno širem opsegu, između ostalog i u vezi sa nacionalnim, odnosno srpskim iredentističkim tendencijama, a svoje specifične obrise one su imale i u hrvatskom, slovenačkom i bugarskom kontekstu. Specifične ideje o slovenskom

KONSTRUKCIJA SLOVENSTVA U POLITICI I NAUCI

zajedništvu, u kombinaciji sa drugim regionalnim koncepcijama, pojavljivale su se i u češkom, kao i slovačkom kontekstu. Tako se, na primer, među Slovacima početkom dvadesetog veka u smislu šireg slovenskog pitanja (uključujući i percepciju uloge Rusije među ostalim slovenskim narodima) pojavljuju dva (uslovno) suprotstavljena politička tabora. Na jednoj strani su bili okupljeni pojedini političari oko centra Slovačke narodne stranke (SNS) u Martinu kao što su Vajanski, Škulteti i drugi, koji su smatrali da oslobođenje treba da bude izvedeno sopstvenim snagama uz pomoć carske Rusije, dok je na drugoj strani stajala grupa pretežno mlađe nacionalno orijentisane političke inteligencije koji su bili pod uticajem ideja T. G. Masarika i koji su kritikovali prorusku politiku centra SNS u Martinu (videti Syrný 2004). Ova grupa je uprkos dubokom interesovanju za Rusiju kao najveću slovensku državu, kritikovala političku i društvenu situaciju u njoj, pri čemu su isticali da Rusija može pozitivno uticati na ostale slovenske narode samo ukoliko se demokratizuje. Upravo zbog toga su se oni orijentisali samo na kulturnu dimenziju rusofilstva očekujući period kada će Rusija istupiti iz zaostalosti i nedemokratskog sistema. Popularizaciji slovenskih ideja u prvoj deceniji dvadesetog veka u srpskom kontekstu, kao i generalno među južnim Slovenima, značajno su doprinosili brojni studenti sa ovih prostora koji su u tom periodu studirali u Pragu, Beču i ostalim studentskim sredinama u kojima je boravila velika koncentracija studenata koji su bili pripadnici različitih slovenskih naroda. Slovenstvo je početkom dvadesetog veka bilo upravo posebno rašireno među studentima na prostoru Habsburške monarhije, kod kojih su ujedno sve više bile naglašene ideje o samostalnosti Slovena. V. Matović ističe, kako je na srpske i generalno sve slovenske studente presudan uticaj imao Tomaš Garik Masarik koji je radio kao profesor u Pragu i koji je bio veliki pobornik slovenstva, pri čemu ujedno navodi da je njegov uticaj bio značajan i na generaciju jugoslovenske revolucionarne omladine (vidi Matović 1997). Konstataciju o Tomašu Gariku

IV REFLEKSIJE I PERCEPCIJA SLOVENSTVA U XX VEKU

Masariku kao „velikom poborniku slovenstva" uzimajući u obzir sve raspoložive podatke, treba ipak relativizovati i uzeti sa priličnom rezervom, budući da bez obzira što su u njegovom delovanju nesumnjivo postojale različite tendencije koje bi se mogle podvesti i pod slovenstvo, tj. (uslovno) označiti kao forma slovenske solidarnosti koja se nadovezivala na koncepciju čehoslovakizma, njegove analitičke studije o Rusiji akceptuju i čitav niz drugih konstelacija. Odnosno, filozof i realista Masarik (*Tomáš Garrigue Masaryk* 1850-1937), kao izuzetno sposoban političar, problematici vezanoj za Slovenstvo i Rusiju je prvenstveno pristupao naučno, potpuno oslobođen od romantičarskih koncepcija i emocija.[117] Svakako, uticaj slovenskih ideja na srpski i južnoslovenski kontekst, uključujući i oduševljenje Masarikovim delovanjem, svakako je bilo izuzetno naglašeno.[118]

Slovenske ideje u prvoj deceniji dvadesetog veka, uključujući i neoslavizam kao koncepciju, su za razliku od devetnaestog veka, imale daleko slabije naglašenu prorusku dimenziju. Odnosno, percepcija Rusije kao zaštitnice slovenstva je među Slovenima na prostoru Habsburške monarhije bila daleko manje prisutna od ranijih perioda. Ovome je u značajnoj meri doprinosila i činjenica, što je Rusija kao država i sama ograničavala prava nekih slovenskih naroda, poput Poljaka i Ukrajinaca (Rychlík 2004). Međutim, opadanje proruskih koncepcija u korpusu slovenskih ideja bilo je prisutno i među pravoslavnim slovenskim narodima što se najbolje

---

117 Masarikov opus radova vezanih za problematiku slovenstva kao i Rusije, zaista je obiman. Svoje slovenske studije on započinje radom *Slovanské studie – Slavjanofilství I. V. Kirjejevského* 1885. godine, ali njegovo opsežno delo *Rusija i Evropa*, predstavlja definitivno najznačajniji njegov rad vezan za ovu tematiku. Opširnije o percepciji slovenskih ideja i Rusije u radu i delovanju Masarika vidi u Petrusek 2005.

118 V. Matović posebno ukazuje na oduševljenje Masarikovim radom koje je bilo primetno kod Pere Slijepčevića. Opširnije o (sve)slovenskim idejama u srpskoj književnosti u Matović 1997.

KONSTRUKCIJA SLOVENSTVA U POLITICI I NAUCI

reflektovalo u slučaju Bugarske koja je u Prvom svetskom ratu jednoznačno postala deo nemačko-austrijskog tabora, iako su prethodno tokom celog devetnaestog veka upravo Bugari predstavljali narod kojima su Rusi, u duhu slovenofilskih ideja, najviše pomagali, odnosno prema kojima su brojni ruski putopisci kao i veći deo ruske intelektualne elite imali posebno naglašene simpatije. Odnosno, od početaka „otkrivanja" Bugara tridesetih godina devetnaestog veka od strane evropskih putopisaca, koje se preklapalo sa rastućim strahom od Rusije i panslavizma, kod Rusa je građena percepcija da Bugari predstavljaju slovenski narod koji je najviše ugnjetavan od strane Turaka. Tako su ruski stavovi prema Bugarima, *tokom devetnaestog veka*, često podsećali na filhelenizam Evropljana: baš kao što su Evropljani otkrivali svoje Grke kao izvor svoje civilizacije, Rusi su otkrivali svoje Bugare kao koren slovenske kulture (Todorova 2006, 182-183) (kurziv moj).[119]

Prvi svetski rat je, barem u početnim fazama, označio priličnu promenu u percepciji Rusije, odnosno oživljavanjem ideja o sukobu između Germana i Slovena, percepcija o Rusiji kao zaštitnici slovenstva je opet postala aktuelna. Ipak ona je u značajnoj meri

---

[119] Marija Todorova primećuje da je „Otkrivanje" Bugara „na vrhuncu slovenofilije u drugoj polovini XIX veka – kada su i kulturni slavizam Čeha i ruski slavizam Mihaila P. Pogodina, Alekseja S. Homjakova, Aleksandra S. Danilevskog, Timofeja N. Granovskog, Jurija F. Samarina i braće Ivana S. i Konstantina S. Askovih, uprkos prećtećim tonovima imperijalne politike moći, i dalje nadahnjivali sveobuhvatnu solidarnost i srodnost čitavog slovenskog sveta – unelo još jedan prizvuk u preovlađujuću melodiju saosećanja" Rusa prema Bugarima. Međutim, Todorova ipak navodi, da ne treba preceniti intenzitet slovenofilskih osećanja prema južnoslovenskim narodima pa i Bugarima na rusku spoljnu politiku, za koju – u skladu sa tumačenjem B. Jelić o njenom više miroljubivom i pokroviteljskom nego ekspanzionističkom i mesijanskom karakteru – ističe da njeni interesi „nisu bili opsesivno fiksirani" za Balkan, odnosno da su istinski interesi Rusije tokom XIX veka (ekonomski, strateški, pa i kulturni) bili koncentrisani na Srednju Aziju i Daleki Istok. Opširnije o percepciji Bugara u XIX veku u ruskom društvenom i političkom diskursu u kontekstu ideja slavenofilstva videti u Todorova 2006: 180-190.

IV REFLEKSIJE I PERCEPCIJA SLOVENSTVA U XX VEKU

bila ograničena pre svega na srpski i u nešto manjoj meri na slovački i češki kontekst. U tom smislu može se kao primer navesti i razumeti i tajni Kramarov plan o slovenskoj federaciji na čelu sa Rusijom iz 1914. godine (vidi Lustigová 2004).[120] Ipak sa druge strane među delom čeških političara, rezervisanost ruske carske vlade ka planovima o uspostavljanju samostalne Čehoslovačke, ipak je izazivalo određenu dozu skepse i potvrđivao ranija mišljenja da Rusija prvenstveno gleda sopstvene interese i ne akceptuje ideju o ravnopravnosti među svim Slovenima. Uprkos ovakvim stavovima, generalno posmatrano, tokom rata slovenske ideje su u značajnoj meri ojačale i predstavljale su bitan kohezioni faktor koji je objedinjavao slovenske narode u borbi protiv zajedničkog neprijatelja viđenog u Germanima, ali i u Mađarima. Međutim, nakon Oktobarske revolucije 1917. godine i istupanja Rusije iz rata nakon potpisivanja mira u Brest-Litovsku 1918. godine, rusofilske tendencije među slovenskim narodima drastično opadaju. Bitno je ukazati da su još balkanski ratovi jasno ukazali da Rusija ne može biti ujedinitelj Slovena zbog toga što nije bila u stanju da pomiri različite podeljene interese slovenskih naroda i da ih zatim usaglasi sa svojom imperijalnom politikom (Rychlík 2004, 129), ali je prevrat u Rusiji, kao i njeno istupanje iz rata, u velikoj meri dodatno narušio percepciju o njenom značaju u smislu zaštitnice Slovena. Mirovni pregovori nakon okončanja rata, rezultirali su stvaranjem slovenskih samostalnih država poput Prve Čehoslovačke republike i Kraljevine SHS, što je na određeni način predstavljalo delimično ispunjenje slovenskih ideja o ujedinjenju. Tako je stvaranje samostalnih slovenskih država (Jugoslavije, Čehoslovačke i

---

120 Kramar je inače u svom novinskom članku objavljenom u *Narodnim novinama (Národní listy)* 1914. godine rat označio kao sukob Germanstva sa Slovenstvom, pri čemu je istakao da će se mapa Evrope u potpunosti promeniti. Nakon okončanja rata K. Kramar je isticao da je dolaskom boljševika na vlast u Rusiji, zapravo slovenstvo, pa samim tim i čehoslovački narod izgubio rat, uprkos tome što je formirana nezavisna Čehoslovačka republika.

KONSTRUKCIJA SLOVENSTVA U POLITICI I NAUCI

Poljske) u godinama nakon rata smatrano uspehom slovenskih politika (Pospíšil 2004). Međutim, nakon uspostavljanja ovih entiteta, kao i dolaska boljševika na vlast u Rusiji, umesto o Rusiji, javlja se percepcija o Francuskoj kao garantu nezavisnosti slovenskih država (videti Syrný 2004). Ujedno, u novonastalim slovenskim državnim tvorevinama, slovenske ideje su svakako bile izražene, ali rusofilske tendencije su bile marginalizovane u potpunosti. Tako se u Čehoslovačkoj prvenstveno pod uticajem koncepcija T. G. Masarika i E. Beneša, spoljna politika pre svega bazirala na blisku saradnju u prvom redu sa Francuskom i Velikom Britanijom, ali i na uspostavljanje bliskih odnosa sa Kraljevinom Jugoslavijom, u kojoj se politika Aleksandra I Karađorđevića, takođe u prvom redu vezivala za Francusku. Obe države su pri tome značajno pomagale rusku emigraciju u međuratnom periodu, a njihovi odnosi sa SSSR, posebno Kraljevine Jugoslavije, bili su na izuzetno niskom nivou.[121] U kontekstu Masarikove finansijske i institucionalne podrške istočnoslovenske emigracije, odnosno tzv. „Ruske akcije", stvorena je predstava o Čehoslovačkoj kao prirodnom centru demokratskog slovenstva. (Pospíšil 2004, 29). Čehoslovačka je pri tome, posebnim dokumentom, stvorila programska načela, koja je trebalo da sprovode ministarstvo narodne prosvete i spoljnih poslova i po kojima je trebalo da se podržava istočnoslovenska demokratska emigracija koja bi nakon pada boljševističkog režima trebalo da preuzme vlast u Rusiji, čime bi se ujedno povećala uloga Čehoslovačke u svetu. Dakle slovenstvo je u ovom periodu u čehoslovačkom političkom diskursu percipirano kao opšte nastojanje ka etabliranju novog državnog entiteta na Zapadu. Ipak, stabilizacijom i učvršćivanjem komunističkog režima u SSSR, kao i njegovo postepeno priznavanje od strane sve većeg broja država, doprinelo je i uspostavljanju odnosa između Čehoslovačke i Sovjetskog saveza,

---

121 Kraljevina Jugoslavija je tako sovjetsku vlast u Rusiji priznala tek 1940. godine, usled neposredne opasnosti od nacističke Nemačke.

IV REFLEKSIJE I PERCEPCIJA SLOVENSTVA U XX VEKU

pa samim tim i promene ovakve percepcije slovenstva.[122] Svakako, u Čehoslovačkoj i Kraljevini Jugoslaviji su od dvadesetih godina XX veka postojale i proruske tj. prosovjetske tendencije, ali one nisu imale veze sa slovenskim idejama, već su njihovi nosioci bili pripadnici komunističke partije.[123]

Slovenske ideje su u međuratnom periodu u jugoslovenskom, kao i u čehoslovačkom kontekstu imale i delimičnu ulogu u stvaranju saveza tzv. Male Antante, iako svakako ovo nije bila ideja koja bi se isključivo ili primarno mogla vezati za slovenstvo. Ipak, u stvaranju ovog saveza se mogu uočiti i pojedine slovenske premise, prvenstveno u smislu ideja vezanih za zajednički otpor Slovena (svakako u savezu sa Rumunima) prema opasnosti pangermanizma i mađarskog revizionizma. Slične ideje o zajedničkom bloku kao sredstvu otpora je još znatno ranije odmah nakon okončanja rata izneo i Masarik, koji je istakao da samostalni slovenski narodi predstavljaju barijeru protiv pangermanizma i ujedno značajno doprinose kao garant mira u posleratnoj Evropi (Hladký 2006). Interesantna razmatranja u vezi i sa ovom problematikom bilo je i pitanje tzv. koridora kojim je trebalo da se omogući teritorijalni

---

122 Tako je npr. nakon uspostavljanja diplomatskih odnosa između ove dve države, došlo i do početaka različitih oblika, između ostalog i kulturne saradnje koja se reflektovala organizovanjem zajedničke manifestacije obeležavanja stogodišnjice od smrti A. Puškina u Pragu 1937. godine. Nadovezivanje bližih odnosa sa Sovjetskim savezom inicijalno je u značajnoj meri bilo uzrokovano i sve većim zaoštravanjem situacije između Čehoslovačke i nacističke Nemačke u kontekstu Sudetske krize.

123 Međutim čak su se i među komunistima u međuratnom periodu pojavljivale određene (uslovno) slovenske tendencije. Tako se u slovačkom kontekstu, među pojedinim komunistima poput V. Clementisa pojavljivala ideja da Sovjetski savez zapravo predstavlja ispunjenje snova o slovenskom ujedinjenju. Inače, izuzev komunista, sve ostale partije na prostoru Slovačke u ovom periodu su slovenstvo videle prvenstveno kroz prizmu potreba zajedničkog otpora protiv ekspanzionizma Germana, ali su ujedno bile protivnici boljševističkog režima a time i saradnje sa SSSR-om (vidi Čierna-Lantayová 2002, 19-20).

KONSTRUKCIJA SLOVENSTVA U POLITICI I NAUCI

kontakt između Čehoslovačke i kraljevine SHS, o kome je Masarik razmišljao još tokom I svetskog rata (vidi Krejči 2000). Uostalom, jugoslovenstvo kao ideologija, takođe je proklamovalo potrebu za zajedničkom državom Južnih Slovena kao jake barijere za prodor Germana na Balkan (vidi Ekmečić 1989; takođe Radojević 2012). U Čehoslovačkoj je ideja slovenske solidarnosti generalno imala dimenzije koje su upućivale na što intenzivniju saradnju slovenskih, ali generalno i svih srednjoevropskih naroda, kako bi se načinila čvrsta barijera nemačkom ekspanzionizmu. U tom kontekstu posebno je bilo izraženo delovanje istaknutog slovačkog političara Milana Hodže (Syrný 2004, 176).[124] Slovenske ideje koje su bile prisutne oko češke revije *Národní myšlenka*, takođe su između ostalog sadržale i ovakve dimenzije (videti Hrodek 2004).

U Čehoslovačkoj je ideja slovenske solidarnosti, pri tome u velikoj meri uticala i na razvoj turizma u Kraljevini Jugoslaviji, kao i na intenzivnu kulturnu saradnju između ove dve države. Sokolska udruženja u kojima je ideja slovenstva imala izuzetno veliki značaj, takođe su doprinosila jačanju ove saradnje, dok je sa druge strane sokolski pokret doprineo učvršćivanju sveslovenske tradicije u kontekstu ideja o bliskosti i bratstvu među svim Slovenima. Intenzitet slavofilskih tendencija van zvaničnih politika je generalno bio prilično visok, što potvrđuje i čitav niz udruženja koja su propagirala slovenstvo, a čiji je broj definitivno bio najveći u Čehoslovačkoj.[125] Pored toga u slovenskim državama su održavani različiti sastanci i kongresi poput npr. kongresa lekara, koji su

---

[124] Ovaj uticajni političar se inače tokom II svetskog rata zalagao za stvaranje saveza srednjoevropskih država (Podunavske federacije) kao nekog oblika bloka država koji bi bio u stanju da se zaštiti i od komunističkih uticaja SSSR-a, kao i od nemačkih pretenzija (vidi Syrný 2004; Krejči 2000, 173-178).

[125] D. Hrodek ukazuje da je ovako koncipiranih udruženja, odnosno samo njihovih centralnih organa bez različitih podgrupa na prostoru Čehoslovačke bilo više od 120. Detaljnije u Hrodek 2004.

IV REFLEKSIJE I PERCEPCIJA SLOVENSTVA U XX VEKU

imali predznak *sveslovenski*. Slovenstvo je takođe, pored ostalog, imalo refleksije u književnosti i umetnosti, na šta je već ukazano u prethodnom poglavlju. Sve ove manifestacije, kao i aktivnosti slovenskih neformalnih i formalnih udruženja značajno su doprinosile učvršćivanju slovenskih tradicija, ali i širenju oblika identifikacije, odnosno stvaranju svesti o višem obliku (slovenskog) identiteta.

U ruskom, odnosno sovjetskom kontekstu slovenske ideje od okončanja Prvog svetskog rata praktično u potpunosti nestaju. Odnosno, Boljševistička revolucija u Rusiji 1917. godine se zauvek distancirala od panslavističkih ideja i ruskog ekspanzionizma, odnosno u duhu svetske socijalističke revolucije, propagiran je internacionalizam i prijateljstvo među narodima, bez obzira na njihovo jezičko i etničko poreklo (Rychlík 2004, 129). Zbog toga, monarhistička opozicija je tokom dvadesetih godina XX veka boljševike optuživala za izdaju slovenskih interesa, odnosno za odustajanje od istorijske misije Rusije kao zaštitnice svih slovenskih naroda.

Osvrt na osnovne koncepcije slovenskih ideja tokom II svetskog rata i slovenstvo u komunizmu

Sudetska kriza, njeno razrešenje Minhenskim sporazumom 1938. godine, kao i događaji koji su usledili neposredno nakon njegovog potpisivanja, ukazali su koliko su zapravo prethodno deklarisane slovenske koncepcije bile slabe. Odnosno, izostanak reakcije Kraljevine Jugoslavije kao vojnog i političkog saveznika Čehoslovačke (Mala Antanta) na odluke Minhenskog sporazuma, kao i potpuno razbijanje Čehoslovačke, u kome je značajnu ulogu pored nacističke Nemačke i Mađarske, uz popustljivost Velike Britanije i Francuske, imala i Poljska, kao i separatistički pokret u Slovačkoj koji je rezultirao stvaranjem samostalne slovačke države kao satelita Nemačke, ukazali su između ostalog i na beznačajnost do tada često proklamovanih slovenskih ideja. Kasnija okupacija i razbijanje

KONSTRUKCIJA SLOVENSTVA U POLITICI I NAUCI

Jugoslavije tokom II svetskog rata, kao i stvaranje NDH uz stravične ratne zločine planski sprovođene od strane iste koji su usledili, dodatno su potvrdili neosnovanost i neostvarivost ideja o slovenstvu i slovenskoj bliskosti. Zapravo, uzroci za potpuni krah slovenskih ideja koje su delimično postojale među novouspostavljenim slovenskim državama nakon Prvog svetskog rata, potrebno je izuzev spoljašnjeg faktora oličenog kroz politiku Nemačke i njenih saveznika, videti i u samom političkom skupu konstelacija, odnosno načinu uspostavljanja granica nakon okončanja rata 1918. i 1919. godine. Nezadovoljna Bugarska koja je ostala bez dela teritorije, nerešeni sporni teritorijalni problemi između Čehoslovačke i Poljske, nerešen položaj Slovačke u okviru Čehoslovačke, različiti nacionalni antagonizmi unutar SHS, odnosno kraljevine Jugoslavije, nacionalne tenzije između Poljaka i Ukrajinaca, kao i sporovi Poljske sa Beloruskom manjinom, uz izolovanost SSSR-a sa svojim zatvorenim političkim sistemom u odnosu na sve ostale slovenske države, ukazivali su na prividnu iluzornost bilo kakvih slovenskih koncepcija.

Međutim, bez obzira što su događaji vezani za početak II svetskog rata, ukazali da politički savezi bliskih slovenskih naroda nisu dovoljno čvrsti već da se prilikom političkih kriza raspadaju, slovenstvo je kako je rat odmicao poprimalo sve značajniju mobilizacijsku dimenziju koja se uspostavljala na staroj premisi o sukobu između Germana i Slovena, kao i na izraženoj antislovenskoj retorici nacista. Ona je svakako bila daleko najizraženija u ruskom, tj. sovjetskom kontekstu, dok je među ostalim slovenskim narodima ovakva percepcija bila limitirana. Ideja slovenstva u ovakvoj koncepciji u ruskom, tj (uslovno) sovjetskom kontekstu inicijalno nastaje, odnosno tačnije oživljava se zbog potreba mobilizacije masa. Odnosno, nakon napada Nemačke na Sovjetski savez, sovjetsko komunističko vođstvo na čelu sa Staljinom, u potpunosti se uverilo da nacionalne ideje imaju daleko veći mobilizacijski kapacitet nego što je to imala ideologija komunizma, koja je u početnim fazama

IV REFLEKSIJE I PERCEPCIJA SLOVENSTVA U XX VEKU

prilično bezuspešno nastojala afirmisanjem internacionalizma i deklarativnim idejama o besklasnom društvu da utiče na opšti moral (vidi Rychlík 2004). Internacionalizam i ideologija komunizma ukazale su se krajnje nedovoljnim za adekvatnu mobilizaciju stanovništva, zbog čega su se morala tražiti drugačija rešenja sa znatno širim arealom mogućnosti. Ona su pronađena u do tada potiskivanom i gušenom nacionalizmu i pravoslavlju, ali i u (sve)slovenskim korpusima ideja. Tako se tokom rata sovjetska propaganda u značajnoj meri između ostalog usmeravala i na oživljavanje ideja o Rusiji kao zaštitnici slovenskih naroda, kao i na stare mitizacije o istorijskoj borbi Slovena za njihovu slobodu, koja je bila permanentno ugrožavana ekspanzijom Germana prema Istoku.[126] Interpretacije rata kao borbe ruskog naroda za sopstvenu i slobodu Slovena, kao i svih antifašista generalno, činjenično su imale značajan mobilizacijski učinak. Međutim, van ruskog, odnosno sovjetskog konteksta, ovakva percepcija uloge Rusije ne može se posmatrati jednoznačno. Tako npr. u poljskom kontekstu, ona u potpunosti izostaje u svojoj (uslovno) sveslovenskoj dimenziji, kako zbog već tradicionalnog otklona od ruske verzije panslavističkih

---

126 Jan Rihlik, koji je analizirao ovu problematiku u kontekstu slovenskih ideja tokom II svetskog rata i perioda komunizma, ukazuje da je mobilizacija ruske i sovjetske javnosti ka maksimalnom ratnom aktiviranju, bila izvršena pod motom ruskog patriotizma i odbrane domovine, pa samim tim i odbrane Slovena od „nemačkog varvarstva" koje je bilo izjednačeno sa fašizmom. Odnosno, nastojalo se stvaranju široke percepcije, da Rusija mora opet, kao i mnogo puta ranije u prošlosti da ratuje za svoju egzistenciju, pri čemu je isticano, da će kao i mnogo puta do tada, u toj borbi trijumfovati. Rihlik ukazuje, da je sovjetska propaganda između ostalog i putem kinematografije, upravo nastojala da prikaže sjajne trenutke iz nacionalno shvatane istorije, ukazujući pri tome na velike i moćne vladare iz ruske prošlosti poput Ivana IV, koji je Rusiju učinio velikom. Na korišćenje prošlosti, pri tome upućuje i sam termin Великая Отечественная война, koji zapravo predstavlja reminiscenciju na rat Rusije protiv Napoleona 1812. godine koji je označavan terminom Отечественная война (vidi Rychlík 2004, 130-131).

KONSTRUKCIJA SLOVENSTVA U POLITICI I NAUCI

tendencija, tako i zbog događaja koji su se odigrali na početku, ali i tokom rata a koji su proisticali iz tajnih odredbi pakta Ribbentrop-Molotov iz 1939. godine o podeli Poljske između SSSR-a i nacističke Nemačke.[127] Takođe, ovakve ideje su imale ograničeno dejstvo i u nekim državama SSSR-a, poput Ukrajine, gde se deo stanovništva borio u okviru UPA koja je ratovala i protiv Sovjeta i protiv Nemaca. Slovenske ideje na prostoru Jugoslavije, ukoliko se izuzmu prosovjetske koncepcije u vezi sa komunističkom ideologijom partizanskog pokreta, takođe su bile marginalnog karaktera.[128] Generalno posmatrano, problematika oko percepcije slovenskih ideja i Rusije kao zaštitnice Slovena tokom II svetskog rata među različitim slovenskim narodima je izuzetno kompleksna i veoma često kontradiktorna, što je uzrokovano različitim političkim tendencijama koje su postojale u slovenskim entitetima između 1938. i

---

[127] Uostalom događaji koji su bili vezani za aktivnost a kasnije i sudbinu poljske Domovinske Armije *(Armia Krajowa)*, kao i generalno za Poljsku nakon osvajanja (oslobođenja) od strane Crvene Armije (premeštanje stanovništva, prekrajanje granica itd.) svakako ne samo da ukazuju na odsustvo bilo kakvih slovenskih ideja i u potpunosti isključuju percepciju SSSR-a, tj. Rusije kao zaštitnice Slovena, već nasuprot tome ukazuju da je Sovjetski savez posmatran kao okupator i agresor. Pored toga, odsustvo bilo kakvih ideja o zajedničkom otporu Slovena protiv Germana se uočavaju i u kontekstu sukoba poljske Domovinske Armije sa Crvenom Armijom, ali i sa Ukrajinskom Ustaničkom Armijom (UPA) koju su činili ukrajinski antisovjetsko i antinemačko opredeljeni partizani. Ipak, mora se naglasiti da su se drugačije tendencije javljale u okviru poljskog komunističkog partizanskog pokreta, ali one nisu bile bazirane na slovenskim idejama, već na komunističkoj ideologiji. Dakle može se konstatovati da su ideje vezane za slovenstvo u poljskom kontekstu tokom II svetskog rata zbog negativne percepcije Rusije skoro u potpunosti izostale, uprkos istovremenim izrazito naglašenim antinemačkim tendencijama.

[128] M. Lacko međutim ukazuje da je upravo slovenski elemenat veoma često isticao u propagandi partizanskog pokreta tokom 1944. godine (vidi Lacko 2004, 163). Ipak, preispitivanje ovakve konstatacije i ove teme bi generalno zahtevalo kompleksna istraživanja koje prevazilaze okvire ove analize, pa bi svako iznošenje bilo kakvih interpretacija u vezi sa ovom problematikom bilo proizvoljnog karaktera.

IV REFLEKSIJE I PERCEPCIJA SLOVENSTVA U XX VEKU

1945. godine. Primećuje se čitav niz različitih varijacija slovenskih ideja, koje su po pravilu uvek bile vezane za različite šire ideološke koncepcije, i kao takve nigde nisu predstavljale autonoman okvir. Zapravo, izuzev u ruskom kontekstu u kome su predstavljale sastavni deo propagande sovjetskog režima, one su bile prilično marginalne i javljale su se samo povremeno i to upravo u kontekstu već ranije izgrađenih predstava o istorijskoj borbi Slovena i Germana.[129] Međutim, nacistička agresivna retorika i rasistička percepcija o Slovenima, kao o „prljavom narodu", odnosno „otpadu" (vidi Kont 1989) veoma snažno je delovala na jačanje percepcije o slovenskom kolektivitetu usled ugroženosti spoljašnjim *drugim* – „vekovnim neprijateljem", pa je zbog toga bila više nego pogodna za mobilisanje odbrambenih kapaciteta u različitim slovenskim kontekstima. Specifičnu dimenziju slovenske ideje su imale u Čehoslovačkoj, mada su one i ovde, kao i u uostalom percepcija o Rusiji kao zaštitnici Slovena, prilično oscilirale i često su izjednačavane sa rusofilstvom, odnosno sovjetofilstvom. Pored toga, karakter slovenstva se tokom rata prilično razlikovao u češkom i slovačkom kontekstu. U Češkoj su slovenske ideje bile izjednačene sa proruskim, i generalno su, uz izuzetke, jačale u kontinuitetu od Minhenskog sporazuma do okončanja rata. Odnosno, već nakon 1938. godine se u češkom političkom i društvenom diskursu

---

[129] Treba ukazati da je ovakva percepcija bila izražena i na suprotnoj strani. Odnosno u nemačkom društvenom i političkom diskursu je takođe bila prisutna percepcija o istorijskoj borbi između „Germana i slovenskih hordi sa Istoka", kako ju je predstavljala nacistička propaganda tokom II svetskog rata. Ovom borbom je posebno bio opterećen H. Himler u skladu sa njegovim okultističkim i mitomanskim afinitetima. Međutim, iako je tokom II svetskog rata ovakva predstava kulminirala, budući da je imala enormni mobilizacijski kapacitet, motiv slovenskog tj. istočnog neprijatelja je u germanskoj političkoj mitologiji bio zastupljen od ranije, odnosno *Drang nach Osten* svoje korene ima još u srednjem veku, ali je ova ideja dodatno aktualizovana i poprimila specifičnu koncizno određenu ekspanzionističku dimenziju u ideologiji pangermanizma.

KONSTRUKCIJA SLOVENSTVA U POLITICI I NAUCI

kristalisalo mišljenje da napuštena od strane zapadnih protektora kao i ostalih saveznika, Čehoslovačka može biti očuvana samo uz pomoć „slovenske sile na istoku" (vidi Lacko 2004; takođe Syrný 2004). U slovačkom kontekstu su suprotno tome, nakon rasparčavanja Čehoslovačke i uspostavljanja nezavisne Slovačke kao satelita Trećeg rajha sa klerikalno nacionalističkim režimom Jozefa Tisa, slovenske ideje od strane zvanične politike praktično bile isključene. Međutim, generalno posmatrano u slovačkom društvu je slovenstvo tokom II svetskog rata sadržalo daleko varijabilniji i složeniji karakter, odnosno bilo je prilično zastupljeno.[130] Slovenske

---

[130] Tisov režim je bio izrazito antiboljševistički nastrojen, ali je promena u shvatanju značaja SSSR-a nastala nakon potpisivanja ugovora o nenapadanju između Sovjetskog saveza i Nemačke, kad je SSSR ujedno i priznao nezavisnost Slovačke. Jozef Tiso je nastojao da u tom periodu Slovačku učini na neki način sponom i posrednikom između ove dve sile. Međutim odmah nakon napada Nemačke na SSSR, propaganda slovačke zvanične politike je nastojala da Rusiju prikaže u što negativnijem svetlu. Ipak, režim se prvenstveno bazirao na antimađarsku propagandu, što je bilo u vezi sa bečkim diktatom i gubitkom skoro četvrtine slovačke teritorije. Pored toga, među značajnim delom slovačkog stanovništva slovenske ideje i rusofilski stavovi su bili prilično izraženi, uprkos stavovima onovremenog režima satelitske tvorevine. Slovenske ideje su se upravo pri tome najviše temeljile na matrici istorijske borbe između Slovena i Germana, ali su ujedno imale i drugačije premise, koje su se crpele iz tradicionalno prisutnih rusofilskim koncepcija. Čak je i sama promena retorike o SSSR-u, od strane zvanične slovačke politike, izazivala revolt među delom slovačkih vojnika koji nisu videli interesa da Slovačka kao saveznica, tj. satelit Nemačke ratuje protiv Sovjetskog Saveza koji je doživljavan kao slovenska država. Međutim, bez obzira na ovakve deklarativne stavove i proteste, nakon odlaska na istočni front, nisu zabeleženi prelasci slovačkih vojnika na stranu Crvene Armije, iako ih je na njemu u ratnim operacijama učestvovalo preko pedeset hiljada. Ovakva situacija je u značajnoj meri bila uzrokovana rasprišivanjem slovenskih iluzija i ideja među samim Slovacima na frontu koji su prolazeći kroz delove Ukrajine nailazili na prizore katastrofalne bede lokalnog stanovništva, uništene crkve, kao i posledice delovanja NKVD-a, o čemu svedoči čitav niz privatnih pisama koji su vojnici slali u Slovačku, a koje je zatim Tisov režim vešto koristio u cilju antisovjetske propagande. Međutim, brojni nacistički zločini su vremenom po-

IV REFLEKSIJE I PERCEPCIJA SLOVENSTVA U XX VEKU

ideje su pored toga imale poseban smisao i u kontekstu komunističke ideologije među Slovacima.[131] Posmatrajući uticaj slovenskih ideja u slovačkom kontekstu, sa jedne strane može postojati saglasnost sa mišljenjem da su slavofilska i rusofilska raspoloženja (osećanja) tokom rata srasla, iako ih nije moguće direktno izjednačavati sa afinitetom ka sovjetskom uređenju, dok je na drugoj strani, ponašanje sovjetskih trupa krajem rata, razbilo iluzije o velikom slovenskom bratu (Lacko 2004).

U Sovjetskom kontekstu, kao što je već istaknuto, zvanična državna propaganda je ubrzo nakon napada i intenzivnog napredovanja Nacista u dubinu sovjetske teritorije, započela sa (uslovno)

---

novo ojačali slovenske ideje i rusofilske stavove u slovačkom društvu, tako da one od 1943. godine značajno jačaju i korespondiraju sa sve prisutnijim antinemačkim raspoloženjem. Odnosno, kako ističe M. Lacko, u skladu sa približavanjem Crvene armije dolazilo je do ponovnog oživljavanja „starih mitova o slovenskoj uzajamnosti i oslobodiljačkoj misiji Rusije", ali i do stvaranja percepcije delovanjem ilegalne KPS o socijalnoj ispravnosti u komunizmu. Međutim, novi obrt u percepciji je nastao ulaskom Crvene Armije na teritoriju Slovačke. Odnosno, usled mnogobrojnih pljački i maltretiranja lokalnog stanovništva koja su usledila, kao i zbog velike aktivnosti NKVD-a (političke čistke, deportacije delova stanovništva itd.) idealna konstrukcija o Rusiji je naglo nestala. Svi ovi događaji su zapravo uticali na drastično opadanje tradicionalnog naivnog rusofilstva. Usled dešavanja koja su se događala krajem rata, zapravo je došlo do potpunog raspršivanja prethodnih iluzija o Rusiji kao oslobodiocu i nosiocu socijalne pravednosti, što se tokom narednih decenija dodatno pojačavalo. Opširnije o shvatanju slovenstva u slovačkom društvu između 1939. i 1945. godine, videti u Lacko 2004.

131 U tom smislu treba pomenuti dela slovačkog pisca i političara Vladimira Clementisa *Panslavizmus kedysi a teraz* iz 1943. godine, kao i delo *Slovanstvo kedysi a teraz*, iz 1946. godine, u kome Clementis govori o permanentnoj istorijskoj borbi između Slovena i Germana, između ostalog u tom smislu interpretirajući Šturovo delo *Slovenstvo i svet budućnosti*, i na taj način dodatno učvršćujući politički „*slovenski mit*" u slovačkom kontekstu. Clementis je inače u pominjanom delu Rusiju predstavio kao svetionik koja Slovacima obasjava put i kojim će se omogućiti ponovno uzdizanje slovačkog duha iz mraka u koji je zapao. Opširnije u Kodajová 2005.

KONSTRUKCIJA SLOVENSTVA U POLITICI I NAUCI

resurekcijom starih slavenofilskih i slavofilskih ideja koje su nakon Oktobarske revolucije označavane kao relikti carske vlasti i buržoaske ideologije. Tako je već 1941. godine Staljin, između ostalog uz veličanje pojedinih do tada u ideološkom smislu nepodobno percipiranih elemenata prošlosti, istakao kako Hitler ima nameru da uništi sve slovenske narode (vidi Kont 1989). Nakon toga, tokom ratnih godina pozivanje na slovensko jedinstvo je bilo izuzetno frekventno i rezultiralo je između ostalog i nizom manifestacija, sastanaka i skupova kojima je pridodavan epitete (sve)slovenskih a sve u cilju jačanja odbrambenih kapaciteta pred zajedničkim „vekovnim slovenskim neprijateljem". Ipak, prilikom deklarativnog iznošenja proslovenskih stavova pravila se jasna distinkcija u odnosu na koncepciju starijeg panslavizma koji je označavan kao reakcionarna ideologija i suprotna ideji jednakosti među narodima. Kako bi se intenzivirala saradnja između slovenskih naroda oformljena je i neka vrsta posebnog komiteta, a takođe su intenzivirane i veze sa različitim slovenskim udruženjima u svetu.[132] Svakako, uprkos postojanju različitih slavofilskih deklarativnih tendencija, bilo bi pretenciozno govoriti o postojanju nekakvog opšteg slavofilstva, odnosno ovakve tendencije kada je reč o onovremenoj zvaničnoj politici SSSR, treba posmatrati isključivo u kontekstu mehanizama državne propagande.

Od kraja II svetskog rata do 1948. godine, slovenske ideje su se u slovenskim društvima pojavljivale sa različitim tendencijama koje su bile u bliskoj vezi sa ideološkim konstruktima komunizma, kao i sa rusofilstvom. U SSSR su na unutrašnjem planu slovenske koncepcije nakon obavljene mobilizacijske uloge tokom II s. r. postepeno opet u potpunosti potisnute i ocenjene kao suprotne

---

132 Međutim, intenziviranje saradnje među udruženjima slovenskih iseljenika u različitim zemljama odigravalo se i nezavisno od tendencija u SSSR-u. Tako je npr. tokom aprila 1942. godine u Detroitu, održan veliki kongres slovenskih naroda, predstavljajući organizaciju koja je okupljala deset miliona Amerikanaca slovenskog porekla (vidi Kont 1989).

IV REFLEKSIJE I PERCEPCIJA SLOVENSTVA U XX VEKU

internacionalizmu, ali su ujedno na određeni način bile inkorporirane u komunističke ideološke premise. Tako je u kontekstu i za potrebe spoljne politike slovenstvo od strane KPSS-a korišćeno prema potrebama i narednih decenija, a posebno intenzivno, planski, pa čak i institualizovano do 1948. godine, odnosno do dolaska komunista na vlast u Čehoslovačkoj, kao i do rezolucije informbiroa i prekida saradnje SSSR i istočnoevropskih zemalja sa Jugoslavijom. Blokada Informbiroa je ujedno označila i kraj slovenskih, ali svakako ne i užih južnoslovenskih (jugoslovenskih) koncepcija koji su bile prisutne u FNRJ između 1945. i 1948. godine. Zastupljenost slovenskih ideja u prvim godinama nakon rata u Jugoslaviji se najbolje reflektovala održavanjem prvog poslerntnog sveslovenskog kongresa u Beogradu. Odnosno, Jugoslavija je, u okviru sovjetske politike iskorišćavanja panslovenskih ideja, uzela učešća i na Sveslovenskom kongresu, otvorenom 8. decembra 1946. godine u Beogradu, ističući preko svojih predstavnika istorijsku misiju slovenskih naroda u borbi protiv fašizma, u posleratnom svetu, njihovu solidarnost i privrženost miru, pri čemu je na Sveslovenskom kongresu govorio i patrijarh Srpske pravoslavne crkve Gavrilo Dožić, koji je pozdravio maršala Tita i Staljina (Petranović 1988, 182-183).[133] U radu kongresa su između ostalih učestvovali i češki

---

[133] Ova manifestacija koja je održana između 8. i 12. decembra 1946. godine je ujedno predstavljala jedini zvaničan sveslovenski sastanak nakon II svetskog rata, na kome su učestvovali predstavnici dvanaest slovenskih naroda. Kongres je inače organizovan od strane tzv. Sveslovenskog komiteta čiji je predsednik bio general-major A. Gundorov. Povodom održavanja ove manifestacije u tiražu od 15000 primeraka u izdanju Kolarčevog narodnog univerziteta, štampana je i mala publikacija sa naslovom *O Slovenstvu*, u kojoj su objavljeni tekstovi nekih od učesnika kongresa. Sudeći po sadržaju tekstova u ovoj brošuri, na kongresu su deklarisane ideje o slovenstvu kao garantu mira i demokratičnosti, pozivalo se na što bližu saradnju među svim slovenskim narodima za koje je isticano da su podneli najteže žrtve u borbi protiv fašizma, istican je trijumf ideje slovenske solidarnosti za razliku od prethodnih kongresa koji su ostali samo na „neispunjenim željama", pri čemu se ujedno

KONSTRUKCIJA SLOVENSTVA U POLITICI I NAUCI

i slovački komunisti. U čehoslovačkom kontekstu, nakon okončanja rata dolazi do jačanja slovenskih ideja, tako da slovenstvo postaje sastavni deo brojnih čeških i slovačkih političkih stranaka a

podvlačio otklon u odnosu na romantičarski „stari" panslavizam za koji je ujedno navođeno da je često predstavljao zloupotrebu iskrenih slovenskih ideja od strane buržoazije. Odnosno, autori tekstova navode kako su nekadašnji slovenski sastanci bili neuspešni i kako su se često svodili na „bankete sa neiskrenim zdravicama". Svi autori šablonski iznose slične ocene o kongresu navodeći da će se za razliku od svih dotadašnjih, njime zaista omogućiti ravnopravna saradnja među svim Slovenima. Tako u svom tekstu M. S. Petrović ističe sledeće: „...Novo slovensko bratstvo oslobođeno je uskih šovinizama nekadašnjih panslavenskih pokreta. Zasnovano na skupo plaćenom iskustvu ratovanja protiv nezajažljivih zavojevača, ono je danas snažan činilac u borbi koju svi slobodoljubivi narodi sveta vode protiv ostatka fašizma, protiv reakcije i protiv svih imperijalnih težnji i poduhvata. Ne radi se ni o kakvom stvaranju blokova i posebnih saveza, kao što bi reakcionarna štampa htela da podmetne..." U svim tekstovima optužuju se reakcione snage kao i deo zapadne štampe koja je prema navodima učesnika kongresa, ovu manifestaciju nastojala da prikaže kao zlonamernu. U tom kontekstu se u tekstu M. Bogdanovića ističe sledeće: „Imperijalizam gleda danas u Slovenima svoga glavnog neprijatelja, i zato mu insinuira neke agresivne smerove. To je, međutim, očigledno apsurdna pretpostavka, koja izvire iz zlobne reakcione težnje zapadnog imperijalizma da se napredno i miroljubivo Slovenstvo, koje pozitivno deluje na široke narodne mase celoga sveta, stavi pod najstrašniju sumnju: da se iza njega krije zavojevačka volja..." U tekstovima je takođe naglašen i motiv o istorijskoj borbi Slovena protiv Germana, odnosno o robovanju slovenskih naroda. Tako npr. u svom tekstu M. Mitrović ističe „...U toj istoriji robovanja i oslobodilačkih borbi, na tom ratnom poprištu koji čini dobar deo istorije slovenskih naroda, redovno se, u svojoj nezasitoj pohlepi, pojavljivao kao nosilac borbe protiv nezavisnosti slovenskih naroda, jedan te isti – nemački osvajač. Vekovni neprijatelj Slovena! I doista, ako se ne može reći (i mi i ne kažemo) „urođeni" neprijatelj Slovena, a ono svakako duboki i vekovni neprijatelj..." Opširnije u pominjanoj publikaciji. Povodom održavanja kongresa je plasirana i čitava serija poštanskih markica u broju od 2,5 miliona primeraka a sudeći po informacijama sa sajta filmske internet baze podataka (IMBD), povodom održavanja kongresa napravljen je i kratki propagandni film (vidi *http://www.imdb.com/title/tt0244827/*, 21.8. 2012.) O kongresu vidi takođe u Mitrović 1999.

IV REFLEKSIJE I PERCEPCIJA SLOVENSTVA U XX VEKU

prisutno je i u delovanju brojnih istaknutih političara.[134] Ipak, svaki politički smer je u ovom periodu o slovenstvu imao sopstvenu percepciju, tako dok je ono za komuniste predstavljalo teoriju koja je korišćena za objašnjavanje prosovjetske orijentacije, dotle su ga demokrate shvatale kao mogućnost za pronalaženje dijaloga sa moćnim Sovjetskim Savezom, odnosno obe grupe su slovenstvo koristile za postizanje sopstvenih ciljeva (Pehr 2004, 171). Sovjetizacija čehoslovačkog društva, koja je rezultirala političkom krizom, a zatim i dolaskom komunista na vlast 1948. godine, u značajnoj meri se odvijala upravo u kontekstu propagiranja slovenskih ideja. Slovenstvo je tako, u smislu komunističke ideologije i propagande, imalo karakter političke koncepcije stvaranja zajedništva slovenskih država pod hegemonijom Sovjetskog saveza, koje je uostalom i u značajnoj meri realizovano (Syrný 2004). U periodu između 1945. i 1948. godine u čehoslovačkom političkom diskursu su se zapravo nadmetale komunistička i demokratska stranka. Obe su imale zastupljeno slovenstvo u svojim programima, ali dok se DS zalagao i za bližu saradnju sa zapadnim državama, komunisti su bukvalno bez kriticizma propagirali rusofilstvo, stavljajući pri tome miroljubivi karakter slovenskih naroda i multietničnost Sovjetskog Saveza u protivtežu agresivnoj i imperijalističkoj politici zapadnih sila (Syrný 2004, 180-181). Komunistička parija je publikovanjem čitavog niza knjiga i brošura ukazivala na ostvarivanje slovenskih ideala, pri čemu je isticala da će savez sa SSSR i sa ostalim

---

134 Tako su nakon rata dvojica izuzetno uticajnih političara, ministar spoljnih poslova Jan Masarik (1886-1948), kao i predsednik Čehoslovačke Eduard Beneš (1884-1948) isticali značaj slovenstva i blisku saradnju među Slovenima kao osnovu za očuvanje demokratije i mira u svetu. Beneš je uostalom svoje stavove o slovenstvu detaljno obrazložio u svom delu *Nová slovanská politika* iz 1943, kao i u svojoj knjizi *Úvahy o slovanství. Hlavní problémy slovanské politiky* koja je publikovana 1946. godine. Detaljnije o slovenskim idejama u programima političkih stranaka tokom postojanja treće Čehoslovačke republike videti u Syrný 2004. i Pehr 2004.

KONSTRUKCIJA SLOVENSTVA U POLITICI I NAUCI

slovenskim komunističkim državama označiti trijumf Slovena nad germanskim *Drang nach Osten* (vidi Pehr 2004). Komunisti su težili i postizanju što bliže saradnje sa FNRJ i Bugarskom, ali i sa Poljskom, iako je sa njom uspostavljanje saradnje ipak bilo otežano zbog nerešenih teritorijalnih pitanja. U ovom periodu na prostoru Čehoslovačke inače nastaju brojna prosovjetska udruženja koja propagiraju ideju slovenske uzajamnosti u komunističkim okvirima, a takođe dolazi i do osnivanja manifestacije *Slovenski dani na Devinu* u organizaciji sveslovenskog udruženja iz Bratislave, koji su se obeležavali svakog 5. jula kao dan sećanja na misiju Ćirila i Metodija.[135] Između ostalog, na ovaj način je dolazilo do oživljavanja pojedinih romantičarskih slavofilskih koncepcija, koje su

---

135 Prva manifestacija je održana već 1945. godine uz prisustvo bojnih kulturnih i političkih ličnosti prvenstveno sa prostora Čehoslovačke, ali i iz drugih slovenskih zemalja. U bogatom kulturnom i političkom programu, između ostalog održana je i pravoslavna misa za Ćirila i Metodija, kojom se težilo naglašavanju zajedničkih korena cele slovenske kulture. Druga manifestacija održana je 1946. godine i protekla je u naglašavanju slovenskog jedinstva. Tako su prilikom njenog otvaranja intonirane himne svih pet slovenskih država. U odnosu na prvu manifestaciju održanu godinu dana ranije, na ovoj su skoro u potpunosti dominirali čehoslovački komunisti, a već sledeće 1947. godine, ova manifestacija protekla je u znaku komunističke i prosovjetske propagande. Inače, svaki put uoči održavanja ove manifestacije komunistička štampa vršila je propagandu koja je naglašavala zajedničke kulturne tradicije slovenskih naroda, njihova zajednička nastojanja u otporu protiv germanskih agresora od perioda Velike Morave do II svetskog rata, pri čemu je posebno naglašavana proslovenska politika Sovjetskog saveza. Nasuprot tome demokratski orijentisana štampa, tj. propaganda DS, akcentovala je pre svega hrišćansku, istorijsku i kulturnu dimenziju uticaja Ćirila i Metodija među Slovenima, dok su teme vezane za blisku saradnju sa SSSR-om, upadljivo odsustvovale. Manifestacija je održavana do 1951. godine i trebalo je u suštini da simboliše *večnu antifašističku koaliciju slovenskih naroda*. Budući da se tvrđava nalazila na samoj granici sa Austrijom na ušću Morave u Dunav, kasnije svečanosti su prekinute zbog toga što je ova teritorija postala deo strogo kontrolisanog pograničnog prostora. Kasnije su od kraja pedesetih do 1968. godine, na Đevinu održavani dani čehoslovačko-sovjetskog prijateljstva. Opširnije u Syrný 2004 i Kiliánová 2005.

IV REFLEKSIJE I PERCEPCIJA SLOVENSTVA U XX VEKU

svakako bile modifikovane za potrebe komunističke propagande. Uostalom, tendencije koje su se kretale u pravcu naglašavanja bratstva među Slovenima, njihove prirodne bliskost, kao i slobodne interpretacije zajedničke borbe Slovena protiv Germana itd., bile su frekventno isticane u okviru društvenog i političkog diskursa u Čehoslovačkoj u godinama nakon rata i značajno su doprinele dolasku komunista na vlast. U ovom periodu je u tom kontekstu bila česta praksa da se različiti događaji i ličnosti iz češke istorije u okviru jednog dela istoriografskih radova predstavljaju kao nosioci ideja o slovenstvu i slovenskoj uzajamnosti, što je doprinosilo učvršćivanju i oživljavanju pojedinih segmenata (uslovno) sveslovenskih političkih mitova. Nakon uspostavljanja totalitarnog komunističkog režima na prostoru Čehoslovačke, došlo je do presađivanja isključivo prosovjetskog percipiranja slovenske problematike (Syrný 2004). Odnosno februarski događaji 1948. godine i potpuno preuzimanje vlasti od strane čehoslovačkih komunista doprineli su da *(uslovno)* modifikovano slovenstvo postane *u određenoj meri* oficijelna politika čehoslovačke države o čemu više nije bilo moguće diskutovati (Pehr 2004, 172) (kurziv moj).

Generalno posmatrano, slovenstvo nakon 1948. godine zapravo više nije isticano i čak je potiskivano u svojim ranijim formama. Svakako, sa druge strane modifikovane i prilagođene slovenske ideje propagirane su od strane vladajućih komunističkih partija u određenim slovenskim državama. Odnosno bile su korišćene prvenstveno na prostoru Čehoslovačke, kao i u Poljskoj, kao jedan od mehanizama za isticanje bliskosti sa Rusijom i održavanja argumentacije u prilog prosovjetskog raspoloženja.[136] Suprotno tome, slovenske ideje u SSSR-u uopšte nisu isticane, budući da su se kosile

---

[136] Ipak, i u ovim kontekstima su imale ograničenu upotrebu koja je korespondirala sa komunističkom ideologijom ili preciznije sa spoljnom politikom SSSR-a. Tako je npr. Čehoslovačka, bez obzira na ranije bliske veze sa Jugoslavijom, morala da prekine odnose sa njom tokom blokade informbiroa. Opširnije o metamorfozi slovenskih ideja u periodu komunizma vidi u Rychlík 2004.

KONSTRUKCIJA SLOVENSTVA U POLITICI I NAUCI

sa globalnim tendencijama ovog entiteta koji je težio da se predstavi kao predvodnik „svetskog proleterijata", kao i predvodnik svih država Istočne Evrope nezavisno od njihovog etničkog sastava (vidi Rychlík 2004, 132-133). Sa druge strane, pojedini elementi slovenstva, preciznije ruskog slavjanofilstva, postojali su među delom ruske političke emigracije na Zapadu, koja je internacionalizam i sovjetizam videla kao ugrožavanje slovenskog, tj. ruskog nacionalnog identiteta. Pomalo paradoksalno, deo čehoslovačke emigracije je upravo suprotno u panslavizmu video glavnog krivca za uspostavljanje komunističkog režima u Čehoslovačkoj. Ovakve tendencije su se javljale i u samoj Čehoslovačkoj, gde je pod utiskom „srušenih slovenskih snova", češki lingvista Vaclav Černi *(Václav Černý)*, pedesetih godina napisao knjigu *Razvoj i zločini panslavizma* (*Vývoj a zločiny panslavismu)*, koja je publikovana tek znatno kasnije. Černi je u njoj tradicionalno češko slovenstvo, slavjanofilstvo, pa i rusofilstvo, predstavio kao neki oblik kulturne devijacije, što je svakako proizilazilo iz tadašnje društvene i političke situacije u Čehoslovačkoj (videti Petrusek 2005). U okviru ovog poglavlja pružen je samo najosnovniji okvirni pregled percepcije i refleksija slovenstva prvenstveno u kontekstu političkih praksi slovenskih država od okončanja Prvog svetskog rata do kraja poslednje decenije dvadesetog veka. Svaka šira rasprava o ovoj problematici zahtevala bi dodatne široko koncipirane interdisciplinarne analize uz akceptovanje različitih vremenskih ali i prostornih okvira uz sagledavanje znatno šireg fundusa arhivske građe. Odnosno takve analize bi podrazumevale istoriografski pristup pojedinačnih slovenskih političkih sistema te samim tim, uz akceptovanje tematskog okvira ove studije koja je prvenstveno fokusirana na idejne koncepcije konstrukcije slovenstva, višestruko prevazilaze njene mogućnosti, ali i predmet istraživanja ove knjige kao celine.

V

SAVREMENA PERCEPCIJA SLOVENSTVA

Pad komunističkih režima u Istočnoj Evropi, odnosno raspad Čehoslovačke, Jugoslavije i Sovjetskog saveza jasno su ukazali, da jezička bliskost Slovena nema nikakav politički kapacitet i nije kohezioni faktor, koji bi omogućio spajanje slovenskih naroda, pa čak ni na regionalnom nivou (Rychlík 2004). Događaji i promene koji su se odigrali krajem osamdesetih i početkom devedesetih godina dvadesetog veka, svakako su u potpunosti već i tada jedva primetne sveslovenske koncepcije, praktično sveli na marginalne tendencije koje su postale ograničene samo na retke grupe, ili čak još češće na subjektivne i svakako emotivne stavove pojedinaca. Padom komunističkih režima na prostoru bivših slovenskih političkih tvorevina i stvaranjem novih nacionalnih država na prostorima bivše SFRJ, ČSSR i SSSR, dolazi do opšteg jačanja nacionalističkih ideja, kao i do procesa desekularizacije čiji je intenzitet varirao u zavisnosti od konkretnog konteksta. Međutim, uprkos čitavom dijapazonu promena, ali i obnavljanja brojnih tendencija, oživljavanje ideja vezanih za slovenstvo, izuzev donekle u ruskom kontekstu, praktično i nije postojalo. Ratni sukobi na prostoru bivše Jugoslavije, etnička previranja na teritoriji SSSR-a, kao i dominantno negativna percepcija o Rusiji u novonastalim državama koje su nekada činile deo bloka, odnosno deo Varšavskog pakta, su eventualno pojavljivanje ovakvih ideja činile praktično nemogućim i (uslovno) suprotnim percepcijama nacionalnih interesa. Izuzetak predstavlja Rusija, gde se od sredine devedesetih godina pojavljuju ideje, koje bi se direktno ili indirektno mogle nadovezati na devetnaestovekovno rusko slavenofilstvo i panslavizam (videti Eberhardt 2004). Pored toga, rusofilske tendencije su tokom devedesetih godina svakako bile prisutne, čak (uslovno) i izražene u srpskom i crnogorskom kontekstu, ali one apsolutno nisu imale ni najmanje naznake slavofilstva i slovenstva, već su se bazirale na tradicionalnim premisama rusofilstva i kao takve su bile koncepcijski veoma često u vezi sa konfesionalnim aspektima. Posmatrano u celini, slovenske ideje u kolektivnoj svesti slovenskih naroda (izuzev donekle kod Rusa i Belorusa) tokom devedesetih godina praktično nisu postojale.

Tokom poslednjih nekoliko godina, prvenstveno kao konsekvenca razvoja i popularizacije interneta, ali i kao posledica širih društvenih procesa, slovenske ideje postaju uočljivije među različitim slovenskim narodima, ali i dalje predstavljaju izuzetno retku, disperzivnu, varijabilnu, pa čak i ekstravagantnu pojavu, koja se najčešće pojavljuje u okviru znatno širih korpusa ideja. Tako se van ruskog i delimično beloruskog konteksta (u kojima su slovenske ideje bile delimično prisutne i u okviru zvaničnih spoljnih politika), poslednjih nekoliko godina slovenstvo, ili preciznije pojedini segmenti slovenskih ideja, kao i slavofilske intencije, pojavljuju u kompleksu širokog spektra idejnih koncepcija koje su prisutne pre svega u okviru delovanja pojedinih formalnih i neformalnih (uslovno) političkih pokreta i konfesionalnih grupa. Odnosno, refleksije savremenog slavofilstva sa obrisima manje ili više naglašenih ideoloških postavki svojstvenih panslavizmu, (uslovno) se pojavljuje u dve osnovne celine (kategorije grupa), a znatno rede u određenim slučajevima i kao zasebna inicijativa, ili kao (uslovno) survival pojedinih starijih koncepcija koja je uočljiva kod nekih pojedinaca. Prvu celinu u kojoj se uočavaju izvesne slovenske i slavofilske ideje, čine različite (uslovno) konzervativne i naglašeno desničarski orijentisane tzv. samoprozvane „rodoljubive" ili „patriotske" grupe koje, između ostalog, ističu ugroženost nacionalnog identiteta, zalažu se za tzv. tradicionalne vrednosti, antiglobalistički, antiamerički i antiokcidentalno su usmerene, istupaju protiv EU, NATO pakta, anglo-saksonske i germanske politike itd. Radi

V SAVREMENA PERCEPCIJA SLOVENSTVA

se većinom o pojedinim desničarskim pokretima, kao i o nekim navijačkim grupama koji su na određene načine u vezi sa njima. Međutim, treba istaći da su slovenske ideje u kontekstu delovanja ovih pokreta i grupa, najčešće nejasne, disperzivne, maksimalno neujednačene a veoma često i kontradiktorne sa drugim idejama koje pojedini pripadnici određene grupe, kao i same grupe kao celine propagiraju. Zapravo, u okviru ove prve celine (kategorije), slovenstvo se najčešće pojavljuje (uslovno) u kontekstu šireg sinkretičkog heterogenog korpusa ideja, pri čemu ono izrazito varira, odnosno uslovljeno je različitim aktuelnim političkim i društvenim konstelacijama. Drugu celinu, u okviru koje se pojavljuju različite slavofilske i generalno slovenske tendencije, čine formalna ili neformalna udruženja slovenskih rodnoveraca, odnosno alternativni religijski pokreti i zajednice rodnovernih pojedinaca, na šta će biti posebno ukazano u okviru ovog poglavlja kroz studiju slučaja o savremenim refleksijama slovenstva u kontekstu političkih aspekata slovenskog rodnoverja na internetu. Bitno je napomenuti da se obe prethodno navedene celine, odnosno uslovno određene kategorije (skupine grupa), često međusobno prepliću, što je posebno uočljivo na prostoru Rusije. Ta činjenica ujedno u izvesnom smislu relativizuje i samu predloženu sistematizaciju, koja je međutim ipak predložena isključivo uslovno kao opšti distinktivni okvir kojim bi se omogućilo konciznije sagledavanje različitih refleksija savremenog slovenstva. Međutim, ovako predložena podela na dve osnovne kategorije (celine), kao i na (uslovno) treću – pod kojom bi se podrazumevale sve ostale refleksije koje se ne mogu svrstati u prve dve, odnosno slovenske ideje koje postoje u različitim izolovanim inicijativama kao i isključivo individualna stanovišta pojedinaca koje zapravo najčešće predstavljaju survivale ranije proklamovanih sveslovenskih koncepcija – se ipak može argumentovati, s obzirom da je prilično jasno uočljiva. Svakako iako su prisutna različita preplitanja koja bi mogla dovesti u pitanje ovakav uslovno predloženi okvir, ona su ipak limitiranog karaktera. Treba naglasiti da je obim, tj. masovnost prve dve (uslovno određene) kategorije, tj. celine prilično različit. Odnosno, slovenske rodnoverne religijske grupe iako imaju daleko jasnije iskristalizovane slovenske ideje od onih koje se pojavljuju među različitim formama drugih (uslovno) političkih grupa i pokreta, zapravo predstavljaju daleko ređu pojavu što je značajno uslovljeno njihovim primarnim konfesionalnim aspektom. Pored refleksija u okviru ove dve celine, već je istaknuto da se slovenske ideje uočavaju i u kontekstu treće grupe, koja međutim ne predstavlja celinu već obuhvata sve refleksije koje se ne mogu podvesti pod prve dve grupe. Tako, pored izuzetno retkih (uslovno) zasebnih političkih inicijativa na koje će biti ukratko ukazano u daljem tekstu, slovenske ideje nesumnjivo postoje i među različitim pojedincima – slavofilima, koji nisu pripadnici i simpatizeri određenih grupa i čiji stavovi potiču iz različitog spleta subjektivnih i emotivnih poriva. Ipak treba istaći da su slavofilske refleksije među pojedincima u savremenom kontekstu dosta retke i da se najčešće pojavljuju kao sekundarne manifestacije u određenim situacijama, odnosno da se recepcija slovenskih ideja javlja uslovno i da zavisi od različitih aktuelnih društvenih i političkih događaja. Svakako za bilo kakve zaključke vezane za postojanje slavofilskih tendencija kod individua koje nisu vezane za delovanje određenog pokreta, potrebno je sprovesti posebna antropološka istraživanja na različitim lokacijama. Ovom prilikom moguće je konstatovati da je na osnovu praćenja eventualnih refleksija slovenstva uočeno da su izvesne slavofilske ideje najčešće prisutne kod pripadnika starijih generacija koji su na određeni način tokom života bili u kontaktu sa nekim oblikom (uslovno) institucionalnog propagiranja različitih ideja koje se mogu podvesti pod slovenstvo.[137]

---

137 O tome da slovenstvo kod pojedinaca starije životne dobi predstavlja određeni oblik survivala, uočeno je prilikom sondažnih antropoloških istraživanja refleksija slovenstva i identifikacijskih odnosa među stanovnicima višenacionalnog naselja

V SAVREMENA PERCEPCIJA SLOVENSTVA

Problematika vezana za specifičnosti refleksija i percepciju elemenata slovenskih ideja među nekim formalnim i neformalnim političkim pokretima (grupama) na prostoru različitih (uslovno)

Stara Pazova u Sremu, kojim je bilo obuhvaćeno četrdeset i dvoje ispitanika sa kojima su obavljeni razgovori u formi slobodnog i nestrukturisanog intervjua. Istraživanjem, koje je sprovedeno tokom maja 2012. godine, uočeno je da su od svih osoba obuhvaćenih ovom analizom, jasnije slavofilske stavove, odnosno svest o slovenstvu, ispoljila samo dva respondenta. Oba ispitanika su bili muškarci starosti između sedamdeset i osamdeset godina i obojica su se tokom svog života susretali sa slovenskim idejama. Oba ispitanika, sa kojima su vođeni razgovori, su istakli da su u prošlosti bili članovi lokalnog sokolskog društva, odnosno kasnije lokalnog sportskog društva koje je osnovano nakon II svetskog rata umesto prethodnog sokolskog, u kome su se po njihovim rečima po prvi put susreli sa idejom „o bratstvu među slovenskim narodima". Međutim, iako su oba sagovornika jasno ispoljila pojedine slavofilske stavove, u njihovim nivoima identifikacije nijedan od njih nije samoinicijativno istakao slovenski identitet, odnosno uprkos navođenju različitih oblika identifikovanja, identitetska odrednica *Sloven* nije upotrebljena. Moguće da je ona u izvesnom smislu kompenzovana sa identitetskom identifikacijom, odnosno odrednicom Jugosloven, budući da su oba ispitanika navela da su se ranije izjašnjavali kao Jugosloveni i da je u razgovoru sa njima uočeno frekventno isticanje i glorifikovanje ranijeg života u vreme postojanja stare Jugoslavije. Iako su kod oba ispitanika uočeni slavofilski elementi, dok su kod jednog uočene čak pojedine, uslovno rečeno, panslovenske ideološke koncepcije, ipak nije moguće govoriti o tome da slovenstvo kod njih zauzima dominantniji identitetski okvir. Odnosno, ne može se govoriti o ispoljavanju slovenstva u formi nekog kompaktnog i iskristalizovanog nadnacionalnog identiteta, kao što je to slučaj kod pojedinaca koji su pripadnici nekih grupa koje na određene načine propagiraju slovenske ideološke koncepcije. U konkretnom slučaju, bez obzira što su oba ispitanika nesumnjivo ispoljili ideje koje se mogu podvesti pod slovenstvo, tj. slavofilstvo, stiče se utisak da ovakvi stavovi zapravo predstavljaju u izvesnom smislu formu survivala, odnosno da proističu iz njihovih ranijih ubeđenja koje su pod različitim uticajima formirani u njihovoj mladosti. Pri tome je potrebno naglasiti da je njihovo ispoljavanje slovenstva u značajnoj meri inicijalno bilo podstaknuto i samom koncepcijom razgovora, odnosno intervjua koji je obavljen sa njima. Opširnije o ovim istraživanjima videti u tekstu *Refleksije slovenstva i pojedini aspekti identifikacijskih odnosa među stanovnicima naselja Stara Pazova*, dostupno na: *http://www.casca.org.rs/projekti/sondazna-antropoloska-istrazivanja-stara-pazova/*, 11. 4. 2013.

KONSTRUKCIJA SLOVENSTVA U POLITICI I NAUCI

slovenskih država, zbog svoje kompleksnosti i obima zahteva poseban metodološki pristup sa precizno sprovedenim istraživanjima, i ovom prilikom će njena analiza biti u potpunosti izbegnuta jer prevazilazi okvire i mogućnosti ovog rada. Konsekventno će u skladu sa time izostati i bilo kakvi zaključci, budući na vidljivu odsutnost istraživanja ove tematike, odnosno na nepostojanje prezentovanih rezultata u vezi sa njom. Ipak, uprkos tome, može se indikativno pretpostaviti da se kod ovih grupa, sveslovenski elementi često pojavljuju kao kontradiktorni drugim koncepcijama, kao i da eventualni karakter slavofilskih elemenata zavisi i varira od stavova konkretne individue. Sa druge strane, nesumnjivo da sveslovenske ideje svakako imaju specifične manifestacije koje u određenoj meri uslovljavaju neke oblike identifikacijskih odnosa među pripadnicima ovih grupa. Odnosno, slovenstvo se verovatno vezuje za viši obilk identifikacije, pa samim tim (uslovno) utiče i na svest o bliskosti slovenskih naroda, što takođe varira na individualnom nivou, tj. specifično je kod svakog pripadnika ovih pokreta. Pored toga, kod pojedinih grupa, bez obzira na to da li su sveslovenski elementi prisutni u njihovim programskim načelima i ciljevima, dolazi do deklarisanja različitih slovenskih ideja, kao i do pokretanja različitih akcija koje nose predznak slovenskih ili sveslovenskih, a koje utiču na učvršćivanje i širenje pojedinih slovenskih koncepcija. U tom smislu interesantno je kao primer pomenuti tzv. akciju *Zemlja predaka – sveslovenski projekat,* koja svakako u sebi sadrži simboličke elemente koji se mogu podvesti pod ideju slovenske bliskosti, odnosno na neki način predstavlja prilično jedinstven primer percipiranja istorijske bliskosti Slovena i razvoja ovih ideja u savremenim društvenim i političkim kontekstima.[138] Ideja slovenske solidarnosti, se u savremenim kontekstima

---

138 Ovaj „projekat" sudeći po informacijama sa zvanične internet prezentacije desničarskog pokreta *SNP Naši 1389,* odvija se u saradnji ovog pokreta, sa njemu bliskim i ideološki sličnim organizacijama *Narodnim saborom* iz Rusi-

V SAVREMENA PERCEPCIJA SLOVENSTVA

inače manifestovala i prilikom samoproglašenja nezavisnosti Kosova, kada su brojne grupe i pokreti sa prostora različitih slovenskih država na njihovim zvaničnim sajtovima postavili različita saopštenja, tekstove, kao i slogane, kojima se iskazivala podrška Srbiji, odnosno „srpskoj slovenskoj braći".[139] Takođe, u sličnom

---

je, koji je i inicijator ovog projekta, kao i sa *Slovačkim pokretom obnove*. Inače u programskim načelima ove organizacije iz Slovačke, odmah iza *rodoljublja* stoji i *slovenstvo* pod kojim se navodi da je zajedništvo slovenskih naroda za ovu organizaciju „uvek bilo i da će biti najbliže po jezičkoj, kulturnoj i duhovnoj osnovi i da ono njihovom (tj. slovačkom) narodu pruža prijateljsku rodbinsku podlogu u savremenom nesigurnom svetu" Detaljnije na zvaničnoj prezentaciji ove organizacije, dostupno na: *http://sho.sk/kto-sme*, 24. 8. 2012. O samoj ideji projekta koji je započeo krajem 2010. godine, na sajtu pokreta *SNP Naši 1389* stoji sledeće: „Akcija *Zemlja predaka*, koju je inicirala organizacija iz Rusije, treba da na jednom mestu sakupi uzorke zemlje sa svih slovenskih teritorija, sa lokacija koje su bitne za istoriju slovenskih naroda. *Zemlja predaka* ima za cilj da predstavi istoriju slovenskih naroda i kroz saradnju i učenje poveže rad rodoljubivih organizacija u Rusiji, Slovačkoj i Srbiji. Svaki sakupljeni grumen zemlje prati istorijska priča koja je od važnosti za neki od slovenskih naroda pa samim tim i za ukupnu slovensku istoriju." Pored toga na sajtu se navodi sledeće: „SNP Naši 1389 je za sada sakupio zemlju iz Orašca (mesta gde je podignut Prvi srpski ustanak) sa Čegra i Tekeriša, dok je grumen zemlje sa Gazimestana, preko naših saboraca iz Slovačke, poslat odmah posle Vidovdanskog marša. Želja nam je da sakupimo uzorke iz svih srpskih zemalja od Makedonije do Republike Srpske Krajine i da preko njega, našoj braći iz Rusije i Slovačke, ispričamo istoriju srpskog naroda." Videti na zvaničnom sajtu *SNP Naši 1389*, dostupno na: *http://www.snp1389.rs/index.php?option=com_content&view=article&id=3 66:2010-12-08-20-27-29&catid=36:vesti*, 24. 8. 2012. Detaljnije informacije o ovoj akciji dostupne su i na zvaničnom sajtu ruske organizacije *Narodni sabor*, dostupno na: *http://mosnarodsobor.ru/?page=news&id=655*, 24. 8. 2012.

139 Na brojnim sajtovima ovih organizacija, kao i na mnogim drugim internet prezentacijama vezanim za Slovene, od 2008. godine postoji slogan *Kosovo je Srbija*, dok je npr. na sajtu pominjane organizacije *Slovenské Hnutie Obrody (SHO)* iz Slovačke, koje održava bliske veze sa pokretom *SNP Naši 1389* iz Srbije, moguće kupiti i majice sa ovim sloganom u slovačkoj jezičkoj varijanti. Videti na: *http://sho.sk/vlastenec/*, 24. 8. 2012. Takođe, na brojnim fudbalskim utakmicama u Slovačkoj ističu se transparenti sa ovim sloganom, što je

KONSTRUKCIJA SLOVENSTVA U POLITICI I NAUCI

kontekstu se uočavaju slavofilski stavovi autora komentara na različitim internet portalima srpskog govornog područja na kojima se na određene vesti npr. o tome kako su pojedine grupe iz različitih slovenskih država organizovale proteste uoči godišnjica samoproglašenja nezavisnosti Kosova, često uočava proklamovanje slovenskih ideja. Međutim, u ovom kontekstu se može govoriti samo o sekundarnom deklarativnom isticanju pojedinih slavofilskih stavova proisteklih iz određenog oblika „osećaj podrške" u konkretnom slučaju, koji iako proističu iz određenog oblika svesti o slovenskom kolektivitetu, nipošto ne predstavljaju nekakav oblik propagiranja jasno usmerenih slovenskih ideja. U istom kontekstu bi se mogli tumačiti i različiti nazivi pojedinih manifestacija koje u svom nazivu sadrže adjektiv „slovenski", a kojima se aludira na njihov sveslovenski karakter, bez obzira što on često odsustvuje.

Tokom poslednje decenije osnovano je nekoliko (uslovno) ozbiljnijih udruženja građana kod kojih je primaran cilj propagiranje slovenstva, odnosno kod kojih se ideja slovenstva pojavljuje kao zasebna koncepcija. Tako se npr. na zvaničnim internet prezentacijama i u statutima ovakvih udruženja građana, ističu ideje slovenske uzajamnosti kojima se akceptuje politička samostalnost svih slovenskih naroda, pri čemu se ne teži nikakvom obliku političkih saveza, već se uz pomoć uzajamnosti nastoji ostvarivanje što bolje kulturne saradnje među Slovenima.[140] Ova udruženja su

---

posebno bilo uočljivo prilikom mečeva sa klubovima iz Srbije tokom poslednjih nekoliko godina. Svakako, ovi transparenti ne moraju biti isključivo vezani za slovenske ideje.

140 U tom kontekstu potrebno je pomenuti npr. *Udruženje slovenske uzajamnosti (Združenie slovanskej vzájomnosti)* iz Bratislave, koje inače od 2001. godine između ostalog publikuje četiri puta godišnje časopis *Slovanská vzájomnosť*, za koji se na sajtu ovog udruženja ističe da mu je cilj poboljšavanje uzajamnog međusobnog poznavanja slovenskih naroda i kultivacija slovenskih ideja. U časopisu koji je obrazovno-popularnog karaktera su zastupljene različite teme koje se odnose na Slovene i slovenstvo. Teme su vezane za kulturu, istoriju i književnost slovenskih naroda, ali zastupljeni su i sadržaji koji se

V SAVREMENA PERCEPCIJA SLOVENSTVA

takođe povremeno na neki način povezana sa pojedinim desno orijentisanim grupama i odlikuju ih prilično konzervativni stavovi. U smislu savremenih manifestacija slovenstva, odnosno u kontekstu shvatanja uloge Slovena u savremenom svetu, možda najinteresantniji i definitivno najozbiljniji primer predstavlja organizacija tzv. *Desetog jubilarnog sveslovenskog kongresa*, koji je održan 12. i 13. novembra 2010. godine u Kijevu i na kome je učestvovalo preko 350 učesnika iz svih slovenskih država izuzev iz Hrvatske i BiH.[141]

---

tiču različitih problema savremenog slovenstva u kontekstu aktuelne političke i društvene situacije itd. Tekstove u ovom časopisu inače odlikuje prilično naglašeni slavofilski naboj, kao i pojedine tendenciozne tvrdnje vezane za prošlost Slovena. Takođe, u časopisu se objavljuju i brojni tekstovi kojima se istupa protiv globalizacije i zvanične politike Nemačke, Mađarske, EU itd. Zvanična internet prezentacija ovog udruženja dostupna je na: *http://www.ozzsv.sk/*, 24. 8. 2012. Zanimljivo je i udruženje građana iz Bratislave *Panslovenska unija (Panslovanská únia PanSÚ)*, osnovano 2008. godine, koje bez obzira na upadljivi naziv akceptuje i zalaže se za samostalnost slovenskih naroda, dok se na zvaničnom sajtu ovog udruženja ističe da su njegovi članovi slovačke patriote i Sloveni. Može se pretpostaviti da je među pojedincima koji su okupljeni oko ovog udruženja prisutan viši oblik identifikacije, odnosno (uslovno) nadnacionalni oblik identiteta. U statutu ovog udruženja se takođe, između ostalog, ističe i da je njegov cilj, širenje ideja slovenske uzajamnosti i novo formulisanje i širenje ideja panslavizma kao alternativi lošim tekovinama globalizma koji ugrožava „nacionalni identitet svih evropskih naroda". Udruženje se zalaže i za zajedničku integraciju slovenskih naroda u Evropi, tj. jačanje njihovog uticaja, ali se takođe ograđuje i istupa protiv bilo kakvog oblika „imperijalnog panslavizma i čehoslovakizma" za koji ističe da je predstavljalo pokušaj Čeha da asimiluju Slovake. Detaljnije o delovanju i programskim načelima ovog udruženja, videti na njegovom zvaničnom sajtu. Dostupno na: *http://pansu.sk/*, 24. 8. 2012.

141 Organizatori ovog sastanka nastojali su da ga prikažu kao deseti u nizu sveslovenskih kongresa, nadovezujući se na do tada održane sveslovenske kongrese 1848. godine u Pragu, 1867. u Moskvi, 1908. u Pragu, 1910. u Sofiji, 1946. u Beogradu, 1998. u Pragu, 2001. u Moskvi i 2005. godine u Minsku. Naglašavanjem i konstruisanjem ovakvog fiktivnog kontinuiteta, organizatori kongresa su verovatno težili da na neki način „izgrade" određenu formu legitimiteta ove manifestacije. U radu kongresa je, pored ostalih, učestvovalo

KONSTRUKCIJA SLOVENSTVA U POLITICI I NAUCI

Održavanje ove manifestacije pruža jasnu indiciju o postepenom oživljavanju slovenskih ideja, koje uprkos tome svakako i dalje generalno posmatrano predstavljaju marginalnu pojavu u svim slovenskim kontekstima, dok se u nekim od njih one praktično i ne mogu uočiti u formi nekih novih inicijativa.

Specifična situacija u vezi sa slovenstvom, odnosno savremenim manifestacijama i shvatanjima slovenskih ideja postoji u ruskom kontekstu, u kome su one daleko izraženije nego kod ostalih slovenskih naroda. Tako su se slovenske ideje, izuzev u programima rodnovernih pokreta, kao i u delovanju pojedinih formalnih i neformalnih političkih organizacija, tokom devedesetih godina pojavljivale povremeno i u kontekstu ruske spoljne politike.

---

i nekoliko delegata iz već pominjanog slovačkog *Udruženja slovenske uzajamnosti*, koje je tim povodom u svom časopisu *Slovanská vzájomnosť* publikovalo i kratko saopštenje o ovoj manifestaciji. Između ostalog, u kratkom tekstu posvećenom radu kongresa se naglašava da se na njemu raspravljalo o potrebama saradnje kao i o širenju ideja slovenske solidarnosti, o problemima „amerikanizacije slovenskog, kao i ostatka sveta", pri čemu su u svim predavanjima iznesene oštre kritike i protesti protiv širenja „demokratije preko nasilne politike NATO pakta". Ukazano je na potrebu prevazilaženja svih dosadašnjih sukoba i neslaganja među Slovenima, kako bi se stvorila nova podloga za oblik saradnje koja bi težila zajedničkim ciljevima „u ime buduće slave Slovena". Takođe, učesnici kongresa su isticali i potrebu za aktivnijom saradnjom vlada i parlamenata različitih slovenskih država, kao i neophodnost redovnih sastanaka predsednika slovenskih država. Podržan je i predlog pojedinih delegata iz istočnoslovenskih zemalja o postepenom ekonomskom i političkom ujedinjenju Rusije, Belorusije i Ukrajine, uz naglašavanje da potencijalno jedinstvo ne treba da bude bazirano na hegemoniji ni jednog od ovih slovenskih naroda. Na početku rada kongresa učesnicima je bio pročitano i pozdravno pismo predsednika Belorusije Aleksandra Lukašenka, kao i pisma premijera Ukrajine Nikolaja Azarova, i nekih drugih istaknutih političara. Na kongresu je donešena i odluka o oficijelnom registrovanju *Međunarodnog slovenskog odbora*, sa sedištem u Ukrajini. Informacije o radu ovog kongresa se mogu pronaći u časopisu *Slovanská vzájomnosť*, br. 4 (63-66) iz 2010. godine. Dostupno na: *http://www.ozzsv.sk/publikacie/archiv/rocnik-x-2010/*, 24. 8. 2012.

V SAVREMENA PERCEPCIJA SLOVENSTVA

Odnosno, retorika „objedinjavanja slovenskih zemalja" se manifestovala kako u delima Aleksandra Složenjicina, tako i u deklaracijama neokomunista, populista i nacionalista, a povremeno i u retorici državnih organa, što je proisticalo iz opšteg nedostatka akceptovanja nezavisnosti Ukrajine i Belorusije (Eberhardt 2004, 177). Međutim, uticaj slovenskih ideja u domenu zvanične ruske politike svakako ne treba precenjivati, budući da se ideologija ruskog ekspanzionizma oduvek više bazirala na ideologiji evroazijtsva, nego što je crpela iz panslavističkog i slavofilskog korpusa ideja. A. Eberhardt koji je proučavao slovenske ideje u kolektivnoj svesti i spoljnoj politici savremene Rusije, ukazao je da su one bile delimično zastupljene u domenu ruske spoljne politike nakon 1994. godine tokom mandata Borisa Jelcina, dok je od 2000. godine, dolaskom na vlast Vladimira Putina slovenstvo skoro u potpunosti nestalo iz njenih okvira, i da danas slovenske ideje u Rusiji više postaju pojam iz oblasti političkog mišljenja i eventualno političkog marketinga, nego što su deo ruske spoljne politike.[142] Izvan krugova oficijalne ruske politike, u ideološkom smislu, nadovezujući se na pojedine antizapadnjačke slovenofilske koncepcije, ali i konzervativne ideje poput vizantizma, najznačajniji ideološki nosilac slovenofilstva u savremenom ruskom društvenom i političkom diskursu, bio je ruski pisac i disident Aleksandar Složenjicin (1918-2008).[143] U Rusiji je inače, u odnosu na ostale slovenske

---

142 Eberhardt primećuje da Putin, za razliku od Jelcina, nije doživljavan kao „dezintegrator Sovjetskog saveza" i da se zbog toga nije morao pozivati na integracijsku retoriku kojom se služio Jelcin u kontekstu zbližavanja Rusije sa Ukrajinom, kao i u smislu nastojanja ponovnog ujedinjenja sa Belorusijom. Opširnije o slovenskim idejama u ruskom društvenom kontekstu, kao i o njihovom uticaju na zvaničnu politiku Rusije u poslednje dve decenije, videti u Eberhardt 2004.

143 On je od početka devedesetih godina ukazivao na potrebu ponovnog ujedinjenja Rusije sa istočnoslovenskim republikama Ukrajinom i Belorusijom, ali i sa severnim Kazakstanom u kome dominantnu većinu stanovništva čine Rusi. Složenjicin je bio slavjanofil (slovenofill) i slavofil u čijim je idejama bi-

KONSTRUKCIJA SLOVENSTVA U POLITICI I NAUCI

kontekste, antizapadna dimenzija svakako i u korpusu slovenstva, posmatrano u celini, očekivano najizraženija. Takođe, različite slovenske koncepcije koje su prisutne u delovanju određenih grupa u ruskom kontekstu, prepliću se veoma često sa ultranacionalističkim, šovinističkim i rasističkim idejama.

Posmatrano u celini kao dinamična, varijabilna i prilično nekompaktna kategorija, savremeno slovenstvo, odnosno refleksije slovenskih ideja u savremenom ruskom, ali i u ostalim slovenskim kontekstima, odlikuju se prilično konzervativnim i naglašenim (uslovno) antiokcidentalnim tendencijama koje se po pravilu prožimaju sa užim nacionalnim, emotivno usmeravanim koncepcijama. Korpus prisutnih ideja, kao i specifičnosti različitih refleksija je zaista disperzivan i posmatrano u celini, slavofilstvo danas predstavlja marginalnu tendenciju koja fundus ideja (uslovno) crpi iz ranijih idejnih, odnosno ideoloških koncepcija. Ono se preplice i prožima sa različitim idejama i najčešće se uočava sekundarno, odnosno (uslovno) u okviru nacionalističkih diskursa.

U prethodnom delu poglavlja ukazano je na osobenosti refleksija savremenog slovenstva, pri čemu je napomenuto da bi detalj-

---

la naglašena pravoslavna ideološka dimenzija, kao i izrazito antizapadnjački stavovi. Po Solženjicinu, zapadni model razvoja na liberalnim i demokratskim vrednostima nije pogodan za Rusiju, za koju je smatrao da treba da preraste u neki oblik pravoslavne istočnoslovenske imperije. Solženjicinove slovenske ideje su se međutim ograničavale isključivo na istočnoslovenske pravoslavne narode, dok je bilo kakvo zbližavanje sa ostalim Slovenima, pa i južnim pravoslavnim slovenskim narodima, po mišljenju Solženjicina štetno za Rusiju. Odnosno, Solženjicin u svojoj knjizi *Rusija u ruševinama* ističe da istupa odlučno protiv panslavizma, za koji smatra da je koncepcija koja je uvek prevazilazila realne snage Rusije. Pri tome navodi kako nikada nije akceptovao zabrinutost Rusije za sudbinu zapadnih ili južnih Slovena, koji nikada nisu bili zahvalni Rusiji za žrtve koje je zbog njih pretrpela. Solženjicinova ideje o novoj Rusiji kao pravoslavnoj istočnoslovenskoj imperiji koja je trebalo da bude adekvatna zaštita od „atlantske" Evrope i „islamske" ili „žute" Azije, imala je međutim, mali broj sledbenika okupljenih pre svega oko časopisa kao što su *Treći Rim* i *Naš sovrjemenik* (vidi Eberhardt 2004, 118-119).

V SAVREMENA PERCEPCIJA SLOVENSTVA

nije analize pojava slavofilskih i slovenskih tendencija u kontekstu delovanja pojedinih grupa, zahtevalo dodatna preispitivanja kroz formu različitih studija slučaja. Samim tim, uzimajući u obzir širinu i složenost problematike, jasno je da bi sagledavanje celokupne slike vezane za slovenske tendencije u savremenim društvenim i političkim kontekstima, zahtevalo terenska istraživanja koja uz akceptovanje prostornog okvira u skladu sa tematikom ove knjige, svakako prevazilaze njene mogućnosti. Ipak, da bi se ukazalo na jedan od načina na koji se slovenstvo ispoljava u savremenom kontekstu, pristupilo se analizi savremenih refleksija slovenstva kroz formu studije slučaja koja se odnosi na analizu značaja slovenskih koncepcija u kontekstu ideja prisutnih među pripadnicima grupa koje dele naizgled sličan ili isti nivo religijskog identiteta u kome slovenske ideje zauzimaju bitnu ulogu. Odnosno, u preostalom delu teksta poslednjeg poglavlja ove studije analizirane su osnovne karakteristike refleksija i recepcije savremenog slovenstva koje su usmerene na društvene i političke kontekste slovenskog rodnoverja na internetu. Time se težilo prikazivanju kako se akceptuje savremeno slovenstvo među pojedincima koji dele grupni religijski identitet koji ujedno predstavlja osnov za njihovo ispoljavanje slavofilskih i slovenskih ideja, dok sa druge strane ovakav konfesionalni aspekt može biti upravo određen njihovim afinitetima prema slovenstvu. Takođe, nastojalo se preispitivanju koliko su u ovom kontekstu, tj. među ovim grupama slovenske ideje kompaktne, odnosno disperzivne, kao i koliko se konfesionalni sapekt zapravo prožima sa političkim idejama i u kojoj meri je u suštini njime određen.

KONSTRUKCIJA SLOVENSTVA U POLITICI I NAUCI

SLOVENSKO RODNOVERJE NA INTERNETU
– Društvene koncepcije i politički konteksti savremenog slovenskog (neo)paganizma

Tekst koji sledi predstavlja rezultat analize koja je inicijalno pisana nezavisno od ostatka ove studije, odnosno od ostalog dela ove knjige, te stoga može delovati kao izvesna vrsta dodatka, odnosno dopuna petom poglavlju, što ona na neki način zapravo i jeste. Međutim, iako naizgled digresivna, analiza o političkim kontekstima rodnoverja na internetu u tematskom smislu, svakako u potpunosti potpada pod tematiku petog poglavlja ove studije. Izvorni tekst ove analize, koji inače nije nigde prethodno publikovan, za potrebe ove studije je pretrpeo izvesne korekcije, odnosno modifikacije, kako bi se uklopio u celinu bez ponavljanja i preplitanja pojedinih delova sadržaja. Odnosno uklopljen je u formi studije slučaja o savremenim refleksijama slovenstva u kontekstu političkih koncepcija prisutnih kod različitih rodnovernih grupa. Budući da je analiza o rodnoverju napisana ranije nego veći deo sadržaja ove knjige, moguće je da će čitalac uočiti delimično različit stil pisanja, odnosno različitu stilsku koncepciju samog teksta koji sledi.[144]

Sadržaj teksta koji sledi, inače predstavlja rezultat analize fokusirane na istraživanje političkog konteksta slovenskog rodnoverja u okviru šireg društvenog i političkog obrasca, pre svega u

---

[144] Takođe, treba napomenuti da je deo teksta o rodnoverju napisan tokom prve polovine 2012. godine i da je u međuvremenu došlo do određenih promena koje se odnose na rodnoverje u Srbiji. Naime, u septembru 2012. godine osnovano je prvo udruženje rodnovernih na prostoru Srbije, čije delovanje (izuzev u jednoj naknadnoj napomeni) nije obuhvaćeno ovom analizom. Takođe, krajem 2012. godine publikovan je zbornik radova pod nazivom „Rodna vera – zbornik tekstova o staroj veri Slovena i njenoj obnovi" koji je izazvao brojne polemike među osobama koje se izjašnjavaju kao rodnoverne u Srbji, odnosno, deo rodnovernih se ogradio od njegovog sadržaja ističući da se radi o publikaciji sa političkom pozadinom koja sadrži pojedine rasističke i fašističke elemente.

V SAVREMENA PERCEPCIJA SLOVENSTVA

kontekstu aktuelnih ideoloških koncepata različitih percepcija slovenstva, odnosno ideja o (sve)slovenskom jedinstvu. Težilo se što konciznijem sagledavanju osnovnih karakteristika ovog fenomena u različitim vremenskim i prostornim kontekstima, pri čemu je poseban akcenat stavljen na period poslednje dve decenije tokom kojeg je došlo do stvaranja najvećeg broja rodnovernih pokreta i do značajnijeg širenja savremenog slovenskog (neo)paganizma.[145] Kako bi se što jasnije sagledala politička i opšta društvena

---

145 Termin *rodnoverje* će u daljem tekstu biti upotrebljavan zajedno sa pojmovima *savremeni slovenski paganizam* i *slovenski neopaganizam* u formi sinonima. Treba napomenuti da je ovakva upotreba termina ipak uslovna, budući da pojedini autori ističu određenu distinkciju između ovih pojmova. Međutim, iako se upotrebljavaju različiti termini u zavisnosti od autora, većina istraživača rodnoverje po svojoj koncepciji, uzimajući u obzir analogije sa drugim neopaganskim pokretima ubraja u neopaganizam, odnosno u neopaganske pokrete, te samim tim najčešće koristi termin *slovenski neopaganizam*, ili ređe *savremeni slovenski paganizam*. Na ruskom jeziku ekvivalent pojmu *neopaganizam* predstavlja termin неоязычество . U skladu sa terminološkim odrednicama predloženim od strane većine autora (Aitamurto, Atweri, Štampach, Shnirelman i dr.) slovenski neopaganizam, uprkos distanciranju većine rodnovernih od ovakvog naziva prvenstveno zbog njihove percepcije o terminu *paganin – savremeni paganin – neopaganin* kao formi negativnog etiketiranja za šta svakako imaju određenih argumenata, ova tri termina će u tekstu biti korišćena kao sinonimi. Međutim, ovakva upotreba sva tri pojma će biti korišćena isključivo kao radni okvir, budući da je termin *rodnoverje* sasvim adekvatan i izuzev u kontekstu uvodnih objašnjavanja vezanih za nastanak ove religije, odnosno njenog „obnavljanja", nema potrebe za korišćenjem drugih termina kao što su slovenski neopaganizam i savremeni slovenski paganizam. Svakako, rodnoverje, posmatrano u skladu sa argumentacijom većine autora, jeste neopaganski pokret, odnosno predstavlja isto što i *slovenski neopaganizam*, ali akceptujći identifikovanje samih rodnovernih (ili starovernih), predlažem upotrebu generativnog pojma (*slovensko*) *rodnoverje*. Ipak treba ukazati da rodnoverje nastaje znatno ranije pre većine neopaganskih pokreta, odnosno da pokušaji obnavljanja slovenske paganske (etničke) religije imaju korene još u romantizmu, dok su prvi organizovani pokreti u tom pravcu nastali dvadesetih godina dvadesetog veka. U tom smislu sama upotreba termina slovenski neopaganizam, uzimajući u ob-

KONSTRUKCIJA SLOVENSTVA U POLITICI I NAUCI

pozadina, analizom je obuhvaćen širi dijapazon različitih idejnih koncepata rodnovernih pokreta i organizacija u različitim slovenskim zemljama, prvenstveno u kontekstu uticaja ideje o (sve)slovenskom jedinstvu i slavofilstvu kao zajedničkim kohezionim elementima od krucijalnog značaja za idejni koncept slovenskog rodnoverja. Pri tome se, uz ukazivanje na njegovu internu varijabilnost, nastojalo sagledavanju političkog aspekta slovenskog neopaganizma kao jedne od manifestacija savremene percepcije slovenstva. Težilo se najopštijoj analizi šireg spektra ideja i ideologija koje se pojavljuju u kontekstu rodnoverja i u tom smislu ovaj tekst predstavlja opšti prikaz aktuelnih političkih aspekata rodnoverja u okviru šireg društvenog konteksta. Pri tome je posebna pažnja bila usmerena na sagledavanje ideja koje se mogu podvesti pod savremeno slovenstvo, a koje su prisutne u kontekstu delovanja i programskih načela različitih rodnovernih grupa.

---

zir vremenski kontekst nastanka većine neopaganskih pokreta, mogla bi biti dovedena u pitanje. Međutim, ukoliko se uzmu u obzir analogije između različitih neopaganskih religija i slovenskog rodnoverja u smislu brojnih ideja, koncepcija, ali ujedno i ako se ima u vidu da je do (uslovno) masovnijeg širenja rodnoverja zapravo došlo daleko kasnije od nastanka većine neopaganskih pokreta, slovensko rodnoverje uz izvesna manja odstupanja, zapravo predstavlja neopaganski pokret. Pored navedenog, treba napomenuti da termini kao što su *etnička (slovenska) religija* i *savremena etnička religija,* uprkos njihovoj upotrebi od strane značajnog dela rodnoveraca, nisu adekvatni, odnosno predstavljaju previše hipotetičke, neodređene i krajnje disperzivne nazive, te stoga njihovo korišćenje nema validnu argumentaciju. Ipak iako u terminološkom smislu neopravdani, oni moraju u izvesnom smislu biti respektovani, upravo zbog toga što se u smislu naziva, njima naglašava bitan nivo identifikacije od strane značajnog broja rodnovernih. U tom smislu takođe, u kontekstu političkih aspekata rodnoverja, oni implicitno sa atributima *slovenska – etnička – slovenska etnička religija*, dakle religija Slovena, ukazuju na postojanje višeg oblika kolektiviteta, odnosno (uslovno) na slovenski nivo identifikacije među rodnovernima, bez obzira što je on najčešće ograničen i vezan za konfesionalni aspekt.

V SAVREMENA PERCEPCIJA SLOVENSTVA

Uzimajući u obzir činjenicu da se slovensko rodnoverje prvenstveno prezentuje na internetu, odnosno da je na njemu najvidljivije, analiza je bila u znatnoj meri usmerena na osnovne sadržaje pojedinih internet prezentacija (prvenstveno na statute i ciljeve, kao i generalno na sadržaj sajtova) većeg broja rodnovernih organizacija iz nekoliko različitih država, kao i na ostale sajtove koji su tematski vezani za rodnoverje. Pored toga, kao izvori za analizu, korišćeni su i intervjui rodnovernih iz različitih zemalja (prvenstveno iz Slovačke, Češke i Srbije), koji su dostupni na internetu, kao i diskusije na brojnim forumima o ovoj tematici. Potrebno je naglasiti da su ovakvi izvori korišćeni isključivo za sagledavanje širokog spektra različitih ideja koje se pojavljuju u okviru rodnoverja i koje su međusobno često konfrontirane, čime je ukazano na priličnu fragmentarnost i raznolikost koncepcija koje se vezuju za slovenski neopaganizam, odnosno na činjenicu da rodnoverje ne predstavlja uniformno, koncizno i jednolinijski određenu ideju i pokret, već pojavu sa čitavim nizom različitih i često suprotstavljenih političkih, ali i verskih ideja. Takođe, kao izvor za analizu, poslužili su i razgovori koji su obavljeni sa nekoliko pojedinaca iz Srbije kao i lične i-mejl prepiske sa pojedinim rodnovernima iz Slovačke i Češke.

Analizom nisu obuhvaćeni „verski aspekti" slovenskog neopaganizma, odnosno različiti rituali i obredi koje sprovode rodnoverni, kao ni raznovrsni oblici pokušaja rekonstrukcije (staro)slovenskih religijskih praksi, budući da bi ovakvo proučavanje daleko prevazilazilo okvire ovog rada čiji fokus predstavlja isključivo sagledavanje političkih aspekata rodnoverja. Međutim, ipak je ukazano na pojedine uslovno „verske aspekte" prisutne u okviru rodnovernih pokreta koji imaju jasnu političku konotaciju. U tom kontekstu ukazano je na različite koncepcije sa političkom dimenzijom, koje se prvenstveno odnose na korišćenje pseudonaučnih izvora za rekonstruisanje prošlosti i religije Slovena. Analizom je obuhvaćen širi spektar različitih pojava koje se pojavljuju u okviru

KONSTRUKCIJA SLOVENSTVA U POLITICI I NAUCI

rodnovernih pokreta, pri čemu je u okviru šireg društvenog konteksta ukazano i na pojedine aspekte rasizma, šovinizma, ezoterije, različitih uticaja drugih alternativnih (novih) religijskih koncepata, antiglobalističkih i ekoloških elemenata, kao i mnogih drugih pojava koje su prisutne kao ideje kod određenih savremenih slovenskih neopaganskih organizacija i pokreta.

Slovensko rodnoverje kao oblik savremenog paganizma

Slovensko rodnoverje, bez obzira na zajedničke kohezione bazične postavke u religijskom kontekstu, kao i slične ili iste idejne osnove u nekim drugim segmentima, ne predstavlja jedinstvenu i uniformnu celinu (pokret) sa koncizno određenom hijerarhijom i definisanim ciljevima, već prilično nepostojan i disperzivan fenomen sa značajnim internim varijacijama.[146] Odnosno, slovenski neopaganizam podrazumeva različite oblike pokušaja rekonstrukcije prethrišćanske paganske religije starih Slovena, uz oslanjanje na slovensku mitologiju, kao i na širi korpus istorijskih i arheoloških izvora, ali često i na pseudonaučne izvore, uz kombinovanje različitih elemenata prenesenih iz drugih religija i alternativnih religijskih koncepata. Takođe, u različitim aspektima pojedinih

---

146 U zavisnosti od konkretnog jezika koriste se sledeći termini: *Rodna vera, rodnoverje*, rus: родноверие, родная вера; cz: *rodnověří, rodná víra*; sk: *rodnoverie*; ukr: рідновір'я, *ridna vira*; pl: *rodzimowierstwo, rodzima wiara*; bg: родноверие; en: *Rodnovery*, itd. Povremeno se upotrebljavaju i termini *stara vera, staroverstvo*, kao i *narodna vera* sa svojim ekvivalentima u različitim slovenskim jezicima. Među rodnovernima se u „duhu savremenog slovenstva" često koriste i naziv *etnička religija Slovena*, kao i krajnje relativni pojam *religija predaka*. Rodnoverni se često nazivaju i *jezičnici* i ne smatraju odrednicu *slovenski neopaganizam*, adekvatnom za njihovo označavanje, već se skoro po pravilu izjašnjavaju i identifikuju kao *rodnoverni, staroverni* ili daleko ređe kao *slovenski pagani*. U Rusiji je među nekim grupama rodnovernih u skladu sa pojedinim pseudonaučnim teorijama prisutan i naziv *vedizam*.

V SAVREMENA PERCEPCIJA SLOVENSTVA

rodnovernih organizacija i pokreta koje deluju prvenstveno u Rusiji i Ukrajini, prisutni su i različiti elementi ezoterije, NLO koncepcija, kao i mnogobrojnih formi različitih eklektičkih praksi. Ipak, dominantni oblik predstavlja težnja za rekonstruisanjem „izvorne slovenske etničke religije", uz pomoć „autentičnih izvora", iako se najčešće u njih od strane rodnovernih ubrajaju i pseudonaučni falsifikati poput *Velesove knjige*, kao i brojna narodna usmena predanja.[147] Međutim, pojedina rodnoverna udruženja nastoje da se ograde od ovakvih praksi, zalažući se za rekonstrukciju slovenske religije zasnovanu isključivo na naučnim izvorima.[148] U tom kontekstu, bitno je napomenuti da brojni rodnoverni, kao i udruženja rodnovernih, ne smatraju adekvatnim primenu termina *rodnoverje* na deo rodnoveraca koji se deklarišu da to jesu a koji zapravo u svojim učenjima zagovaraju različite eklektičke prakse, odnosno sinkretizme uključujući i nju ejdž koncepcije, ezoteriju i

---

147 Što se tiče korišćenja „narodnih predanja" kao izvora za rekonstruisanje slovensnske paganske religije, interesantno je da ih rodnoverni većinom koriste kao validan, čak primarni izvor za rekonstrukciju slovenskog paganizma, pri čemu veoma često zameraju akademskoj zajednici što isključuje razmatranje ovih izvora kao validnih. Videti npr. intervju objavljen na sajtu Svevlad (Srbija). Dostupno na: *http://www.svevlad.org.rs/rodoved_files/petrovic_intervju.html* , 14. 4. 2012.

148 Tako npr. pripadnici udruženja češke *Rodne vere (Rodná víra)* nastoje da se ograde od ovakvih praksi, naglašavajući da se njihovo praktikovanje običaja i obnova slovenskog paganizma zasniva isključivo na naučnim, odnosno na „autentičnim izvorima", koji su prihvatljivi za naučnu zajednicu. Takođe, oni odbacuju različite nju ejdž koncepte, ezoteriju i sve tendencije koje nemaju osnova u okviru naučnog pristupa. Opširnije o „oživljavanju slovenske paganske religije" od strane pripadnika češke Rodne vere, videti na zvaničnom sajtu udruženja *Rodná víra*. Dostupno na: *http://rodnavira.cz/vira/*, 14. 4. 2012. , kao i u intervjuima sa rodnovernima načinjenim za potrebe dokumentarnog filma Češke državne televizije o rodnoverju *Cesti víry*, emitovanom 31. 8. 2008. Dostupno na: *http://www.ceskatelevize.cz/ivysilani/1185258379-cesty-viry/208562215500009/*, 14. 4. 2012. Detaljnije o rodnoverju u Češkoj, videti u Atweri 2007.

slično. Odnosno, deo rodnoveraca koji se ograđuje od ovakvih tendencija i koji se zalaže za (uslovno) što izvorniju rekonstrukciju drevnih slovenskih obrednih praksi, ovakve organizacije smatra pseudorodnovernim, pri čemu često kritikuje autore koji za sva udruženja i grupe koja se identifikuju kao rodnoverne koriste generativni termin slovenski neopaganizam, tj. rodnoverje. Međutim, podvođenje svih ovih grupa pod rodnoverje svakako ima validnu argumentaciju i polazi upravo od samoidentifikacije konkretne grupe. Svakako, treba praviti distinkciju između rodnovernih grupa u čijim učenjima postoje različiti sinkretizmi, odnosno eklektički elementi i onih koje teže isključivo praktikovanju običaja koji se mogu pouzdano smatrati slovenskim, ali i jedni i drugi se samoidentifikuju kao rodnoverni.[149] Takođe, u kontekstu osnovne teme ove analize koja se odnosi u prvom redu na političke koncepcije rodnoverja i zapravo verske aspekte istog zahvata samo delimično, obuhvatanje celovite slike raznovrsnih rodnovernih organizacija i grupa, zapravo ima krucijalan značaj za što objektivnije sagledavanje na kakav se način ispoljavaju slovenske i slavofilske tendencije u kontekstu delovanja i programskih načela grupa koje se međusobno razlikuju u određenim segmentima njihovih učenja, kao i u propagiranju različitih načela i ideja. Odnosno, bez obzira da li delovanje određene rodnoverne grupe kao primaran ima verski aspekt, dok je politički prisutan samo kao sekundaran, ili je upravo politička dimenzija najistaknutija, dok se rodnoverje ističe

---

[149] Pored toga, kao što je napomenuto, mnoge rodnoverne organizacije koje navodno teže validnoj formi oživljavanja starih slovenskih običaja i praksi, zapravo kao jedan od osnovnih izvora koriste falsifikate poput *Velesove knjige*, ili slobodno tumače narodna predanja, priklanjaju se različitoj pseudonaučnoj literaturi koja starost Slovena ili određenog slovenskog naroda tendenciozno prikazuje i slično. Samim tim i subjektivni stavovi pojedinih rodnovernih koje druge smatraju pseudorodnovernima, predstavlja ipak krajnje relativnu ocenu, odnosno ne mora uvek biti adekvatno argumentovano.

V SAVREMENA PERCEPCIJA SLOVENSTVA

samo u deklarativnom smislu i polazi iz isključivih političkih stanovišta pojedinaca, sve grupe koje se deklarišu kao rodnoverne posmatrane su u tom pravcu, iako se ipak u radu težilo da se u svojstvu napomene naznači da li eventualno konkretna (pomenuta) grupa praktikuje različite sinkretizme, da li zastupa različite ekstremističke stavove itd.

Neopaganizam ili novi paganizam po većini autora obuhvata one religijske koncepte koji pretenduju obnavljanju starih prethrišćanskih i arhetipskih religija. Odnosno, pod neopaganizmom se podrazumevaju eksplicitni pokušaji obnavljanja religija predaka savremenih evropskih naroda, kao i obnavljanje antičkih religija (Štampach 2002, 13).[150] Sam termin „paganizam", proizilazi iz hrišćanske percepcije i označava stare religijske tradicije koje su od strane hrišćanstva označene kao paganske, odnosno obuhvata religije koje su egzistirale na određenim prostorima pre procesa hristijanizacije.[151] Danas se pod odrednicom *paganizam*, podrazumeva čitav niz religijskih tradicija i često se ovaj naziv koristi kao sinonim za termin *neopaganizam*, koji se upotrebljava u akademskim krugovima kako bi se napravila distinkcija u odnosu na *paganizam*. Termin *neopaganizam* se povremeno upotrebljava i od strane pojedinih sledbenika neopaganskih pokreta, ali se oni ipak daleko češće kofesionalno izjašnjavaju kao pagani (videti Partridge 2005). Specifičnost novog paganizma, predstavlja razvijanje regionalnih verskih tradicija (Lužný 2005, 98), odnosno lokalnih „etničkih religija", mada u određenim slučajevima i stvaranje različitih eklektičkih sinkretizama i modifikacija. Izbegavajući kompleksnu

---

[150] Generativni termin „antičke religije" u konkretnom slučaju, izuzev obnavlja starogrčke i rimske religije, obuhvata i pokušaje obnavljanja egipatske i persijske religije, što svakako ne predstavlja najadekvatnije upotrebljenu odrednicu.

[151] Ovaj termin je u tom kontekstu često imao izrazito negativnu konotaciju. Opširnije o etimološkom značenju ovog termina u prošlosti, videti u Štampach 2002.

KONSTRUKCIJA SLOVENSTVA U POLITICI I NAUCI

problematiku i naučne rasprave koje se odnose na klasifikaciju i etimologiju savremenih religijskih koncepata i religija, neopaganizam, odnosno savremeni paganizam bi se uslovno i najopštije mogao svrstati u alternativne (nove) religijske koncepte.[152]

Na prostoru Evrope su najčešće prisutne tri indoevropske tradicije koje se pojavljuju u vidu neopaganskih pokreta (Atweri

---

[152] Postoje različita tumačenja o tome da li neopaganizam treba svrstati u nju ejdž religije, ili on predstavlja posebnu grupu, odnosno poseban religijski pokret. Dok M. Jork (*Michael York*) neopaganizam svrstava u nju ejdž koncepte (videti York 1995), većina neopagana nastoji da se ogradi od nju ejža naglašavajući da neopaganizam predstavlja zasebnu religiju. Takvo ograđivanje prisutno je i kod pripadnika češke Rodne vere, koji ujedno zameraju pojedinim rodnovernim organizacijama u Rusiji i Ukrajini što unose new age tendencije i ezoteriju u svoja učenja. Danas većina autora iznosi argumente da se zapravo radi o dve nezavisne tendencije. Tako npr. Reender Kranenborg iznosi detaljnu argumentaciju navodeći da iako ove dve tendencije pokazuju pojedine elemente preklapanja, one predstavljaju odvojene i međusobno nezavisne pokrete sa sopstvenim specifičnostima i sa različitim izvornim koncepcijama. K. Partridž (*Christopher Partridge*) je neopaganizam izdvojio kao jednu od devet grupa u okviru novih i alternativnih religija, odnosno kao posebnu grupu sa korenima iz domorodačkih i paganskih tradicija, nezavisnu od grupe u koju ubraja nju ejdž i ezoterijske tradicije. Takođe češki sociolog D. Lužni (*Dušan Lužný*) ova dva pokreta vidi kao nezavisna jedan od drugog. Bez obzira na različite kriterijume u tipologiji, odnosno na problematiku koja se odnosi na načine klasifikacije, neosporno je da brojni pripadnici neopaganskih religijskih koncepcija distanciranjem u odnosu na nju ejdž koncepte uspostavljaju sopstvene identitete kojima se jasno naglašava distinkcija. O novim religijama i religijskim konceptima detaljnije u Partridge 2005. i Václavík 2007. O problemima klasifikacije religijskih organizacija i alternativnih religijskih koncepata, kao i o pojedinim aspektima vezanim za terminologiju novih, odnosno „alternatvnih religijskih koncepata" videti Sinani 2009. i 2010. Konkretno o razlikama između koncepcija neopaganizma i nju ejdža, videti u Lužný 1999. i 2005. kao i u preeleminarnoj verziji rada predstavljenog na međunarodnoj konferenciji *The Spiritual Supermarket: Religious Pluralism in the 21st Century* koja je održana u Londonu od 19. do 21. 4. 2001. godine i čiji je autor Reender Kranenborg. Tekst je dostupan na sajtu *Centra za proučavanje novih religija – CENSUR*. Dostupno na: *http://www.cesnur.org/2001/london2001/kranenborg.htm*, 17. 4. 2012.

V SAVREMENA PERCEPCIJA SLOVENSTVA

2007). Najzastupljeniji je keltski neopaganizam, zatim germanski, dok je slovenski zastupljeniji u manjoj meri i za razliku od prethodna dva neopaganska religijska koncepta ograničen je skoro isključivo na zemlje sa slovenskim etničkim zajednicama. Izuzev neopaganskih etničkih religija, u neopaganizam se svrstavaju i pokušaji obnavljanja šamanizma, kao i neolitskih kultova vezanih za božansku majku (Štampach 2002, 13), kao i ostale nespecifikovane pethrišćanske duhovne tradicije (Vojtíšek 2002) Takođe, u neopaganizam se najčešće ubrajaju i religijski koncepti kao što je Wicca. Generalno posmatrano, slovensko rodnoverje još uvek predstavlja prilično retku pojavu čak i u okviru neopaganskih pokreta. Tako i u pojedinim zemljama sa dominantnim slovenskim etničkim supstratom predstavlja slabije zastupljeni oblik neopaganizma od npr. keltomanije. U tom smislu prilično je iznenađujuće, što npr. baltoslovenska tradicija, koja bi trebalo da bude među Česima kao zapadnoslovenskog naroda najzastupljenija, zapravo predstavlja jednu od najmanje poznatih tradicija na prostoru Češke (Atweri 2007, 28).[153]

Nastanak nekih pravaca neopaganizma ima korene u romantizmu, odnosno slovenski i germanski neopaganizmi proističu iz romantičarske percepcije o narodu, zbog čega su i danas oni u uskoj vezi sa nacionalizmom. Masovnije oživljavanje i formiranje brojnih neopaganskih pokreta, pojedini autori vezuju za nastanak novih religijskih koncepta koji se na Zapadu javljaju od šezdesetih godina dvadesetog veka i u vezi su sa razvojem ekološke svesti, jačanjem sekularizma, stvaranjem hipi i antiratnih pokreta itd. (videti Lužný 2005). Neopaganizam kao kompleksni fenomen obuhvata čitav niz različitih tendencija koje proizilaze iz širokog dijapazona različitih socijalnih, kulturnih i religijskih konstelacija.

---

[153] U Češkoj je najzastupljeniji keltski neopaganizam, a od rodnoverja je rašireniji i germanski neopaganizam, kod kojeg su često zastupljeni i pojedini elementi koji se vezuju za nacional-socijalističke ideje.

KONSTRUKCIJA SLOVENSTVA U POLITICI I NAUCI

Kod neopaganskih pokreta pojavljuju se tendencije koje bi se mogle nazvati kulturni politeizam[154] i romantični arhaizam (Štampach 2002, 14). Pod romantičnim arhaizmom se podrazumevaju različiti aspekti i tendencije vezane za povratak prirodi i životu u skladu sa njom, razočarenje u tehnološki progres, industrijalizaciju i „otuđenje od prirode", odnosno ideje koje često odlikuje visok nivo ekološke svesti. Neopaganski pokreti u svojim programima često govore o „zloupotrebi prirode", kao i o potrebi povratka izvornim tradicijama, verovanjima i načinu života koji je u skladu sa prirodom. Opšta rezignacija prema „zapadnim civilizacijskim vrednostima", socijalna, duhovna i kulturna devijacija viđena u progresu, modernom i racionalnom načinu mišljenja koje je u suprotnosti sa spiritualnim silama prirode, kao i povratak arhaičnoj kulturi oličenoj kroz mitove i magijsko znanje, veoma često predstavljaju jednu od osnovnih odlika neopaganskih pokreta. Neopaganski pokreti ravnotežu u prirodi vezuju za obnavljanje prastare mudrosti prirodnih religija, koje vezuju i za rešenje devastacije prirodnog okruženja, kao i fizičke devastacije čoveka (Atweri 2007, 20). Takođe, zalažu se za život koji je u „harmoniji sa prirodom", pri čemu Zemlju percipiraju kao živi organizam. Većina neopaganskih udruženja takođe najčešće istupaju protiv različitih praksi kulturne, političke i ekonomske globalizacije, ali i protiv proizvodnje genetski modifikovane hrane, korporativizma itd. Jedan od najbitnijih aspekata neopagana predstavlja poštovanje prema davnim precima kao nosiocima izvorne etničke religije i kao duhovnim i moralnim autoritetima. Neopaganizam je u kontekstu religijskog života gotovo jedinstven po tome, što su njegovim glavnim izvorom postala naučna dela istoričara, folklorista, a u novije vreme i antropologa, religiologa i ostalih naučnika, koji su javnosti ukazali

---

154 Pod kulturnim politeizmom se ne podrazumeva da su svi neopaganski pokreti po pravilu politeistički, kao što se ni tradicionalno paganstvo ne može uvek vezivati za isključivi politeizam.

V SAVREMENA PERCEPCIJA SLOVENSTVA

na postojanje vremenski i prostorno udaljenih kultura i time stimulisali interesovanje za njih (videti Vojtíšek 2007). Ipak, treba ukazati da iako se inicijalno neopaganizam zaista često nadovezuje na brojne naučne radove, veoma često se kao izvori za ideje i učenja neopaganskih pokreta, koriste i brojni pseudonaučni radovi sa različitim fiktivnim idejama.

Slovensko rodnoverje u celini, odnosno sve rodnoverne organizacije ne odudaraju od pojedinih opštih načela koja su svojstvena neopaganskim religijskim konceptima, poput izrazito ekološke orijentacije i težnje za životom u skladu sa prirodom, a karakteriše ih i izvesni oblik konzervativizma i averzije prema (uslovno) savremenom načinu života, ali i pojedinim vojnim i političkim savezima poput NATO pakta i Evropske unije. Takođe, zajednički elementi koji se pojavljuju u okviru svih rodnovernih organizacija (opština, zadruga i neformalnih grupa) su težnja za obnavljanjem religije i kulture predaka, prema kojima se izražava posebno poštovanje, kao i težnja za stvaranjem budućeg slovenskog kulturnog, verskog, ekonomskog, i veoma često, političkog jedinstva. Upravo ovaj aspekt predstavlja ključnu referencu u političkoj pozadini rodnoverja i bez obzira na različite pristupe rodnovernih pokreta u pogledu načina za njegovo ostvarivanje, kao i na često međusobno konfrontirane stavove, postizanje slovenskog jedinstva za dominantnu većinu savremenih rodnovernih, deklarativno predstavlja finalni cilj. Pri tome se rodna vera, odnosno „etnička religija starih Slovena", ističe kao ključni kohezioni elemenat kojim se prevazilaze konfesionalne razlike između slovenskih naroda i koja se od pojedinih rodnoveraca i rodnovernih pokreta promoviše kao buduća univerzalna vera svih Slovena. Ovoj problematici, kao i političkom kontekstu rodnoverja vratićemo se detaljnije kasnije. Na osnovu raspoložive građe, pre svega na osnovu obavljenih i drugih raspoloživih intervjua sa pojedinim rodnovercima, kao i sudeći po njihovim stavovima iznesenim na pojedinim diskusionim grupama na internetu, može se uslovno zaključiti da ih sve spaja interesovanje

KONSTRUKCIJA SLOVENSTVA U POLITICI I NAUCI

za istoriju i mitologiju Slovena, kao i za narodne običaje koje najčešće posmatraju i vezuju uz slovensku mitologiju.[155] Takođe, prilično je izraženo isticanje slovenstva, patriotizma, nacionalne pripadnosti, ali i ideja o (sve)slovenskom jedinstvu, što veoma često određuje i njihove političke stavove.

Slovensko rodnoverje kao oblik savremenog paganizma, uostalom kao i neopaganizam generalno, ne predstavlja izolovanu pojavu prolaznog karaktera koja se pojavljuje u okviru malih i relativno zatvorenih grupa, već predstavlja fenomen prisutan u savremenom društvu. Kao takav ogleda se u ukupnim kulturnim tendencijama (Štampach 2002, 14). Ipak, bez obzira na značaj samog fenomena, broj rodnovernih je, posmatrano u celini, izuzetno mali i svodi se na manje grupe od po nekoliko ili nekoliko desetina članova u većini slovenskih zemalja sa izuzetkom Rusije i Ukrajine, gde je broj rodnoveraca znatno veći i broji preko hiljadu ili čak nekoliko hiljada.[156] Prema tome slovensko rodnoverje predstavlja

---

155 Za potrebe ove analize korišćeni su na internetu dostupni intervjui rodnovernih iz nekoliko zemalja (Češke, Slovačke, Srbije, Rusije i Poljske), kao i intervjui obavljeni sa rodnovernima iz Češke, Slovačke i Srbije. Takođe, analizirane su i diskusije o ovoj temi na pojedinim forumima.

156 Ne postoje validni podaci o broju rodnoveraca, već se zaključi izvode proizvoljno na osnovu broja rodnovernih udruženja i opština, kao i pojedinih podataka dobijenih od samih rodnovernih, tako da su generalno, procene o broju rodnovernih hipotetičke. Takođe, broj varira i u zavisnosti od kriterijuma kojima se određuje koje bi se sve tendencije mogle svrstati u slovenski neopaganizam. Rusija kao najmnogoljudnija slovenska zemlja ima okvirno oko 10.000 rodnovernih. Na prostoru Ukrajine broj rodnovernih iznosi nekoliko stotina, možda i preko hiljadu, dok je u ostalim zemljama njihov broj daleko manji i ne prelazi stotinu, sa izuzetkom Poljske gde takođe na osnovu nekih procena ima nekoliko stotina rodnovernih, kao i mogućim izuzetkom Belorusije i Slovačke. U Češkoj ima do tridesetak rodnovernih, dok se u ostalim zemljama njihov broj svodi na nekoliko pojedinaca, ili eventualno na manje grupe. Veći broj rodnovernih u okviru različitih zajednica postoji i u SAD, gde postoji značajan procenat stanovništva iz različitih slovenskih zemalja. Iako za Srbiju ne postoje validni podaci o broju rodnovernih, na osno-

V SAVREMENA PERCEPCIJA SLOVENSTVA

prilično marginalnu tendenciju, koja bez obzira na tendenciju blagog rasta, čak i kao refleksija savremenog slovenstva predstavlja daleko ređu pojavu u odnosu na širi dijapazon različitih grupa koje ne sadrže konfesionalni aspekt a kod kojih se uočavaju pojedine slavofilske tendencije sa političkom konotacijom. Rodnoverje, bez obzira na njegov primarni religijski aspekt, proizilazi iz amorfne mase slovenstva, kao opšteg fundusa različitih afiniteta, interesovanja i simpatija vezanih za Slovene, odnosno u određenoj meri se može posmatrati i kao jedan od oblika manifestacije savremenog slovenstva. Kao takvo, ono u svojoj srži, barem što se društvenog konteksta tiče, sadrži slavofilske elemente, kao pozitivne emotvne aspekte i afinitete prema svemu što je slovensko.

Razvoj slovenskog rodnoverja i različite idejne koncepcije rodnovernih grupa

Slovensko rodnoverje predstavlja relativno nov fenomen, koji se u značajnijoj meri počeo pojavljivati u slovenskim zemljama u postkomunističkom periodu postepenim osnivanjem tzv. rodnovernih zadruga, odnosno udruženja. Svakako, pokušaji obnavljanja slovenske predhrišćanske religije postojali su i znatno ranije. Inicijalno, interes za starim religijama, pa time i za istorijom, kao i religijom starih Slovena, intenzivirao se krajem osamnaestog i u prvoj polovini devetnaestog veka, kada nastaje veći broj romantičarskih radova o prošlosti, mitologiji i religiji Slovena. Prve ideje o obnavljanju slovenske paganske religije pojavile su se tokom romantizma u okviru procesa slovenskih narodnih preporoda, odnosno u kon-

---

vu informacija dobijenih od osnivača i glavne urednice internet prezentacije *Svevlad,* broj rodnovernih na prostoru Srbije je do osamdeset osoba, odnosno kako sama ispitanica ističe „broj rodnovernih koji to stvarno jesu približio se procentu od 0,001 ukupno punoletnih građana Srbije", pri čemu je njihova prosečna starost oko 30 godina. Svakako, ostaje mogućnost da je broj rodnovernih na području Srbije veći.

tekstu procesa vezanih za formiranje modernih slovenskih nacija. Međutim, one su se u ovom periodu ipak pojavljivale samo kao ideje kod pojedinaca i često su bile u vezi sa ideološkim koncepcijama panslavizma. Jedan od prvih pokušaja oživljavanja pojedinih elemenata slovenske prethrišćanske religije bio je 1834. godine, kada je jedan od istaknutijih aktera procesa češkog narodnog preporoda, lekar i pedagog Karel Slavoj Amerling (1807-1884) pokušao da stvori neki oblik univerzalne slovenske religije osnivanjem *Bratstva vernika nove slovenske religije* (*Bratrstva věrníků nového náboženství slávského*). Međutim, iako je Bratstvo vernika imalo značajne i ambiciozne planove, delovanje ove organizacije je zabranjeno već 1840. godine (Atweri 2007, 28-29). Amerlingov pokušaj ipak nije predstavljao obnovu slovenskog paganizma, već stvaranje jedinstvene slovenske religije koja se temeljila na hrišćanskim osnovama, pre svega na učenjima Českobratske crkve, pri čemu je Amerling u panteističkom duhu unosio brojne elemente slovenskog paganizma. Tokom dvadesetih i tridesetih godina dvadesetog veka dolazi do prvih konkretnih pokušaja oživljavanja slovenske paganske religije, odnosno do prvih osnivanja rodnovernih pokreta. Tako je na prostoru Ukrajine 1934. godine veliki volh V. Šajan (1908-1974) osnovao henoteističko udruženje *Rodna Vera* (*Рідна Віра*),[157] dok su u Poljskoj ideju obnavljanja slovenskog

---

[157] Nadovezujući se na učenje *Volodymyra Šajana* (*Володимир Петрович Шаян*), danas u Ukrajini funkcioniše nekoliko registrovanih organizacija, ali i neformalnih pokreta rodnovernih. V. Šajan, bio je profesor filozofije, koji je sa sledbenicima 1943. godine osnovao i organizaciju *Орден Лицарів Бога Сонця,* koja se zalagala za „duhovno i fizičko" oslobađanje Ukrajine od nacističke okupacije, kao i od komunističkog režima. Nakon Drugog svetskog rata V. Šajan, kao i neki drugi rodnoverni su emigrirali pretežno u zemlje Zapadne Evrope, Kanadu i SAD. Kasnije, posle Drugog svetskog rata, među poljskim emigrantima u SAD osnovana je organizacija *РУН Віра* , koju je osnovao *Lev Sylenko* nakon razlaza sa Šajanom početkom šezdesetih godina dvadesetog veka. L. Silenko se inače proglasio prorokom i inkarnacijom *večnog duha* Rusa i Ukrajinaca, a svoje ideje i principe nove religije je izložio u delu *Mara-Віра*. Rodna ukrajinska narodna vera, ili *RUN*

V SAVREMENA PERCEPCIJA SLOVENSTVA

paganizma prvi zastupali S. Szukalski (*Stanislaw Szukalski* 1893-1987) i J. Stahinuk (*Jan Stachniuk* 1905 -1963).[158] Iako su se od šezdesetih godina dvadesetog veka među emigrantima iz slovenskih zemalja koji su živeli na Zapadu javljale tendencije za obnavljanjem slovenskog paganizma, treba ukazati da su se određene neformalne, promenljive i nedefinisane male grupe povremeno

---

vira danas ima nekoliko desetina komuna u SAD i u Ukrajini, a sedište cele organizacije predstavlja hram u gradu Spring Glen u saveznoj američkoj državi Njujork. Prema načelima *RUN vire*, Dažbog je proglašen vrhovnim slovenskim božanstvom i vrhovnim bogom Ukrajine i Rusije, iako se poštuju i ostali slovenski bogovi, odnosno *RUN vira* predstavlja rezultat određenog oblika monoteističke reforme slovenske paganske religije, ili neku formu henoteizma. U njenoj koncepciji prisutni su i pojedini elementi iz drugih religija i religijskih koncepata. Šajanovi sledbenici u emigraciji su nakon njegove smrti osnovali *Трипільське Братство* 1985. godine, koje se u značajnoj meri zasnivalo na Šajanovim viđenjima iznesenim u delu *Віра Предків Наших*. Opširnije informacije o počecima rodne vere u Ukrajini, videti u Atweri 2007., kao i na pojedinim sajtovima udruženja koji propagiraju rodnoverje: *http://www.slovoor.info/*; *http://alatyr.org.ua/*; *http://svaroh.al.ru/svarohs/sv-boh/mur2.html*, 14. 4. 2012.

158 *Stanislaw Szukalski*, bio je sin poljskog emigranta u SAD, koji se vratio u Poljsku tridesetih godina dvadesetog veka kako bi studirao umetnost u Krakovu. Ubrzo je inspirisan narodnom kulturom i slovenskim paganizmom oformio grupu *Rod vznešeného srdce*, koja je između ostalog propagirala i slovenski paganizam. Grupa je izdavala i časopis *Krok*. Međutim, daleko veći uticaj na širenje ovih ideja je imao *Jan Stachniuk* koji je nakon završetka studija ekonomije 1937. godine osnovao udruzenje *Zadruga*, koje je izdavalo istoimeni časopis. Takođe, tridesetih godina su u Poljskoj delovale i grupe okupljene oko časopisa *Demiurg* i nedeljnika *Światowid*, kao i grupa *Lechickie Koło Czcicieli Światowida*. Nakon Drugog svetskog rata delovanje svih grupa koje su propagirale rodnoverje u Poljskoj je zabranjeno, mada su osobe kao što su *Antoni Wacyk* i dalje sledile ove ideje, delujući neformalno oko grupe *Zadruga*. Nakon pada komunističkog režima u Poljskoj, kao i u Ukrajini, došlo je do obnavljanja pojedinih rodnovernih udruženja. Opširnije informacije o počecima rodnoverja u Poljskoj dostupne su na pojedinim poljskim sajtovima zadruga, kao i na internet prezentacijama na kojima se prezentuje rodnoverje, poput: *http://rodzimawiara.org.pl/*; *http://toporzel.republika.pl/listasta.html*, 14. 4. 2012.

KONSTRUKCIJA SLOVENSTVA U POLITICI I NAUCI

sastajale i u tadašnjem SSSR-u i to krajnje nezapaženo u gradskim sredinama Moskve i Lenjingrada. U tom smislu, korene ovog pokreta moguće je naći u „kultističkom okruženju" alternativnih duhovnosti poslednjih decenija sovjetske dekade (Aitamurto 2007). Ipak, do značajnijeg širenja rodnoverja dolazi nakon pada komunističkih režima i stvaranja novih samostalnih slovenskih država. Tako su se od devedesetih godina dvadesetog veka postepeno formirale brojne rodnoverne formalne i neformalne organizacije, pri čemu je rodnoverje trenutno najzastupljenije u Ukrajini i Rusiji, a u manjoj meri i u Poljskoj. Pojedine istaknutije neformalne grupe u SSSR-u su formirane krajem osamdesetih godina dvadesetog veka.[159] Od početka devedesetih godina osniva se niz zadruga, udruženja i saveza udruženja u Rusiji, Ukrajini, kao pojedine zadruge i udruženja u Belorusiji, Poljskoj, Češkoj i Slovačkoj, ali i na prostoru pojedinih baltičkih republika poput Estonije i Litvanije.[160] Takođe, na prostoru Rusije i Ukrajine postoji nekoliko komuna rodnovernih. Nova udruženja rodnovernih se u ovom periodu formiraju i na Zapadu, u državama sa značajnim procentom emigranta

---

159 Tako je npr. 1986. godine u Lenjingradu formirano *Društvo voloha* (*Общество волхвов*), koje je 1990. godine preraslo u *Savez veneda* (*Союз венедa*). Prva rodnoverna opština osnovana je 1988. godine u Moskovskoj oblasti. U Ukrajini se u ovom periodu takođe osnivaju pojedine grupe rodnovernih. Navedene informacije su preuzete sa sajta *Unije slovenskih zajednica u Rusiji*, odnosno iz njihovog biltena dostupnog na: http://ssokaluga.narod.ru/vn6-8.htm, 14. 4. 2012.

160 U Estoniji u kojoj postoji značajan procenat slovenskog stanovništva od približno 30 procenata, slovenski neopaganizam se vezuje za baltičke tradicije sa kojima se donekle sinkretizuje. Od sredine devedesetih godina dvadesetog veka deluje udruženje rodnovernih *Savez slovenskih rodova Estonije – SSRE (Стезя Прави)* čija se programska načela poklapaju sa pojedinim rodnovernim grupama na prostoru Rusije. Zvaničan sajt saveza *Стезя Прави*, dostupan je na: http://www.prav.info, 24. 4. 2012. U Litvaniji deluje udruženje *Savez ljutića (Союз Лютичей)*, koje je članica *Saveza slovenskih opština slovenske rodne vere (Союз славянских общин славянской родной веры – ССО СРВ)* iz Rusije.

V SAVREMENA PERCEPCIJA SLOVENSTVA

iz slovenskih zemalja poput Kande i SAD. Od početka prve decenije 21. veka dolazi do značajnijeg širenja i popularizacije rodnoverja. Odnosno, usled sve frekventnije upotrebe interneta, postepeno dolazi do stvaranja čitavog niza sajtova i diskusionih foruma vezanih za ovu tematiku, što je tendencija koja je naročito uočljiva u proteklih nekoliko godina i korespondira sa razvojem korišćenja interneta. Takođe, rodnoverje je zastupljeno i na društvenim mrežama. Međutim, kao što je već naglašeno, bez obzira na tendenciju blagog rasta broja osoba koje se konfesionalno izjašnjavaju kao rodnoverni, slovensko rodnoverje predstavlja prilično marginalnu pojavu i to ne samo u kontekstu konfesionalnih struktura država u kojima se pojavljuje, već i u okviru savremenih ideja koje se pojavljuju u okviru slovenstva, tj. savremenog slavofilstva.

Nije postojala tendencija da se načini popis svih postojećih rodnovernih udruženja i neformalnih grupa, već prvenstveno da se ukaže na političke koncepte i ideologije koje se manifestuju u okviru slovenskog rodnoverja. Ipak, pre analize političkih aspekata, potrebno je ukazati na pojedine značajnije grupe rodnovernih koje deluju u različitm zemljama, kao i na neke njihove specifičnosti. Odnosno, potrebno je ukazati na razlike koje postoje u koncepcijama između različitih rodnovernih grupa, kako bi se pružila opšta slika o izrazitoj varijabilnosti slovenskog savremenog paganizma u celini. Rodnoverne grupe se prvenstveno međusobno razlikuju u smislu sprovođenja religijskih praksi, odnosno po načinu i vrsti korišćenja izvora u rekonstruisanju slovenske paganske religije. Takođe, prisutne su i izrazite razlike koje se odnose na opštu percepciju Slovena, prvenstveno u pogledu njihove istorije, kulture i opšteg značaja. Generalno posmatrano, slovensko rodnoverje predstavlja pojavu sa širokim nizom različitih ideoloških pravaca, odnosno rodnoverne grupe se međusobno često značajno razlikuju kako po pitanju religijskih koncepata, tako i u čitavom nizu drugih konstelacija. Prema tome, rodnoverje, bez obzira na zajedničke suštinske ideje i kohezione elemente, nije monolitno i nema jasno

KONSTRUKCIJA SLOVENSTVA U POLITICI I NAUCI

uspostavljenu unutrašnju strukturu praktično ni u jednom segmentu, iako se u proteklih nekoliko godina uočavaju inicijative koje se kreću u ovom pravcu, poput npr. organizovanja sastanaka tzv. *Slovenskog rodnovernog veća*.[161] Pored toga, postoje i neke

---

[161] *Slovensko rodnoverno veće* predstavljaju inicijativu poteklu od strane ukrajinskih rodnoveraca, sa ciljem da se ustanovi zajednička platforma o rodnoverju, odnosno da se stvori zajednički program razvoja i usaglase osnovna načela rodnoverja. Ova inicijativa ima naglašeni slavofilski i panslavistički karakter i zamišljena je kao savetodavno veće sastavljeno od različitih predstavnika rodnovernih udruženja i grupa iz različitih slovenskih zemalja. Veće se sastaje jedanput godišnje, pri čemu se mesto održavanja svake godine menja. Odluke i zaključci koji se donose, nemaju obavezujuću, već isključivo savetodavnu formu. Glasilo rodnovernog veća predstavlja časopis *Slava*, koji bi po pravilu trebalo da izlazi u svakoj zemlji koja ima predstavnike u Veću, na konkretnom slovenskom jeziku. Do sada je održano nekoliko sastanaka Veća u različitim gradovima i državama, i to: 2003. godine u Kijevu (Ukrajina), 2004. godine u Kobrinu (Belorusija), 2005. godine u Kalugi (Rusija), 2006. godine u Šćećinu (Poljska); 2007. godine u Beogradu, dok 2008. godine je trebalo da se održi u gradu Ruse (Bugarska), ali nije održano zbog nedostatka kvoruma. Šesto rodnoverno veće sastalo se 2009. godine u Strugi (Slovenija), sedmo 2010. godine u Kijevu, dok je 2011. godine osmo rodnoverno veće održano u Sankt Peterburgu. Deveto zasedanje rodnovernog veća održano je u Sobotki (Poljska) 2012. godine i na njemu je između ostalog istaknuto da strateški cilj i dalje ostaje „ujedinjenje svih snaga slovenskih rodnovernih kako bi se obnovila iskonska etnička religija i sačuvala kultura slovenskog superetnosa". Treba napumenuti da ova inicijativa inače nije okupila predstavnike svih rodnovernih grupa i da se ograničava samo na jedan deo značajnijih rodnovernih saveza i organizacija. Mnogobrojne grupe koje karakterišu ekstremno nacionalistički stavovi, ali i različiti religijski sinkretizmi nemaju delegacije u okviru ovog veća, budući da se veće ogradilo od uticaja različitih nju ejdž koncepcija, kao i od većine ekstremnih ideja. Od 2010. godine dolazi do značajnih neslaganja u radu učesnika rodnovernog veća, pre svega zbog sukoba među delegatima iz Rusije, kao i u kontekstu sukoba pojedinih grupa rodnovernih iz Ukrajine sa delovima ruske delegacije. Kao posledica brojnih nesuglasica, došlo je i do publikovanja dva različita izdanja ruskog vesnika *Slava*. Izveštaji, zaključci i fotografije sa godišnjih sastanaka Slovenskog rodnovernog veća, dostupni su i na srpskom jeziku u okviru sadržaja internet pre-

V SAVREMENA PERCEPCIJA SLOVENSTVA

druge zajedničke inicijative manjeg obima, koje se odnose na održavanje zajedničkih konferencija i sličnog.[162] Međutim, bez obzira na delimičnu uspešnost ovakvih inicijativa, slovensko rodnoverje posmatrano kroz prizmu trenutnog fundusa konstelacija, sa izuzetkom bazičnih elemenata ideje, nije konzistentno i jedinstveno. Izuzev značajnih razlika u pojedinim religijskim praksama koje variraju bukvalno u zavisnosti od konkretne rodnoverne grupe, uočljiv je takođe široki spektar načina na koji rodnoverni teže „oživljavanju" religijskih praksi starih Slovena, te se u tom kontekstu u značajnoj meri razlikuje način i vrsta izvora koji se koriste u ovim „rekonstrukcijama". Pri tome, one su u najvećem broju slučajeva proizvoljne, čak veoma često zasnovane na pseudonaučnim izvorima. Tako se slovenski rodnoverci, pre svega u istočnim slovenskim zemljama, u velikoj meri najčešće oslanjaju na tzv. *Velesovu knjigu*, koju smatraju autentičnim i najbitnijim izvorom, ali i na neke druge kontraverzne i naučno osporavane izvore, odnosno na radove brojnih pseudoistoričara koji tendeciozno preuveličavaju značaj Slovena i imaju sopstveni subjektivni pogled na njihovu istoriju.[163] Ova tendencija uočljiva je i u Srbiji, odnosno na

---

zentacije *Svevlad*. Dostupno na: *http://www.svevlad.org.rs/rodoved_srbija.html*, 1. 5. 2012.
162 U tom kontekstu treba pomenuti npr. tzv. *Prvu međunarodnu naučno-praktičnu konferenciju „Rodna vera – duhovna suština Slovena"*, koja je održana u okviru „Sveslovenskog sastanka rodnovernih", održanog 2005. godine u Kijevu uz prisustvo rodnovernih delegacija iz većine slovenskih zemalja (vidi Atweri 2007, 133-136). Rodnoverni okupljeni oko internet glasila *Svevlad* organizovali su 2007. godine u Beogradu „Konferenciju o slovenskom nasleđu" iz koje je proizašao zbornik sa nizom pseudonaučnih tekstova. Tekstovi iz ovog zbornika dostupni su na zvaničnom sajtu *Svevlada*: *http://www.svevlad.org.rs/knjige_files/konferencija.html#sadrzbor*, 2. 5. 2012.
163 Takozvana *Velesova kniga*, po mišljenju kompetentnih naučnika predstavlja nevešti istorijski falsifikat nastao pedesetih godina dvadesetog veka među ruskom emigracijom. Na osnovu rezultata, do kojih se došlo komparativnom lingvističkom analizom, radi se o amalgamu različitih varijanti slovenskih jezika iz različitih vremenskih perioda, odnosno o nekoj vrsti „izmišljenog

jezika" od strane autora ovog teksta, što ukazuje na činjenicu da njegov sastavljač nije bio na adekvatan način upućen u istorijat i strukturu slovenskih jezika. Na to da je reč o falsifikatu ukazala je još sovjetska paleogarfkinja Lidija Petrovna Žukovska šezdesetih godina dvadesetog veka, dok su ovakav stav deceniju kasnije zauzeli i ostali vodeći stručnjaci za staroslovensku lingvistiku u SSSR. Konačno, 1990. godine, ruski naučnik Oleg V. Tvorogov je u detaljnoj analizi ukazao na brojne kontradikcije i konfuznosti u strukturi samog teksta, time nedvosmisleno dokazujući da se radi o loše izvedenom falsifikatu. Po njegovom mišljenju autor ovog teksta je Jurij P. Miroljubov, koji je inače i zaslužan za prvo prezentovanje odlomaka Velesove knjige u ruskom emigrantskom časopisu *Žar-ptica*, koji je izlazio u San Francisku. O. V. Tvorogov pretpostavlja, da je Miroljubov nastojao, da za svoje pseudonaučne, emotivne i krajnje fiktivne interpretacije kojima je dokazivao enormnu starost Rusa i Slovena u prošlosti, stvori neki spektakularan izvor na kome bi se njegove teorije zasnivale. Zbog toga je odlučio da podmetne navodni jedinstveni izvor uz složenu i zapletenu priču o njegovom pronalasku i gubljenju navodnog originala, koja po svojoj strukturi sadrži elemente detektivskog romana. Uprkos konciznim argumentima koji ukazuju da je zapravo reč o falsifikatu, veliki broj emotivno rukovođenih pojedinaca i pseudoistoričara, i dalje insistira na dokazivanju autentičnosti ovog spisa. Njihove interpretacije po pravilu imaju izrazito subjektivnu i izraženu političku konotaciju. Sadržaj Velesove knjige zapravo predstavlja mešavinu mitološke, istorijske i religijske tematike, pri čemu se tekst odnosi na period istorije Slovena od 20000 godina p.n.e. pa sve do desetog veka nove ere. U tekstu su takođe zastupljene različite molitve, kao i ritualni sadržaji. U brojnim delima pseudonaučne literature, Velesova knjiga predstavlja autentičan izvor za rekonstrukciju prošlosti Slovena, dok u kontekstu slovenskog neopaganizma, pre svega u Rusiji, Belorusiji i Ukrajini, ovaj spis ima krucijalni značaj u percepciji prošlosti i religiji Slovena, odnosno predstavlja neku vrstu duhovnog kodeksa i slovenskog svetog pisma. Takođe za mnogobrojne rodnoverne grupe, ujedno čini primarni izvor za rekonstrukciju obreda. Na osnovu nje rodnoveni izvode sopstvenu versku hronologiju i računanje vremena, pri čemu bi 2012. zapravo bila 7520. godina. Iako je u određenim krugovima bila popularna još u vreme postojanja SSSR (pre svega u gradskim sredinama Moskve i Lenjingrada), nakon pada komunističkog sistema, postaje poznata i široj ruskoj javnosti. Tako je tokom devedesetih godina Velesova knjiga imala značajan broj izdanja u čemu je na prostoru Rusije vodeću ulogu imao Aleksandar I. Asov. On je u izdanju Velesove knjige iz 1994. godine o njenoj autentičnosti istakao sledeće: „Glavna potvrda o izvornosti ne može se tačno iskazati rečima.

V SAVREMENA PERCEPCIJA SLOVENSTVA

internet prezentacijama tematski vezanim za rodnoverje, kao i na internet diskusijama o ovoj temi, sreće se širi korpus tekstova i stavova, koji se mogu svrstati u pseudoistorijski koncept tzv. *neoromantičarske* ili *srpske autohtonističke škole*.[164] Međutim, na

---

Ona dolazi iz ličnog duhovnog iskustva. O autentičnosti govori sam duh Velesove knjige. Njena misteriozna tajna, velika magija reči". Inače, tokom devedesetih godina, izvodi iz Velesove knjige uz različite interpretacije sa često ultranacionalističkom konotacijom, se objavljuju u brojnim izdanjima ruskih novina različitog karaktera. Velesova knjiga je ujedno predstavljala inspiraciju za čitav spektar različitih pseudoistorijskih i često ultra nacionalističkih, rasističkih i antisemitskih pseudoistorijskih dela, koja govore o velikoj starosti i civilizacijskom značaju Rusa kao čistih arijevaca, koje ugrožavaju Semiti (prvenstveno Jevreji), pri čemu ovakve fiktivne interpretacije međusobno variraju. Svakako, velika većina rodnovernih udruženja ovakve ksenofobične elemente isključuje iz svojih programa. Opšti društveni i vremenski kontekst nastanka ovog spisa, koji se datira u period nakon okončanja Drugog svetskog rata, bitno određuje izrazito slavofilsku, odnosno rusofilsku ideju iz koje proizilazi i koncepcija sadržaja Velesove knjige. Odnosno, Velesova knjiga se pojavljuje kao spektakularni i jedinstveni izvor u krugovima ruske nacionalističke intelektualne emigracije u periodu specifične političke situacije na prostoru Rusije, uz prisutan osećaj naglašene ugroženosti nacionalnog i verskog identiteta među ruskom nacionalističkom emigracijom, što ujedno uzrokuje njenu izrazito naglašenu slavofilsku, ili preciznije rusofilsku dimenziju i indikativno ukazuje na eventualni mobilizacijski kapacitet ovog falsifikata. Isto tako, postsocijalistička opšta društvena situacija u slovenskim zemljama, pre svega u Rusiji, pružila je plodno tle za intenziviranje priče o Velesovoj knjizi i za njenu dodatnu politizaciju. U Srbiji se priča o Velesovoj knjizi intenzivirala nakon 2000. godine prvenstveno u kontekstu tzv. *srpske neoromantičarske (autohtonističke) škole,* mada se pojavljuje i u kontekstu rodnoverja. Opširnije o Velesovoj knjizi i njenom značaju za slovenski neopaganizam, videti u Atweri 2007: 168-173. Detaljnije o uticaju Velesove knjige na stvaranje nacionalističkih, rasističkih, antisemitskih, kao i neopaganskih mitova u Rusiji tokom devedesetih godina dvadesetog veka videti Shnirelman 1998. O Velesovoj knjizi u kontekstu njenog uticaja kao književne mistifikacije videti Grabowicz 2001. O koncepciji ovog falsifikata i njegovog naučnog razotkrivanja, opširnije u Radenković 2005.

[164] Opširnije o koncepciji ovih pseudoistorijskih teorija u savremenom diskursu, videti u Radić 2011. i Todorović 1999.

KONSTRUKCIJA SLOVENSTVA U POLITICI I NAUCI

osnovu informacija dobijenih iz intervjua obavljenog sa urednicom i osnivačem internet prezentacije *Svevlad*, između rodnovernih u Srbiji ne postoji konsenzus oko korišćenja pojedinih izvora, odnosno postoje značajne razlike u mišljenjima koje se odnose na prošlost Slovena, što je ujedno i razlog zbog čega se na ovoj internet prezentaciji – koja je, između ostalog, tematski vezana i za rodnoverje – pojavljuje širi dijapazon tekstova sa različitim interpretacijama koje se odnose na prošlost Slovena.[165] Iako se sudeći po

---

[165] Intervju je obavljen sa Aleksandrom Marinković Obrovski, osnivačem i urednicom internet prezentacije *Svevlad* (*http://www.svevlad.org.rs/*), o čijoj je koncepciji intervjuisana istakla sledeće, „Svevlad nije rodnoverski sajt. On se, kao što i piše na njegovoj naslovnoj strani, bavi istorijom, mitovima, običajima i predanjem Starih Slovena i Srba, kao i narodnom, prethrišćanskom kulturom uopšte; dakle teži da sve informacije koje se vezuju za pomenute oblasti podeli sa što širim krugom posetilaca bez obzira na njihovu versku pripadnost (...). Istina, postoji odeljak posvećen savremenom rodnoverju koji pruža informacije koje pomažu stvaranje jasnije slike o načinu na koji savremeni čovek pokušava da u praksi uobliči sopstveno izražavanje vere prema modelu slovenskih predaka. To, ipak, nije dovoljno da bi se sajt mogao nazvati rodnoverskim; (...) Jedan broj autora koji sarađuju na sajtu jesu po veroispovesti rodnoverni. Iz ovoga se može videti da se u *Svevladu* nikada nije postavljalo pitanje ko je koje vere, već kako se odnosi prema temama koje prezentacija obrađuje." Na pitanje koje se odnosilo na sadržaj sajta Svevlada, odnosno na zastupljenost brojnih pseudonaučnih tekstova i informacija koje se odnose na prošlost Slovena a koji su zastupljeni u okviru ove prezentacije, Aleksandra Obrovski istakla je sledeće: „Odmah da znate da se ni sama ne slažem sa nekim pogledima na istoriju Slovena koji su zastupljeni na Svevladu. Sajt je pre svega glasilo, internet prezentacija i kao takav ima za cilj da prikaže što više teorija koje se odnose na Slovene (često čak i međusobno suprotstavljenih: prikazane su teorije i o doseljavanju i o autohtonosti Slovena na ovom prostoru; i jedna i druga). Kriterijum koji se pritom koristi tiče se striktno uređivačkog zanata, te nije odraz ličnog stava – kako mog, tako ni grupe ljudi koja Svevlad doživljava kao blizak. Jedan broj tih ljudi će Svevlad doživeti bliskim tek u jednom segmentu, a drugi broj – u nekom sasvim drugom. Cilj je, sasvim prirodno, da se što više posetilaca obavesti i o viđenjima koja im nisu bliska, potom da prošire svoje uvide o Slovenima i u onoj oblasti koja ih do tada nije zanimala, ali i privlačenje publike (kolika god da je) koja će, putem

V SAVREMENA PERCEPCIJA SLOVENSTVA

pojedinim delovima sadržaja ovog glasila stiče utisak da se izvori poput *Velesove knjige* ističu u prvi plan, po rečima urednice *Svevlada*, velika većina rodnovernih koji su bliski ovom glasilu, odbacuje *Velesovu knjigu* u smislu njene autentičnosti, i nastoji da rodnoverje rekonstruiše prvenstveno na osnovu naučno kredibilnih podataka.[166] Takođe, kako je pomenuta ispitanica istakla, pojedine pseudonaučne teorije o starosti Srba, većina rodnoveraca okupljenih oko *Svevlada* smatra „besmislenim i smešnim". Na osnovu raspoloživih podataka, ne može se generalizovati da se svi, ili većina rodnovernih u Srbiji oslanja na pseudonaučne radove, kao ni da se svi služe pojedinim spornim izvorima u rekonstrukciji prošlosti Slovena, iako su i ovakve tendencije među reodnovernim u izvesnoj meri svakako prisutne. Implicitno, oslanjanje na ovakve sporne izvore, sasvim moguće proizilazi iz individualnih političkih

---

popularnih tekstova, biti dovedena u situaciju da pročita i razume validne teorije. Da pojednostavim, neko ko stalno kupuje novine da bi čitao horoskop, kad-tad će jednom pročitati i kulturnu stranu. Zato je neophodno, da se slikovito izrazim, da paralelno postoje i horoskop i kulturna strana. Od našeg najvećeg interesa je da na sajtu budu postavljeni tekstovi koji imaju naučno utemeljenje. (...) Ipak, jedan broj priznatih naučnih radnika je razumeo naše intencije (da čitaoce sa horoskopa privedemo čitanju kulturne strane), a jedan broj nije, pa se to oseća... Verujem da ne treba da pominjem kako se, i pored namere da se prikaže što više različitih teorija, ipak klonimo onih koje su ekstremne u bilo kom vidu. (...) Pod ekstremne teorije podrazumevaju se i Deretićeve (nema ga na sajtu), pa čak i one koje mnogima nisu na prvi pogled prepoznatljive kao ekstremne i sl. Dakle, taj široki interes ipak ima i neka svoja (rekla bih: prirodna) ograničenja. Kad je reč o Velesovoj knjizi: pojedinci koji *Svevlad* osećaju bliskim nemaju jedinstven stav. Zaista postoji širok dijapazon gledanja na ovo pitanje. Zato se mi nikako ne nalazimo u oštroj suprotnosti prema rodnovernim Česima koji ne priznaju Velesovu knjigu, kao ni prema onima koji je priznaju. Lično, plašim se da neki razlozi za to leže i u našoj nauci jer, koliko mi je poznato, velika imena naše nauke nisu ukrstila svoje argumente, čime je otvoren veoma širok prostor za različita tumačenja. (...)" (Navedeni tekst predstavlja deo e-mail prepiske obavljene tokom aprila 2012. godine).
166 Razgovor sa urednicom Svevlada je vođen krajem aprila 2012. godine.

stavova pojedinih rodnovernih. Odnosno, hipotetički se mogu uočiti izvesne indicije koje ukazuju da priklanjanje pojedinim navodima koje se mogu podvesti pod generativni termin *srpske neoromantičarske škole*, ili barem nekim njenih segmentima, svakako proizilazi prvenstveno iz subjektivnih političkih stavova rodnovernih pojedinaca. Pri tome, neophodno je napomenuti da se ti stavovi kod rodnovernih mogu vremenom menjati, kao i da variraju u zavisnosti od konkretne situacije, pa čak i od formulacije pojedinih pitanja, što je uočeno u razgovoru sa pojedinim rodnovernima sa prostora Srbije.[167] Prema tome, prilikom donošenja bilo kakvog zaključka treba ostaviti mogućnost za različite oblike relativizacija, koje proizilaze iz date situacije koja često uzrokuje i same odgovore ispitanika, pri čemu dobijeni odgovori i stavovi ne moraju korespondirati sa prethodno napisanim ili iznesenim stavovima.

Pojedine organizacije i grupe rodnovernih u Rusiji i Ukrajini, u svoje obrede i učenje unose i brojne elemente iz različitih nju ejdž koncepata, ezoterijske prakse, vegeterijanstvo, ufologiju, verovanje u reinkarnaciju, magijske obrede, rasističke i antisemitske elemente, kao i poštovanja samoproklamovanih proroka, mistika, runista itd.[168] Suprotno tome, organizacije poput češke *Rodne vere* (*Rodná víra*), oštro istupaju protiv ovakvih praksi, kao i protiv korišćenja pseudonaučnih izvora kao što je *Velesova knjiga*, odnosno, njihov način rekonstrukcije slovenskog paganizma se zasniva prvenstveno na korišćenju naučnih izvora. Protiv različitih oblika nju ejdž koncepcija i ezoterije istupaju i rodnoverni u Srbiji okupljeni oko internet glasila *Svevlad.* Međutim, različiti sinkretizmi i

---

167 Nestrukturisani intervjui su obavljeni individualno sa tri ispitanika i jednom ispitanicom.

168 Videti npr. intervjue pojedinih rodnovernih u dokumentarnom filmu na češkom jeziku češke državne televizije o rodnoverju *Cesti víry*, emitovanom 31. 8. 2008. Dostupno na: *http://www.ceskatelevize.cz/ivysilani/1185258379-cesty-viry/208562215500009/*, 19. 4. 2012.

V SAVREMENA PERCEPCIJA SLOVENSTVA

eklektičke prakse, mogu se vezati i za pojedince u Srbiji, koji se izjašnjavaju kao rodnoverni.[169]

Takođe u kontekstu različitih mitizacija o prošlosti Slovena, kao i u smislu nadovezivanja Slovena i rodnoverja na indoevropske i indoarijske tradicije, u slovensko rodnoverje se često unose različite vedske koncepcije, kao i elementi hinduizma. Pojedine grupe, pre svega na prostoru Rusije, na ovaj način stvaraju različite sinkretizme, ali i različita pseudonaučna učenja o prošlosti slovenskih naroda na koja zatim nadovezuju pojedine ultradesničarske ideološke programe (videti Shnirelman 1998). Međutim, i rodnoverni koji odbacuju ekstremističku ideologiju i nju ejdž koncepcije, u verski aspekt rodnoverja često unose i elemente koji su svojstveni hinduizmu i indijskim tradicijama.

Trenutno je u svetu aktivno preko stotinu rodnovernih udruženja i neformalnih grupa, kao i priličan broj internet prezentacija koje su tematski vezane za rodnoverje. Mnoga udruženja, opštine i zadruge ujedinjeni su u različite saveze. Praktično je nemoguće izvesti tačan podatak o broju aktivnih grupa i rodnovernih sajtova, budući da on stalno varira. Kako bi se prikazala najopštija slika o zastupljenosti slovenskog rodnoverja u različitim zemljama, biće ukratko pomenute pojedine značajnije rodnoverne grupe koje se identifikuju kao takve, kao i bitnije internet prezentacije koje se tematski mogu vezati za rodnoverje.[170]

Na prostoru Ukrajine, deluje veći broj rodnovernih organizacija i danas je u institucionalnom smislu rodnoverje u Ukrajini uz ono u Ruskoj federaciji najrazvijenije. Takođe, u ovoj državi je uočljiva i najznačajnija stopa rasta broja rodnoveraca, koja je

---

169 Kao primer može se pomenuti grupa koja je bila okupljena oko internet prezentacije *Slovenski krug*.
170 Potrebno je napomenuti da navedeni pregled predstavlja samo najopštiji prikaz pojedinih značajnijih grupa i njihovih internet prezentacija na prostoru nekoliko država, kao i da nije postojala tendencija za formiranjem bilo kakvog celovitog spiska rodnovernih sajtova i organizacija.

KONSTRUKCIJA SLOVENSTVA U POLITICI I NAUCI

konstantna i traje u kontinuitetu od formiranja nezavisne ukrajinske države 1991. godine (Atweri 2007). Bez tendencije da se ulazi u kompleksnost unutrašnje hijerarhije i različitih često konfrontiranih frakcija rodnovernih grupa, treba istaći da na prostoru Ukrajine deluje nekoliko značajnijih slovenskih rodnovernih organizacija, koje u svojim unutrašnjim strukturama objedinjuju veći broj rodnovernih opština.[171] Pojedini savezi i udruženja rodnovernih registrovani su kao verske zajednice i poseduju zasebne unutrašnje

---

[171] Postoji nekoliko značajnijih udruženja i saveza rodnovernih opština kao što su: *Rodovo ognjište Ruske pravoslavne vere* (*Родове Вогнище Рідної Православної Віри*), koje pripada tzv. p*ravoslavnom rodnoverju*, pri čemu ovaj naziv po tumačenjima pojedinih rodnovernih koji upotrebljavaju ovu odrednicu podrazumeva da je pravoslavno hrišćanstvo proizašlo iz rodnoverja i da su u njemu sadržani zapravo narodni rodnoverni elementi, odnosno većina elemenata „slovenske etničke religije". Postoje i drugačija tumačenja ovog naziva od strane pojedinih rodnovernih, koja se odnose na njegovo etimološko izvođenje iz običaja koji se odnosio na „slavljenja pravde na prostoru stare Rusije". Zvanična internet prezentacija centralnog organa ove oraganizacije dostupna je na adresi: *http://alatyr.org.ua/*, 21. 4. 2012. Savez nekoliko rodnovernih udruženja i opština *Ujedinjeni rodnoverni Ukrajine* (*Об'єднання Рідновірів України – ОРУ*), predstavlja trenutno najveći savez na prostoru Ukrajine koji objedinjuje veći broj rodnovernih grupa. Iako *ОРУ* isključuje ezoteriske koncepcije, *Velesovu* knjigu smatra autentičnim izvorom. Zvanični sajt ovog saveza je *http://oru.org.ua/*, 21. 4. 2012. Značajnija udruženja su i *Sabor rodne ukrajinske vere* (*Собор Родной Украинской Веры*), kao i već pominjana *RUNvira*, odnosno *Rodna ukrajinska nacionalna vera* (*Родная Украинская Национальная Вера*), koju karakteriše niz eklektičkih elemenata i čiji je zvaničan sajt dostupan na: *http://www.runvira.org/*, 21. 4. 2012. Zvanična internet prezentacija udruženja *Ruski pravoslavni krug* (*Руське Православне Коло*) dostupna je na: *http://www.svit.in.ua/*, 21. 4. 2012. Izuzev ovih, kao značajnije treba pomenuti i udruženje *Veliki oganj* (*Великий Огонь*), čiji je oficijalni sajt dostupan na adresi: *http://ogin.in.ua/*, 21. 4. 2012. Opširnije o različitim rodnovernim udruženjima i njihovom učenju na prostoru Ukrajine, kao i o rodnoverju među ukrajinskom emigracijom, videti u Atweri 2007 kao i na zvaničnom sajtu *Verske informativne službe Ukrajine*, dostupno na: old.risu.org.ua/eng/major.religions/paganism, 21. 4. 2012.

V SAVREMENA PERCEPCIJA SLOVENSTVA

strukture.[172] Ukoliko se posmatra u celini, rodnoverje u Ukrajini karakteriše razrađenost različitih obreda, kao i prilično visok stepen institualizacije i organizovanosti rodnovernih udruženja, ali i pokretanje znatno širih, međunarodnih inicijativa, poput pokretanja inicijative za organizovanjem *Slovenskog rodnovernog veća* i sl. Pojedine grupe na prostoru Ukrajine, koje sebe smatraju rodnovernima, sadrže izrazito nacionalističke, pa čak i ksenofobične stavove, ali je ova pojava ipak marginalna.

Na prostoru Ruske federacije, takođe postoji veći broj rodnovernih grupa, udruženja i saveza, koje često u svojim učenjima sadrže brojne nju ejdž koncepcije, a gotovo po pravilu *Velesovu knjigu* respektuju kao njajbitniji izvor, kao što je to slučaj i u Ukrajini.[173] Zapravo, za brojne slovenske neopagane (pretežno iz istočnoslovenskih naroda), Velesova knjiga znači isto što i Biblija za hrišćane (Atweri 2007, 168). U Rusiji postoji čitav niz različitih

---

172 Statistika o registrovanim i neregistrovanim verskim organizacijama na prostoru Ukrajine, zaključno sa 1. 1. 2009. objavljena je na zvaničnom sajtu *Verske informativne službe Ukrajine* (*The Religious Information Service of Ukraine*). Dostupno na: *http://old.risu.org.ua/eng/resources/statistics/ukr2009/*, 21. 4. 2012.

173 Najznačajniji i najbrojniji savezi rodnovernih udruženja i opština u Rusiji su: *Savez slovenskih opština slovenske rodne vere* (Союз славянских общин славянской родной веры – ССО СРВ), čiji je zvanični sajt dostupan na: *http://www.rodnovery.ru/*, 21. 4. 2012. Zatim, savez rodnovernih opština *Velesov krug* (Велесов Круг), sa zvaničnim sajtom dostupnim na: *http://www.velesovkrug.ru/*, 21. 4. 2012. , kao i savez rodnovernih udruženja objedinjen pod nazivom *Krug paganskih (rodnovernih) tradicija (*Круг Языческой Традиции *)*, čije su članice i pojedina nerodnoverna neopaganska udruženja. Zvaničan informativni portal ovog saveza dostupan je na: *http://www.triglav.ru/news.php*, 21. 4. 2012. Osim ovih u Rusiji deluje značajan broj drugih rodnovernih formalnih i neformalnih grupa. Mnoge od njih svoje učenje zasnivaju i na vedizmu, odnosno na različitim staroindijskim tradicijama koje često percipiraju kao slovenske. Spisak značajnijih organizacija, kao i internet prezentacija vezanih za slovenski neopaganizam u Rusiji, ali i u drugim državama, videti u Atweri 2007. O rodnoverju u Rusiji, videti Aitamurto 2007.

KONSTRUKCIJA SLOVENSTVA U POLITICI I NAUCI

frakcija u okviru rodnoverja, pri čemu je ono veoma često vezano za ufologiju i ostale nju ejdž koncepcije, uz brojno unošenje čitavog niza najrazličitijih elemenata iz mnoštva drugih religija.[174] Takođe, na prostoru Rusije postoji i nekoliko komuna rodnovernih, koji na elemente slovenske paganske religije najčešće nadovezuju nlo koncepte, kao i različite ezoterijske prakse. Prisutne su i brojne ekstremne grupe koje imaju izrazito antigermanska, antisemitska i rasistička načela. One su veoma često u vezi sa širokim korpusom ekstremno desničarskih pokreta, koji postoje na savremenoj ruskoj političkoj sceni, odnosno potrebno ih je posmatrati u širem društvenom kontekstu i često u vezi sa širokim spektrom pseudonaučne literature koja proklamuje izrazito nacionalističku i krajnje tendencionalističku, čak fiktivnu istoriju.[175] Ipak, većina vodećih rodnovernih udruženja i saveza su se jasno ogradili od svake forme ekstremizma, kao i od onih grupa koje se deklarišu kao rodnoverne a koje prihvataju ezoteriju i NLO koncepcije u okviru svojih učenja.[176] U Rusiji postoji i nekoliko svetilišta (koje nalikuju kapištima sa kumirima), kao i hramova rodnovernih sa svojim sveštenicama i sveštenicima, kao i brojnim volhovima, žrecima, prorocima itd. Postoje pretpostavke da su pojedini relikti slovenske paganske religije u nekim ruralnim oblastima Rusije, opstali čak do početka dvadesetog veka, što je doprinelo širenju rodnoverja (Atweri 2007). Ipak, ovakvo stanovište koje zastupaju

---

174 O zajedničkim koncepcijama neopaganizma i nju ejdža u Rusiji videti Ferlat 2003.
175 O vezi neopaganizma sa pojedinim političkim strankama i pokretima na političkoj sceni Rusije tokom devedesetih godina dvadesetog veka, kao i o uticaju ekstremnih neopaganskih grupa i pseudonaučnih koncepcija u širenju rasističkih i antisemitskih ideja u kontekstu ruske politike, videti u Shnirelman 1998.
176 Najveći rodnoverni savezi udruženja i opština u Rusiji poput *Velesovog kruga*, *Slavie*, *Kruga paganskih (rodnovernih) tradicija* i mnogih drugih, jasno odbacuju svaki oblik ekstremizma i netolerancije smatrajući ih protivnim načelima rodne vere.

V SAVREMENA PERCEPCIJA SLOVENSTVA

pojedini autori ipak treba uzeti sa priličnom rezervom. Svakako, od kraja sedamdesetih i tokom prve polovine osamdesetih godina dolazi do prvih značajnijih pokušaja obnavljanja slovenske predhrišćanske religije na prostoru Rusije, ali kao što je već istaknuto, do značajnijeg širenja rodnoverja dolazi nakon pada komunističkog režima i raspada SSSR-a. Odnosno, povećanje broja rodnovernih između ostalog predstavlja i konsekvencu opštih društvenih posledica koje su proizašle rušenjem višedecenijskog političkog i društvenog sistema. Kao što je slučaj u Ukrajini, i ruski rodnoverni su organizovani, mada ni ovde ne postoji neki centralni organ koji bi objedinio sva rodnoverna udruženja i grupe, iako postoje različite inicijative koje se kreću u takvom pravcu. Pored slovenskog rodnoverja, u Rusiji je rasprostranjen i neošamanizam, koji se povremeno u obredima nekih rodnovernih grupa kombinuje sa slovenskim paganizmom.

Na prostoru Belorusije deluje nekoliko grupa rodnovernih, pri čemu one imaju najbolju saradnju sa nekim rodnovernima u Rusiji.[177] Pojedine grupe koje se deklarišu kao rodnoverne, zastupaju ekstremno nacionalističke stavove, ali i rasističku i neonacističku ideologiju.[178]

U Češkoj je rodnoverje izrazito slabo zastupljeno i ograničava se na već više puta pomenuto udruženje *Rodná víra*, čiji članovi najbolju saradnju imaju sa rodnovernim organizacijama iz Slovačke, ali sarađuju i sa rodnovernima iz drugih zemalja. Ova grupa koja je osnovana 2000. godine, odbacuje svaki oblik nju ejdž koncepcija, kao i bilo kakav oblik ekstremizma. Takođe već duži niz godina nastoji da se registruje kao verska zajednica, iako za sada

---

177 Najznačajnije rodnoverne opštine u Belorusiji su *Лес Поганства*, kao i *Славянская ведическая община Лад Перуна*.
178 U tom kontekstu treba istaći pokret *Očuvanje Slovenstva (Схорон Еж Словен – Славянское патриотическое движение)* iz Minska, kao i *Savez beloruskih rodnoveraca (Объеднання Білоруских Рідновірів)*. Opširnije u Atweri 2007.

bezuspešno. Međutim, iako u Češkoj ne postoje druga rodnoverna udruženja, opšte zanimanje za religiju i prošlost Slovena je izuzetno veliko, što se reflektuje čitavim nizom prezentacija naučno popularnog karaktera koje su vezane za ovu tematiku, ali takođe i onih koji u svojim sadržajima obuhvataju rodnoverje a zapravo zastupaju slavofilske koncepcije u širem smislu.

Slovačka, za razliku od Češke ima veći broj rodnovernih grupa i udruženja.[179] Rodnoverni na prostoru Slovačke najčešće oštro istupaju protiv hrišćanstva (prvenstveno protiv rimokatoličke crkve), što proističe iz osećaja ugroženosti prouzrokovanim time što katolicizam u Slovačkoj praktično ima status državne religije.[180] Pojedina slovačka udruženja akceptuju i pseudonaučne izvore poput *Velesove knjige*.

U Poljskoj, kao i u slučaju Slovačke, rodnoverni su u priličnoj konfrontaciji sa rimokatoličkom crkvom što proizilazi iz činjenice što Poljska ne predstavlja sekularnu državu i što rimokatolička crkva ima ogroman uticaj na skoro sve sfere društva, kao i politike. Rodnoverje se u Poljskoj, kao i u svim slovenskim državama koje su bile članice Varšavskog pakta, u većoj meri pojavilo nakon ru-

---

179 Najznačajnije rodnoverno udruženje u Slovačkoj je *Perunov krug (Perunov kruh)*, osnovano 1997. godine, čiji je zvaničan sajt dostupan na: *http://www.krugperuna.org*, 26. 4. 2012. Treba pomenuti i udruženje *Bratstvo perunove sekire (Bratrstvo Perúnovej sekery)*, zatim udruženje *Rodolesie*, čiji je sajt dostupan na: *http://rodolesie.sk/*, 26. 4. 2012. kao i neformalnu opštinu *Paromova Dúbrava*. Značajna je i opština *Dažbogovi unuci (Dažbogovi vnuci)* iz Njitre, čiji je zvaničan sajt dostupan na: *http://www.dazbogovivnuci.estranky.sk/*, 26. 4. 2012. Udruženje *Rodni krug (Rodový kruh)* iz Trnave je proisteklo iz muzičke grupe *Bytosti*, i njegova koncepcija obuhvata i elemente koje prevazilaze deo tradicionalnog korpusa rodnoverja. Zvanični sajt je dostupan na: *http://www.ved.sk/*, 26. 4. 2012.

180 Rodnoverni u Slovačkoj posebno izražavaju negodovanje zbog činjenice što se u prostorijama mnogih državnih institucija nalaze simboli hrišćanske vere, ali i zbog činjenice što veronauka predstavlja obavezan predmet u slovačkim državnim školama u čemu rodnoverni vide kršenje ljudskih prava (vidi Atweri 2007, 142).

V SAVREMENA PERCEPCIJA SLOVENSTVA

šenja komunističkog sistema. Poljska, sa izuzetkom Rusije i Ukrajine, predstavlja državu u kojoj postoji najveći broj osoba koje se identifikuju kao rodnoverne, pri čemu je tendencija broja rodnovernih pojedinaca, kao i udruženja u kontinuiranom rastu. Trenutno u Poljskoj deluje više rodnovernih grupa i organizacija i budući da je u ovoj državi za registraciju verske zajednice potrebno svega sto punoletnih osoba, neke od rodnovernih organizacija su registrovane i imaju satus verskih zajednica.[181]

Među južnim Slovenima rodnoverje je najslabije razvijeno i za razliku od ostalih slovenskih zemalja u kojima su se rodnoverne grupe osnivale još od kraja osamdesetih i tokom devedesetih godina dvadesetog veka, na prostoru bivše SFRJ, kao i na prostoru Bugarske, rodnoverje se pojavljuje tek nakon 2000. godine i to najčešće u formi nedefinisanih i prilično neodređenih manjih grupa,

---

[181] Na prostoru Poljske postoji nekoliko značajnijih udruženja i to: *Rodna vera (Rozdima Wiara)*, koja je registrovana 1996. godine i čija je zvanična prezentacija dostupna na: *http://rodzimawiara.org.pl/*, 25. 4. 2012. Inače ovo udruženje je izrazito desničarske orijentacije. Usled neslaganja sa vođstvom udruženja *Rozdima Wiara*, kao i sa izrazito desničarskom ideologijom koju zastupa ovo udruženje, deo rodnovernih se odvojio i zatim 2006. godine osnovao novo udruženje *Slovenska vera (Słowiańska Wiara)*, kasnije preimenovano u *Zachodnisłowanski związek wyznaniowy Słowiańska Wiara*, koje je registrovano kao verska zajednica 2009. godine, i čiji je zvanični sajt dostupan na nekoliko aktivnih domena: *http://www.slowianskawiara.pl/*, *http://www.rodzimawiara.pl/*, *http://www.slowianskawiara.info.pl/*, 25. 4. 2012. Među značajnije grupe rodnovernih spada i udruženje *Rodzimy Kościół Polski*, čiji je sajt dostupan na: (*http://www.rkp.w.activ.pl/*, 25. 4. 2012. U učenju ovog udruženja pristutna je ezoterija, kao i različite nju ejdž koncepcije. Treba pomenuti još nekoliko registrovanih i neregistrovanih rodnovernih grupa poput zadruge *Aristos*, kao i grupe kao što su: *Niklot, Žrtva, Vid, Topožel, Vatra*, itd. Informacije o registrovanim rodnovernim verskim zajednicama u Poljskoj, postoje na oficijelnom sajtu Ministarstva unutrašnjih poslova Republike Poljske, dostupno na: *http://www.msw.gov.pl/portal/pl/92/9108/Koscioly_i_zwiazki_wyznaniow e_wpisane_do_rejestru_kosciolow_i_innych_zwiazkow_wy.html*, 25. 4. 2012.

objedinjenih pre svega ili isključivo oko pojedinih internet prezentacija. Upravo zbog toga se u većini slučajeva ne može govoriti o grupama rodnovernih u klasičnom smislu koji upražnjavaju određene ustanovljene obrede ili slave pojedine paganske svetkovine, kao što je to slučaj kod istočnoslovenskih i zapadnoslovenskih rodnoveraca. Izuzetak svakako predstavlja Slovenija u kojoj deluje jedno organizovano udruženje rodnovernih koje objedinjuje tri opštine, odnosno župe.[182] U Bugarskoj postoji nekoliko neformalnih grupa okupljenih oko pojedinih internet prezentacija.[183] Takođe na pojedinim sajtovima koji su u određenoj meri tematski vezani za rodnoverje, prisutni su i izrazito desničarski, neonacistički i rasistički sadržaji.[184] U Hrvatskoj deluje jedno udruženje rodnovernih,[185] u Bosni i Hercegovini takođe ima mala grupa okupljena oko jedne internet prezentacije,[186] dok na teritoriji Makedonije i Crne Gore ne postoje grupe, kao ni značajnije internet prezentacije koje bi ukazivale na bilo kakav pokušaj obnavljanja slovenske paganske religije. U momentu pisanja ove analize, na prostoru Republike Srbije formalno nije postojalo udruženje rodnovernih,

---

182 Udruženje *Staroverci* osnovano je 2005. godine. Zvaničan sajt udruženja, dostupan je na *http://www.staroverci.si/*, 26. 4. 2012.

183 U Bugarskoj tako postoje sajtovi sa pagansko-slovenskom tematikom kao što je npr. *Rodna vjara*, dostupno na: *http://rodna-vjara.narod.ru/*, 26. 4. 2012.

184 Videti npr. bugarski sajt sa ruskim domenom *http://www.kanatangra.wallst.ru/*, 26. 4. 2012.

185 Na prostoru Republike Hrvatske postojala je ranije internet prezentacija o rodnoverju *Slovenski gaj*, dok je *Udruga za promicanje stare slavenske kulture Perunova svetinja,* osnovana 2011. godine, i njen zvaničan sajt je dostupan na: *http://www.perunovasvetinja.tk*, 25. 4. 2012. Sudeći po sadržaju zastupljenom na sajtu, reč je pre svega o mlađim osobama sa određenim (uslovno) alternativnim stavovima.

186 Udruženje rodnovjernika Bosne i Hercegovine *Svaroži krug* osnovano je 2011. godine i njihova zvanična internet prezentacija dostupna je na: *http://svarozikrug.weebly.com*, 25. 4. 2012. Po svemu sudeći radi se o maloj grupi mladih osoba koji se smatraju rodnovernima i svoje udruženje ocenjuju kao apolitično.

V SAVREMENA PERCEPCIJA SLOVENSTVA

iako je egzistirao veći broj sajtova koji su vezani za pagansko-slovensku tematiku.[187] Najznačajnija internet prezentacija, koja je, između ostalog, tematski vezana i za rodnoverje je već pominjani *Svevlad*.[188] Međutim, postoji još nekoliko sajtova koji su na različite načine vezani za rodnoverje, iako se ne može uvek pouzdano utvrditi da li iza njih stoje pojedinci ili manje grupe koje sebe

---

187 Ipak, krajem septembra 2012. godine osnovano je prvo formalno „Udruženje rodnovernih Srbije Staroslavci". Sudeći po intervjuu objavljenom neposredno pre štampanja ove knjige 25. jula 2013. godine ovo udruženje „pokušava da obnovi i da se vrati staroj srpskoj religiji i običajima". Po rečima jednog od članova udruženja, namera je da ono vremenom preraste u versku zajednicu „koja će imati i svoje sveštenike – žrece". Sudeći po navodima iz intervjua, nisu svi članovi udruženja rodnoverni, ali se „većina ipak odrekla pravoslavlja i drugih religija u kojima su odgajani i vratila se Perunu, Svetovidu, Triglavu, Vesni (...)". Udruženje inače ima oko četrdeset aktivnih članova, „kao i desetine onih koje prate njihove aktivnosti i dolaze na okupljanja". Pri tome se ističe da svi članovi poštuju hrišćanstvo i druge religije, da imaju različite političke stavove, ali da ih izuzev iste vere sve „ujedinjuje ideja panslovenstva" (*Večernje Novosti online*, 25. jul 2013. Dostupno na: www.novosti.rs/vesti/naslovna/reportaze/aktuelno.293.html:445843-Srbi-ponovo-slave-boga-Peruna, 27. 7. 2013.

188 Sumirajući rezultate istraživanja savremenih koncepcija narodne religije kod Srba, I. Todorović sadržaj sajta *Svevlad* navodi kao primer za tzv. *alternativni model* koji pored *teološko-crkvenog* i *narodno religijskog modela u užem smislu*, predstavlja jedan od tri modela koji formiraju, kako ističe, „izvesnu vrstu dijalektički strukturisanog obrasca karakterističnog za savremeni srpski religijski kontekst". Todorović navodi da se u alternativni model „u širem smislu mogu uključiti svi nepravoslavni uticaji koji dolaze iz drugih tradicija i kultura, masovne kulture, itd. sa brojnim podsistemima" Pri tome, za samu odrednicu *alternativni model*, ističe da predstavlja sintagmu koja je „osmišljena prevashodno kao radni terminološki okvir, sa namerom da se ukaže na postojanje niza različitih idejnih sistema, od astrologije do teozofije, krišnaizma, nju ejdža, neopaganizma itd., koji na različite načine stupaju u komunikaciju sa tradicionalnim pravoslavno-hrišćanskim sadržajima, predstavljajući njihovu konstantnu ideološko-religijsku „alternativu" (vidi Todorović 2008, 67).

KONSTRUKCIJA SLOVENSTVA U POLITICI I NAUCI

smatraju rodnovernima.[189] Izuzev nekoliko internet prezentacija koje se odnose na ovu tematiku, u Srbiji je na inicijativu jednog rodnovernog izrađen kumir bogu Svetovidu.[190] Međutim, uprkos

---

[189] U tom kontekstu potrebno je u prvom redu pomenuti sajt *http://www.glaspredaka.info/*, 28. 4. 2012., koji je po raspoloživim informacija dobijenih od pojedinih rodnovernih u Srbiji, nastao kao posledica saradnje sa poljskim rodnovernim udruženjem *Zachodnisłowanski związek wyznaniowy Słowiańska Wiara*. Ovaj sajt se nalazi u nekoj vrsti nedefinisane veze sa internet prezentacijom *Tvrđava* (*http://www.tvrdjava.org*, 28. 4. 2012.). Potrebno je pomenuti i internet prezentaciju *Srpska vera – Rodna Vera – Rodnoverje* koja je dostupna na: *http://www.srpskavera.comoj.com/*, 28. 4. 2012. Sadržaj ove internet prezentacije inače sadrži pojedine ekstremne, kao i izrazito anti hrišćanske stavove. Međutim, treba istaći da iako prethodno navedeni sajtovi veoma lako mogu biti privremenog karaktera, oni činjenično ukazuju da na prostoru Srbije izvesni afiniteti za rodnoverjem svakako postoje. Tome u prilog svedoči i činjenica da rodnoverje predstavlja predmet diskusije na mnogobrojnim forumima u Srbiji. Pri tome treba istaći da se tema rodnoverja obično pokreće na forumima koji su pretežno desničarske orijentacije, ali i na popularnim forumima koji su tematski vezani za mitologiju i pagansko-slovensko-srpsku tematiku. (videti npr. pojedine diskusije na *Badnjak forumu*). Na osnovu analiziranih sadržaja internet prezentacija, kao i na osnovu stavova rodnovernih iznesenih na brojnim forumima o ovoj temi, stiče se utisak kako većinu rodnoveraca u Srbiji karakterišu konzervativni i izrazito antiglobalistički stavovi. Takođe se uočava prilično naglašavanje nacionalnog identiteta, koji se u većini slučajeva od strane rodnovernih smatra prirodnom datošću. Svakako, treba napomenuti da ovakav utisak ne mora oslikavati realnu situaciju, pre svega uzimajući u obzir višestruku relativnost izvora korišćenih za ovaj deo analize.

[190] Kumir staroslovenskom bogu Svetoidu (Vidu) postavljen je u selu Mokra u opštini Bela Palanka u junu 2007. godine na imanju jednog rodnovernog (*staroverca*), inače književnika i novinara, koji je bio i inicijator podizanja ovog kipa. Inicijator podizanja ovog kipa tim povodom u intervjuu za jedne dnevne novine izjavio je sledeće „Ne smemo da se odričemo naših starih bogova, čiji je vrhovni bog Vid. To su naši duhovni koreni i tu je temelj našeg srpskog identiteta. Bog Vid nas vraća u prethrišćansko vreme i hoće da nam kaže da smo postojali pre hrišćanstva i Isusa, da smo danas, po starom srpskom kalendaru, u 7519. godini. Ja ne znam da li su Srbi narod najstariji, ali je činjenica da smo se do 1.600. go-

V SAVREMENA PERCEPCIJA SLOVENSTVA

pojedinim inicijativama pojedinaca i manjih grupa, praktikovanje slovenske paganske religije na prostoru Srbije do septembra 2012. godine nije imalo nikakvu institucionalnu, odnosno organizovanu formu.

Na osnovu analize sadržaja više od dvadeset internet prezentacija različitih rodnovernih grupa[191] i nekoliko foruma na kojima su zastupljene teme o ovoj tematici, kao i sudeći po informacijama dobijenim iz razgovora i prepisci sa pojedinim rodnovernima, jasno se uočava izrazita disperzivnost i interna varijabilnost slovenskog rodnoverja. Odnosno, može se zaključiti da heterogenost, nepostojanje hijerarhije i neodređenost rodnoverja ujedno uslovljava vidno odsustvo kompaktnosti ideje, odnosno čitav korpus različitih koncepcijskih pravaca koji se sreću u različitim aspektima što se uočava i u programima rodnovernih grupa, kao i u kontekstima različitih političkih ideja koje su zastupljene u stavovima i programima slovenskih rodnovernih organizacija.

Slovenska paganska religija je još od perioda romantizma predstavljala inspiraciju za različite oblike umetničkog stvaralaštva, pri čemu su ova dela imala naglašenu političku dimenziju. U kontekstu stvaranja nacionalnih mitova slovenskih naroda, od kraja osamnaestog i tokom devetnaestog veka, korišćeni su brojni motivi koji su se odnosili na predhrišćansku slovensku religiju. Inspiracija paganskom prošlošću reflektovala se i kasnije, pre svega u kontekstu likovnih umetnosti.[192] U savremenom kontekstu se

---

dine služili najstarijim kalendarom" (*Press Online*, 23. 6. 2011, dostupno na: http://www.pressonline.rs/sr/vesti/regioni/story/165962/Otkriven+kip+boga+Vida+na+Suvoj+planini.html, 27. 4. 2012.)

191 Analizirani su osnovni delovi sadržaja sajtova rodnovernih grupa, kao i prezentacija vezanih za rodnoverje, čije su adrese navedene u okviru napomena u tekstu rada.

192 Interesantan primer u tom kontekstu predstavlja postavljanje kipa bogu Radgostu 1931. godine na planini *Radhošť u* Moravskoj (Češka), čiji je autor češki akademski vajar A. Polašek (*Albín Polášek*). Inače ova planina se tradicionalno smatrala mestom na kome je ovaj slovenski paganski bog Sunca, rata i

KONSTRUKCIJA SLOVENSTVA U POLITICI I NAUCI

slovensko rodnoverje može vezati prvenstveno za pojedine muzičke bendove čiji se članovi često inspirišu različitim elementima, ili daleko češće slobodnim interpretacijama pojedinih segmenata slovenske paganske religije.[193] Paganska metal muzika, kao deo subkulture, upravo veoma često predstavlja motiv za inicijalno pristupanje brojnih mlađih osoba rodnoverju, pre svega u Rusiji (videti Aitamurto 2007).

Politički aspekti slovenskog rodnoverja

Bez obzira što se velika većina rodnovernih grupa deklariše kao apolitička, u njihovim programskim načelima veoma često se jasno uočavaju brojni politički elementi. Kao što je već više puta istaknuto, kohezioni i bazični elemenat zajednički za sve rodnoverne grupe, predstavlja ideja, odnosno korpus ideja o (sve)slovenskom jedinstvu. Pod (sve)slovenskim jedinstvom se pri tome podrazumeva niz bliskih idejnih koncepcija kojima se propagiraju različite forme zbližavanja, odnosno različite koncepcije koje teže postizanju bliskosti, uspostavljanju intenzivne saradnje među svim slovenskim narodima, kao i širi niz različitih ideja o zbližavanju i ujedinjenju Slovena. Savremena forma slovenstva, odnosno težnja za postizanjem (sve)slovenskog kulturnog, duhovnog, ekonomskog, političkog i svake druge forme jedinstva, prois-

---

pobede živeo. Međutim, treba ukazati na činjenicu da je uz postavljanje kipa Radgostu, na vrhu ove planine postavljena i skulptura Ćirila i Metodija, što ujedno odslikava šire onovremene slovenske, tj slavofilske koncepcije.

193 Ovakvi bendovi su bliski pretežno pojedinim mlađim osobama koji se u jednom periodu svog života identifikuju kao rodnoverni, pri čemu je neophodno naznačiti da je njihov verski identitet veoma često određen upravo idejama vezane za konkretni bend. Zanimljiv primer predstavlja nastanak slovačkog rodnovernog udruženja *Rodni krug (Rodový kruh)* iz grada Trnava, koje je nastalo iz muzičkog benda *Žiarislav a Bytosti*, čiji su tekstovi i spotovi delimično vezani, ili pravilnije inspirisani, između ostalog i paganskom tematikom.

V SAVREMENA PERCEPCIJA SLOVENSTVA

tiče iz izrazito slavofilskih stavova grupa i pojedinaca, i u idejnom smislu je analogna, odnosno suštinski se nadovezuje, na različite devetnaestovekovne panslavističke, odnosno u širem korpusu slavofilske ideje. Ipak, savremeno slovenstvo, obuhvata širi dijapazon značenja i ne može se bezuslovno komparirati sa idejama devetnaestovekovnog kulturnog i/ili političkog panslavizma, slavjanofilstva, slovenske uzajamnosti i drugih ranijih koncepcija, iako u svojoj idejnoj bazi sadrži jasnu slavofilsku konotaciju na šta je već ukazano u prethodnim poglavljima.

U kontekstu rodnoverja, ideja o (sve)slovenskom jedinstvu ili zbližavanju, predstavlja ključnu i referentnu tačku u programima i statutima većine slovenskih rodnovernih grupa. Kao takva, ona se često prožima i u bliskoj je emotivnoj vezi sa motivacijom mnogih rodnovernih pojedinaca, iz koje proističe i njihovo versko opredeljenje.[194] Kao dominantni oblik ideje o sveslovenskom jedinstvu u kontekstu slovenskog rodnoverja, ističe se želja za postizanjem prvenstveno duhovnog jedinstva, pri čemu se slovenska predhrišćanska religija percipira kao kohezioni faktor kojim se omogućava prevazilaženje konfesionalnih razlika među slovenskim narodima. Verske razlike inače, po uverenju većine rodnovernih, predstavljaju glavnu barijeru za stvaranje opšteg slovenskog jedinstva.[195] Dominantna većina slovenskih rodnovernih pojedinaca,

---

[194] Na osnovu dostupnih intervjua, kao i informacija iz prepisci i razgovora sa pojedinim rodnovernima, kao jedan od motiva za ovakav izbor religije, rodnoverni između ostalog navode i taj da „slovenska etnička religija" predstavlja dobar osnov za prevazilaženje razlike među Slovenima, odnosno da rodnoverje sa svojom duhovnom suštinom omogućava postizanje opšteg slovenskog jedinstva.

[195] Među delom rodnovernih su prisutna mišljenja, da je hristijanizacijom došlo do narušavanja ranijeg opšteg jedinstva Slovena, odnosno da je hrišćanstvo sa svojim unutrašnjim podelama, uzrokovalo razjedinjavanje starih Slovena. Inače značajan broj rodnovernih, stare Slovene doživljava kao jednu homogenu etničku celinu, ili čak kao jedan narod, odnosno kao grupu „bratskih" i „prirodno bliskih" naroda. Po njima, slovenska paganska religija kao „prirod-

KONSTRUKCIJA SLOVENSTVA U POLITICI I NAUCI

organizacija i neformalnih grupa, zastupaju (uslovno) panslavističke, kao i ideje svojstvene modifikovanoj koncepciji slovenske uzajamnosti, odnosno zalažu se za što bliže odnose među slovenskim narodima. Ovakva ideologija o slovenskom jedinstvu najčešće proističe iz konstantnog osećaja ugroženosti od strane *drugog*. Odnosno, uverenje da „nesloveni" vojno, finansijski i duhovno ugrožavaju Slovene, prouzrokuje zalaganje za sveslovensko ujedinjenje i zajedničku odbranu od postojećih i mogućih pretnji (Ajdačić 2007). U korpusu različitih formi ove ideje, teži se uspostavljanju što bliže saradnje među rodnovernim grupama iz različitih slovenskih zemalja, ali takođe i uspostavljanju opšteg kulturnog, privrednog i političkog jedinstva svih Slovena. Najčešće se deklarativno kao finalni cilj ističe stvaranje jednog velikog i moćnog slovenskog entiteta, odnosno saveza država. Njegovim stvaranjem bi se zaustavilo dalje cepanje i razjedinjavanje Slovena, koje je, po mišljenju većine rodnovernih, uzrokovano uticajem spoljnih neprijateljskih elemenata koji imaju za cilj slabljenje slovenskih naroda.[196] Većina

---

no svojstvena slovenskom duhu i mentalitetu" predstavlja mehanizam za prevazilaženje razlika i sukoba među svim Slovenima, ali i konačni cilj kome treba težiti u postizanju duhovnog jedinstva. Opširnije o pojedinim aspektima percepcije slovenske paganske religije među rodnovernim u ovom kontekstu, videti u Atweri 2007. Konkretne stavove i programska načela, koja se odnose na ovakvo shvatanje uloge rodnoverja, videti u sadržajima rodnovernih sajtova, čije su adrese navedene u tekstu.

196 Ovakvi zaključci su doneseni i na tzv. *Sveslovenskom sastanku rodnovernih* održanom 2005. godine u Kijevu, odnosno u okviru pominjane *Prve međunarodne naučno-praktične konferencije „Rodna vera – duhovna suština Slovena",* koju su organizovala udruženja rodnovernih iz Ukrajine. Na ovom sastanku kome su prisustvovale rodnoverne delegacije iz nekoliko slovenskih zemalja, kao primarni cilj je istaknuto buduće stvaranje duhovnog jedinstva, odnosno ujedinjenje svih rodnovernih i u skladu sa time formiranje neke vrste sveslovenske skupštine rodnovernih. Govornici su ukazali da problemi poput daljeg razjedinjavanja slovenskih naroda u različite političke i ekonomske saveze, reformisanje slovenskih jezika, revizija istorije, stvaranje veštačkih konflikata i podupiranje separatizma, predstavljaju nastavak uticaja

V SAVREMENA PERCEPCIJA SLOVENSTVA

rodnovernih grupa se zalaže za formiranje jakog saveza slovenskih država zasnovanog na istim duhovnim i kulturnim principima, dok se značajan broj grupa zalaže i za stvaranje jedinstvene države svih Slovena sa slovenskom paganskom religijom kao stožerom opšteg jedinstva. Odnosno, iako postoji opšti konsenzus o bliskosti i potrebi za što intenzivnijom saradnjom svih slovenskih naroda, ipak se uočavaju pojedine razlike u mišljenjima koje se odnose na formu tih odnosa. U deklarativnom smislu, većina rodnovernih grupa je opredeljenja za stvaranje saveza slovenskih država u kome će svi slovenski narodi biti jednaki, ali postoje i pojedine rodnoverne organizacije koje zastupaju drugačija mišljenja. Odnosno, iako se zalažu za najviši mogući oblik pre svega kulturne saradnje, političko jedinstvo vide kao problematično i praktično teško izvodljivo iz više razloga.[197] Međutim, ovakva odstupanja ipak predsta-

---

spoljnih faktora koje je započelo još procesom nasilne hristijanizacije, kao i nastavak nasilnog uništavanja slovenske paganske religije, a koje traje u kontinuitetu do danas. Po mišljenju rodnovernih, cilj tih spoljašnjih činilaca predstavlja slabljenje i dalje razjedinjavanje potencijalno najvećeg i najmoćnijeg etničkog saveza koji u osnovi sadrži najznačajnije resurse u savremenom svetu. Navodeći opasnost od slabljenja slovenskih identiteta, rodnoverni su na ovom sastanku istakli da konačan cilj kome treba težiti predstavlja stvaranje *Velike Slavije,* odnosno „jedinstvene misaone zajednice slovenskih naroda", koja treba da bude formirana kao politički i ekonomski savez samostalnih i nezavisnih država. Pri tome su učesnici ovog sastanka odbacili i ocenili kao provokativne, predloge pojedinih rodnovernih grupa koje se zalažu za ostvarivanje ovog cilja vojnim sredstvima, ili koje teže ujedinjenju pod hegemonijom jednog od slovenskih naroda koji bi bio istaknut u odnosu na ostale. Opširnije o zaključcima sa ove konferencije videti Atweri 2007, 133-136. Veoma slični zaključci se donose i na sastanicima *Slovenskog rodnovernog veća.*

197 Tako npr. pojedine rodnoverne grupe u Ukrajini insistiraju na nezavisnosti slovenskih država navodeći pri tome da bi ujedinjenje svih Slovena u jednu državu stavilo u neravnopravni položaj male slovenske narode u odnosu na Rusiju koja bi se ponašala kao hegemon. Odnosno, smatraju da bi ujedinjenje podrazumevalo izrazito rusku dominaciju i samim tim, ugrožavanje ostalih slovenskih naroda. Tako npr. sveštenica rodne vere i vodeća ispred saveza

KONSTRUKCIJA SLOVENSTVA U POLITICI I NAUCI

Ujedinjeni rodnoverni Ukrajine (*Об'єднання Рідновірів України – ОРУ*), Galina Lozko, koja je inače i jedna od ključnih osoba u organizaciji sastanaka *Slovenskog rodnovernog veća*, bez obzira što se zalaže za intenzivnu saradnju, insistira na nezavisnim slovenskim državama. Po njoj, kako je to istakla u jednom tekstu razmatrajući pitanja „očuvanja slovenskog identiteta" i rodne vere „Savez Slovena je moguć i neophodan u etno-kulturološkoj i informativnoj oblasti po principima horizontalne saradnje, ali nikada – u *jednoj i nedeljivoj* državi koja želi da *usrećí* braću Slovene svojim pokroviteljstvom. Možda u tom smislu, stvaranje međunarodne lige slovenskih država bi bilo potrebno, ali nikada i nikakve *državne zajednice*! Ukrajinci, kao niko drugi, doživeli su žalosno iskustvo u sovjetskoj imperiji. Neka to služi kao upozorenje ostalim Slovenima" (Tekst je dostupan na: *http://www.svevlad.org.rs/rodoved_files/lozko_identitet.html#rs*, 27. 3. 2013.) Ovakvi politički stavovi, kao i njen privatan odnos sa nekim rodnovernim pojedincima, su je i pre pisanja citiranog teksta, doveli u sukob sa jednim delom ruske delegacije koja učestvuje u radu slovenskih rodnovernih veća, što se najbolje reflektovalo neposredno pre, kao i nakon osmog zasedanja Veća 2011. godine u Sankt Peterburgu, na kome G. Lozko inače nije učestvovala iako je čitan njen rad. Specifičnost opšte političke situacije u Ukrajini, odnosno polarizovanost prisutna u savremenom političkom i društvenom diskursu Ukrajine, znatno uslovljava i opredeljenje dela ukrajinskih rodnovernih organizacija, koje na prvo mesto ističu očuvanje duhovne i materijalne tradicije Ukrajine, odnosno ukrajinskog nacionalnog identiteta koji percipiraju kao prirodan i koji ističu ispred slovenstva. Ovakvi stavovi, proizilaze iz samih osobenosti konstrukcije modernog nacionalnog identiteta Ukrajinaca, koji se u značajnoj meri temelji na distinkciji prema Rusiji, pri čemu se osećaj ugroženosti od moćnog političkog suseda veoma često intenzivira i reflektuje na različite načine u okviru konkretnog društvenog obrasca. Iako se deklarativno sve značajnije rodnoverne grupe zalažu za neku formu ujedinjenja svih Slovena, ipak je među pojedinim rodnovernima, pre svega onim okupljenim oko saveza *ОРУ*, i Galine Lozko, prisutna skepsa prema takvoj političkoj zajednici, prvenstveno zbog straha od Rusije kao hegemona. Ovakve stavove neki rodnoverni dodatno argumentuju iskustvima iz prošlosti, odnosno navode da je imperijalna politika Rusije tokom prošlosti ugrožavala ukrajinski nacionalni identitet. Ovakvim stavovima, deo rodnoverskih organizacija u Ukrajini odudara od dominantne političke koncepcije svojstvene slovenskom rodnoverju, što nastaje kao konsekvenca kompleksnosti savremenog nacionalnog identiteta Ukrajinaca, odnosno percepciji *Drugog*, viđenog u Rusima. O programu i stavovima *Ujedinjenih rodnovernih Ukrajine*,

V SAVREMENA PERCEPCIJA SLOVENSTVA

vljaju slabije zastupljenu pojavu i odudaraju od dominantne percepcije o opštem slovenskom jedinstvu karakterističnom za rodnoverje, što proizilazi i iz činjenice da većina rodnovernih grupa sve Slovene po inerciji posmatra kao ravnopravne i bratske narode, dok se Sloveni često percipiraju i kao jedan narod.[198]

Kao što je već istaknuto, analiza svih postojećih idejnih koncepcija pristutnih u statutima i programskim načelima različitih rodnovernih grupa bila bi praktično neizvodljiva. Međutim, moguće je sagledati specifičnosti stavova koji su u kontekstu političkih aspekata, prisutni u okviru delovanja *Slovenskog rodnovernog veća* (SRV) kao savetodavnog organa koji objedinjuje veći broj vodećih

---

videti na njihovom zvaničnom sajtu *http://oru.org.ua/*, 6. 5. 2012. Treba istaći da se i u baltičkim državama neopaganizam (baltsko-slovenske) tradicije, takođe često interno među savremenim paganima percipira kao jedno od sredstava za očuvanje tradicije i nacionalnog identiteta baltičkih naroda u odnosu na strah od dominantne uloge Rusije (vidi Atweri 2007). Takođe u razgovoru i prepisci sa pojedinim rodnovernim u Srbiji, bez obzira što se kod njih uočava želja za stvaranjem jedinstvenog entiteta, ipak preovlađuje mišljenje da to nije lako izvodljivo čak ni kada „strani faktori" ne bi sprečavali ovakvu ideju. Tako je npr. jedna od ispitanica ukazala da iako se zalaže za stvaranje jedinstvene slovenske države, prethodno je potrebno omogućiti jedinstvo na drugim poljima, dok bi se političkom jedinstvu moralo pristupiti obazrivo i samo pod uslovom da svi Sloveni budu u jednakom položaju uz uvažavanje različitosti. Ovakav stav su iskazali i intervjuisani rodnoverni u Češkoj i Slovačkoj. Posmatrano u celini, ovakva pojava u okviru savremenog političkog konteksta rodnoverja uslovno je analogna pojedinim ranijim tendencijama prisutnim u političkim kontekstima slovenstva. Odnosno, strah od Rusije kao hegemona opasnog po ostale manje slovenske narode, može se u izvesnoj meri uslovno uporediti sa pojedinim devetnaestovekovnim tendencijama oličenim u ideologiji austroslavizma, kao i u delu idejnih koncepcija panslavizma. Ovakva percepcija je inače stalno prisutna i intenzivna van konteksta rodnoverja u okviru šireg društvenog obrasca, posebno u slovenskim državama koje su bile u sastavu SSSR, ili koje su predstavljale članice Varšavskog pakta.

198 Ovakve ideje o Slovenima kao jednom narodu se nadovezuju na romantičarske stvove J. G. Herdera i J. Kolara.

KONSTRUKCIJA SLOVENSTVA U POLITICI I NAUCI

saveza i udruženja rodnovernih sa prostora nekoliko slovenskih država.[199] U kontekstu korpusa ideja o saradnji i bliskosti između

---

[199] Sudeći po statutu, programskim načelima kao i izveštajima sa sastanaka ovog savetodavnog tela, za koje je bitno napomenuti da bez obzira na značaj, ipak objedinjuje samo deo rodnovernih grupa, uočljiva je težnja ka zbližavanju ne samo različitih rodnovernih organizacija, već i slovenskih naroda generalno. SRV kao *savet duhovnih vođa rodnovernih pokreta slovenskih zemalja* se jasno distanciralo od svih šovinističkih i ksenofobičnih stavova koje osuđuje i smatra suprotnim principima rodne vere kojima se akceptuje pravo na raznolikost u duhu slovenske uzajamnosti. Odnosno, osuđuje širenje svakog oblika mržnje i netrpeljivosti, zastupljene u ideološkim platformama pojedinih „samoproklamovanih" rodnovernih grupa. Takođe, brojne organizacije i grupe koje praktikuju različite ezoterijske prakse i koje u svoje programe unose različite nju ejdž koncepcije a koje se pri tome predstavljaju kao rodnoverne, SRV označava kao pseudorodnoverne formacije, koje zarad nekog stranog interesa degradiraju ideju rodnoverja. SRV oštro istupa protiv globalizacije, uplitanja „stranih elemenata i religije" među Slovene, različitih tendencija koje se označavaju kao multikulturalizam, kao i protiv savremenog načina života koji nije u skladu sa prirodom. Pored toga, SRV se zalaže za uspostavljanje ekološke civilizacije, za očuvanje slovenstva, i saradnju sa drugim neopaganima širom sveta, odnosno podržava stavove *Svetskog kongresa etničkih religija* (WCER). Dalje, zahteva puna verska prava za rodnoverne u svim državama, prestanak diskriminacije, kao i „obnavljanje istorijskih istina o potisnutom rodnoverju (autentičnoj veri slovenskih naroda) koje je pretrpelo najveće moguće štete od crkvene i državne politike" SRV, pri tome nastoji postizanju zakonske „rehabilitacije etničke slovenske rodne vere i njeno proglašenje (zajedno sa hrišćanstvom) za tradicionalnu religiju slovenskih zemalja". Ustav, kao najviši dokument SRV, između ostalog predviđa da: „Veće brine o očuvanju autentičnog slovenskog pogleda na svet i obrednu praksu, koji su zasnovani na politeizmu, životnoj prirodnosti, genetskom pamćenju, rodnoj logici i etici, tradicionalnoj jednakosti, zdravom načinu života i ekološkim saznanjima". Takođe, ističe se da Veće predstavlja apolitičku organizaciju, odnosno da: „Rodnoverni Sloveni imaju pravo učestvovanja u javnim i političkim organizacijama, da budu članovi partija i javnih udruženja. U isto vreme udruženje starovernih u celosti se ne povezuje ni sa kakvom političkom strankom ili državnom strukturom, a samo sobom predstavlja samostalnu kulturno-religijsku pojavu." SRV, ističe da Rodna vera, kao autentična i prirodna slovenska religija, doprinosi očuvanju nacionalnih i etničkih inte-

V SAVREMENA PERCEPCIJA SLOVENSTVA

slovenskih naroda, odnosno ideja o ostvarivanju neke forme (sve)slovenskog jedinstva, SRV deklarativno nema jedinstven stav, i shodno tome ne propagira nikakvu ideju o političkom jedinstvu Slovena. Svakako, programska načela nekih organizacija koje čine SVR, teže ovakvom obliku jedinstva slovenskih naroda. Međutim, SRV se kao savetodavno telo, zalaže prvenstveno za intenzivnu saradnju rodnovernih organizacija, kao i za što viši oblik saradnje među Slovenima na kulturnom, naučnom, obrazovnom, privrednom i duhovnom polju, dok su ideje o političkom jedinstvu ne mogu vezivati za Veće kao savetodavno telo, već isključivo za mišljenja pojedinih delegata ili njihovih grupa koji učestvuju u njegovom radu.[200]

Osim razlika u percepciji o bliskosti i jedinstvu Slovena, razlikuju se i mehanizmi koji se predlažu za postizanje, odnosno ostvarivanje ovakvih težnji. Tako, pre svega na prostoru Rusije i Belorusije, postoje rodnoverne grupe sa izraženim militantnim stavovima koje zagovaraju ideju da Rusija treba da bude pokretač ujedinjenja svih Slovenskih država. U tom kontekstu bi se prostor istočnoslovenskih zemalja sa fokusom na Rusiju, mogao analizirati kao zasebna celina uz prethodno akceptovanje činjenice da su i u kontekstu rodnoverja u Rusiji ovakve grupe u manjini, odnosno da su se

---

resa, odnosno „identiteta slovenskih naroda" i da u tom smislu predstavlja barijeru globalizmu i nekim neprijateljskim stranim faktorima. Bez obzira na vidljive političke konotacije SRV, potrebno je naznačiti, da se program SRV većinom ipak odnosi na postizanje verskih prava rodnovernih u različitim zemljama, kao i za prestanak činjenične diskriminacije od stane državnih struktura, kao i većinskih hrišćanskih konfesionalnih zajednica. Ustav, dokumenti o razvoju rodnoverja, kao i izveštaji sa zasedanja SRV, dostupni su na: *http://www.svevlad.org.rs/rodoved_srbija.html*, 9. 5. 2012.
200 Tako se u programu strategije razvoja rodne vere u jednoj od tačaka ističe sledeće: „Imajući u vidu istorijsko iskustvo međunarodnog slovenskog pokreta u istoriji, razumemo da jedinstvo Slovena je uvek bilo plodotvorno u informativnom, naučno-obrazovnom, etnokulturnom, društveno-patriotskom organizovanju, ali su svagda bili neuspešni u političkoj sferi."

KONSTRUKCIJA SLOVENSTVA U POLITICI I NAUCI

vodeći savezi rodnovernih na prostoru Rusije barem deklarativno ogradili od bilo kakve forme ekstremizma.[201] K. Aitamurto, koja se detaljno bavila političkim aspektima slovenskog rodnoverja na prostoru Rusije, istakla je da rodnoverne grupe u ovoj zemlji karakteriše više različitih formi nacionalizma.[202] Grupe koje se zalažu za militantne forme ostvarivanja svojih težnji su najčešće ekstremno nacionalistički orijentisane i karakterišu ih različita i izrazito pseudonaučna učenja, koja prošlost i značaj Rusa pomeraju u praistorijska vremena. Takve grupe najčešće verski aspekt rodnoverja potiskuju u drugi plan ili ga koriste samo u deklarativnom smislu, dok im se delovanje prvenstveno svodi na širenje nekih ekstremno nacionalističkih i veoma često antisemitskih, rasističkih i ksenofobičnih ideja (videti Shnirelman 1998). Neke od ovih grupa otvoreno zagovaraju etnički čistu Rusiju, uz delimično akceptovanje prava pojedinih neslovenskih naroda koji su autohtoni na prostoru Rusije. Zarad postizanja takvog cilja neke od neopaganskih grupa su tokom prve polovine devedesetih godina dvadesetog veka imale

---

201 Videti napomenu 176.
202 Aitamurto ističe kako postoje grupe koje rodnoverje shvataju isključivo kao političku ideologiju i filozofiju, dok verski aspekt skoro u potpunosti potiskuju. Zatim, ima grupa koje odlikuje širi spektar radikalnih nacionalističkih ideologija, kao i grupa za koje „nacionalizam" predstavlja isključivo iskazivanje poštovanja prema vlastitoj zemlji, kulturi i nasleđu. Kao glavnu karakteristiku ovih grupa, Aitamurto ističe njihovu percepciju rodnoverja kao „izvorne i autentične religije". Takođe ukazuje na različite poglede rodnovernih grupa o prošlosti Slovena, što je u bliskoj vezi sa različitim političkim ideologijama. Opširnije o ideološkim koncepcijama i karakteristikama slovenskog neopaganizma u Rusiji videti u tekstu rada predstavljenog na međunarodnoj konferenciji *Globalization, Immigration, and Change in Religious Movements*, koja je održana od 7. do 9. juna 2007. godine u gradu Bordo (Francuska). Tekst je dostupan na sajtu *Centra za proučavanje novih religija – CENSUR*: http://www.cesnur.org/2007/bord_aitamurto.htm#_ftn5, 10. 5. 2012.

V SAVREMENA PERCEPCIJA SLOVENSTVA

i svoje paravojne formacije.[203] Takođe, u ovom periodu bilo je popularno i treniranje jedne specifične vrste borilačkih veština, koju su praktikovali brojni rodnoverni, a čiji je tvorac bio jedan neopaganski lider.[204] Militantni aspekt slovenskog rodnoverja se među nekim grupama delimično nadovezuje i na pojedine slobodne interpretacije religijskih aspekata slovenske predhrišćanske religije.[205] Pored toga, njihovu ideologiju karakteriše specifičan osobeni

---

203 Victor A. Shnirelman u svom tekstu *Russian Neo-pagan Myths and Antisemitism*, između ostalih navodi postojanje tzv. *Ruske legije*, osnovane 1992. godine, koja je delovala kao sastavni deo *Nacionalne republikanske partije*, čiji su borci stekli iskustvo u sukobima na Balkanu, Abhaziji, Trans-Dnjestrovlju, itd. (vidi Shnirelman 1998). Treba ukazati na činjenicu da Shnirelman u svom tekstu navodeći brojne primere, koristi zbirnu odrednicu „neopaganizam", što povremeno izaziva konfuziju o tome da li se konstantno misli na slovenski neopaganizam, odnosno rodnoverje (sa svim internim varijacijama) ili se povremeno misli i na druge neopaganske tradicije.

204 Radi se o specifičnoj vrsti borilačkih veština (vrsti rvanja), čiji je tvorac Aleksandr Belov, koji je ovu veštinu predstavio u svojoj knjizi *Slavjansko-Goritskaja borba* nadovezujući se pri tome na pojedina stanovišta Aleksandra I. Asova, koji je tvrdio da umetnost borbe proizlazi iz prvobitne slovenske tradicije. Sam A. Belov je istakao, da je za napredak u praktikovanju borbene umetnosti poželjno da se usvoji „predhrišćanska duhovnost". V. A. Shnirelman navodi da je početkom devedesetih godina na prostoru Rusije delovalo preko pedeset klubova u kojima se trenirala ova borilačka veština, pri čemu ističe da su se pripadnici ovih grupa zalagali za etnički čistu Rusiju. Kaarina Aitamurto je zapazila da su upravo knjige A. I. Asova o Velesovoj knjizi, kao i knjiga A. Belova o umetnosti borbe, doprinele značajnoj popularizaciji rodnoverja u Rusiji nakon raspada SSSR, odnosno da je popularizacija ove borilačke veštine predstavljala „efektivno sredstvo kako proširiti duhovno izvan granica Petrovgradskih i Moskovskih intelektualnih krugova". Pri tome K. Aitamurto ističe da je „slovenskom borbenom umetnošću" rodnoverje dobilo veći prostor, pri čemu je, između ostalog, postalo popularno i među ruskim skinheadsima. Međutim, ona takođe ukazuje i na činjenicu da od 40.000 ljudi koliko je ovu borilačku veštinu na vrhuncu njene popularnosti treniralo, nisu svi bili rodnoverni. Videti Aitamurto 2007. i Shnirelman 1998.

205 Tako A. Ferlat navodi, da su pojedine slovenske neopaganske grupe na prostoru Rusije od devedesetih godina dvadesetog veka unoseći različite religij-

KONSTRUKCIJA SLOVENSTVA U POLITICI I NAUCI

oblik percipiranja civilizacijske uloge Slovena (uslovno Rusa), pri čemu ovakve ideje crpe iz širokog korpusa pseudonaučne literature sa tendencioznim interpretacijama koje se odnose na značaj ruskog i slovenskog etnosa.[206] Prožimanje ideologije ruskog nacionalizma i slovenskog rodnoverja u ruskom kontekstu prisutno je od same pojave slovenskog rodnoverja u SSSR-u. Odnosno, kako ističe V. A. Shnirelman, ruski neopaganizam se pojavio u talasu trećeg ruskog nacionalizma tokom sedamdesetih i osamdesetih godina dvadesetog veka.[207] U tom periodu su pojedini ruski intelektualci bili uznemireni onim što su doživljavali kao iskorenjivanje tradicionalne ruske kulture i gubitak prepoznatljivog ruskog iden-

---

ske primese iz drugih religija, pre svega iz hinduizma, nastojale da naglase blisku vezu između slovenske tradicije, hinduizma i indo-evropskih korena. Pri tome su se njihove interpretacije o bogu munje i groma Perunu kao inkarnaciji ratnika, kao i još mističnije tendencije o značaju boga Velesa, nadovezivale na militarne aspekte njihovog delovanja. Odnosno, fokus brojnih grupa koje često imaju čak nacionalsocijalističku orijentaciju predstavlja uvežbavanje slovenskih borilačkih veština, odnosno agresivni aspekt koji je privlačan za mnoge pojedince. Treba napomenuti da Ferlat ne konkretizuje o kojima se tačno grupama radi. Opširnije u Ferlat 2003.

206 U tom kontekstu prisutne su čak i fiktivne pseudonaučne teorije koje prikazuju istorijsku borbu *arijevaca* (Slovena, Rusa) protiv Semita (Jevreja), pri čemu se ta borba prezentuje dualistički kao civilizacijska borba između dobra i zla. Korpus različitih interpretacija je zaista širok, ali se bez obzira na varijacije uočava njihova osnovna ideološka shema. Uslovno bi se moglo govoriti o mitizacijama o prošlosti Slovena iskombinovanim sa izrazitim anti semitskim elementima, pri čemu je uočljiva inspiracija elementima nacističke ideologije. Bitno je istaći da ovakve teorije sa elementima antisemitizma, znatno prevazilaze neopaganske okvire i moraju se posmatrati u okviru šireg političkog i društvenog obrasca. Opširnije o uticaju pseudonaučne i antisemitske literature u kontekstu ruskog neopaganizma, videti u Shnirelman 1998.

207 Interesantno je da ovaj autor, kao i neki drugi koriste odrednicu ruski neopaganizam, iako nigde tačno ne konkretizuju šta pod njom zapravo podrazumevaju. Iz konteksta se može pretpostaviti da Shnirelman pod ovim pojmom podrazumeva neki oblik ruske verzije rodnoverja, ali ne argumentuje na osnovu kojih kriterijuma je izdvaja iz slovenskog rodnoverja.

V SAVREMENA PERCEPCIJA SLOVENSTVA

titeta u svetlu komunističke modernizacije i internacionalizacije sa formiranjem nove sovjetske ličnosti kao inkluzivnog identiteta za sve sovjetske građane, pri čemu su ovaj proces videli kao krajnji rezultat duge istorijske ekspanzije ruske države sa formiranjem jednog oblika imperije koja posebno žrtvuje etničke interese Rusa (Shnirelman 1998). Odnosno, ultra nacionalistički disidentski krugovi bili su za rodnoverje važno i plodno tle, a kada je pokret postao javan, veliki broj rodnovernih grupa i lidera su zastupali ultra nacionalističke, rasističke i antisemitske programe (Aitamurto 2007). Tako je nakon raspada SSSR-a, došlo je do značajnog širenja rodnoverja, ali u tom kontekstu i do uplitanja različitih rasističkih i ksenofobičnih ideja, koje su i danas prisutne među pripadnicima nekih neopaganskih grupa koje se deklarišu kao rodnoverne.[208]

---

[208] Od novijih uticajnih radova u kojima se zastupaju rasistički i ultranacionalistički stavovi, kao i antijudaistička i antihrišćanska stanovišta treba pomenuti knjigu *Udar ruskih bogova*, autora Vladimira Aleksejeviča Istarhova, koja je objavljena 1999. godine u Moskvi a danas postoji i u srpskom izdanju. Iako je među delom rodnovernih grupa ova knjiga izuzetno popularna, najveći broj rodnoveraca se od nje ograđuje ističući da ona predstavlja potpunu suprotnost rodnoverju, pri čemu takođe istupaju protiv kvalifikacije ove knjige kao dela rodnoverne literature. Rodnoverni u Srbiji, okupljeni oko internet sajta *Svevlad* su se takođe distancirali od ove publikacije ističući kako ovo delo „ne deli ništa zajedničko sa slovenskim rodnoverjem", uprkos tome što je njegov autor V. A. Istrahov istakao kako u ovoj knjizi „zastupa poglede rodnoverne religije". U tom kontekstu videti kritički tekst Milana Petrovića, objavljenog na *Svevladu* pod nazivom *Koga udaraju Istarhovljevi bogovi?* Paunović u ovom tekstu nastoji da ukaže na neispravnost klasifikacije ovog dela kao rodnovernog, ukazujući na neadekvatan pristup pojedinih istraživača (sociologa i antropologa) koji pristupaju analizi ove knjige i koji na osnovu nje grade stav o slovenskom rodnoverju, odnosno koji ovo delo svrstavaju u korpus rodnoverne literature. Iako pri tome Paunović sa validnom argumentacijom ukazuje kako su tvrdnje Istarhova pseudonaučne i kako nemaju nikakvih dodirnih tačaka sa slovenskom predhrišćanskom religijom, on svoju kritiku piše sa početnih pozicija sa kojih svaku tendenciju u kojoj se primećuju elementi koji nisu svojstveni izvornoj slovenskoj religiji, zapravo ne smatra rodnoverjem. Pri tome, Paunović ne akceptuje različite prisutne

KONSTRUKCIJA SLOVENSTVA U POLITICI I NAUCI

Interesantan je i različiti odnos rodnovernih grupa koje deluju na prostoru Rusije prema pravoslavlju. Iako rodnoverje u suštini sa pravoslavljem vezuju brojni aspekti ideologije ruskog nacionalizma, kod značajnog broja rodnovernih grupa su prisutni su izrazito antihrišćanski stavovi. Tako pojedine ekstremno orijentisane rodnoverne grupe hrišćanstvo smatraju za produkt judeomasonskih i (ili) ređe germanskih establišmenata, koji je nasilno nametnut Slovenima sa namerom da se oslabi i uništi čisti slovenski etnički supstrat.[209] Međutim, bez obzira na značajnu zastupljenost ovakvih stavova, koji inače široko prevazilaze okvire jedne tendencije u kontekstu rodnoverja i zahvataju znatno širi dijapazon desničarskih grupa, većina slovenskih rodnovernih udruženja pravoslavlje

---

nivoe identifikacije određenih osoba ili grupa koje sebe smatraju rodnovernim a kod kojih se uočavaju različite eklektičke prakse i sinkretizmi koji odudaraju od slovenske predhrišćanske religije, pri čemu sa pozicije rodnovernog u uvodu svog teksta napominje kako cilj njegovog teksta „nije da se brani ijedna druga religija do slovenske etničke religije". Posmatrano u celini, Paunović sa pravom i sa (uslovno) validnom argumentacijom brani pozicije religije koju smatra izloženom negativnom etiketiranju i diskreditaciji zbog dela i stavova kakve zastupaju autori poput A. Asova, V. A. Istrahova i drugi, pri čemu nastoji da ukaže na distinkciju između rodnoverja i koncepcija koje se deklarativno podvode pod rodnoverje a koje zapravo u sebi obuhvataju različite eklektičke elemente. Odnosno, ističe da brojne osobe koje se deklarativno predstavljaju kao slovenski rodnoverni a koje zastupaju stavove poput Istrahova i njemu sličnih, kao i oni koji praktikuju različite eklektičke prakse koje odudaraju od „slovenske etničke religije", zapravo ne shvataju slovensko rodnoverje u njegovom verskom smislu, tj. odstupaju od etičkih normi slovenskog rodnoverja. Paunovićev tekst je dostupno na: *http://www.svevlad.org.rs/rodoved_files/petrovic_kritikaistarhova.html*, 23. 3. 2013.

209 Tako se u spektru pseudonaučne literature pojavljuju i stavovi koji pokrštavanje Rusa, smatraju najvećom tragedijom, pri čemu se ističe da je taj postupak predstavljao prilično uspešan pokušaj Jevreja da porobe Ruse. Pri tome se za vladara Kijevske Rusije Vladimira I (958-1015), ističe da je bio sin jevrejske žene koja je nastojala da se osveti za uništavanje Hazarskog kaganata od strane ruskog vladara Svjatoslava 965. godine (vidi Shnirelman 1998).

V SAVREMENA PERCEPCIJA SLOVENSTVA

smatra kao nastavak slovenske paganske religije u kome su prisutni brojni običaji svojstveni izvornoj religiji Rusa, iz čega proizlilazi i tzv. *pravoslavno rodnoverje*, koje je prisutno na prostoru Rusije i Ukrajine. U Rusiji postoje i ekstremne neopaganske grupe koje imaju nešto blaži stav prema hrišćanstvu i zalažu za blisku saradnju između slovenskih rodnoveraca i pravoslavaca, budući da pravoslavlje smatraju „mlađim izdankom" ruske paganske religije, pri čemu ističu da se na taj način gradi jača baza za otpor prema zajedničkom neprijatelju (videti Shnirelman 1998). Većina rodnovernih organizacija i pojedinaca, kako na prostoru Rusije, tako i u ostalim državama ima naglašene antigermanske i antiameričke stavove. Ovo svakako ne znači da većina rodnovernih pozivaju na bilo kakav oblik ekstremizma ili militantne akcije, već isključivo da istupaju protiv politike ovih država, pri tome tvrdeći da Nemci i Amerikanci predstavljaju opasnost za Slovene i rodnoverje (Atweri 2007, 135-136). Svakako, neke grupe u Rusiji, Ukrajini i Belorusiji zastupaju i drugačije, otvoreno neprijateljsko stanovište i zalažu se za različite oblike često ekstremnijih akcija.[210] Uzimajući

---

210 Od ovakvih grupa se ipak većina rodnovernih organizacija distancira često ih smatrajući pseudorodnovernim, mada su uočljiva i određena kompleksnija preplitanja. Tako je npr. na pominjanom *Sveslovenskom sastanku rodnovernih* predstavnik beloruskih rodnoveraca govorio o nameri sionsko-američkih snaga da razjedine Slovene. Na ovom sastanku je inače donesena i odluka o formiranju *sveslovenske skupštine rodnovernih*, pri čemu je kao jedini uslov istaknuto, da u savetodavnom ili ideološkom sistemu ove organizacije ne smeju biti prisutni elementi šovinizma prema bilo kojem slovenskom narodu. Međutim, zalaganje većeg broja rodnovernih udruženja za saradnju sa drugim narodima, izazvalo je nerazumevanje jednog dela učesnika sastanka koji su tvrdili kako Germani (Nemci), kao i Amerikanci predstavljaju opasnost za slovenske narode. Ove nesuglasice su formalno rešene nekim oblikom kompromisa koji je formulisao odredbu da bilo kakav oblik ugrožavanja i istupanja protiv bilo kog slovenskog naroda predstavlja najteži zločin; dok u slučaju da neki pojedinac istupa protiv nekog drugog naroda, to odražava isključivo njegov lični stav, sa kojim se *Slovenska skupština rodnovernih* ne slaže (vidi Atweri 2007).

KONSTRUKCIJA SLOVENSTVA U POLITICI I NAUCI

u obzir prethodno izneseno, neophodno je još jednom napomenuti da slovensko rodnoverje i u Rusiji predstavlja marginalnu pojavu, bez obzira što je u ovoj zemlji ujedno najzastupljenije. Takođe je potrebno ukazati i na činjenicu, da bez obzira što neopaganizam u svom punom obimu nije široko popularan, elementi ove ideologije imaju široku cirkulaciju i uticaj u širem savremenom društvenom i političkom kontekstu (Shnirelman 1998).

Prostor ostalih slovenskih zemalja ni približno ne pruža toliko raznoliku situaciju u kontekstu različitih političkih koncepata, kao što je to slučaj sa Rusijom, Belorusijom i Ukrajinom. Za razliku od ove tri države, praktično ne postoje rodnoverne grupe koje zastupaju bilo kakav oblik ekstremno desničarske ideologije. Eventualni izuzetak predstavljaju Poljska i Bugarska, ali samo u delimičnoj meri.[211] Takođe za razliku od istočnoslovenskih država, skoro sve formalne i neformalne grupe se deklarišu kao apolitičke i ističu isključivo verski aspekt svog delovanja. Međutim, često se u sadržajima njihovih internet prezentacija mogu konstatovati pojedini politički aspekti koji se prvenstveno odnose na ideje o slovenskoj bliskosti, ali i na izrazito antiglobalističke premise. Takođe, većina grupa oštro istupa protiv ksenofobičnih i šovinističkih elemenata, ocenjujući ih kao suprotne rodnoj veri. Ideje o (sve)slovenskom jedinstvu u raznolikosti svojih koncepcija, kao što je već više puta istaknuto, predstavljaju referentnu tačku svih rodnovernih grupa, što se pre svega reflektuje različitim formama međusobne solidarnosti i podrške.[212] Vera u zajedničku budućnost i bliskost, očuva-

---

211 U Poljskoj, kao što je napomenuto postoji i ekstremnija grupa slovenskih neopagana *Rodna vera* (*Rozdima Wiara*), dok u Bugarskoj nekoliko sajtova, koji se tematski odnose i na rodnoverje, sadrže elemente ultradesničarskih ideologija.

212 Interesantan primer međusobne solidarnosti rodnovernih organizacija predstavljaju reakcije brojnih rodnovernih grupa i pojedinca, kao i pisma podrške, koja su povodom samoproglašenja nezavisnosti Kosova upućena rodnovernima u Srbiji okupljenim oko internet prezentacije *Svevlad*. Videti:

V SAVREMENA PERCEPCIJA SLOVENSTVA

nje slovenskih tradicija, obožavanje predaka, otpor globalizmu i nekim segmentima savremenog načina života, kao i visok nivo ekološke svesti, odlikuju skoro sve rodnoverne grupe. Ideje o bliskosti se manifestuju u različitim formama i na regionalnim nivoima. Tako je npr. uočljiva tendencija rodnovernih grupa iz Slovačke i Češke, koje se zalažu za ponovno ujedinjenje u jednu zajedničku državu (videti Atweri 2007). U tom kontekstu posebno je zanimljiva situacija u državama nastalim raspadom SFRJ-a, gde je među većinom rodnovernih prisutna težnja za prevazilaženjem negativnih događaja, odnosno sukoba među Slovenima na ovim prostorima iz nedavne prošlosti.[213]

---

http://www.svevlad.org.rs/sloveni_danas/reakcije_kosmet.html, 9. 5. 2012. Inače skoro sve rodnoverne grupe istupaju protiv nezavisnosti Kosova, smatrajući da stvaranje države Kosovo, predstavlja novi napad *stranog faktora* (EU i Nato) na sve Slovene. Neke od rodnovernih grupa su uputile i pisma protesta svojim vladama koje su priznale nezavisnost Kosova. U sadržajima sajtova brojnih rodnovernih grupa se skoro po pravilu nalazi neki tekst kojim se oštro istupa protiv kosovske nezavisnosti. Međutim, ovakvi stavovi su zastupljeni i u okviru prezentacija koje su samo delimično vezane za rodnoverje i koje su tematski vezane za popularnu slovensko-pagansku tematiku. Kod pojedini sajtova sa ovakvom koncepcijom slogan *Kosovo je Srbija*, stoji na njihovim početnim stranicama. Videti npr. češki sajt *http://www.slovane.cz/*, 9. 5. 2012. Češki rodnoverni, inače osuđujući postupak njihove vlade, proglašenje nezavisnosti Kosova porede sa otcepljenjem Sudeta 1938. godine, odnosno sa Minhenskim sporazumom. Inače, ovakav stav je zastupljen u široj češkoj javnosti i nikako ne predstavlja isključivi specifikum rodnovernih. Protiv nezavisnosti Kosova, oštro su istupili i rodnoverni u Srbiji, što se reflektuje različitim sadržajima zastupljenim u okviru sajta *Svevlad*, kao i pismom upućenim *Slovenskom rodnovernom veću*. Videti: *http://www.svevlad.org.rs/rodoved_files/solidarnost.html*, 9. 5. 2012.

213 Odnosi između malobrojnih rodnovernih pojedinaca i grupa na prostoru bivše Jugoslavije su korektni. Interesantno je bilo delovanje grupe rodnovernih iz Hrvatske, okupljenih oko sajta *Slovenski gaj* koji su, sudeći na osnovu sadržaja dostupnih na njihovom zvaničnom sajtu, u slovenskom paganizmu videli mogućnost pomirenja i prevazilaženja nedavnih konflikata među južnim Slovenima. Pri tome su se posebno zalagali za pomirenje između Srba i

KONSTRUKCIJA SLOVENSTVA U POLITICI I NAUCI

Odnos rodnoveraca prema hrišćanskim konfesionalnim zajednicama, odnosno konkretno prema rimokatoličkoj crkvi je prilično negativan, i to prvenstveno u Slovačkoj i Poljskoj, budući da u ove dve države rimokatolička crkva ima veliki uticaj na sve sfere društva. Suprotno tome u Češkoj, kao državi sa dominantnim brojem ateista, ovakav sukob ne postoji. Odnos između rodnovernih i

---

Hrvata, za koje su isticali da predstavljaju bratske slovenske narode. Sajt ove grupe postojao je na adresi *http://www.svarica.com/* i trenutno je neaktivan. (9. 5. 2012). Rodnoverni u Srbiji se većinom takođe zalažu za pomirenje. Tako je u razgovoru sa jednom od rodnovernih u Srbiji, ispitanica istakla da smatra „da su svi slovenski narodi bratski, bez obzira na pojedine vojne i političke poteze nekih naroda u prošlosti, koji nisu imali bratski karakter". Svakako, uočljiva su i drugačija mišljenja pojedinih rodnovernih, koji smatraju da Hrvati zapravo nisu, ili „da su izgubili osobine karakteristične za slovenske narode", kako je to istakao jedan od rodnovernih iz Srbije. Ovakva tumačenja proizilaze iz činjenice što skoro svi rodnoverni smatraju da slovenske narode objedinjuje isti ili sličan mentalitet, kao i brojne slične osobine. Odnosno, moglo bi se zaključiti da većina rodnovernih ima percepciju o slovenskim narodima kao jednom superetnosu za koga su karakteristične brojne opšte crte, odnosno čitav niz srodnih osobina. Po njima, ove crte proizilaze iz njihove etničke bliskosti, koju rodnoverni u većini slučajeva smatraju prirodnom datošću. U skladu sa time, povremeno dolazi i do različitih tumačenja među pojedincima, čiji stavovi veoma često imaju izraziti emotivni karakter. U tom kontekstu se moraju sagledati i izjave, poput pomenute, o tome kako su pojedini slovenski narodi izgubili „karakteristične crte svojstvene Slovenima". U kontekstu prevazilaženja nedavnih verskih i nacionalnih antagonizama, može se pomenuti i *Udruženje rodnovjernika Bosne i Hercegovine „Svaroži Krug"*, koje se zalaže za ravnopravnost svih stanovnika BiH i razlog za nedavne konflikte vidi u monoteističkim religijama koje nisu „prirodne Slovenima". Na njihovom zvaničnom sajtu se u tom kontekstu ističe sledeće: „Iako smo mi strogo apolitično Udruženje, kojoj je primat ono kulturološko i duhovno, političko se ogleda u shvatanju činjenice da su svi stanovnici Bosne i Hercegovine u davna vremena, prije nametanja monoteističkih religija, slavili iste običaje i praznovali istu religiju, što nam zapravo dokazuje, da smo svi jedan te isti narod, koji je samo podjeljen apsurdom tuđeg elementa – monosteistčke religije prožete kroz nacionalističku politiku." Dostupno na: *http://svarozikrug.weebly.com/o-nama.html*, 9. 5. 2012.

V SAVREMENA PERCEPCIJA SLOVENSTVA

hrišćana na prostoru južnoslovenskih zemalja je prilično nedefinisan i konfuzan. Ipak, sa izuzetkom nekoliko slučajeva se ne primećuju nikakvi otvoreno antihrišćanski stavovi.[214] Sa druge strane, sudeći po iznešenim stavovima na pojedinim forumima, ali i na osnovu razgovora sa pojedinim rodnovercima, brojni pripadnici hrišćanskih crkva a posebno Srpske pravoslavne crkve, pokazuju izrazitu netrpeljivost prema rodnovernima. Međutim, za sada nikakav zvanični stav o rodnoverju nije iznela ni jedna od hrišćanskih konfesionalnih zajednica koje deluju u državama nastalim na prostoru bivše SFRJ. Eventualni antihrišćanski stavovi rodnovernih na ovim prostorima, s obzirom da rodnoverje predstavlja potpuno marginalnu pojavu, moraju se ipak posmatrati u kontekstu subjektivnog mišljenja nekih rodnovernih pojedinaca. Na prostoru Belorusije rodnoverni imaju priličnu medijsku zastupljenost i verovatno najviši stepen sloboda. Međutim, treba napomenuti da ovakva situacija proističe iz činjenice što se na prostoru Belorusije rodnoverne grupe pretežno temelje na nacionalističkoj platformi, koja u značajnoj meri korespondira sa državnom politikom.[215] Svakako, bilo bi pogrešno steći utisak da je u političkom smislu na

---

[214] Negativani stavovi prema hrišćanstvu, posebno Srpskoj pravoslavnoj crkvi, zastupljeni su na pominjanom sajtu *Srpska Vera – Rodnoverje – Rodna Vera*: *http://www.srpskavera.comoj.com/*, 9. 5. 2012.

[215] Sudeći po informacijama iz teksta o rodnoverju u Belorusiji, koji je objavljen na zvaničnom sajtu ruskog saveza rodnovernih opština *Velesov krug (Велесов Круг)*, rodnoverje na prostoru Belorusije je indirektno podržano državnim programima „koji rade u korist ponovnog oživljavanja tradicionalnih narodnih vrednosti". Odnosno, slavljenje pojedinih slovenskih paganskih praznika dobilo je „opštenarodni" značaj. Takođe, dostupan je veliki broj naučnih i popularnih radova široj javnosti, a obnavljanje slovenske paganske religije indirektno je potpomognuto i nekim medijima. Zapravo, u Belorusiji postoji izvesna podrška državnih institucija u promovisanju slovenskog rodnoverja, koja se reflektuje kroz potenciranje očuvanja tradicije i (uslovno) narodnih predanja. Opširnije na: *http://www.velesovkrug.ru/obnovleniya-na-sayte/rodnoverie-v-belorussii.html*, 9. 5. 2012.

prostoru Belorusije rodnoverje uniformno. Za razliku od situacije u Belorusiji, na prostoru Ukrajine zabeleženo je više incidenata, odnosno napada ekstremnijih pravoslavnih grupa na rodnoverna svetilišta, ali i na rodnoverne pojedince.[216] Primeri skrnavljenja slovenskih rodnovernih svetilišta, zabeleženi su i u Rusiji. Na prostoru Rusije inače odnos rodnovernih prema hrišćanima varira u zavisnosti od konkretne grupe. Odnosno, kao što je već ukazano, dok se neke zalažu za saradnju, druge imaju izrazito antagonistički odnos prema hrišćanskoj religiji. Odnos pravoslavnog klera prema rodnoverju je i na prostoru Ukrajine i u Rusiji prilično negativan i u ovim kontekstima posmatrajući opštu situaciju apsolutno se argumentovano može govoriti o kršenju određenih aspekata verskih, odnosno ljudskih prava rodnovernih pojedinaca od strane predstavnika dominantne konfesionalne većine.

U kontekstu slovenskog rodnoverja, uočava se čitav niz različitih mitizacija, koje imaju, u zavisnosti od konkretne rodnoverne grupe, različite forme. Kao centralni i uniformni oblik mitizacije se pri tome pojavljuje tzv. mit o *Zlatnom dobu* (videti Smit 2010), koji je zastupljen među svim rodnovernima i koji po mišljenju većine rodnovernih pojedinaca i grupa, posebno na prostoru Rusije, Ukrajine i Belorusije, predstavlja period pre početka „nasilne hristijanizacije" i agresivnog uništavanja slovenske paganske religije (Aitamurto 2007; Shnirelman 1998). Odnosno, period slovenske paganske prošlosti većina rodnovernih percipira prilično idilično,

---

[216] Ovakvi napadi na rodnoverne i skrnavljenje slovenskih neopaganskih svetilišta su često indirektno podsticani od strane pojedinih pravoslavnih sveštenika, ili predstavljaju rezultat samoinicijativnog organizovanja manjih fundamentalistički opredeljenih grupa „hrišćanskih vernika", koji imaju izrazito negativne stavove prema rodnoverju koje etiketiraju kao *paganstvo*, odnosno percipiraju ga kao nešto što je protivno Hrišćanstvu. Primere skrnavljenja pojedinih slovenskih rodnovernih svetilišta (kapišta i kumira) u Ukrajini i Rusiji videti na *http://www.svevlad.org.rs/rodoved_files/oklopcic_preci.html*, 9. 5. 2012.

V SAVREMENA PERCEPCIJA SLOVENSTVA

kao doba najvišeg stepena duhovnosti i jedinstva njihovih slovenskih predaka. Pri tome se početak narušavanja „ovakve harmonije" vezuje za nasilno strano i neprijateljsko nametanje tuđih monoteističkih religija, što je po mišljenjima rodnovernih izazvalo brojne negativne posledice koje se među Slovenima osećaju do danas. U tom smislu, bez obzira na odnose sa hrišćanskom većinom u različitim državama, većina rodnovernih pokrštavanje Slovena smatra formom etnocida i nametanjem forme religije koja je strana Slovenima.[217]

Interesantan je i širok korpus korišćenja različitih simbola među slovenskim rodnovernim organizacijama, pri čemu se on ne prožima samo sa verskim aspektom rodnoverja, već veoma često proističe i iz različitih političkih ideologija. Iako dominira određeni broj relativno istih simbola, konteksti njihove upotrebe, kao i interpretacije njihove simbolike povremeno variraju.[218] Tako, veoma često dolazi i do zloupotrebe korišćenja pojedinih simbola poput npr. svastike, koja se često koristi kod pojedinih rodnovernih grupa koje zastupaju neonacističku ideologiju (Atweri 2007). Kako su tvorci amblema i simbola slovenskih neopaganskih organizacija bili usmereni ka zajedničkoj starini, simboli ovih organizacija su srodni, ali se razlikuju po izdvojenim i naglašenim crtama te zajedničke prošlosti (Ajdačić 2007). Kao osnovni simbol rodnoverja oko kojeg postoji neka vrsta prećutnog kompromisa, pojavljuje se simbol *kolovrata* u različitim vizuelnim stilizacijama.

---

[217] Ovakav stav dele i svi učesnici sastanaka *Slovenskog rodnovernog veća*. Videti npr. dokumente *Program strategije razvoja slovenske rodne vere*, kao i *Ustav rodnovernog slovenskog veća*. Dokumenti su dostupni na srpskom jeziku na: http://www.svevlad.org.rs/rodoved_files/razvoj_rodnevere.html i http://www.svevlad.org.rs/rodoved_files/ustav.html, 9. 5. 2012. U kontekstu objašnjavanja karaktera procesa hristijanizacije, pojedini rodnoverni koriste i termin *deicid*, koji je inače inicijalno upotrebio jedan od osnivača rodnoverja V. Šajan, pri čemu ga je definisao kao „ubijanje (slovenskih) bogova".

[218] Opširnije o simbolima slovenskih neopaganskih organizacija, videti u Ajdačić 2007.

KONSTRUKCIJA SLOVENSTVA U POLITICI I NAUCI

* * *

Uzimajući u obzir sve prethodno izneseno, može se konstatovati da slovensko rodnoverje kao korpus heterogenih idejnih koncepcija disperzivne i fragmentalne strukture, ima nekoliko suštinskih zajedničkih karakteristika. Ideja o (sve)slovenskom jedinstvu sa svim svojim različitim internim varijacijama; kombinovanje principa vere i ideala tradicije i tradicionalne zajednice; skup ideja o očuvanju nacionalnog identiteta i slovenstva kao dijametralne opozicije globalizmu sa nizom različitih i često kontradiktornih refleksija; visok nivo ekološke svesti, koji se prožima sa idejama o tradicionalnom načinu života u skladu sa prirodom; kao i naglašeni osećaj patriotizma i nacionalizma u širem korpusu značenja, predstavljaju zajedničke premise svih (ili apsolutne većine) slovenskih rodnovernih grupa. Shodno tome, rodnoverje kao kompleksni fenomen ne predstavlja dominantno i isključivo versku odrednicu – iako ni takva kod određenih individua nije isključena – već se pod slovenskim rodnoverjem podrazumeva čitav niz znatno širih ideoloških koncepcija, koje skoro po pravilu, između ostalih, obuhvataju i različite političke dimenzije. Pri tome, one najčešće nisu programski naglašene (iako su kod određenih grupa upravo one primarne), ali bez obzira na deklarativno isticanje apolitičnosti velike većine rodnovernih grupa, političke dimenzije predstavljaju dominantne i bazične konstelacije u ideološkom fundusu slovenskog rodnoverja kao savremenog fenomena i jednog od oblika savremene refleksije slovenstva.

ZAKLJUČNA RAZMATRANJA

Uzimajući u obzir da su u prethodnim delovima teksta, detaljno analizirani različiti aspekti problematike koja predstavlja tematski okvir ove studije, kao i da su interpretirani brojni segmenti u vezi sa njom, u zaključku će u najkraćim crtama biti samo sumirani rezultati prethodno predstavljenih analiza. Odnosno, zaključna razmatranja predstavljaju prilično pojednostavljenu i maksimalno skraćenu formu prikaza prethodnih detaljnih analiza u kojima su date kompleksnije interpretacije određenih aspekata istraživane problematike.

Iako je određeni oblik svesti o slovenskom jedinstvu postojao još tokom srednjeg veka što je svakako imalo uticaja i na postojanje izvesne forme slovenskog identiteta u tom periodu, na šta je ukazano u prvom poglavlju ove knjige, slovenstvo kao vrsta idejnog konstrukta, nastaje krajem osamnaestog veka. Odnosno, slovenstvo kao izvorno romantičarski konstrukt, razvija se paralelno sa stvaranjem nacionalnih identiteta, tzv. *malih nacija* ili *nedominantnih etničkih grupa*.[219] Zapravo, u izvesnom smislu, razvoj ide-

---

[219] Termin *male nacije* odnosno *nedominantne etničke grupe*, upotrebljen je u skladu sa terminologijom i tipologijom nacionalnih pokreta Miroslava Hroha, koji pod ovim terminima podrazumeva narode koji su se za razliku od tzv. *velikih nacija*, nalazili u sastavu multietničkih entiteta poput Habsburškog ili Osmanskog carstva, odnosno etničke grupe koje nisu imale spostvene entitete, jasno utemeljene tradicije, kodifikovan književni jezik, vladajuće establišmente itd. Hroh, ističe da su retki obrazovani pojedinci iz tzv. „nedominantnih etničkih grupa", zapravo postali inicijatori procesa nacionalnih emancipacija, odnosno da su oni započeli procese „nacionalnog buđenja", koristeći se primerima „velikih nacija", koje su kod njih u datim društvenim okolnostima, izazivale u izvesnom smislu krizu legitimiteta i na taj način ih

ja o slovenstvu je korespondirao sa procesima nacionalnih emancipacija slovenskih naroda na prostoru Habsburške monarhije, iz kojih su uostalom slovenske ideje u najvećoj meri i proisticale. Svakako, kao što je ukazano, ideje o slovenskom jedinstvu su bile prisutne i ranije u radu J. Križanića (videti prvo poglavlje), ali se pre Herderovih inicijalnih premisa, ne može govoriti o koncepciji slovenstva kao značajnijeg korpusa ideja, pa bi se eventualna konstatacija o postojanju neke vrste *baroknog slavizma*, morala krajnje relativizovati. Stvaranje svesti o slovenskom jedinstvu se u svojim početnim fazama tokom srednjeg veka, temeljilo na lingvističkoj idejnoj bazi (videti prvo poglavlje), ali ovakve ideje su dobile posebnu dimenziju krajem osamnaestog veka. Odnosno, različite forme devetnaestovekovnih ideja kojima se propagiralo šire kulturno, pa i političko zajedništvo slovenskih naroda zasnivale su se, između ostalog, i na onovremenoj percepciji o zajedničkom korenu svih slovenskih jezika, i/ili na shvatanjima o jedinstvenom slovenskom jeziku sa nekoliko dijalekata. Ideje J. G. Herdera o *Volksgeistu*, njegova idilična slika o Slovenima kao mirnom, dobronamernom i veselom narodu, kao i Herderova specifična vizija budućnosti slovenskih naroda, postala je suštinska i osnovna referentna tačka za sve dalje dogradnje i za sva dodatna razvijanja slovenskih ideja. Odnosno, Herderovske početne premise, razrađene u prvom redu Kolarovom idejom o *sveslovenskoj uzajamnosti*, omogućile su razvijanje različitih (sve)slovenskih koncepcija, odnosno čitavog dijapazona slavofilskih i panslavističkih tendencija (videti drugo poglavlje). Kolarovi i Šafarikovi istoriografski radovi, uzimajući u obzir njihov onovremeni značajan uticaj na krugove slovenske intelektualne elite, su u tom smislu, imali presudnu ulo-

---

podsticali na aktivnost. Odnosno, po njegovom mišljenju su nosioci procesa nacionalnih emancipacija proklamovali ideje među svojim sunarodnicima o tome kako oni predstavljaju potencijalnu „naciju", dok sa druge strane vršili izvestan pritisak na vladajuće (etnički tuđe) političke establišmente od kojih u zahtevali priznanje „svoje etničke grupe". Opširnije u Hroch 2000. i 2003.

ZAKLJUČNA RAZMATRANJA

gu na izgradnju sveslovenskih tradicija, ali je potrebno akceptovati činjenicu da su oni ipak u prvom redu proisticali iz potreba slovačkog narodnog preporoda, što je značajno uslovljavalo pojedine interpretacije slovenske prošlosti. Bazirajući se prvenstveno na teme koje su se odnosile na pitanja slovenske etnogeneze, prapostojbine, etnonimije, kao i na opisivanje karakteristika, odnosno pozitivnih osobina Slovena, ova dva autora su svojim radom presudno uticali na stvaranje (sve)slovenskog ideološkog korpusa (videti treće poglavlje). Izuzev u domenu slovenske romantičarske istoriografije, slovenske ideje su bile inkorporirane i u mnogobrojna devetnaestovekovna književna dela, a uočavaju se i u kontekstu onovremenih tendencioznih književnih mitizacija folklora. Međutim, za razliku od procesa konstruisanja slovenstva u kontekstima slovenskih naroda koji nisu imali svoje samostalne države, u ruskom društvenom i političkom diskursu slovenstvo je imalo nešto drugačiju i specifičnu formu, odnosno slovenske ideje su u svojim osnovnim postavkama sadržale i naglašenu konzervativnu i antiokcidentalnu dimenziju i temeljile su se upravo na ovakvim premisama (videti treće poglavlje). Svakako, ovakve premise su bile uočljive i kod pojedinih autora van ruskog konteksta, kao npr. kod Lj. Štura i drugih.

Generalno posmatrano, pokušaji stvaranja sveslovenskih tradicija i sveslovenskog političkog mitološkog korpusa, zapravo su podrazumevali unošenje elemenata iz pojedinačnih nacionalnih mitologija u sveslovenske okvire. Koliko kod ovi procesi bili limitirani, a često i uslovljeni nizom konstelacija, oni su svakako uticali na stvaranje svesti o višem obliku identiteta. Odnosno, kao što je ukazano u ovoj studiji, slovenske ideje su se među nosiocima nacionalnih emancipacija slovenskih naroda na prostoru Habsburške monarhije najčešće pojavljivale kao neka vrsta težnje za stvaranjem nadnacionalnog oblika identiteta kao identifikacijske forme koja je akceptovala pojedinačne slovenske nacionalizme. Međutim, postojale su i tendencije u kojima je slovenstvo propagirano

KONSTRUKCIJA SLOVENSTVA U POLITICI I NAUCI

kao specifičan oblik nacionalizma, što je bilo posebno uočljivo u radu Kolara (videti drugo poglavlje).

Ideologija panslavizma, bez obzira na svoju internu varijabilnost, imala je naglašenu političku dimenziju i nastala je kao određeni oblik reakcije na pangermanizam i intenzivne procese mađarizacije. Međutim, slovenski panpokret nikada nije imao značajniji mobilizacijski kapacitet, već se tokom celog devetnaestog veka pojavljivao sporadično pre svega u deklarativnoj formi. On je bio marginalizovan ne samo u odnosu na uže definisane slovenske nacionalizme, već i u odnosu na koncepcije poput austroslavizma i dr.

Tokom dvadesetog veka slovenstvo se u zavisnosti od vremenskog i prostornog konteksta reflektovalo na različite načine. Tako je u prvoj deceniji dvadesetog veka postojala koncepcija novoslavizma, odnosno inicijativa koja je bila u značajnoj meri oslobođena od romantičarskih emotivnih premisa i kojom je propagiran ekonomski i kulturni oblik saradnje među slovenskim narodima. Stvaranje regionalno ujedinjenih samostalnih slovenskih država nakon okončanja Prvog svetskog rata, na određeni način je (uslovno) predstavljalo delimičnu realizaciju ideja o slovenskom jedinstvu (videti četvrto poglavlje). Međutim, dok su slovenske ideje u periodu između dva svetska rata sa jedne strane u čehoslovačkom i jugoslovenskom kontekstu prilično akceptovane, bez obzira što nisu zauzimale značajnije mesto u kontekstu zvaničnih politika ovih entiteta, one su u Sovjetskom savezu nakon Boljševističke revolucije bile odbačene od strane komunističkog režima, kao suprotne internacionalizmu. Suprotno tome, za vreme Drugog svetskog rata slovenstvo je paradoksalno imalo najznačajniju ulogu upravo u sovjetskom kontekstu, u kome je korišćeno za potrebe mobilizacije u smislu ideja o istorijskom sukobu između Slovena i Germana. Isto tako u prvim godinama nakon okončanja rata, slovenske ideje su korišćene od strane nosilaca komunističke ideologije, kao vrsta mehanizma za približavanje sa Sovjetskim savezom,

ZAKLJUČNA RAZMATRANJA

što je bilo posebno uočljivo u čehoslovačkom kontekstu između 1945. i 1948. godine. Nakon 1948. godine, slovenske tendencije su praktično u potpunosti bile potisnute, ali su slavofilski elementi vegetirali i bili uočljivi u nizu pojava, svakako van konteksta oficijalne politike.

Nakon pada komunističkih režima na prostoru novih slovenskih entiteta tokom devedesetih godina dvadesetog veka, izuzev u ruskom kontekstu, slovenske ideje su praktično u potpunosti bile marginalizovane, što je predstavljalo posledicu turbulentnog raspada prethodnih saveza (uslovno) slovenskih naroda, kao i formiranja nacionalno koncipiranih nezavisnih država. Međutim, kao posledica kompleksnih društvenih i političkih konstelacija, ali zahvaljujući razvoju interneta, pojedine slovenske premise u poslednjoj deceniji se ponovo aktuelizuju u kontekstu delovanja određenih grupa, što je uočljivo među pojedinim desno orijentisanim, kao i formalnim i neformalnim rodnovernim udruženjima (videti peto poglavlje). Savremeno slovenstvo, međutim svakako i dalje predstavlja marginalnu pojavu, dok ono kao idejna koncepcija u kontekstu zvaničnih politika slovenskih država praktično i ne postoji.

Konstruisanje slovenstva, kao i pokušaji izmišljanja slovenskih tradicija, predstavljali su kompleksne procese koji su najznačajniji intenzitet imali tokom prve polovine devetnaestog veka i koji su korespondirali, međusobno se prožimali i prelamali sa procesima nacionalnih emancipacija slovenskih naroda. Bez obzira na limitiranost rezultata ovih procesa, može se konstatovati da je do stvaranja svesti o slovenstvu kao višeg oblika identiteta svakako došlo, što se uočava u nizu kasnijih manifestacija. Na pojedine segmente ove tematike je ukazano u okviru analiza prezentovanih u prethodnim poglavljima knjige, pri čemu se težilo pružanju što koncizinijeg kritičkog okvira u cilju što jasnijeg sagledavanja analizirane problematike kao celine. U tom kontekstu, ova studija, ujedno predstavlja adekvatnu podlogu za dalja istraživanja ove kompleksne problematike i to pre svega u pravcu analiza različitih formi recepcije i refleksija slovenstva u savremenim slovenskim društvenim kontekstima.

BIBLIOGRAFIJA

Agičić, Damir. 2003. „Između hrvatskog i slavenskog identiteta. Odjeci neoslavističkih kongresa u hrvatskoj javnosti". U *Dijalog povjesničara 7,* ur. Dušan Gamser, Igor Graovac, 107-126. Zagreb: Centar za politološka istraživanja.

Aitamurto, Kaarina. 2007. Russian Rodnoverie Negotiating Individual Traditionalism. Rad sa konferencije: Globalization, Immigration, and Change in Religious Movements. The 2007 International Conference June 7-9, 2007. Bordeaux, France. Dostupno na: *www.cesnur.org/2007/bord_aitamurto.htm#_ftn5,* 12. 5. 2012.

Ajdačić, Dejan. 2001. „Slovenske ideje u mistifikacijama folklora 19. veka." In *Literární mystifikace, etnické mýty a jejich úloha při formování národního vědomí: sborník příspěvků z mezinárodní konference konané ve dnech* 20.-21. 10. 2001, ed. Blanka Rašticová, 119-121. Uherské Hradiště: Slovácké muzeum.

Ajdačić, Dejan. 2007. „Simboli slovenskih neopaganskih organizacija". U *Slavistička istraživanja.* Beograd: IP Filip Višnjić. Dostupno na: *http://www.rastko.rs/antropologija/delo/11949,* 12. 5. 2012.

Anderson, Benedikt. 1998. *Nacija: Zamišljena zajednica.* Beograd. Plato.

Antonijević, Dragana. 2012. Lažni folkloristi srpskog narodnog stvaralaštva. *Etnološko-antropološke sveske* 19 (19): 9-24.

Assmann, Jan. 2001. *Kultura a pamäť. Písmo, vzpomínka a politická identita v rozvinutých kulturách Starověku.* Praha. Prostor.

Atweri, Jiří. 2007. *Slovanské pohanství dnes – Vlivy novopohanství na společnost i jednotlivce.* Magisterská diplomová práce.

Masarykova univerzita Brno – Filozofická fakulta, Ústav evropské etnologie. Dostupno na: *http://is.muni.cz/th/74206/ff_m/*, 12. 5. 2012.

Babić, Staša. 2008. *Grci i drugi – antička percepcija i percepcija antike.* Beograd. Clio.

Babić, Staša. 2010. Arheologija i etnicitet, *Etnoantropološki problemi* 1 (5): 139-149.

Bačová, Viera. 1996. „Historická pamäť ako zdroj konštruovania identity". In *Historická pamäť a identita*, ed. Viera Bačová, 9-28. Košice: Spoločenskovedný ústav SAV.

Bakić Jovo. 2000. Ideologija jugoslovenstva: realno jugoslovenstvo 1904-1918. *Nova srpska politička misao* 7 (1-2): 285-315.

Bakunjin, Mihail. 1976. *Ispovijed.* Osijek. NIP „Glas Slavonije".

Bart, Frederik 1997. „Etničke grupe i njihove granice". U *F. Putinja i Ž. Stref–Fenar, Teorije o etnicitetu*, 211-259. Beograd. Biblioteka XX vek.

Bauman, Gerd. 1999. *The Multicultural Riddle: Rethinking National, Ethnic and Religious Identities.* London. Routledge.

Bednaříková, Jarmila, Aleš Homola and Zdeněk Měřínský 2006. *Stěhování národů a Východ Evropy: Byzanc, Slované, Arabové.* Praha. Vyšehrad.

Beranova, Magdalena. 1988. *Slované.* Praha. Panorama.

Botík, Ján. 2007. *Etnická história Slovenska. K problematike etnicity, etnickej identity, multietnického Slovenska a zahraničných Slovákov.* Bratislava. Luč.

Comaroff L. John and Comaroff Jean. 1992. *Ethnography and the historical imagination.* Colo. Westview Press.

Cerović, Ljubivoje. 1997. *Srbi u istočnoevropskoj dijaspori – Belorusija.* Beograd. Ministarstvo republike Srbije za veze sa Srbima izvan Srbije. Dostupno na: *http://www.rastko.rs/antropologija/ljcerovic_srbi_bru.html*, 22. 8. 2012.

Chropovský, Bohuslav. 1989. *Slované. Historický, politický a kulturní vývoj a význam.* Praha. Orbis.

BIBLIOGRAFIJA

Connerton, Paul. 2008. Seven types of forgetting. *Memory Studies* (1): 59-71.

Curta, Florin. 2001. *The Making of the Slavs: History and Archaeology of the Lower Danube Region, c. 500–700.* Cambridge. Cambridge University Press.

Curta, Florin. 2010. Etnicitet u ranosrednjovjekovnoj arheologiji: Primjer ranoslavenskih nalaza u jadranskoj regiji. *Starohrvatska prosvijeta* 3 (37): 17-50.

Čierna-Lantayová, Dagmar. 2002. *Pohľady na východ. Postoje k Rusku v slovenskej politike 1934-1944.* Bratislava. Vydavateľstvo Slovenskej Akadémie Vied – VEDA.

Čolović, Ivan. 2008. *Balkan – Teror kulture. Ogledi o političkoj antropologiji, 2.* Beograd: Biblioteka XX vek.

Daneš Frankenberger, Zdenko. 1980. *Are the RKZ of South Slavic origin?* Tacoma, Washington. University of Puget Sound.

Diaz-Andreu, Margarita, Lucy Sam, Babic Stasa, Edwards David N. 2005. *The Archaeology of Identity – Approaches to gender, age, status, ethnicity and religion.* London, New York. Routledge.

Dimon, Luj 2004. *Ogledi o individualizmu: antropoloski pristup modernoj ideologiji.* Beograd. Clio.

Dolgoff, Sam. 1971. *Bakunin on Anarchy.* New York. Vintage Books.

Durković-Jakšić, Ljubomir. 1957. *Srbijansko–Crnogorska saradnja (1830– 1851).* Beograd. Naučno delo.

Džonson, Metju. 2008. *Arheološka teorija.* Beograd. Clio.

Đerić, Gordana. 2010. Postkomunistička izgradnja sećanja – između 'velike priče' i (dnevno) političkog mita, *Etnoantropološki problemi* 3 (5): 99-116.

Eberhardt, Adam. 2004. „Slovanská idea ve společenském vědomí a zahraniční politice současného Ruska". In *Slovanství ve středoevropském prostoru: Iluze, deziluze a realita. Pardubická konference (22. – 24. dubna 2004)*, ed. Dominik Hrodek, 117-124. Praha: Libri.

Ekmečić, Milorad. 1989. *Stvaranje Jugoslavije 1-2.* Beograd. Prosveta.

Eriksen, Thomas Hylland 1991. The cultural contexts of ethnic differences. *MAN* 1 (26): 127-144.

Eriksen, Tomas Hilan. 2004. *Etnicitet i nacionalizam.* Beograd. Biblioteka XX vek.

Fadner, Frank L. 1961. *Seventy years of Pan-Slavism in Russia: Karazin to Danilevskiĭ 1800-1870.* Washington. Georgetown University Press.

Ferjančić, Božidar. 1966. *Vizantija i Južni Sloveni.* Beograd. Zavod za izdavanje udžbenika SRS.

Ferlat, Anne. 2003. Neopaganism and New Age in Russia. *Electronical Journal of Folklore* 23: 40-49. Dostupno na: *http://www.folklore.ee/folklore/vol23/newage.pdf,* 12. 5. 2012.

Gajević, Dragomir. 1985. *Jugoslovenstvo između stvarnosti i iluzija: ideja jugoslovenstva u književnosti početkom XX vijeka.* Beograd. Prosveta.

Gimbutas, Marija 1971. *The Slavs.* London. Thames and Hudson.

Grabowicz, George G. 2001. „National Poets and National Mystifications". In *Literární mystifikace, etnické mýty a jejich úloha při formování národního vědomí: sborník příspěvků z mezinárodní konference konané ve dnech 20. – 21. 10. 2001,* ed. Blanka Rašticová, 7-24. Uherské Hradiště: Slovácké muzeum.

Grafenauer, Bogo. 1952. *Ustoličevanje koroških vojvod in država karantanskih Slovencev: Die Kärntner Herzogseinsetzung und der Staat der Karantanerslawen.* Ljubljana. Slovenska akademija znanosti in umetnosti.

Grin, Kevin. 2003. *Uvod u arheologiju – Istorija, principi i metodi moderne arheologije.* Beograd. Clio.

BIBLIOGRAFIJA

Dugandžija, Nikola. 1985. *Jugoslovenstvo*. Beograd. NIRO Mladost.

Hall, Stuart. 2001. Kome treba identitet. *Reč* 64: 215-234.

Hladký, Ladislav. 2006. „Iluze o jednotě Jihoslovanů v české společnosti na přelomu 19. a 20. století". In *Pravda, láska „a ti na východě". Obrazy středoevropského a východoevropského prostoru z pohledu české společnosti. Sborník příspěvků z konference, Praha, 12. 11. 2005.* eds: Mirjam Moravcová, David Svoboda, František Šístek, 155-161. Praha: Fakulta humanitních studií Univerzity Karlovy – FHS UK.

Hobsbom, Erik. 2011. „Uvod: Kako se tradicije izmišljaju". U *Izmišljenje tradicije*, ur. Erik Hobsbom, Terens Rejndžer, 5-26. Beograd: Biblioteka XX vek.

Hroch, Miroslav. 2000. *Social Preconditions of National Revival in Europe: A Comparative Analysis of the Social Composition of Patriotic Groups Among the Smaller European Nations*. New York. Columbia University Press.

Hroch, Miroslav. 2003. *Pohledy na národ a nacionalismus: čítanka textů*. Praha: Sociologické nakladatelství – SLON.

Hrodek, Dominik. 2004. „Slovanství v myšlenkách české meziválečné pravice. Sonda do myšlení skupiny okolo revue Národní myšlenka". In *Slovanství ve středoevropském prostoru: Iluze, deziluze a realita. Pardubická konference (22. – 24. dubna 2004)*, ed. Dominik Hrodek, 135-144. Praha: Libri.

Hrozienčík, Jozef. 1978. „Význam Šafárikovho diela pre národnú a politickú emancipáciu slovenských národov". In *Štúdie z dejín svetovej slavistiky do polovice 19. storočia*, ed. Jozef Hrozienčik, 237-258. Bratislava: Vydavatel'stvo Slovenskej Akadémie Vied – VEDA.

Jelčić, Dubravko. 2004. *Povijest hrvatske književnost*. Zagreb. Naklada P.I.P Pavičić.

Jezernik, Božidar. 2007. *Divlja Evropa: Balkan u očima putnika sa Zapada*. Beograd. Biblioteka XX vek.

Jóna, Eugen. 1985. *Postavy slovenskej jazykovedy* v *dobe Štúrovej.* Bratislava. Slovenské pedagogické nakladateľstvo.

Jones, Siân. 1997. *The Archaeology of Ethnicity – Constructing identities in the past and present.* London, New York. Routledge.

Kacis Fridovič, Leonid i Odeski Pavlovič Mihail. 2006. Poetika 'slovenske uzajamnosti' i njen odraz u stvaralaštvu H. J. Danilevskog, K. N. Leontjeva i V. S. Solovjova. *Zbornik Matice srpske za slavistiku* (70): 21-43.

Kaľavský, Michal. 2001. Formation of Ethnic Consciousness. *Človek a Spoločnosť* 4 (2).

Katičić, Radoslav. 1991. Ivan Mužić o podrijetlu Hrvata. *Starohrvatska prosvijeta* 3 (19): 243-270.

Kiliánová, Gabriela. 2005. „Komu patrí Devín?" In *Mýty naše slovenské,* eds: Eduard Krekovič, Elena Mannová, Eva Krekovičová, 120-133. Bratislava: Academic Electronic Press.

Klanica, Zdeněk. 1986. *Počátky slovanského osídlení našich zemí.* Praha. Academia.

Klanica, Zdeněk. 2009. *Počátky Slovanů.* Praha. Futura.

Kobyliński, Zbigniew. 1989. „An ethnic change or a socio-economic one? The 5th and 6th centuries AD in the Polish lands". In *Archaeological approaches to cultural identity,* ed. Stephen Shennan, 303-312. London: Unwin Hyman; 1 edition.

Koči, Josef. 1987. Austroslavismus českých liberálů a otázka vztahů Čechů a Slováků v předvečer revoluce 1848-1849. *Historický časopis* 3 (35): 436-459.

Kodajová, Daniela. 2005. „Politický testament Ľudovíta Štúra?" In *Mýty naše slovenské,* eds: Eduard Krekovič, Elena Mannová, Eva Krekovičová, 111-119. Bratislava: Academic Electronic Press.

Kont, Frensis. 1989. *Sloveni: nastanak i razvoj slovenskih civilizacija u Evropi, VI-XIII vek. I Tom.* Beograd. IP Filip Višnjić.

Kostya, Sandor. 1981. *Pan-Slavism.* Astor, Fla; Danubian Press, Inc.

Kovachev, Ognyan. 2001. „Veda Slovena – a Bulgarian Invention of Literary Institution and Nationalist Discourse". In *Literární mystifikace, etnickémýty a jejich úloha při formování národního vědomí : sborník příspěvků z mezinárodní konference konané ve dnech 20. – 21.10.2001,* ed. Blanka Rašticová, 43-52. Uherské Hradiště: Slovácké muzeum.

Kovačević, Ivan. 2001. *Istorija srpske etnologije I, Prosvetiteljstvo.* Beograd. Srpski geneaološki centar.

Králík, Oldřich. 1976. *Kosmova kronika a předchozí tradice.* Praha. Vyšehrad.

Kranenborg, Reender. 2001. *New Age and Neopaganism: Two Different Traditions?* Preleminarna verzija rada sa konferencije: *The Spiritual Supermarket: Religious Pluralism in the 21st Century.* Dostupno na: http://www.cesnur.org/2001/london2001/kranenborg.htm, 12. 5. 2012.

Krejči, Oskar. 2000. *Geopolitika středoevropského prostoru. Horizonty zahraniční politiky České republiky a Slovenské republiky.* Praha. Ekopress.

Krekovič, Eduard. 2007. „Kto bol prvý? Nacionalizmus v slovenskej a maďarskej archeológii a historiografii". In *Slovenská otázka dnes,* ed. Szigeti László, 456-460. Bratislava: Kalligram.

Krekovičová, Eva. 2005. „Mýtus plebejského národa". In *Mýty naše slovenské,* eds: Eduard Krekovič, Elena Mannová, Eva Krekovičová, 86-93. Bratislava: Academic Electronic Press.

Krupa, Viktor and Ondrekovič, Slavomír. 2005. „Jazykové mýty". In *Mýty naše slovenské,* eds: Eduard Krekovič, Elena Mannová, Eva Krekovičová, 62-70. Bratislava: Academic Electronic Press.

Kutnar František and Marek Jaroslav. 1997. *Přehledné dějiny českého a slovenského dějepisectví: od počátků národní kultury až do sklonku třicátých let 20. století.* 2. vyd. Praha. Nakladatelství Lidové noviny.

Kusá, Dagmar. 2009. „Úloha kolektívnej pamäti v procese etnickej mobilizácie". In *Ako skúmať národ. Deväť štúdií o etnicite a nacionalizme,* eds: Peter Dráľ, Andrej Findor, 57-78. Brno: Tribun EU.

Labuda Gerard and Tabaczyński Stanisław. (ed.) 1987. *Studia nad etnogenezą Słowian i kulturą Europy wczesnośredniowiecznej Tom I.* Wroclaw. Ossolineum.

Lacko, Martin. 2004. „K otázke chápania slovanstva v slovenskej spoločnosti 1939-1945". In *Slovanství ve středoevropském prostoru: Iluze, deziluze a realita. Pardubická konference (22. - 24. dubna 2004),* ed. Dominik Hrodek, 156-165. Praha: Libri.

Le Goff, Jacques. 2007. *Paměť a dějiny.* Praha. Argo.

Lepahin, Valerij. 2002. Sveta Rusija – sadržaj pojma. *Zbornik Matice srpske za književnost i jezik* 50 (1-2): 149-195.

Lipták, Ľubomír. 2005. „Symboly národa a symboly štátu". In *Mýty naše slovenské,* eds: Eduard Krekovič, Elena Mannová, Eva Krekovičová, 51-61. Bratislava: Academic Electronic Press.

Lustigová, Martina. 2004. „Karel Kramář a jeho slovanská politika". In *Slovanství ve středoevropském prostoru: Iluze, deziluze a realita. Pardubická konference (22. - 24. dubna 2004)* ed. Dominik Hrodek, 145-155. Praha: Libri.

Lužný, Dušan. 1999. „Normativita v New Age a neopaganismu". In *Normativní a žité náboženství,* eds: Luboš Bělka, Kováč Milan, 137-145. Brno – Bratislava: Masarykova univerzita – Chronos.

Lužný, Dušan. 2005. *Nová náboženská hnutí.* Brno. Vzdělávací a poradenské centrum MU.

Mannová, Elena. 2005. „Myty nie su slovenskym specifikom (Uvod)". In *Mýty naše slovenské,* eds: Eduard Krekovič, Elena Mannová, Eva Krekovičová, 7-18. Bratislava: Academic Electronic Press.

Matović, Vesna. 1997. (Sve)slovenska ideja u srpskoj književnosti početkom XX veka. *Zbornik Matice srpske za slavistiku* (53): 171-180.

Mijušković, Slavko. 1988. *Ljetopis popa dukljanina.* Beograd. Prosveta, Srpska književna zadruga.

BIBLIOGRAFIJA

Milojković-Đurić, Jelena. 1994. *Panslavism and National Identity in Russia and in the Balkans 1830– 1880: Images of the Self and Others*. New York. Columbia University Press.

Mitrović, V. Momčilo. 1999. Prvi posleratni sveslovenski kongres 1946. godine, *Tokovi istorije* (1-4): 118-127.

Mužić, Ivan. 2002. *Hrvatska kronika 547. – 1089*. Split. Marjan tisak.

Nechutová, Jana. 2000. *Latinská literatura českého středověku do roku 1400*. Praha. Vyšehrad.

Nedeljković, Saša. 2007. *Čast, krv i suze: Ogledi iz antropologije etniciteta i nacionalizma*. Beograd. Zlatni zmaj.

Nykl, Hanuš. 2004. „Panslavismus a teorie kulturněhistorických typů. Setkání dvou koncepcí". In *Slovanství ve středoevropském prostoru: Iluze, deziluze a realita. Pardubická konference (22. – 24. dubna 2004)*, ed. Dominik Hrodek, 223-231. Praha: Libri.

Obšust, Kristijan. 2012. Idealizovanje antičke Grčke klasičnog perioda kao „kolevke evropske kulture". Stara Grčka kao univerzalni uzor za stvaranje modernih evropskih nacija. *Casca – elektronski časopis za društvene nauke, kulturu i umetnost* 1 (1). Dostupno online na: *http://www.journal.casca.org.rs/2012/12/24/br1-sadrzaj/*, 3. 14. 2013.

Olsen, Bjørnar. 2002. *Od predmeta do teksta. Teorijske perspektive arheoloških istraživanja*. Beograd. Geopoetika.

Orbin, Mavro. 1968. *Kraljevstvo Slovena*. Beograd. Srpska književna zadruga.

Palavestra, Aleksandar. 2010. Izmišljanje tradicije – 'vinčansko pismo'. *Etnoantropološki problemi* 2 (5): 239-258.

Patridge, Christopher. (ur.) 2005. *Enciklopedija novih religija. Nove religije, sekte i alternativni duhovni pokreti*. Zagreb. Naklada Ljevak.

Pehr, Michal. 2004. „Slovanství a třetí republika aneb Slovanství v programech českých poválečných politických stran". In *Slo-*

vanství ve středoevropském prostoru: Iluze, deziluze a realita. Pardubická konference (22. – 24. dubna 2004), ed. Dominik Hrodek, 166-173. Praha: Libri.

Petranović, Branko. 1988. *Istorija Jugoslavije 1918-1988. Kraljevina Jugoslavija*. Beograd. Nolit.

Petranović, Branko. 1988. *Istorija Jugoslavije 1918-1988. Socijalistička Jugoslavija*. Beograd. Nolit.

Petrusek, Miroslav 2005. „O jedné ztracené kolektivní identitě". In *RVP v praxi učitele výchovy k občanství – se zaměřením na potírání rasové a národnostní nesnášenlivosti*, eds: Miroslav Dopita, Antonín Staněk, 57-74. Olomouc: Univerzita Palackého – Pedagogická fakulta.

Pichler, Tibor. 1998. „Obavy z politiky: Ján Kollár a myšlienka slovanskej vzájomnosti". In *Národovci a občania: O slovenskom politickom myslení v 19. storočí*, ed. Tibor Pichler, *15-30*. Bratislava: Veda.

Piper, Predrag. 2008. *Uvod u slavistiku 1*. Beograd. Zavod za udžbenike.

Pišev, Marko. 2009. Politička etnografija i srpska intelektualna elita u vreme stvaranja Jugoslavije 1914-1919. Istorijski pregled. *Etnološko-antropološke sveske* 14 (14): 43-77.

Pleterski, Andrej. 1990. *Etnogeneza* Slovanov. *Obris trenutnega stanja arheoloških raziskav*. Ljubljana. Filozofska fakulteta, Oddelek za arheologijo.

Podolan, Peter. 2007. Aspekty slovenskej historiografie generácie Jána Kollára a Pavla Jozefa Šafárika. *Forum historiae* 1 (1). Dostupno online: *http://www.forumhistoriae.sk/FH1_2007/*, 22. 8. 2012.

Pospíšil, Ivo. 2004. „Slovanství a střední Evropa." In *Slovanství ve středoevropském prostoru: Iluze, deziluze a realita. Pardubická konference (22.-24. dubna 2004)*, ed. Dominik Hrodek, 23-35. Praha: Libri.

BIBLIOGRAFIJA

Popović, Miodrag. 2007. *Vidovdan i časni krst*. Beograd. Biblioteka XX vek.

Příhoda, Marek. 2004. „Slovanství Juraje Križaniće."In *Slovanství ve středoevropském prostoru: Iluze, deziluze a realita. Pardubická konference (22.-24. dubna 2004)*, ed. Dominik Hrodek, 192-202. Praha: Libri.

Putinja, Filip i Stref–Fenar, Žosin. 1997. *Teorije o etnicitetu*. Beograd. Biblioteka XX vek.

Radenković, Ljubinko. 2005. Krivotvorenje folklora i mitologije – neki slovenski primeri. *Zbornik Matice srpske za književnost i jezik* 53 (1-3): 29-44.

Radić, Radivoj. 2011. *Srbi pre Adama i posle njega*. Beograd. Stubovi kulture.

Radojević, Mira. 2011. „Jugoslovenska ideja kao deo jugoslovenskog kulturnog nasleđa". In *Ogledi o jugoslovenskom kulturnom nasleđu*, ur. Ivan Kovačević, 21-38. Beograd: Odeljenje za etnologiju i antropologiju Filozofskog fakulteta Univerziteta u Beogradu – Srpski genealoški centar.

Renfew, Colin. 1996. „Prehistory and the identity of Europe, or don't lets be beastly to the Hungarians". In *Cultural identity and archaeology. The construction of European communities*, eds: Paul Graves-Brown, Siân Jones, Clive Gamble, 125-137. London and New York: Routledge.

Rosenbaum, Karol. 1978. „Podnety Šafárikovho literárno-vedného diela." In *Štúdie z dejín svetovej slavistiky do polovice 19. storočia*, ed. Jozef Hrozienčik, 222-236. Bratislava: Vydavateľstvo Slovenskej Akadémie Vied – Veda.

Rychlík, Jan. 2001. „Bitva na Bílé hoře a mýtus o třistaleté porobě (transformace mýtu v dějinném vývoji)". In *Literární mystifikace, etnické mýty a jejich úloha při formování národního vědomí: sborník příspěvků z mezinárodní konference konané ve dnech 20. – 21. 10. 2001*, ed. Blanka Rašticova, 85-93. Uherské Hradiště: Slovácké muzeum.

Rychlík, Jan. 2004. „Metamorfóza slovanské myšlenky a idejí panslavismu v období komunismu". *Slovanství ve středoevropském prostoru: Iluze, deziluze a realita. Pardubická konference (22. – 24. dubna 2004)*, ed. Dominik Hrodek, 127-134. Praha: Libri.

Sadílek, Josef. 1997. *Kosmovy staré pověsti ve světle dobových pramenů*. Český Těšín. Petrklíč.

Shenan, Stephen J. (ed.) 1994. *Archaeological approaches to cultural identity*. London. Routledge.

Schieder, Theodor. 1978. The Role of Historical Consciousness in Political Action. *History and Theory* 4 (17): 1-18.

Shnirelman, Viktor A. 1998. „Russian Neo-pagan Myths and Antisemitism." In *Acta no. 13, Analysis of current trends in antisemitism*. Jerusalem: SICSA – The Vidal Sassoon International Center for the Study of Antisemitism The Hebrew University of Jerusalem. Dostupno na: *http://sicsa.huji.ac.il/13shnir.html*, 12. 5. 2012.

Седов, Валентин Васильевич. 1979. *Происхождение и ранняя история славян*. Moskva. Академия наук СССР – Институт археологии.

Sedov, Vasiljevič Valentin. 2012. *Sloveni u dalekoj prošlosti*. Novi Sad. Akademska knjiga.

Sinani, Danijel. 2009. Možda si ti ona prava? Nove religije i alternativni religijski koncepti. *Etnoarheološki problemi* 1 (4): 163-182.

Sinani, Danijel. 2010. Tipologije religijskih organizacija. *Antropologija* 3 (10): 9-22.

Skerlić, Jovan. 1906. *Omladina i njena književnost (1848-1871) Izučavanja o nacionalnom i književnom romantizmu kod Srba*. Beograd. Štampano u državnoj štampariji kraljevine Srbije.

Sklenář, Karel. 1977. *Slepé uličky archeologie*. Praha. Československý spisovatel.

Skutil, Ján. 1976. „Ohlas Jana Kollára u moravských archeologů". In *Biografické štúdie 6*, ed. Štefan Valentovič, 173-174. Martin: Matica slovenská, Biografický ústav.

Smit, Antoni D. 2010. *Nacionalni identitet.* Beograd. Biblioteka XX vek.

Snyder, Louis L. 1984. *Macro-Nationalisms. A History of the Pan-Movements.* Westport, Connecticut – London. Greenwood Press.

Subotić, Milan M. 1995a. N. Danilevski: teorija kulturnoistorijskih tipova i slovenofilstvo. *Filozofija i društvo* (7): 173-197.

Subotić, Milan M. 1995b. K. N. Leontijev i ruska ideja. *Filozofija i društvo* (8): 131-167.

Subotić Milan M. 1997. Ivan Kirejevski u traganju za sintezom Rusije i Evrope. *Filozofija i društvo* (11): 119-162.

Subotić, Milan M. 1998. Slovenofilska socijalna filozofija. *Sociološki pregled* 1 (32): 77-89

Subotić, Milan M. 1999. Političke ideje klasičnog slovenofilstva. *Tokovi istorije* (1-4): 7-35.

Svoboda, Karel. 1957. *Antika a česká vzdělanost od obrození do první války světové.* Praha. Nakladatelství ČSAV.

Syrný, Marek. 2004. „Idea slovanstva na povojnovom Slovensku v rokoch 1945-1948." In *Slovanství ve středoevropském prostoru: Iluze, deziluze a realita. Pardubická konference (22.-24. dubna 2004)*, ed. Dominik Hrodek, 174 -190. Praha: Libri.

Šicel, Miroslav. (ur.) 2002. *Antologija hrvatskog književnog eseja XX. Stoljeća, Dio 1: Hrvatski književni esej 1900-1950.* Zagreb: Disput.

Škvarna, Dušan. 2004. *Začiatky moderných slovenských symbolov. K vytváraniu národnej identity od konca 18. do začiatku 19. storočia.* Banská Bystrica. Univerzita Mateja Bela v Banskej Bystrici, Fakulta humanitných vied. Dostupno na: *http://www.forumhistoriae.sk/e_kniznica.html*, 22. 8. 2012.

Šmatlák, Stanislav. 1988. *Dejiny slovenskej literatúry od stredoveku po súčasnosť*. Bratislava. Tatran.

Šoltés, Peter 2004. "Stereotypy o uhorských Slovanoch v uhorských a nemeckých cestopisoch a tzv. štatistikách na konci 18. a v prvej polovici 19. storočia". In *Slovanství ve středoevropském prostoru: Iluze, deziluze a realita. Pardubická konference (22.-24. dubna 2004)*, ed. Dominik Hrodek, 73-91. Praha: Libri.

Štampach, Ivan O. 2002. Současné novopohanství. *Dingir* 1 (5): 13-16.

Štih, Peter. 2012. Ustoličevanje koroških vojvod med zgodovino in predstavami: problemi njegovega izročila, razvoja in poteka kot tudi njegovo razumevanje pri Slovencih. *Zgodovinski časopis* 66: 306-343.

Téra, Michal. 2004. "Slovanská identita v raném středověku". In *Slovanství ve středoevropském prostoru: Iluze, deziluze a realita. Pardubická konference (22.-24. dubna 2004)*, ed. Dominik Hrodek, 53-60. Praha: Libri.

Timura, Viktor. 1987. *Generácia Všeslávie*. Bratislava. Tatran.

Todorović, Ivica. 1999. Idejni sistem 'Srbi, narod najstariji'. *Glasnik Etnografskog instituta SANU* 48: 25-49.

Todorović, Ivica. 2008. Rezultati savremenih istraživanja narodne religije Srba – opšti presek. *Glasnik Etnografskog instituta SANU* 56: 53-70.

Todorova, Marija. 2006. *Imaginarni Balkan*. Beograd. XX vek.

Todorova, Marija. 2010. *Dizanje prošlosti u vazduh. Ogledi o Balkanu i Istočnoj Evropi*. Beograd. Biblioteka XX vek.

Třeštík, Dušan. 1972. *Kosmas*. Praha. Melantrich.

Třeštík, Dušan. 1999. "Král Muž. Slovanský etnogonický mýtus v Čechách 9. – 10. století". In *Nový Mars Moravicus aneb Sborník příspěvků, jež věnovali Prof. Dr. Josefu Válkovi jeho žáci a přátelé k sedmdesátinám*, eds: Bronislav Chocholáč, Libor Jan, Tomáš Knoz, 71–85. Brno: Matice moravská.

Třeštík, Dušan. 2003. *Mýty kmene Čechů (7. – 10. století). Tři studie ke „starým pověstem českým"* Praha. Nakladatelství Lidové noviny.

Turčan, Vladimír. 2005. „Cyril a Metod – trvale dedicstvo?" In *Mýty naše slovenské*, eds: Eduard Krekovič, Elena Mannová, Eva Krekovičová, 36-41. Bratislava: Academic Electronic Press.

Václavík, David. 2007. *Sociologie nových náboženských hnutí.* Brno. Masarykova univerzita.

Váňa, Zdeněk. 1980. Poznámky k etnogenezi a diferenciaci Slovanů z hlediska poznatků archeologie a jazykovědy. *Památky archeologické* 71: 225-237.

Varcl, Ladislav. (ed.) 1978. *Antika a česká kultura.* Praha. Academia.

Vlček, Radomír. 2002. *Ruský panslavismus – realita a fikce.* Praha. Historický ústav AV ČR.

Vlček, Radomír. 2004. „Panslavizmus a národy habsburské monarchie. Úvod do problému". In *Slovanství ve středoevropském prostoru: Iluze, deziluze a realita. Pardubická konference (22. – 24. dubna 2004),* ed. Dominik Hrodek, 9-20. Praha: Libri.

Vlček, Radomír. 2011. Slovanství a panslavismus v 19. a 20. století. Odlišnosti české a ruské podoby. Dostupno online na: *http://www.moderni-dejiny.cz/clanek-slovanstvi-a-panslavismus -v-19-a- 20-stoleti-odlisnosti-ceske-a-ruske-podoby-2160/,* 5. 1. 2012.

Vojtíšek, Zdeněk. 2002. Čeští novopohané. *Dingir* 1 (5): 9-10.

Vojtíšek, Zdeněk. 2007. Novopohanství a jeho přítomnost v české společnosti. *Theologická revue.* Dostupno na: *www.htf.cuni.cz/HTF-80-version1-NovopohanstviProTeologickouRevui.doc,* 5. 1. 2012.

York, Michael. 1995. *The Emerging Network. A Sociology of the New Age and Neo-pagan Movements.* London. Rowman and Littlefield Publishers.

Zumr, Josef. 2006. Úloha antiky v národním obrození. *Listy filologické* 1-2 (129): 177-188.
Žilinkova, Tatiana. 2010. Panslavizmus a austroslavizmus: dve koncepcie riešenia postavenia Slovanov v Európe a v habsburskej monarchii. *Historia Nova* 1 (1): 51-64.
Žirarde, Raul. 2000. *Politički mitovi i mitologije.* Beograd. Biblioteka XX vek.

IZVORI

Katalog poštanskih maraka jugoslovenskih zemalja 2, 1986. Beograd: Jugomarka.
O Slovenstvu, 1946. Izdanje Kolarčevog narodnog univerziteta.
Tucović, Dimitrije. 1910. Povodom drugog kongresa neoslovenstva koji su u Sofiji 20. juna 1910. organizovale reakcionarne snage južnoslovenskih država sa ciljem da glorifikuju ruski carizam. „Borba", knjiga II, br. 13, 1. jul 1910. Tekst je dostupan na: http://www.e-novine.com/stav/69103-Grupisanje-naroda-Balkanu.html (17. 8. 2012.)

http://www.imdb.com/title/tt0244827/ (21.8. 2012.)
http://sho.sk/kto-sme (24. 8. 2012.)
http://www.snp1389.rs/index.php?option=com_content&view=article&id=366:2010-12-08-20-27-29&catid=36:vesti (24. 8. 2012.)
http://mosnarodsobor.ru/?page=news&id=655 (24. 8. 2012.)
http://sho.sk/vlastenec/ (24. 8. 2012.)
http://www.ozzsv.sk/ (24. 8. 2012.)
http://pansu.sk/ (24. 8. 2012.)
http://www.ozzsv.sk/publikacie/archiv/rocnik-x-2010/ (24. 8. 2012.)
http://www.svevlad.org.rs (14. 4. 2012. – 9. 5. 2012.)
http://rodnavira.cz (14. 4. 2012.)
http://www.ceskatelevize.cz/ivysilani/1185258379-cesty-viry/208562215500009/ (14. 4. 2012.)
http://www.slovoor.info/ (14. 4. 2012.)
http://alatyr.org.ua/ (14. 4. 2012.)
http://svaroh.al.ru/svarohs/sv-boh/mur2.html (14. 4. 2012.)
http://rodzimawiara.org.pl/ (14. 4. 2012.)

http://toporzel.republika.pl/listasta.html (14. 4. 2012.)
http://sso-kaluga.narod.ru/vn6-8.htm (14. 4. 2012.)
http://www.prav.info (24. 4. 2012.)
http://alatyr.org.ua/ (21. 4. 2012.)
http://oru.org.ua/ (21. 4. 2012.)
http://www.svit.in.ua/ (21. 4. 2012.)
http://ogin.in.ua/ (21. 4. 2012.)
http://old.risu.org.ua/eng (21. 4. 2012.)
http://www.rodnovery.ru/ (21. 4. 2012.)
http://www.velesovkrug.ru/ (21. 4. 2012.)
http://www.triglav.ru/news.php (21. 4. 2012.)
http://www.krugperuna.org (26. 4. 2012.)
http://rodolesie.sk/ (26. 4. 2012.)
http://www.dazbogovivnuci.estranky.sk/ (26. 4. 2012.)
http://www.ved.sk/ (26. 4. 2012.)
http://rodzimawiara.org.pl/ (25. 4. 2012.)
http://www.slowianskawiara.pl/ (25. 4. 2012.)
http://www.rodzimawiara.pl/ (25. 4. 2012.)
http://www.slowianskawiara.info.pl/ (25. 4. 2012.)
http://www.rkp.w.activ.pl/ (25. 4. 2012.)
*http://www.msw.gov.pl/portal/pl/92/9108/Koscioly_i_zwiazki_wy
   znaniowe_wpisane_do_rejestru_kosciolow_i_innych_zwiazko
   w_wy.html (25. 4. 2012.)*
http://www.staroverci.si/ (26. 4. 2012.)
http://rodna-vjara.narod.ru/ (26. 4. 2012.)
http://www.kanatangra.wallst.ru/ (26. 4. 2012.)
http://svarozikrug.weebly.com (25. 4. 2012.)
http://www.glaspredaka.info/ (28. 4. 2012.)
http://www.tvrdjava.org (28. 4. 2012.)
http://www.srpskavera.comoj.com (28. 4. 2012.)
*http://www.pressonline.rs/sr/vesti/regioni/story/165962/Otkriven
   +kip+boga+Vida+na+Suvoj+planini.html (27. 4. 2012.)*
http://www.slovane.cz/ (9. 5. 2012.)

IZVORI

*http://www.casca.org.rs/projekti/sondazna-antropoloska-
 istrazivanja-stara-pazova (11. 4. 2013.)
www.novosti.rs/vesti/naslovna/reportaze/aktuelno.293.html:44584
 3-Srbi-ponovo-slave-boga-Peruna (27. 7. 2013.)*

CIP - Каталогизација у публикацији
Народна библиотека Србије, Београд

327.39(=16)
323.1(=16)

ОБШУСТ, Кристијан, 1986-
　Konstrukcija slovenstva u politici i nauci : stvaranje (sve)slovenskih tradicija, ideološke koncepcije o slovenskom jedinstvu i njihove refleksije / Kristijan Obšust. - Beograd : Centar za alternativno društveno i kulturno delovanje, 2013 (Beograd : Dijamant print). - 341 str. ; 21 cm

Tiraž 200. - Napomene i bibliografske reference uz tekst. - Bibliografija: str. 323-341.

ISBN 978-86-89647-00-6

а) Панславизам
COBISS.SR-ID 200157708

www.ingramcontent.com/pod-product-compliance
Lightning Source LLC
Chambersburg PA
CBHW071237160426
43196CB00009B/1090